Onno Poppinga (Hrsg.)

Produktion und Lebensverhältnisse auf dem Land

LEVIATHAN

Zeitschrift für Sozialwissenschaft

Sonderheft 2/1979

Onno Poppinga (Hrsg.)

Produktion und Lebensverhältnisse auf dem Land

Mit Beiträgen von
Ulf Baumgärtner, Ernst Bendixen, Margret Blasche u.a., Hartmut Elsenhans, Willem Günnemann, Ulrich Hampicke, Helmut Harbeck, Rolf G. Heinze, Peter Kammerer, Helmut Koch, Claus Leggewie, Siegfried Pausewang, Onno Poppinga, Gerd Vonderach

Westdeutscher Verlag

CIP-Kurztitelaufnahme der Deutschen Bibliothek

Produktion und Lebensverhältnisse auf dem Land:
Onno Poppinga (Hrsg.). Mit Beitr. von Ulf Baumgärtner ... – Opladen: Westdeutscher Verlag, 1979.
(Leviathan: Sonderh. 2)
ISBN 3-531-11491-3
NE: Poppinga, Onno [Hrsg.]; Baumgärtner, Ulf [Mitarb.]

Satz: Vieweg, Braunschweig
Druck: E. Hunold, Braunschweig
Buchbinderische Verarbeitung: W. Langelüddecke, Braunschweig

ISBN 3-531-11491-3

Inhalt

Die Agrarfrage in ihrer europäischen und ihrer internationalen Dimension

Ein paar Worte vorweg

Ein „Sonderheft Landwirtschaft" ist für eine sozialwissenschaftliche Zeitschrift durchaus ungewöhnlich. Die Probleme der landwirtschaftlichen Bevölkerung haben in der Diskussion der letzten 30 Jahre wenig Interesse gefunden. Die wenigen Publikationen, die stärker beachtet wurden – allen voran das Kursbuch 38 – beschäftigten sich mehr mit dem ländlichen Raum, mit dem Stadt-Land-Verhältnis denn mit der landwirtschaftlichen Bevölkerung.

Das war mal ganz anders. Vor allem in der zweiten Hälfte des 19. Jahrhunderts gab es eine umfassende Debatte, die mit einer Aufarbeitung der Geschichte der Bauernbefreiung begann, sich um die Probleme der „Landflucht" zentrierte und schließlich auch Beiträge zu einer Agrar-Theorie lieferte. Bei dem Versuch, die Lebensverhältnisse auf dem Land genauer zu erkennen, wurden Methoden entwickelt, die für die empirische Sozialforschung allgemein von großer Bedeutung waren. In den Gesamtentwürfen der Geschichte der bürgerlichen Gesellschaft (Max Weber, Werner Sombart) wurde die Agrarfrage breit berücksichtigt. Auch unter marxistisch orientierten Sozialwissenschaftlern fand die Agrarfrage Interesse; die Sozialdemokratische Partei beschäftigte sich auf mehreren Parteitagen überwiegend oder ausschließlich mit ihr.

Während der Weimarer-Republik wurden zwar insbesondere die Studien über die Lebensverhältnisse auf dem Land fortgesetzt. Von größerer Bedeutung aber war zweifelsohne die Entwicklung einer spezifisch auf die Merkmale der Agrarproduktion zugeschnittenen „Ökonomik des landwirtschaftlichen Betriebes" (vor allem verbunden mit den Namen Aereboe und Brinkmann). Diese Ökonomik des landwirtschaftlichen Betriebes verstand die Agrarproduktion als integrierten Bestandteil der bürgerlich-kapitalistischen Produktionsweise, ausgezeichnet nur durch einige besondere Merkmale, die in der Form der integrierenden und differenzierenden Kräfte in der Organisation des Betriebes ihren Niederschlag fanden. In der marxistischen Diskussion wurde der – eher müde als schwungvolle – Streit über die Überlegenheit des Großbetriebes über den Kleinbetrieb weitergeführt. Die agrartheoretischen Aussagen bewegten sich in aller Regel in dem durch das Grundrentenkapitel im 3. Band des „Kapital" gesteckten Rahmen (eine Ausnahme bilden die Beiträge von Max Kemper in der Zeitschrift „Agrarprobleme" und das Buch von Gumperz über „Die Agrarkrise in den Vereinigten Staaten").

1933 gingen dann auch in den Agrarwissenschaften die Lichter aus; sowohl die kritisch-bürgerlichen als auch die marxistischen Sozialwissenschaftler mit Interesse an der Agrarfrage mußten – wie ihre Kollegen in anderen Sparten – entweder ihr Bündel schnüren, oder sie verloren ihre Arbeits- und Publikationsmöglichkeiten. Der mythische Bezug der NS-Ideologie zu Bauer und Scholle ließ noch weniger als anderswo „zersetzende" Ideen zu.

Nach 1945 blieb es still. Zwar setzten die zahlreichen agarwissenschaftlichen Fachbereiche bzw. Hochschulen ihre Tätigkeit fort, sie blieben aber reduziert auf verengte Fragestellungen. Nach anfänglicher Vorherrschaft der Blut- und Boden-

Professoren (der Sonderbeauftragter Adolf Hitlers für die Entkollektivierung der Ukraine als Ordinarius für Agrarpolitik, ein Historiker der „Reichsuniversität" Straßburg als Rektor einer Landwirtschaftlichen Hochschule) setzten sich seit Beginn der 60iger Jahre mehr und mehr die smarten „Amerikaner" durch. Die Ökonometriesierung der Agrarwissenschaften war total, beschränkte sich nicht nur auf betriebswirtschaftliche Abteilungen, sondern eroberte auch die Abteilungen für Agrarpolitik und bisweilen selbst die für Agrargeschichte (so in Göttingen). Die deutschsprachige Agrarsoziologie verharrte weitgehend in ihrem Mauerblümchendasein. Ohne eigene Ansätze (nachdem der agrarisch-völkische eines Wilhelm Heinrich Riehl außer Kurs gesetzt werden mußte), ohne eine zureichende Theorie des Verhältnisses von bäuerlich organisierter Agrarproduktion und kapitalistischer Gesellschaft, blieb sie in der Rolle eines „kleinen Bruders" der „richtigen" Soziologie. Auch Ende der 60iger Jahre fand hier kein Durchschütteln statt; marxistische Agrarwissenschaftler gab es – mit Ausnahme eines Kollegen – in der BRD nicht; die in beträchtlicher Zahl an den Universitäten vertretenen marxistischen und kritischen Sozialwissenschaftler interessierten sich nicht für die Agrarfrage. Von agrarisch orientierten Sozialwissenschaftlern aus der DDR wurden zwar Untersuchungen zur Agrarfrage in der BRD in größerer Zahl vorgelegt; von sehr wenigen Beiträgen abgesehen (u.a. der Beitrag von Kleinsorge/Schilling in IPW 1/74) mangelte es diesen Arbeiten aber sowohl an einer zureichenden theoretischen Durchdringung als auch an genaueren empirischen Kenntnissen.

An dieser Situation hat sich bis heute nichts Grundlegendes geändert. Die Zahl der Arbeiten, mit denen ein neuer Anfang versucht wurde, ist unverändert bescheiden (Theodor Bergmann „Die Landwirtschaft in der Bundesrepublik" in „Gesellschaftsstrukturen", Frankfurt 1973; Hans Immler „Arbeitsteilung, Kooperation und Wirtschaftssystem", Berlin 1973; Monika Baumgartner „Entwicklungstendenzen in der Westdeutschen Landwirtschaft" in Prokla 3/72; Birgit Schulz „Ökonomische Voraussetzungen bäuerlicher Interessenvertretung in der BRD" in Prokla 1 und 2/76; Josef Krammer „Analyse einer Ausbeutung", Heft 2 und 3 der Zeitschrift „In Sachen", Wien; Albrecht Funk „Abschied von der Provinz?", Frankfurt/Stuttgart 1977; Onno Poppinga „Bauern und Politik", Frankfurt/Köln 1975). Es besteht nach wie vor ein beträchtlicher Mangel sowohl an einer entwickelten Agrartheorie als auch an empirischen Kenntnissen über die Realitäten der Landwirtschaft in der BRD.

Auf denn!

Zu den Beiträgen in diesem Heft

Die Beiträge von Hampicke, Günnemann und Baumgärtner lassen sich überschreiben mit „Überlegungen zur Agrartheorie". Hampicke geht ein auf die Entwicklung der bürgerlichen Agrartheorie in der BRD; Günnemann untersucht die Monopolisierungsprozesse in den der Landwirtschaft vor- und nachgelagerten Bereichen; Baumgärtner skizziert die aktuelle agrartheoretische Diskussion in der französischen Linken. Der

Aufsatz von Baumgärtner stellt den Versuch dar, die hiesige Agrardebatte in Berührung zu bringen mit der entwickelteren Diskussion in Frankreich. Günnemann analysiert die in den ökonomisch besonders eng mit der Agrarproduktion verbundenen Branchen ablaufenden Konzentrationsprozesse. Hampicke behandelt in seinem ideologiekritisch orientierten Beitrag die „drei Perioden" der bürgerlichen Agrartheorie; in kaum einem anderen Zweig der Sozialwissenschaften ist die Sicherheit über die Gültigkeit der theoretischen Annahmen so ausgeprägt wie bei den herrschenden Agrartheoretikern; in kaum einem anderen Bereich vollzieht sich die Aufgabe grundlegender Positionen ähnlich naiv und unreflektiert wie eben dort.

Um den Komplex der staatlichen Agrarpolitik bemühen sich die Beiträge von Poppinga und Bendixen/Harbeck. Poppinga versucht mit seiner „Gebrauchsanleitung zum Agrarbericht" weit verbreitete Meinungen über die Lage der Landwirtschaft in der BRD mit den realen Verhältnissen zu konfrontieren. Bendixen/Harbeck stellten die Entwicklung des Systems der sozialen Sicherung in der Landwirtschaft dar. Sowohl für die Existenzbedingungen der landwirtschaftlichen Bevölkerung als auch für die Form der Bewältigung der Agrarkrise und der Verteilung des Agrarhaushaltes des Bundes ist dieser Komplex von erheblicher Bedeutung.

Der Zahl der Beiträge nach liegt der Schwerpunkt dieses Heftes fraglos bei dem Thema „Lebensverhältnisse der landwirtschaftlichen Bevölkerung". Vonderach geht – nach einer Auseinandersetzung über die Frage der Existenz einer „Provinz" im Spätkapitalismus – detailliert ein auf den sozialen und ökonomischen Strukturwandel auf dem Land. Er beschreibt den Rahmen für die folgenden Beiträge, die sich jeweils mit einer bestimmten Gruppe der landwirtschaftlichen Bevölkerung beschäftigen: das Bäuerinnenprojekt Erlangen mit der „Lage der Bäuerin im landwirtschaftlichen Kleinbetrieb", Heinze mit der „Sozialen Lage und Deutungsmuster von Arbeiterbauern" und schließlich Petersen mit „Landarbeiter – im Schatten des öffentlichen Interesses". Der thematische Komplex wird abgeschlossen mit der Beschreibung des ehemaligen Kleinbauerndorfes Remsfeld von Helmut Koch (im Gegensatz zu Vonderach auf der Ebene des Dorfes, nicht der Region; die Beschreibung eines großbäuerlichen Dorfes war vorgesehen, kam aber nicht zustande).

Die Beiträge von Kammerer und Pausewang liegen nicht so fern von der Agrarfrage in der Bundesrepublik, wie es die Titel anzudeuten scheinen („Bauernkämpfe und Landreform 1943–1953 in Süditalien", „Entwicklung der Agrarverhältnisse und Agrarpolitik in Norwegen"). Wie für Italien gehört auch zur Geschichte der Bundesrepublik der Versuch und das Scheitern einer Bodenreform; wie für Italien existiert aufgrund der Verhinderung der Bodenreform auch in der Bundesrepublik das Problem der Fortexistenz der Alten Mächte (Adel, Großgrundbesitz) auf dem Land. Der Bezug zu dem Beitrag über die Agrarfrage in Norwegen liegt auf dem Gebiet der Agrarpolitik. In mehrfacher Hinsicht sind die Agrarprobleme in Norwegen (ebenso in Schweden, Finnland und Österreich) „entwickelter" als in der Bundesrepublik. Die im Vergleich zu Mitteleuropa ungünstigeren naturbürtigen Produktionsbedingungen (Boden, Klima), die geringere Bevölkerungsdichte, der (vor allem durch den Erdölboom beschleunigte) starke Proletarisierungsprozeß führen zum Zusammenbruch ganzer Siedlungsstrukturen, ganzer Regionen. Die norwegische

Agrarpolitik reagiert darauf u.a. mit (wenngleich zaghaften) Ansätzen in Richtung auf gespaltene Erzeugerpreise für verschiedene landwirtschaftliche Betriebsgrößen, eine Politik, die von der staatlichen Agrarpolitik in der Bundesrepublik noch nicht einmal gedacht werden darf.

Die beiden letzten Beiträge von Elsenhans und Leggewie fallen aus dem vor allem durch Probleme der bundesrepublikanischen Landwirtschaft und Landschaft begrenzten Rahmen dieses Bandes heraus und gehören doch zentral mit hinein. Sie fallen aus dem Rahmen, weil sie in strategischer Perspektive, welch letztere zwischen Elsenhans und Leggewie kontrovers ist, Agrarprobleme, vielmehr Entwicklungsprobleme industriell unterentwickelter Länder exemplarisch angehen. Sie gehören aber zugleich zentral in einen Band hinein, der Problemen einer Landwirtschaft im entwickelten Kapitalismus gewidmet ist, weil zum einen der landwirtschaftliche ‚Sektor' in diesen industriell unterentwickelten Ländern ein ähnliches Schicksal zu erleiden scheint, das er in den industriell entwickelten bereits durchlaufen hat. Die Wiederholung geschieht nur in viel kürzerer Zeit und mit noch erheblich größeren sozialen (humanen) Kosten. Zum anderen aber wirkt die Landwirtschafts- und das heißt zugleich Wirtschaftspolitik der Metropolen direkt und indirekt auf die Entwicklungsmöglichkeiten dieser industriell unterentwickelten Länder ein. Nicht nur mittels direktem, auch gerade agrarischen Export. Dies gilt vor allem für die USA und Canada, den Getreideproduzenten der Welt. Nicht nur mittels agrarischer, rohstoffbezogener Importpolitik insgesamt und ihren Konditionen. Vielmehr durch die Art der den Drittländern aufgezwungenen internationalen Arbeitsteilung und – hier schließt sich der Kreis – durch die Art des z.T. auch durch die Entwicklungshilfe geleisteten ‚Modell'-Exports. Die bundesrepublikanische Landwirtschaft, das wird durch eine Lücke in den Beiträgen nicht hinreichend deutlich, darf hierbei nicht nur als eine bundesrepublikanische Landwirtschaft, sie muß vor allem als eine westeuropäische Landwirtschaft (und Wirtschaft) in ihren externen Effekten im Hinblick auf Drittländer begriffen werden.

Der vorliegende Band enthält aber auch, will man die Landwirtschaftsprobleme in der Bundesrepublik insgesamt erfassen, nur einzelne Glieder (disjecta membra). Dieser Mangel, das gesamte Mosaik zu repräsentieren, rührt z.T. davon her, daß einzelne, verabredete Aufsätze geplatzt sind, zum guten Teil aber auch davon, daß, wie eingangs schon betont wurde, unzureichende Vorarbeiten vorliegen. Einige der Probleme, die es vor allem materialhaltig weiterzubehandeln gälte und die in den einzelnen Aufsätzen teils direkt, teils streifend angesprochen worden sind, seien zur Erinnerung und Anregung schlagwortartig angerissen:

1. das Problem des Agrarkapitalismus. Hier handelt es sich nicht nur um das, was man neuerdings mit dem Stichwort des Agrobusiness zu handeln und zu verhandeln pflegt: Die Subsumption der Landwirtschaft, ob nun noch in den Händen einzelner Bauernfamilien oder nicht, unter die Logik kapitalistischer Produktion, die nicht allein auf die Bereiche der sogenannten bodenlosen Landwirtschaft beschränkt ist, also auf Viehmast aller Art, sondern der sich auch die bodenbezogene Landwirtschaft, Getreidebau u.ä. nur randhaft sperrig zeigt. Die Probleme des Agrarkapitalismus zeigen sich vor allem auch dort, wo die agrarische Kultivierung von Land in

kapitalistischer Form gegen diese Kultivierung selbst zurückschlägt (vgl. die durch die moderne Landwirtschaft beförderten, z.T. erst hervorgerufenen ökologischen Probleme).

2. das Problem der Bauern und Landbewohner. Das Thema ist der Bauer als Unternehmer und doch nicht als Unternehmer. Selbstausbeutung lautet hier das widersprüchliche Kennwort. Thema ist auch die geradezu klassenhafte Differenz zwischen den Bauern. Bäuerlicher Unternehmer ist nicht gleich bäuerlicher Unternehmer (sofern der formell Eigentum besitzende Bauer nicht längst unternommener Unternehmer, Arbeiter eigener Art ist – vgl. Thema Agrobusiness). Hinzu kommt die besondere Gruppe der sog. Arbeiterbauern, der man nachsagt, sie lebe von der Fabrikarbeit, verhalte sich aber bäuerlich und könne insbesondere in Krisenzeiten wieder ‚verladen'. Gibt es überhaupt bäuerliche Verhaltenseigenarten und wenn ja, wie lassen sie sich historisch und gegenwärtig ausmachen? Ein ‚natürlicher' Konservativismus ist durch die Landarbeit jedenfalls nicht gegeben, wohl aber haben die Bauern in der übergroßen Mehrzahl in den letzten Jahrhunderten eine konservative Reserve gebildet, aus freilich historisch angebbaren Gründen. Das Thema ‚bäuerliches Verhalten' ist auch unter methodologischen Gesichtspunkten von besonderem Interesse, weil man an diesem bäuerlichen Verhalten auch heute noch zeigen kann, daß Bewußtseins- und Verhaltensstrukturen eine andere historische ‚Zerfallzeit' haben, sich andersartig, oft viel langsamer und zögerlicher wandeln als sog. materielle Verhältnisse.

3. das Problem der Verschiebung: aus den überkommenen Agrarproblemen werden Probleme des ländlichen Raums. Die Landwirtschaft ist heute, mit einigen Sonderproblemen gewiß, kapitalistisch eingemeindet worden. Abgesehen von den oben berührten ökologischen Folgeeffekten kapitalistischer Landwirtschaft (vermittelt nicht erst über die „Zirkulationssphäre") ist aus dem Agrarproblem heute ein Problem der Raumordnung geworden. Wie verhält sich ländlicher Raum zum Ballungsraum städtischer Zentren? Welche Differenz ergibt sich zwischen diesen beiden ‚Raumarten'?. Hat man es nur mit einem ökonomisch-sozial kontinuierlich strukturierten Raum zu tun, der allein durch verschiedene Verkehrsdichten und ökonomische Chancen charakterisiert ist? Angesichts eines ökonomisch und politisch fast säkular zu nennenden Konzentrations- und Zentralisiationsprozesses, der freilich nicht linear erfolgt, lassen sich neben ‚randständigen Gruppen' heute auch ‚randständige Räume' beobachten und sehr häufig die Kumulation beider Erscheinungen. Die in ländliche Räume abgeschobenen Gruppen, denen ökonomisch und politisch nahezu alle Relevanz entzogen worden ist – vgl. hierzu auch den Effekt der Gebietsreform der letzten Jahre – werden durch neue oder wieder aufgefrischte Lebensformen froh, tätig und apolitisch gehalten: Stadtteil- und Dorffeste zuhauf und Dorfverschönerungswettbewerbe nicht zu vergessen.

4. das Problem des (Un-)Verhältnisses ‚entwickelte Länder', ‚unterentwickelte Länder'. Gerade im Hinblick auf dieses Verhältnis läßt sich die Besonderung der Agrarpolitik nicht mehr rechtfertigen. Die für die ‚unterentwickelten' Länder

ebenso gefährlichen Formen einer aufgezwungenen Arbeitsteilung wie die Gefahr einer verkürzten Modellkopie, nämlich einer Industrialisierungspolitik mit allem Nachdruck wurden angesichts der Elsenhans-Leggewie-Kontroverse am Ende dieses Bandes schon gestreift. Die Landwirtschaftspolitik der EG kann unter diesem Blickwinkel nur als in schlechtem Sinne provinziell und kurzsichtig klassifiziert werden.

5. das Problem der Entwicklung auch der ‚alten' Welt. Die sog. entwickelten Länder, die im Vergleich mit den ‚unterentwickelten Ländern' eine erheblich längere Zeitspanne zur Verfügung hatten und außerdem nicht im festen Korsett schon entwickelter imperialistischer Mächte groß werden konnten, demonstrieren in ihren heutigen Schwierigkeiten, nicht zuletzt den ökologischen, eine einseitige Entwicklungsstrategie, die im Ergebnis zu großer Ökonomie, kleiner Politik und verschwindenden sozialen Beziehungen führt. In den unterentwickelten Ländern, auch denen, die sich aufgrund besonders günstiger Umstände zu abhängigen Submetropolen ausbilden, führt diese einseitige Entwicklungsstrategie, die nach wie vor allen anderen Behauptungen zum Trotz gilt und vom Weltmarkt gefördert wird, zu katastrophalen politischen und sozialen Konsequenzen. Brasilien liefert hierfür bis hin zum Genozid geradezu Musterbeispiele.

Nicht alles hängt, gewiß an der Art der Lösung der ‚Agrarfrage'. Ihre katastrophale Unterschätzung – nicht nur im Verlauf der sog. ersten Entwicklungsdekade – trägt aber zu einem großen Teil zu den heutigen Problemen bei. Die Agrarfrage wurde in der Regel nur industriell beantwortet; der Landwirtschaftssektor wurde wie schon seinerzeit in der Sowjetunion nur als selbst nicht relevanter Zulieferer zur raschen industriellen Entwicklung verkannt. Vor allem die zentrale Organisationsfrage, nämlich in welcher die Bauern einbeziehenden Weise die ländlich-agrarische Entwicklung gefördert werden könne, wurde in der Regel gar nicht gestellt, sondern schlicht autoritär beantwortet bzw. dergestalt zu lösen versucht, daß man die traditionellen Verhältnisse auf dem Land mit neuen Anforderungen und Institutionen einfach zu überformen versuchte.

Die Landwirtschaftspolitik in der Bundesrepublik kümmert verhältnismäßig wenige Leute außerhalb der zerbröckelten „Grünen Front". Nicht einmal die Ökologen haben sie bis jetzt eigentlich entdeckt. Die Landwirtschaftspolitik ist, kommt sie überhaupt zur Sprache, allenfalls Gegenstand von Ärger – und dies betrachtet man die EG-Politik, nicht zu Unrecht – oder oberflächlich ‚städtischen' Späßen. Mag dieses Heft dazu beitragen, sich mehr und sich vor allem in anderer Weise um einen zentralen ins Unpolitische abgeschobenen Bereich zu kümmern.

Kassel/Berlin, im September 1978

Onno Poppinga
unter Mitarbeit von *Wolf-Dieter Narr*

Grade und Grenzen der Agrardebatte

Ulrich Hampicke

Entwicklungslinien der bürgerlichen Agrartheorie in der Bundesrepublik Deutschland

Daß bürgerliche Gesellschaftstheorien nicht nur mehr oder weniger zutreffende deskriptive Elemente, sondern vor allem auch *Ideologie* enthalten, ist eine geläufige und keineswegs allein von Marxisten geteilte Auffassung. Sie fällt freilich ihrerseits leicht der Vulgarisierung anheim und bedarf daher des fortlaufenden Belegs. Eine gute Gelegenheit hierzu bietet die Analyse der Agrartheorie der BRD der letzten 30 Jahre und zwar auf Grund einer für den Kritiker besonders günstigen Kombination von Umständen: Mit der Agrarfrage schleppt der Kapitalismus auf der ganzen Welt ein strukturelles Grundproblem mit sich, welches jedoch je nach den Zeitumständen den Aspekt wechselt, die äußerlichen Fragestellungen haben sich gerade in der BRD mehrfach gewandelt. Dazu existiert eine Gemeinschaft von Wissenschaftlern, welche, ganz entgegen ihrer offiziellen Programmatik, unprätentiöse Stückwerk-Technologie zu betreiben,[1] in Wirklichkeit bei der Beantwortung einer Tagesfrage nur zu leicht glauben, ein besonders zeitloses Problem ausgeräumt zu haben. So läßt sich einerseits sehr schön ihre beim Wechsel der Tagesproblematik periodisch auftretende Verlegenheit beobachten und andererseits offenbaren die jeweiligen Erklärungsmuster im Nachhinein ihre interessendienende Natur nur umso deutlicher. Es liegt etwas vom Hase- und Igel-Spiel in diesem Prozeß: Ist nach mühevoller Arbeit eine „Agrartheorie" fertig, so haben sich die Probleme so verschoben, daß sie uninteressant geworden ist. Die folgende skizzenhafte Darstellung[2] will den bisher zweimal notwendigen „Paradigmenwechsel" aufzeigen – die drei Perioden, in denen jeweils eine Leitvorstellung das Feld beherrschte (bzw. in denen eine solche fehlt) mögen hier vereinfachend als „neoliberale", „neoklassische" und „pragmatistische" Phase bezeichnet sein.

Nach 1945 hatte die wissenschaftliche Agrarökonomik zumindest auf makroökonomischer Ebene[3] in Westdeutschland völlig neu zu beginnen. War das Lebensniveau bis 1948 wie in vielen schlechten Zeiten auf dem Lande auch etwas weniger niedrig als in der Stadt, so tauchte doch schon in der Anlaufzeit der westdeutschen Rekonstruktion, also wenige Jahre nach der Währungsreform, ein altes Problem industrieller Gesellschaften in Gestalt eines Zurückbleibens der landwirtschaftlichen Einkommen gegenüber den anderen Sektoren wieder auf, es entstand die sogenannte „Einkommensdisparität". Die Folge war eine vehemente Agitation des

Deutschen Bauernverbandes für Einkommensgarantien des Staates. Daran hatte außerhalb der Landwirtschaft niemand Interesse, denn sie hätten zu höheren Löhnen, niedrigeren Profiten, Wettbewerbsnachteilen auf den Außenmärkten etc. geführt. Auch trat die Landbevölkerung als politisch mobile, d.h. zu umwerbende Wählermasse damals nicht auf, sie blieb überwiegend konservativen Parteien treu, auch wenn sie von ihnen außer schönen Worten (insbesondere Schmeicheleien, das Bollwerk gegen den Kommunismus zu sein) wenig erhielt. Die agrarischen Forderungen wurden dann auch im Landwirtschaftsgesetz von 1955 auf der ganzen Linie abgelehnt.[4]

Die wissenschaftliche Agrarökonomik hatte sich wie erwähnt nach neuen Leitbildern umzusehen und schloß sich notgedrungen an die damals tonangebende ökonomische Lehrmeinung an, welche ob ihrer autoritär-konservativen politischen Ausrichtung die Bezeichnung „Neoliberalismus" sicher zu Unrecht führt.[5] War schon der theoretische Gehalt dieser Lehre gemessen an angelsächsischen Verhältnissen überaus dünn, so wurden in der Agrarökonomie noch gröbere Klötze gesetzt und es ist nur eine schwache Übertreitung zu sagen, daß damals jeder als Agrarökonom hätte auftreten können, der mit den Worten „Angebot" und „Nachfrage", „Wettbewerb" und „Soziale Marktwirtschaft" umgehen konnte.

Der Neoliberalismus lieferte keine wissenschaftliche Analyse des Agrarproblems nur ein von Verbandsfunktionären und konkurrenzscheuen Wirtschaftssubjekten herbeigeredetes Scheinproblem wäre und daß jeder tüchtige Landwirt auch bestehen könnte, vor allem wenn die Marktstellung der Landwirtschaft gegenüber den mächtigen industriellen Kontrahenten verbessert würde. Die Begründungen der agrarprotektionistischen Forderungen wurden von den Neoliberalen unter dem Beifall der nicht-agrarischen Interessen geradezu zerrissen: „Es ist nicht einzusehen, weshalb es in einer Volkswirtschaft einen Wirtschaftszweig geben soll, der dauernd benachteiligt ist. Unter der Voraussetzung, daß die Menschen ökonomisch konsequent denken und ihren wirtschaftlichen Vorteil wahrnehmen, kann es auf die Dauer solche Ungleichgewichte nicht geben".[6]

Der Neoliberalismus lieferte keine wissenschaftliche Analyse des Agrarproblems seiner Zeit, denn ein solches gab es ihm zufolge gar nicht. Da man in der Sozialen Marktwirtschaft lebte und da das Bauerntum selbst gar nicht die dirigistische Gesinnung seiner Verbandsführer teilte, die als Folge ihrer „Paritätsneurose"[7] die Regierungen zu Marktinterventionen trieben und sich dazu hergäben, „die Freiheit für ein Linsengericht zu verkaufen",[8] sondern vielmehr aus Männern und Frauen bestünde, „... die ihre Kräfte auf eigene Verantwortung zu regen gewohnt sind und sich nicht nach der Stellung unterwürfiger Staatsangestellter sehnen,"[9] erwartete man in kurzer Zeit ein goldenes Zeitalter des Agrarliberalismus. Diese Prognose ist bekanntlich genau so wenig eingetroffen wie die, daß sich das Einkommensproblem mit der Zeit entschärfen müßte. Im Gegenteil verschärfte es sich ständig, obwohl durch den Interventionismus die Preise gestützt wurden, obwohl die Mehrzahl der Landwirte unvermindert schwer arbeitete und zunehmend die Prinzipien kaufmännischer Rationalität übernahm (was nach Ansicht des Neoliberalismus hätte genügen sollen, die Einkommensnachteile auszugleichen) und obwohl technisch-ökonomische Rationalisierungen zuvor nie erlebten Umfangs Platz griffen wie die massenweise Einführung des Traktors und die Verbreitung des Mähdruschs.

Die Rolle des Neoliberalismus hatte in nichts anderem bestanden, als den Gegnern der agrarprotektionistischen Propaganda das nötige Vokabular bereitzustellen. Seine Unzulänglichkeit wurde von der späteren bürglichen Ökonomie voll erkannt.[10] Um 1960 stand fest, daß sich nicht die praktische Landwirtschaft umzuorientieren hatte, sondern die Agrartheorie, ein erster „Paradigmenwechsel" wurde fällig.

Inzwischen hatte die westdeutsche Wirtschaftstheorie durch Kontakte mit dem angelsächsischen Sprachbereich etwas von ihrer historischen Rückständigkeit aufgeholt. Sie entdeckte die neoklassische „Allgemeine Gleichgewichtstheorie" und die Wachstumstheorie, wandte beide auf ihre Problematik an und erkannte, daß die zuvor verbreiteten Dogmen nicht aufrechtzuhalten waren. In der nunmehrigen „neoklassischen" Phase der Agrarökonomik konnte das chronische Problem der Landwirtschaft in wachsenden Industrieländern wie folgt erklärt werden:[11]

Ist erst einmal ein gewisser Lebensstandard erreicht, so steigt die Nachfrage nach Agrarprodukten nur noch langsam, die zusätzliche Kaufkraft wendet sich vielmehr anderen Gütern zu. Die Wachstumsraten der Produktion von Rüben, Kartoffeln, Milch etc. müssen also kleiner sein als die Wachstumsrate der Gesamtwirtschaft. Andererseits führt der technische Fortschritt in der Landwirtschaft zu enormen Produktivitätsfortschritten, eine gegebene Menge an Produkten kann durch immer weniger Produktionsfaktoren – Boden, Arbeitskraft und Produktionsmittel – erzeugt werden. Wenn die Produktmenge aber infolge stagnierender Nachfrage nur wenig oder gar nicht steigen soll und die Produktivität steigt, so muß die Faktoreinsatzmenge reduziert werden, anderenfalls kommt es zu ständig größerem Angebotsüberhang, Preis- und Einkommenssenkungen oder aber, wenn der Staat die Agrarpreise stützt, zu einer endlosen Subventionsspirale und sich anhäufenden Überschüssen und zwar – entgegen der Deutung des Neoliberalismus – bei besonderer Tüchtigkeit der Landwirte und besonders hohem Produktivitätsfortschritt umso mehr.

Genau diese Situation besteht nach der neoklassischen Theorie in einer wachsenden industrialisierten Marktwirtschaft in chronischer Weise und die einzige Abhilfe liege darin, Produktionsfaktoren, vor allem Arbeitskraft, aus der Landwirtschaft abzuziehen. Durch den Produktivitätsfortschritt *könne* nicht nur die Nahrungsversorgung durch immer weniger Bauern erfolgen, sondern *müsse* sogar, weil nur dann sich die begrenzte landwirtschaftliche Einkommenssumme auf hinreichend wenige Anteile verteile, um jedem ein ausreichendes Einkommen zu sichern. Die Einkommensschere resultiere daraus, daß es immer noch zu viele Bauern gäbe und daß zu wenige abwanderten.

Zwar lassen sich gegen diese Erklärung zahlreiche Einwände im Detail erheben, etwa dergestalt daß die Erhöhung der Arbeitsproduktivität in der Landwirtschaft teilweise mit Qualitätsverschlechterungen und Umweltschäden erkauft sei und damit nur einen Fortschritt vortäusche. Im Ganzen besteht aber kein Zweifel, daß das neoklassische Erklärungsmuster in einem abstrakten Sinne zutreffend ist. Auch eine ökologisch einwandfreie Landwirtschaft würde heute bedeutend weniger Handarbeit erfordern als vor einigen Jahrzehnten und daß unter marktwirtschaftlichen Bedingungen ein Sektor Preis- und Einkommenseinbußen erleidet, wenn er über zu hohe Produktionskapazitäten verfügt und sie ausnutzt, ist ebenfalls richtig wie auch trivial.

Daß das neoklassische Paradigma zur Ideologie wurde lag nicht an seiner positiven Wahrheit oder Falschheit, sondern daran, was man aus ihm machte. Hier waren zunächst wissenschaftsimmanente Umstände maßgebend. Die bürgerliche Agrarökonomik hatte damals ein ungeheures Aha-Erlebnis. Endlich hatte man den insgeheim wohl schon längst als dürftig empfundenen Neoliberalismus überwunden und Anschluß an den sozialwissenschaftliche „Weltniveau" gefunden. Endlich argumentierte man in der Wissenschaft nicht mehr auf der Ebene des gesunden Menschenverstandes, sondern mit mathematischen Formeln. Nie zuvor und nie danach ist die bürgerliche Agrarökonomik besonders in ihren Kaderschmieden Göttingen und Hohenheim so selbstbewußt aufgetreten (was nicht zuletzt weniger überzeugte Studenten zu spüren bekamen) wie in den 60er Jahren, als sich in der praktischen Agrarpolitik die These von der Abwanderungsnotwendigkeit noch nicht durchgesetzt hatte bzw. mit Rücksicht auf Verbands- und Wahlinteressen noch nicht öffentlich ausgesprochen werden durfte. Agrarverbände, Bürokratie und Politiker waren bis etwa 1968 gegen die Abwanderung[12] und empörten sich über die Vorschläge der „Professoren".[13] Letztere wiederum betrachteten die in den Niederungen der agrarpolitischen Machtkämpfe agierenden Subjekte bis hin zum Landwirtschaftsminister als hilflose und mit Geduld zu belehrende Unwissende.

Daß die Mobilitäts- und Abwanderungsdoktrin in der agrarökonomischen Diskussion alle anderen Themen an die Wand drängen konnte läßt sich nicht auf ihre partielle „Richtigkeit" zurückführen. Wenn eine wissenschaftliche Aussage so viel Furore macht, dann vielmehr deshalb, weil sie einen politischen Konflikt direkt anspricht. Es fällt nicht schwer, die Interessenlage im vorliegenden Fall zu erkennen, es ging um die Existenz hunderttausender selbständiger Bauern. Wer nicht ohnehin aus der Landwirtschaft ausscheiden wollte (meist jüngere Leute) und auf der Liste der Abwanderungskandidaten stand, war gegen die Theorie. Dies war die große Masse kleinerer bis mittlerer Bauern. Ging es Mitte der 60er Jahre auch keineswegs allen von ihnen schlecht, so spürten sie doch, daß nur einige von ihnen auf die Dauer würden mithalten können und daß zu befürchten war, daß der Rest infolge fehlender betrieblicher Wachstumsmöglichkeiten würde ausscheiden müssen, sofern sie den Staat nicht zu immer höheren Hilfsleistungen würden zwingen können. *Für* die Theorie waren die nichtlandwirtschaftlichen Interessenverbände, welche sich einen Abbau des preistreibenden Agrarschutzes versprachen und innerhalb der Landwirtschaft diejenigen, welche sich zu den potentiellen Gewinnern des Abwanderungsprozesses rechnen konnten, also die großen und modernen Unternehmer. Der Deutsche Bauernverband und der Staat waren irritiert. Ersterer stand im Konflikt, daß bei fortgesetzter Massenabwanderung seine Anhängerschaft insgesamt und damit auch sein politisches Gewicht kleiner werden mußten, daß aber andererseits die „Modernisierung" der Landwirtschaft seiner aus größeren Agrarunternehmern und Gutsbesitzern bestehenden Führungselite zugutekam. Im staatlichen Bereich gab es wahltaktische Vorbehalte gegen eine Schrumpfung des bäuerlichen Bevölkerungsanteils, darüber hinaus war der Glaube, daß die „Landflucht" im Interesse der staatlichen Stabilität etwas Schädliches darstelle, wohl durchaus noch lebendig.

Schließlich siegten in Staat und Bauernverband die „objektive Notwendigkeit", d.h. es siegten die mächtigeren Interessen. Die neoklassische Doktrin wurde akzeptiert. Die Modernisierung der Agrarstruktur in Gestalt der Entfernung zahlreicher Kleinproduzenten aus dem landwirtschaftlichen Kernbereich schien innerhalb kapitalistischer Produktionsverhältnisse unabweisbar geworden zu sein. Sie überschwemmten die Märkte vor allem mit Milchprodukten („Butterberg"), entwickelten sich immer mehr zu Sozialfällen trotz der hohen Subventionen und okkupierten Boden, welchen die entwicklungsfähigen Betriebe dringend benötigten. Es war abzusehen, daß die Agrarpreisstützung eines Tages überhaupt nicht mehr zu bezahlen war. Der Strukturwandel wurde schließlich auch durch die Einrichtung des Gemeinsamen Agrarmarktes der EWG vordringlich, weil die westdeutsche Landwirtschaft sich nun gegen vielfach modernere Konkurrenten aus den Niederlanden und aus Frankreich behaupten mußte, und weil wichtige Agrarpreise in der EWG erheblich niedriger liegen mußten als vorher in der BRD.

In zweierlei Hinsicht war die neoklassische Doktrin – ungeachtet ihres ebenso richtigen wie trivialen Kerns – Ideologie: (1) Sie erklärte nicht nur die Schwierigkeiten des Agrarsektors, sondern sie wurde benutzt, die Existenzprobleme vieler Bauern zu *rechtfertigen*. Für die herrschenden Interessen war sie geradezu ein Geschenk des Himmels. Zwar haben sich die Agrarwissenschaftler in ihrer Mehrzahl dafür ausgesprochen, den Verdrängungsprozeß „sozial erträglich" zu gestalten. Aber solche wohlmeinenden Ermahnungen täuschten nicht darüber hinweg, daß die Doktrin letztlich zynisch war. Man brauchte gar nicht offen dafür einzutreten, das Leben der Abwanderungskandidaten möglichst unzumutbar zu machen, damit sie schneller aufgäben, damit sich die „Faktormobilität" im Interesse des „gesamtwirtschaftlichen Optimums" erhöhte. Es genügte, wenn man von der Notwendigkeit eines „gewissen Abwanderungsanreizes" sprach. Dann entwickelte sich in der öffentlichen Diskussion ganz von selbst die Meinung, daß Überarbeitung, schlechte Einkommens- und Lebensverhältnisse und seelische Verkrüppelung der ländlichen Unterschichten nicht Folgen politischer Entscheidungen wären, die man auch hätte anders treffen können und für die jemand verantwortlich war, sondern daß es Ergebnisse von Sachzwängen wären, an denen niemand Schuld hatte. Der Markt wäre eine naturgesetzliche Gewalt, gegen die sich zu stellen sinnlos wäre. Wer als Klein- oder Mittelbauer nicht den Gesetzen des Marktes genügen könnte, müßte untergehen, ebenso wie wenn er Opfer einer Krankheit oder einer Naturkatastrophe geworden wäre. Wer in den 60er Jahren dafür eingetreten wäre, den Verdrängungsprozeß der kleinen Landwirte zu unterbinden, hätte sich nicht nur dem Vorwurf ausgesetzt, die ökonomischen Gesetze der Marktwirtschaft zu ignorieren, sondern darüber hinaus wäre er als Romantiker denunziert worden, der die Zeit auf Kosten des wirtschaftlichen Fortschritts zurückdrehen wollte.

Es sei hier keineswegs geleugnet, daß berufliche Umschichtungen bei technisch-wirtschaftlichem Fortschritt nötig sein können. Im Übrigen hatte der personelle Schrumpfungsprozeß der Landwirtschaft auch eine sehr positive Seite, indem besonders zu Anfang das deutsche Landarbeiterwesen, bis nach 1945 ein Hort besonders anachronistischer Knechtschaft, nahezu vollständig hinweggefegt wurde. Die besitzlosen Landarbeiter hatten keinen Anlaß, ihrem ehemaligen Los nachzutrauern. Auch bei den Bauern bestand die Härte nicht so sehr darin, daß sie einen anderen Beruf hätten erlernen sollen, sondern daß sie meist überhaupt nichts lernen konnten, daß sie vom Selbständigen zum Hilfarbeiter abstiegen sowie daß ihr Eigentum an Produktionsmitteln ungeachtet aller korrekten „Bezahlung" infolge Geldentwertung, personengebundener Abfindungen etc. schrittweise in andere Hände überging. Dieser Vorgang erinnert an die früher in Europa und heute in der Dritten Welt durchgeführten Raubzüge, welche von K. Marx als „Ursprüngliche Akkumulation" bezeichnet wurden. All dies wäre in den letzten 25 Jahren auch ohne die Agrarwissenschaft geschehen. Sie kann sogar positiv für sich verbuchen, den falschen Versprechungen, mit denen zahlreiche Kleinbauernfamilien auf Jahre an Besitz und Schulden gebunden wurden, indem man ihnen fahrlässig oder vorsätzlich nicht vorhandene Entwicklungsmöglichkeiten einredete, ein Ende gemacht zu haben. Dennoch bestand ihre Hauptfunktion darin, in der Berufung auf „objektive Sachzwänge" das Unrecht, dem die Betroffenen ausgesetzt wurden, zu beschönigen, die Betroffenen selbst zu beschwichtigen und die sozialen Konflikte, die hätten ausbrechen können, kanalisiert zu haben.

(2) Der Inhalt der neoklassischen Doktrin war nichts weniger als die Behauptung, daß es jenseits des Marktes keine rationale politische Entscheidung über die Zahl der in der Landwirtschaft tätigen Menschen und ihre Einkommen, Lebensumstände und Selbstverwirklichungschancen geben könnte. Der Markt schriebe vor, daß über den Preismechanismus nur eine bestimmte Einkommenssumme in die Landwirtschaft fließen könnte, welche unter alle Bauern verteilt werden müßte. Reichte sie pro Kopf nicht hin, so müßten diejenigen, die zuviel da wären, das Feld räumen. Ein gegen die unmittelbare Marktkonstellation gerichteter politischer Wille wurde nicht ins Kalkül gezogen.

Heute wäre man in der wirtschaftspolitischen Administration wahrscheinlich froh, wenn in den vergangenen zwei Jahrzehnten einige hunderttausend Bauern weniger abgewandert wären, sofern es dadurch gegenwärtig einige hunderttausend Arbeitslose weniger gäbe. Die Milliarden, welche zur Subvention der unrentablen Kleinbetriebe zusätzlich hätten aufgewendet werden müssen, wären eine geringe Belastung gewesen im Vergleich zum von den staatlichen Funktionsträgern zu Recht gefürchteten sozialpolitischen Dynamit, welches sich bei lang andauernder Arbeitslosigkeit ansammelt. Aus ökologischen Gründen erscheint die Form, wie sich die Landwirtschaft vielfach „angepaßt" hat, ebenfalls irrational und zwar nicht nur für den, der der vermeintlich naturverbundeneren altväterlichen Bäuerlichkeit nachtrauert. Ist auch oben erwähnt worden, daß eine ökologisch gesunde Landwirtschaft nicht das Arbeitspotential früherer Zeiten voraussetzte, so ist andererseits klar, daß eine Gesellschaft, welche unter kritikloser Ausnutzung aller vorhandenen Rationalisierungsmöglichkeiten die landwirtschaftlichen Naturprodukte mit einem Minimum an Handarbeit bereitzustellen bestrebt ist und dabei mögliche längerfristige Folgen eines solchen Vorgehens geradezu aggressiv verdrängt, nicht rational handelt, sondern eher wahnwitzig.

Die Beispiele zeigen, daß eine kapitalistische Gesellschaft sich der Logik des Marktes noch so treu unterwerfen und dabei dennoch Rationalitätsmaßstäben zuwiderhandeln kann, die mindestens partiell auch ihre eigenen sind. Konzediert man selbst, daß die Vertreibung der landwirtschaftlichen Kleinproduzenten nicht ein blinder Machtakt, sondern durchaus Ergebnis einer auf Effizienzsteigerung angelegten systematischen Entwicklung war, so war sie doch bestenfalls eine Optimierung im Interesse des Augenblicks, die nun, wenige Jahre später, schon wieder fragwürdig ist. Es hätte auch in den besten Zeiten des Wirtschaftswachstums sehr wohl Anlaß zu politischem Argumentieren gegeben, zum kritischen Fragen, inwieweit die augenblicklichen Marktkonstellationen der Weisheit letzter Schluß gewesen wären. Ein Effekt der neoklassischen Dogmatik jener Zeit war, daß diejenigen Agrarwissenschaftler, welche zum politischen Argumentieren noch in der Lage waren und sich nicht als Vollzugsbeamte einer höheren Objektivität verstanden, kaltgestellt wurden.

In diesem Punkte blieb die Neoklassik sogar mit dem Neoliberalismus einig, nämlich in der Diskreditierung politischen Handelns als solchem. Soweit Politik nicht Vollzug des Marktwillens – und damit ohne eigenen Willen – war, müßte sie auf verlorenem Posten stehen und könnte langfristig nur alles schlechter machen. Sie könnte Härten mildern und Reibungsverluste verringern, welche in der Regel Spätfolgen vorheriger, noch marktfernerer und damit noch schlechterer Politik wären. Größere politische Vorhaben wurden selbst dann abgelehnt, ja wie im Falle des „Mansholt-Planes"[14] geradezu verhöhnt, wenn sie von der Tendenz her marktkonform waren, indem sie einen marktfernen Ist-Zustand einem dem Marktgleichgewicht offensichtlich näheren Soll-Zustand angleichen wollten. Man mißtraute der politischen Handlung grundsätzlich.

Die Neoklassik war in vollkommener Weise Ausdruck des Zeitgeistes kapitalistischer Schönwetterperioden, in welchen Herrschaft und Ausbeutung vielfach weniger unmittelbar empfunden bzw. den weniger glücklichen Randgruppen wie hier den Bauern als „Sachzwänge" ausgelegt werden können. Treffend kam dies schon sprachlich zum Ausdruck, indem man die Lösung der Agrarprobleme nicht in einer aktiven politischen Bewältigung einschließlich des Austragens von Interessengegensätzen sah, sondern in der Anpassung an objektive Erfordernisse. Alle säßen im gleichen Boot und hätten sich nur „anzupassen".

Seit einiger Zeit ist es um die Anpassungsdoktrin wieder still geworden, sie ist von der historischen Entwicklung in einer Weise entwertet worden, wie es für eine sozialwissenschaftliche Theorie tödlich ist: Sie erweist sich nicht als Irrtum in der Sache und wird widerlegt – womit sie immerhin wesentliche Impulse gegeben haben kann – sondern sie wird einfach irrelevant.

Wenn alle wesentlichen ökonomischen Agrarprobleme aus disproportionalem Wachstum und mangelhafter Anpassung des Faktoreinsatzes herrührten, so hätte der Problemdruck im Agrarbereich bei nachlassendem gesamtwirtschaftlichen Wachstum und daher schwächerem Anpassungszwang auch geringer werden müssen. In der Tat hat sich zwar – wie man aus der Theorie hätte vorhersagen können – die Einkommenssituation für einen Teil der Landwirtschaft relativ gebessert und für einen kleinen Teil sogar überaus positiv entwickelt. Nur hat sich dadurch nicht die „Agrarfrage“ gelöst. Es zeigt sich vielmehr, daß die Agrarökonomie mit der Anpassungsdoktrin letztlich auch einer grandiosen Selbsttäuschung aufgesessen war. Sie nahm an, mit den kunstvollen Modellen der Neoklassik „das Agrarproblem“ von Industrieländern in zeitloser Weise erfaßt zu haben. Wenn sie aber den heutigen Problemen hilflos gegenübersteht, so befand sie sich damit offensichtlich im Irrtum.

Seit Nachlassen des Wachstums und weltweiter Verschärfung der Krise des Kapitalismus staut sich auch im Agrarbereich ein Konfliktpotential an, welches technokratischer Lösung durch „Anpassung“ offenbar unzugänglich ist, vielmehr nach fundamentalen gesellschaftlichen Umorientierungen verlangt. Ohne Anspruch auf Systematik seien einige Aspekte herausgegriffen: (1) Das jahrzehntelang teils bemäntelte, teils echt verzögerte, nun aber offenere Eindringen außerlandwirtschaftlichen Kapitals sowie die zunehmende sozioökonomische Distanzierung der „großen“ von den „kleinen“ Betrieben lassen es immer fragwürdiger werden, die Landwirtschaft selbst in vordergründigen Fragestellungen als einen homogenen Sektor aufzufassen. Daß dieser Sektor strukturell vielfältig ist, ist nicht so sehr das Novum als vielmehr die Tatsache, daß er immer weniger wie in der Vorstellung der Neoklassik ein wirtschaftliches Objekt ist, welches brav und passiv auf Marktsignale und agrarpolitische Eingriffe reagiert. Statt dessen entstehen in ihm und noch mehr an seinen Rändern wirkliche ökonomische Subjekte, die selbst Marktdaten setzen und gegeneinander und auch gegen den Staat und andere gesellschaftliche Gruppen Politik treiben. Ein auch für andere Länder wie etwa Frankreich typischer Agrar-kapitalistischer Komplex hat mit dem biederen Mengenanpasser der agrarökonomischen Lehrbücher nicht mehr viel gemein. Zum einen tritt die Klassenstruktur innerhalb der Landwirtschaft (die früher sprichwörtlich bekannt war: „Herr – Knecht“) wieder deutlicher, wenn auch verändert hervor, zum anderen rückt die Zeit näher, in der es keine autoritäre staatliche Agrarpolitik mehr gibt und sie statt dessen ebenso wie heute in vielen industriellen Bereichen ihrerseits Spielball mächtiger agrarischer Konzerninteressen wird.

(2) Die traditionell als „Agrarstruktur“ und „Landeskultur“ bezeichneten Problembereiche haben, erweitert um Belange von Umwelt- und Naturschutz, Landschaftspflege, Infrastruktur etc. ein Gewicht erhalten, welches nicht mehr zuläßt, sie aus der analytischen Theorie auszuklammern und deskriptiven Nebenfächern zuzuweisen. Nicht trotz, sondern gerade wegen der zügigen „Anpassung“ durch Abwanderung sind einige der auf viele Jahre hinaus brisant bleibenden Problem erst richtig akut geworden wie z.B. die Anwendung umweltschädlicher (mit dem Hinweis auf Arbeitskräftemangel legitimierter) Produktionshilfsmittel wie Pestizide und die kulturelle und infrastrukturelle Benachteiligung weniger entwickelter Landesteile.

(3) Durch die Verschlechterung der Welternährungslage und die zunehmenden Krisen des Welthandels wird der Agrarsektor in weltweite politische Auseinander-

setzungen hineingezogen, die oft primär gar nicht landwirtschaftlichen Inhalts sind. Der Weltgetreidehandel ist ein Politikum allerersten Ranges, entscheidet über Krieg und Frieden und spottet jeder ökonomistisch verengten Auslegung. Von den Weltrohstoffmärkten über die Umweltszene, der Energiedebatte bis zum traditionellen Gehader in der EWG-Agraradministration – wohin man blickt, findet man nirgends Verhältnisse aus der Vorstellungswelt der neoklassischen Agrartheorie in Gestalt zwar durch menschlicher Unvernuft gestörter aber ursprünglich harmonischer und Gleichgewichten immer wieder zustrebender Märkte. Man findet statt dessen politische Konflikte. Wie könnte es auch anders sein, warum sollte gerade der Bereich der Nahrungsbeschaffung und damit physischen Existenzsicherung des Menschen von Klassenauseinandersetzungen ausgespart bleiben? Ein Blick gerade auf die deutsche Agrargeschichte zeigt, daß er vielmehr stets im Mittelpunkt gestanden hat.[15]

Wie schon erwähnt, müßten gegenwärtig, bei wenig Wachstum und nur geringem Anpassungszwang, sehr gemütliche Zeiten in der Agrarszene herrschen, wenn die Neoklassik entsprechend ihrem Selbstbild das letzte Wort in der Agrartheorie gewesen wäre. Sie herrschen aber nicht einmal an der Oberfläche und es sei hier ausdrücklich prognostiziert, daß sie einem bald über den Kopf wachsen werden. Gemeinsam ist ihnen allen, daß es sich um *politische* Probleme handelt, denen mit Gleichgewichtsmodellen und Computern nicht beizukommen ist. Seit Anfang der 70er Jahre ist in der westdeutschen Agrarökonomik ein neuer Paradigmenwechsel überfällig, der aber diesmal auf sich warten läßt. Vielmehr scheint sich die Wissenschaft in einer ausgesprochenen Krise zu befinden, zeigt sich dies doch immanent schon daran, daß die Zahl grundsätzlicher und vorwärtstreibender Schriftstücke in Fachzeitschriften im Vergleich zu den 60er Jahren stark abgenommen hat.[16] Makroökonomische und agrarpolitische Lehrbücher, sogenannte „Standardwerke", sind seit Jahren nicht mehr erschienen. Noch auffälliger ist aber der Verlust an Relevanz für die Praxis und damit auch an Selbstbewußtsein. Früher, wie beim sogenannten „Professorengutachten", hatten sich die praktischen Agrarpolitiker mit den Wissenschaftlern wenigstens offen gestritten, und die letzteren hatten sich einen Genuß dabei verschaffen können, die unwissenschaftlichen Praktiker zu belehren. Heute handeln die Politiker zwar genauso widersprüchlich wie damals, aber sie tun es auf eigene Verantwortung und lassen die Wissenschaftler unter sich diskutieren. Während der Wachstumsperiode bis etwa 1972 hatten die Politiker nur zu viele Ratschläge von den Wissenschaftlern erhalten, wie sie sich an die höhere Objektivität des Marktes anzupassen hätten. Heute, da eine wissenschaftliche Politikberatung umso dringender wäre, sind viele der akademischen Besserwisser verstummt. Nun rächt es sich, daß man das Politische aus einer einmal „Agrarpolitik" genannten Disziplin gründlich eliminiert hatte.

Die einzelnen agrarökonomischen Strömungen haben auf die neue Situation unterschiedlich reagiert. Die einen meinen, daß, „nachdem über viele Bereiche hinweg die Grundsatzprobleme der Agrarpolitik einer Klärung zugeführt werden konnten..."[17] man nunmehr zur "normal science", zur Verfeinerung, Quantifizierung und Abrundung zurückkehren könne. Für diese Gruppierungen ist die wissenschaftliche Welt noch in Ordnung, wie nicht zuletzt ihre Konzessionen an die neue Zeit zeigen. Der Politisierung der Agrarprobleme meinen sie in der Weise gerecht zu werden, daß sie die auch in Westdeutschland modisch werdende, treffend als "apolitical politics"[18] apostrophierte, sogenannte „Ökonomische Theorie der Politik" in ihr bisheriges System nur zu integrieren hätten.

Diese noch weit verbreitete Auffassung sieht die Aufgabe des Wissenschaftlers weniger darin, die Realität in mühsamer induktiver Arbeit begrifflich zu fassen. Es genüge, sich eine harmonistische Konstruktion zu bauen, die Realität an dieser zu messen und für den Fall bestehender Diskrepanzen den Kopf zu schütteln. Daß es auf die Dauer so bequem nicht bleiben wird, wird allerdings auch in der bürgerlichen Agrarwissenschaft gesehen: „Die Zeit der normalen Wissenschaft, des (neo) „klassischen" Paradigmas in der Agrarökonomie, geht augenscheinlich ihrem Ende entgegen; ... Die Dauerkrise in der Agrarsoziologie bekommt ihr – möglicherweise niveauvolleres – Pendant in einer „pluralistischen" Agrarökonomie."[19]

Interessant ist, wie und wohin sich zwei andere Gruppen von der neoklassischen Dogmatik schon entfernt haben. Bereits im Jahre 1970 war eine von ihnen aus der marktwirtschaftlichen Einheitsfront ausgeschert.[20] Sie stellte fest, daß im Agrarsektor die Preise ihre Steuerungsfunktion verfehlten. Zum damaligen Zeitpunkt war der Druck auf die Agrareinkommen besonders stark und die Abwanderung entsprechend hoch, der Anpassungsprozeß lief auf vollen Touren. Es handelte sich aber insofern um eine Fehlanpassung als durch die schlechte Ertragslage weniger die ganz kleinen Betriebe in Bedrängnis gerieten (welche vielmehr einfach den Gürtel enger schnallten), sondern die mit nicht abweisbaren Kosten belasteten fortschrittlichen Betriebe, welche man zu erhalten trachtete. Diese sehr realistische Diagnose veranlaßte die Autoren zu einem Reformvorschlag, welcher allerdings von ihren Kollegen als Verrat an den marktwirtschaftlichen Prinzipien verstanden wurde und es in der Tat auch war: Der Staat sollte festlegen, wieviele Betriebe in jede Region paßten und genau soviele sollte er fördern. Die Agrarpreise sollten gehoben werden, um die Landwirtschaft wieder rentabel zu machen, gleichzeitig müßten aber bei dem zu erwartenden Anreiz zur Überproduktion die Betriebe mit Mengenkontingenten belegt werden. Die nicht entwicklungsfähigen Betriebe sollten nach einem Sozialplan liquidiert werden.

Die größte Ungeheuerlichkeit hieran war das Plädoyer für die Mengenkontingentierung. Der Staat sollte nicht nur entscheiden, wieviele landwirtschaftliche Betriebe es geben sollte (was der „Mansholt-Plan" wenige Jahre zuvor auch indirekt vorgesehen hatte), sondern sogar, wieviel von welchen Produkten jeder von ihnen herzustellen hätte. Das war die reine Zentralverwaltungswirtschaft.[21] Noch interessanter als die Tatsache, daß ein solcher Vorschlag von Wissenschaftlern, an deren konservativ-antisozialistischer Grundhaltung kein Zweifel bestand, unterbreitet werden konnte, war, daß er offenbar ein Schuß ins Leere war. Wäre er nur systemwidrig und administrativ undurchführbar gewesen, hätte aber der wirtschaftspolitischen Interessenlage entsprochen, so wäre er selbst oder es wären Neuauflagen von ihm bis heute sicherlich ständig im Gespräch geblieben. Daß dies nicht eintrat, kann als Indiz dafür gewertet werden, daß einer weiteren Stärkung der staatlichen Agrarbürokratie inzwischen mächtige Interessen entgegenstehen.

Sechs Jahre später wird nunmehr von anderen Wissenschaftlern ein weiterer agrarpolitischer Reformvorschlag unterbreitet.[22] Auch er hält daran fest, daß es zu viele Landwirte gäbe. Wie ihre Vorgänger meinen auch seine Autoren, daß allein preispolitisch weder zu einem Gleichgewicht auf den Agrarmärkten noch zu einer gleichgewichtigen (d.h. kleineren) Menge an Produktionsfaktoren, insbesondere an Arbeitskraft, in der Landwirtschaft zu gelangen sein. Um die Preise schrittweise senken zu können, den Abwanderungsanreiz zu erhöhen und dennoch soziale Härten zu mildern, sollte das Einkommen der Landwirte aus zwei Komponenten bestehen. Nur ein Teil sollte über die Preise gedeckt werden, der andere Teil sollte aus personengebundenen Transfers bestehen, die diejenigen Landwirte, welche ihre Betriebe weiterführen wollten, als eine Art Rente kassieren würden, diejenigen aber, welche ausscheiden wollten, sich auszahlen lassen könnten. Das Ganze wäre ein Vorhaben, bei dem heute entschieden würde, das Einkommen des landwirtschaftlichen Sektors für die Zukunft zu senken, ohne daß die heutige Generation von Betriebsinhabern schon betroffen wäre.

Eine eingehende Würdigung dieses Vorschlags kann hier nicht erfolgen, wir können nur fragen, wie er sich zur „reinen" neoklassischen Doktrin verhält. Unverändert wird zwar die (wie wir gesehen haben, anfechtbare) Auffassung vertreten, daß es zu viele Bauern gäbe und als Beleg für dieses Urteil dient der Markt. Der Markt ist also noch immer letzte Instanz des Ökonomen, er hat sich keineswegs von ihm emanzipiert. Aber dies Bekenntnis zum Markt ist nicht mehr das einer von Missionsstreben erfüllten Priesterschaft, vielmehr klingt es wie aus einer ziemlich erstarrten Gebetsmühle. War das Motto der selbstbewußten Ökonomen früherer Zeiten: „Die Politiker können wollen was sie mögen, der Markt ist die einzige Wahrheit und wir sind seine Verkünder", so heißt es heute: „*Wenn* die Politiker das Marktgleichgewicht herbeiführen wollen, dann müssen sie so verfahren wie wir ihnen raten". Man verhehlt nicht, daß sie immer gut beraten wären, das Marktgleichgewicht anzustreben, aber die neue Haltung der Wissenschaftler impliziert doch, daß ein Politiker, der sich einmal anders entschiede, deshalb noch ernst genommen werden könnte. Auch ihn würde man beraten und auf die Konsequenzen seiner Entscheidung hinweisen.

Verfolgt man die Entwicklung der Agrarökonomie von der Blütezeit der Neoklassik in den 60er Jahren bis heute, so wird man Zeuge des Verschleißes einer einstmals zündenden Idee und bemerkt statt dessen eine, freilich unzureichende, Aufwertung des Politischen. Konnte die planwirtschaftliche Utopie von 1970 noch als unverständliche Entgleisung abqualifiziert und dann möglichst schnell totgeschwiegen werden, so ist dies bei dem seriösen Reformvorschlag von 1976 nicht mehr möglich. Zwar ist es auch das Bestreben des Letzteren, dem vom Markt vorgegebenen Idealzustand näher zu kommen, jedoch wird der Staat vor die Wahl gestellt, dieses Votum zu teilen oder nicht. Auch wird ihm zugetraut, das Marktgleichgewicht durch eine großangelegte, sich über Jahrzehnte erstreckende, Aktion überhaupt herbeiführen zu können. Dabei werden ihm Kontroll- und Administrationsbefugnisse zugestanden, welche in der Diskussion vor zehn Jahren undenkbar gewesen wären.

Ist das Gutachten von 1976 für den gegenwärtig fortgeschrittensten Teil der bürgerlichen Agrarökonomik in der BRD repräsentativ, so ist es auch Ausdruck einer schweren Krise. Einerseits verfügt sie über keine wenigstens *abstrakte* Einsicht mehr, hinsichtlich derer sie den praktischen Politikern voraus wäre. Ihre ursprüngliche Leitidee ist durch Konzessionen an die Politik aufgeweicht worden. Andererseits ist ihre Wendung zum Politischen halbherzig, von einem Begreifen des politischen Konfliktpotentials kann keine Rede sein. Dokumente, die ein solches Begreifen erkennen lassen, finden sich vielmehr nur ganz vereinzelt.[23] Die Abstraktion von der wirklichen Politik dürfte auch dem Reformvorschlag von 1976 zum Verhängnis werden, denn die politischen Entscheidungsträger können bei den pessimistischen Prognosen über die gesamtwirtschaftliche Arbeitsmarktlage auch künftig kein gesteigertes Interesse an der Herstellung des Marktgleichgewichtes im Agrarsektor und damit an höherer Abwanderung besitzen. Im Moment besteht vielmehr eher die Bereitschaft, das bestehende System trotz hoher finanzieller Belastungen bestehen zu lassen. Außerdem haben die Reformer von 1976 die Rechnung ohne die, wie oben vermerkt, inzwischen erstarkten Wirtschaftssubjekte gemacht, welche an einer Änderung des bestehenden Agrarpreissystems deshalb kein Interesse haben, weil sich an ihm auch vorzüglich verdienen läßt.

Die gegenwärtige wissenschaftliche Agrarökonomik sitzt zwischen den Stühlen: Einerseits ist sie nicht mehr ideologische Tugendwächterin wie einst, sondern empfindet sich – durchaus wohltuend bescheiden – als ein sozialtechnologischer Beratungsdienst. Sie erfindet Tricks, wie man dem marktwirtschaftlichen Idealzustand künstlich näher kommen kann, hat man doch die Hoffnung aufgegeben, daß er sich jemals von allein einstellen wird. Andererseits wird ihr ironischerweise dieser Sprung über den Schatten nicht honoriert: Die praktischen Politiker winken ab, weil sie andere Sorgen haben. Sie spüren besser als die Wissenschaftler, daß die auch im Agrarbereich am Horizont auftauchenden großen Probleme sich durch sozialtechnologische Tricks nicht mehr werden bewältigen lassen. Um sie wenigstens analysieren zu können bedürfte es eines neuen Leitbildes, einer wirklichen Politischen Ökonomie der Landwirtschaft. Das aber ist die gegenwärtige bürgerliche Agrarökonomik nicht.

Anmerkungen

1 Soweit wissenschaftstheoretische Fragen angesprochen werden, beherrscht in der westdeutschen Agrarökonomik eine überaus dogmatische und naiv-buchstabengläubige Rezeption der Werke K. R. Poppers das Feld. vgl. G. Schmitt: Zur Methodologie der agrarsozialökonomischen Forschung, in: Agrarwirtschaft, Jg. 14, S. 32 ff. (1965); Derselbe: Zum Verhältnis der Agrarökonomik zur Agrarpolitik, in: Agrarwirtschaft, Jg. 21, S. 213 ff. (1972).

2 Zur ausführlicheren Darstellung, jedoch ohne die neuere Entwicklung, vgl. meine Broschüre: Zur Kritik der bürgerlichen Agrarökonomie, Plakat-Bauernverlag, H. 6, Stuttgart Offenbach 1974, 111 S. Dort auch Literaturhinweise und weitere Belege für hier vertretene Positionen.

3 Die vorliegenden Ausführungen beziehen sich nicht auf die in mancher Beziehung abweichende Entwicklung in der landwirtschaftlichen Betriebswirtschaftslehre. Auch Sondergebiete wie die Währungspolitik sind nicht angesprochen.

4 Vgl. C. Puvogel: Der Weg zum Landwirtschaftsgesetz, Bonn München 1957.

5 Das politische Weltbild des Neoliberalismus sowie schon aus der Weimarer Zeit zu belegende unliberale und antidemokratische Vorurteile seiner maßgeblichen Exponenten arbeitet überzeugend heraus U. Runge: Antinomien des Freiheitsbegriffs im Rechtsbild des Ordoliberalismus. Reihe Juristische Studien, hrsgg. v. Mitgl. d. Fachber. Rechtswiss. d. Univ. Tübingen, Bd. 27, Tübingen 1971.

6 H. Niehaus: Das Bauerntum in Wirtschaft und Gesellschaft, in: Agrarpolitik in der Sozialen Marktwirtschaft, Wortlaut der Vorträge und Diskussion auf der 5. Arbeitstagung der Aktionsgemeinschaft Soziale Marktwirtschaft am 13. 3. 1956 in Bad Godesberg, Ludwigsburg 1956, S. 16. Weitere Dokumente neoliberaler Agrarideologie: Derselbe: Leitbilder der Wirtschafts- und Agrarpolitik in der modernen Gesellschaft, Stuttgart 1957; R. Plate: Marktstellung der Landwirtschaft und Disparität, in: Hilfe zur Selbsthilfe für die Landwirtschaft, Aktionsgemeinschaft Soziale Marktwirtschaft, Tagungsprotokoll Nr. 10, Ludwigsburg 1958, S. 64 ff.

7 H. Niehaus: Leitbilder ..., a.a.O., S. 237.

8 Ebenda, S. 246.

9 Ebenda, S. 210.

10 Vgl. G. Schmitt: Landwirtschaft in der Marktwirtschaft: Das Dilemma der Agrarpolitik, in: D. Cassel, G. Gutmann und H. J. Thieme (Hrsg.): 25 Jahre Marktwirtschaft in der Bundesrepublik Deutschland, Stuttgart 1972, S. 329 ff.

11 Vgl. G. Schmitt: Landwirtschaft in der Marktwirtschaft..., a.a.O., A. Hanau: Die Stellung der Landwirtschaft in der Sozialen Marktwirtschaft, in: Agrarwirtschaft, Jg. 7, S. 1 ff. (1958), R. Plate und G. Neidlinger: Agrarmärkte und Landwirtschaft im Strukturwandel der 70er Jahre, Hiltrup bei Münster 1971.

12 Als Wendepunkt kann auf EWG-Ebene der sog. „Mansholt-Plan" (Memorandum zur Reform der Landwirtschaft in der Europäischen Wirtschaftsgemeinschaft, Brüssel 1968) und in der BRD das nach dem damaligen Landwirtschaftsminister Höcherl benannte Agrarprogramm angesehen werden (Arbeitsprogramm für die Agrarpolitik der Bundesregierung, hrsgg. vom BML, Reihe Landwirtschaft – angewandte Wissenschaft, H. 134, Hiltrup bei Münster 1968).

13 „Wirkung einer Senkung der Agrarpreise im Rahmen einer gemeinsamen Agrarpolitik der EWG auf die Einkommensverhältnisse der Landwirtschaft in der BR Deutschland." Gemeinsames Gutachten von Mitgliedern des wissenschaftlichen Beirats beim BML und von wissenschaftlichen Beratern der Kommission der EWG, Brüssel, Juni 1962. Dieses „Professorengutachten" schlug wie eine Bombe in die Diskussion ein, bekanntere Fassung: R. Plate, E. Woermann, unter Mitarbeit von D. Grupe: Landwirtschaft im Strukturwandel der Volkswirtschaft, in: Agrarwirtschaft, Sonderheft 14, Hannover 1962.

14 Vgl. Anmerkung 12.

15 Vgl. H.-J. Puhle: Agrarische Interessenpolitik und preußischer Konservativismus, Hannover 1971; Derselbe: Politische Agrarbewegungen in kapitalistischen Industriegesellschaften, Göttingen 1975.

16 Vereinzelten Ansätzen der Problemformulierung (Ausnahme vgl. Anm. 23) feht völlig der zündende Funke, wie er für die guten Darstellungen der Abwanderungsdoktrin (vgl. z. B. Hanau, 1958, vgl. Anm. 11) oder erst recht die Kontroverse um 1970 (vgl. Anm. 21 typisch war, sie sind vielmehr regelrecht langweilig. Vgl. etwa: G. Schmitt: Zukünftige Forschungsaufgaben im Bereich der Agrarpolitik, in: Derselbe und H. Albrecht (Hrsg.): Forschung und Ausbildung im Bereich der Wirtschafts- und Sozialwissenschaften des Landbaues, Schr. d. Ges. f. Wirtsch.- u. Soz.-Wiss. d. Landbaues e. V., Bd. 12, München Bern Wien 1975, S. 193 ff., sowie die anderen Beiträge in diesem Band; vgl. ferner: D. Schmidt und G. Schmitt: Auf dem Wege zu einer positiven ökonomischen Theorie der Agrarpolitik, in: Berichte über Landwirtschaft, Bd. 52, S. 521 ff. (1975). Statt dessen findet man ebenso pedantische wie selbstbeweihräuchernde Retrospektiven, vgl. G. Schmitt: Entwicklung und Stand der wissenschaftlichen Agrarpolitik im Spiegel von 25 Jahren „Agrarwirtschaft", in: Agrarwirtschaft, Jg. 26, S. 23 ff. sowie die anderen Beiträge im Heft 1 (1977) dieser Zeitschrift.

17 G. Schmitt: Entwicklung und Stand..., a.a.O., S. 39.

18 Vgl. C. A. McCoy und J. Playford (eds.): Apolitical Politics, A Critique of Behaviourism, New York 1969, ferner: C. B. Macpherson: Demokratietheorie, München 1977, insbes. S. 225 ff: Markwirtschaftliche Begriffe in der politischen Theorie. Vgl. auch in dieser Zeitschrift: E. Schlicht: Die Theorie der kollektiven Entscheidung und der individualistische Ansatz, in: Leviathan, Jg. 2. S. 265 ff. (1974).

19 F. Kromka: Deutsche Agrarsoziologie am Ende?, in: Agrarwirtschaft Jg. 27, S. 38 (1978).

20 Vgl. G. Weinschenck und W. Henrichsmeyer: Landwirtschaft bis 1980, in: Agrarwirtschaft Jg. 19, S. 1 ff. (1970), G Weinschenck: Agrarpolitik in diesem Jahrzehnt, in Landwirtschaft 1980, aus den öffentlichen Anhörungen des Ausschusses für Ernährung, Landwirtschaft und Forsten des Deutschen Bundestages „Zur Sache" 2/71, Themen parlamentarischer Beratung, hrsgg. vom Presse- und Informationszentrum des Deutschen Bundestages, Bonn 1971, S. 167 ff.

21 Vgl. die sich am Artikel von G. Weinschenck und W. Henrichsmeyer (vgl. Anm. 20) entzündende Debatte zwischen diesen Autoren und ihren Gegnern Plate und Böckenhoff in den Heften 1, 3, 4 und 5 (1970) der „Agrarwirtschaft".

22 U. Koester und S. Tangermann: Alternativen der Agrarpolitik. Eine Kosten-Nutzen-Analyse im Auftrag des Bundesministeriums für Ernährung, Landwirtschaft und Forsten, in: Landwirtschaft- angewandte Wissenschaft, H. 182, Münster Hiltrup 1976.

23 Vgl. Th. Heidhues: Einige agrarpolitische Krisenherde bei veränderten gesamt- und weltwirtschaftlichen Rahmenbedingungen, in: Agrarwirtschaft, Jg. 25, S. 232 ff (1976).

Ulf Baumgärtner

Zur Diskussion der Agrarfrage in Frankreich

1. Einleitung

1971 ist in der Bundesrepublik das Buch von Bernard Lambert „Bauern im Klassenkampf" erschienen.[1] Es hat sicherlich keine große Verbreitung unter unseren Bauern gefunden und hat die Agrardiskussion innerhalb der westdeutschen Linken nicht sehr bereichert – weil es die kaum gibt.

Ganz anders in Frankreich: hier ist Lamberts Buch ein Standardwerk für linke Bauernpolitik geworden und für alle, die sich mit der Agrarfrage beschäftigen, der theoretische Ausdruck eines neuen Bewußtseins in der Bauernbewegung.

Bernard Lambert selber, seine Biographie, spiegeln den langen Weg eines Teiles der französischen Bauern wider vom alten Bündnis mit der Bourgeoisie (das auf die gemeinsame Revolution von 1789 und die gemeinsame Konterrevolution von 1871 zurückgeht) über den modernistischen Aufbruch ungefähr mit Beginn der V. Republik (1958), der die hoffnungsschwangere Illusion eines möglichen dritten Weges für die Landwirtschaft verbreitete, bis hin zur Entstehung einer Bauernlinken – als Ergebnis einer ständig sich verschärfenden Agrarkrise.

Lamberts Buch ist zugleich eine Abrechnung mit dem Reformismus der christlichen Landjugendbewegung (JAC) und des Jungbauernverbandes CNJA und ein erster Versuch, die ökonomischen Veränderungen in der bäuerlichen Landwirtschaft und ihre sozialen und politischen Folgen theoretisch zu erfassen. Die Veränderungen sind weitergegangen und ebenso die Versuche, die bäuerliche Existenz in einer kapitalistischen Gesellschaft zu interpretieren.

Im Folgenden werden einige alte und neue Versuche dieser Art dargestellt.

Zum besseren Verständnis der aktuellen Diskussion scheinen ein paar Hinweise auf ihren ökonomischen und politischen Hintergrund erforderlich.

2. Zum Hintergrund der französischen Agrardiskussion[2]

2.1. Die Lage der französischen Landwirtschaft

In der französischen Landwirtschaft hat sich nach dem Zweiten Weltkrieg eine ähnlich rasante Entwicklung der Produktivkräfte abgespielt wie in anderen westlich-kapitalistischen Ländern. So stieg die Anzahl der Traktoren von 35 000 im Jahre 1945 auf 1,2 Millionen im Jahre 1970; der Mineraldüngerverbrauch pro ha im selben Zeitraum von 40 auf 158 kg. Die jährliche Wachstumsrate der Arbeitsproduktivität betrug im Zeitraum 1954-72 in der Landwirtschaft 5,9 % gegenüber 5,4 % in der Gesamtwirtschaft.

Und auch in Frankreich haben die Produktivitätssteigerungen zu einem Rückgang der landwirtschaftlichen Arbeitskräfte geführt: in der Zeit von 1955-1970 ging die Anzahl der landwirtschaftlichen Betriebe von 2,3 auf 1,4 Millionen, d. h. um ca. 40 % zurück, und für 1985 rechnet man mit ca. einer Million Betriebe. Die Abwanderungsrate männlicher Arbeitskräfte aus der Landwirtschaft lag in den 20er Jahren bei 30-40 000 pro Jahr, und stieg nach dem Zweiten Weltkrieg auf 70 000 pro Jahr.

Das Besondere an der französischen Entwicklung ist, daß sie zu ausgeprägten regionalen Unterschieden geführt hat und vergleichsweise frühzeitig von einer staatlichen Agrarpolitik der aktiven Strukturbereinigung begleitet und gefördert wurde. So erzeugen die Betriebe in der landwirtschaftlichen Intensivregion des Pariser Beckens (weniger als 10 % der Gesamtzahl) mehr als 1/3 des gesamten landwirtschaftlichen Produktionswertes, während auf der anderen Seite – vor allem in bergigen Regionen und in den traditionellen Kleinbauerngebieten Südfrankreichs) – 45,7 % der Betriebe mit einem Bruttojahreseinkommen von unter 10 000 Francs dahinvegetieren. Die Selektivität staatlicher Agrarpolitik läßt sich z. B. daran ablesen, daß seit 1968 die Hälfte aller Finanzhilfen für Rindviehhaltung an Betriebe mit mehr als 50 Stück Vieh ging.

Deutlicher als anderswo ist in Frankreich auszumachen, wie Kapitalisierung und Konzentration der vor- und nachgelagerten Industrie als Motor der Entwicklung in der unmittelbaren landwirtschaftlichen Produktion selbst gewirkt haben und wirken. In der Milchverarbeitung z. B. stieg die eingesammelte Menge 1960-68 um 70 % und die Produktion von Magermilchpulver um 700 %, 1960-70 verschwanden 3000 Molkereien, was einem Rückgang um 50 % entsprach. Gleichzeitig (1963-69) ging die Anzahl der kuhhaltenden Betriebe um 20 % zurück – und das bei einer parallelen Produktionssteigerung um 25 %.

Ein Beispiel für diesen Zusammenhang sind auch die Veränderungen in der bretonischen Landwirtschaft, insbesondere in der dortigen Milchproduktion. Die Planungsregion Bretagne macht 6,1 % der Gesamt-LN Frankreichs aus, erzeugte 1970 9 % des Gesamtwertes der französischen Agrarproduktion und verbrauchte 1974 30 % aller in Frankreich verfütterten industriellen Futtermittel. Der Anteil der industriellen Vorleistungen am Gesamtwert der Agrarproduktion stieg von 28 % (Frankreich: 26 %) im Jahre 1960 auf 41 % (Frankreich: 32,6 %) im Jahre 1970.

In der Bretagne wurden noch 1960 nur 25 % der Milchproduktion industriell weiterverarbeitet (80 % davon wurden in Form von Sahne angeliefert); zehn Jahre später wurden 85 % an die Industrie abgeliefert (98 % davon als Vollmilch). Mittlerweile hatten die zahlreichen Hofbutter-Händler und ca. 40 kleinen regionalen Molkereien 6 privaten und genossenschaftlichen Konzernen Platz gemacht. Vermittelt über ein ausgeklügeltes System von Sanktionen und Prämien (Mindestanliefermengen, Einsammelfrequenz, Qualitätskontrollen, Mengen- und Produktivitätsprämien) wurde und wird die zur Rohstofflieferung gemachte Produktion der konzentrierten Weiterverarbeitung angepaßt: 1975 stellten die Betriebe mit mehr als 20 Kühen (25 % aller bretonischen Milchviehbetriebe) 50 % der Produktion.

Unverkennbar ist schließlich die Umorientierung ganzer Produktionszweige im Sinne einer neuen Arbeitsteilung der EG-Landwirtschaft. Dabei erfolgt die Lokalisierung der landwirtschaftlichen Kulturen nach den günstigsten Produktionsbedingungen im Interesse einer möglichst billigen Rohstoffversorgung des Agrokapitals (hier und im Folgenden wird unter Agrokapital die vor- und nachgelagerte Industrie und der Agrarhandel verstanden). So hat Italien eine Art Weinbaumonopol erhalten: dort konzentrieren sich 52 % der EG-Rebfläche. Um den Preis der Vernichtung des südfranzösischen Weinbaus erhielt Frankreich im Gegenzug bessere Exportmöglichkeiten für Industriegüter und Zugang zu den italienischen Fleisch- und Milchmärkten.

2.2. Die gaullistische Agrarpolitik[3]

Gerade die staatliche Beeinflussung der Agrarproduktion in Richtung auf eine westeuropäische Arbeitsteilung ist ein wichtiges äußerliches Moment in der Entwicklung der französischen Landwirtschaft und ein Ausdruck der im Gaullismus vertretenen Interessen des Großkapitals.

Nach dem Zweiten Weltkrieg hatte Frankreich mit den Kolonien bedeutende Rohstoff-, Waren- und Kapitalmärkte verloren. Zum Wiederaufbau und zur Weiterentwicklung der Industrie bot sich angesichts dieser Lage ein Rückgriff auf die eigene Landwirtschaft an. Zum einen sollten Agrarexporte die Devisen für die jetzt notwendigen Rohstoffimporte besorgen, zum anderen sollte die Landwirtschaft ein Markt für Industriegüter werden. Durch Rationalisierung der Landwirtschaft erzielte billige Nahrungsmittel und Abwanderungen schließlich sollten der Industrie ein niedriges Lohnniveau (durch niedrige Reproduktionskosten der Ware Arbeitskraft) und eine Reservearmee bescheren.

Tatsächlich bildeten diese Interessen den Ursprung des sogenannten „Grundgeschäftes" zwischen Frankreich und der Bundesrepublik, wonach im Rahmen der EG Frankreich das Agrargeschäft und die BRD das Industriegeschäft machen sollte. So heißt es etwa im Agrarprogramm der Bundesregierung vom 24.6.68: „Mit Rücksicht auf die landwirtschaftlichen Überschußländer der EWG und den deutschen gewerblichen Export wurde der gemeinsame Agrarmarkt beschleunigt verwirklicht."[4]

Georges Pompidou formulierte den Sinn der gaullistischen Agrarpolitik nicht weniger deutlich: „Der Vertrag von Rom schuf, so wie er konzipiert war, tatsächlich nur den gemeinsamen industriellen Markt. Denn der so konzipierte Markt setzte die französische Industrie direkt der ausländischen Konkurrenz, insbesondere der mächtigen deutschen Industrie aus. Er war nur erträglich, wenn er durch einen gemeinsamen Agrarmarkt kompensiert wurde, der unserer Landwirtschaft bedeutende Absatzmöglichkeiten mit einträglichen Preisen bot und so den Staat zu einem Gutteil von der Notwendigkeit entlastete, unsere Landwirtschaft zu stützen und ihn in die Lage versetzte, die Industrie zu entlasten." (Le Monde, 29.7.1965).[5]

Eine solche Agrarpolitik machte erforderlich, jeglichen Protektionismus aufzugeben, (jahrzehntelang der Preis für die politische Treue der Bauern, aber auch die Ursache für eine stagnierende Landwirtschaft) und eine Umwälzung der archaischen Produktionsmethoden (tierische Zugkraft, wenig Chemie, Maschinen vom lokalen Handwerk, Selbstversorgung und lokale Vermarktung einzuleiten. Sehr bald stellten sich dabei die alten Agrarstrukturen als ein Hindernis für die Steigerung der landwirtschaftlichen Erzeugnisse heraus.

Nach einer Periode des Stillhaltens, in der die Gaullisten einfach die Agrarpolitik ihrer Vorgänger weiterlaufen ließen (Ende 1958), machten sie sich an die undankbare Aufgabe, mit einem ganzen Bündel selektiver Maßnahmen den „naturwüchsigen" Prozeß des landwirtschaftlichen Strukturwandels zu beschleunigen. Angestrebt wurde eine rationalisierte bäuerliche Landwirtschaft mit Familienbetrieben mit zwei Vollarbeitskräften als Produktionseinheiten. Im Orientierungsgesetz von 1960 und seiner Ergänzung von 1962 wurden die Mittel dieser Agrarstrukturpolitik geschaffen:

– Durch die Definition von Unter- und Obergrenzen des landwirtschaftlichen Bodeneigentums und die Schaffung der halbstaatlichen SAFERs (alle Abkürzungen sind in einem besonderen Verzeichnis erklärt), die zur Verbesserung der Agrarstruktur freiwerdende Flächen aufkaufen und an entwicklungsfähige Betriebe im Sinne des angestrebten Modelles weitergeben sollten, sollte der Bodenmarkt unter Kontrolle gebracht werden.

– Kredite für Bodenkäufe und zur Anschaffung von landwirtschaftlichen Produktionsmitteln wurden ebenfalls am Modell des „lebensfähigen Betriebes" orientiert, d. h. sie wurden selektiv vergeben.

– Um beschleunigt Land für die Agrarstrukturbereinigung freizusetzen, wurde 1962 eine Landabgaberente (IVD) eingeführt. Mit dieser Maßnahme werden jährlich 700 000 bis 1 Million ha freigesetzt.

– 1962 wurde die Gruppenlandwirtschaft in Gestalt der GAECs gesetzlich institutionalisiert. Solche Betriebsgemeinschaften erhalten bevorzugt Kredite und Subventionen. Ihre Bedeutung ist noch gering, wenngleich das Ziel – Schaffung größerer Produktionseinheiten – damit erreicht wird: die durchschnittliche Betriebsgröße der GAECs betrug 1975 86,2 ha.

– Marktpolitisch werden interprofessionelle Systeme, in denen sich landwirtschaftliche Produzenten, Landhandel und Nahrungsmittelindustrie zur Regulierung von Angebot und Nachfrage zusammenschließen, angestrebt. Als Interventionsorgan wurde 1961 der FORMA (Orientierungs- und Regulierungsfonds der Agrarmärkte) geschaffen.

– Sozialpolitisch wurde die gaullistische Agrarstrukturpolitik mit der Ausdehnung des Sozialversicherungswesens auf die Bauern, der rechtlichen Aufwertung der familieneigenen Arbeitskräfte und Reformen des Beratungs- und Ausbildungswesens abgesichert.

2.3. Entwicklung des landwirtschaftlichen Verbandswesens[6]

Die relativ reibungslose Durchsetzung der gaullistischen Agrarpolitik wäre ohne Veränderungen des wesentlichen Transmissionsriemens staatlicher Interessen in der Landwirtschaft, nämlich der bäuerlichen Berufsverbände, kaum möglich gewesen.

In der Tat reagierte der größte französische Bauernverband, die FNSEA, heftig auf die Maßnahmen der gaullistischen Regierung – umsomehr als sie noch 1957 die Indexierung der landwirtschaftlichen Erzeugerpreise an den Industriepreisen erreicht hatte (, die dann im Dezember 1958 wieder abgeschafft wurde). Der Widerstand der FNSEA gipfelte 1965 in ihrem Aufruf, de Gaulle nicht wieder zu wählen.

Aber dieser Widerstand war ein Rückzugsgefecht, denn schon war innerhalb des Bauernverbandes selbst eine Kraft herangewachsen, die Modernisierung und Strukturwandel als notwendigen Schritt zu einer wohlhabenden Landwirtschaft sah und propagierte: der Jungbauernverband CNJA.

Seine Gründung geht auf eine Initiative der christlichen Landjugend JAC zurück und seine Ideologie paßte in das gaullistische Konzept: die Selektionsabsicht der staatlichen Agrarpolitik wird mit der Behauptung verschleiert, jeder könne Bauer bleiben, wenn er sich nur schön anstrenge, modernisiere und schaffe. Die Selektion bekommt so den Charakter von Schulprüfungen, deren Erfolg oder Mißerfolg ganz und gar ein individuelles Problem ist.

Die Gaullisten erkannten diesen neuen Bündnispartner und gaben der CNJA 1959 die offizielle Anerkennung der Regierung – was auch mit der entsprechenden finanziellen Unterstützung verbunden war. Tatsächlich war dann die CNJA auch der einzige Bauernverband, der die Orientierungsgesetze von 1960 und 62 unterstützte.

Nach und nach eroberten die CNJA-Kader – alles Mittelbauern, die sich auf den Weg der Modernisierung begeben hatten – den Mutterverband FNSEA, der sich nach dem Kriege als konservatives Bollwerk der alten Notablen gegen den von Sozialisten und Kommunisten beherrschten Dachverband CGA gebildet hatte. Die Verbandsspitze wurde ausgewechselt: an die Stelle der alten Herren aus Großbauernschaft und Großgrundbesitz traten junge dynamische Klein- und Mittelbauern.

Ähnlich wie die Gestalt von Bernard Lambert den aus der christlichen Landjugend herausgewachsenen Flügel der neuen Bauernlinken symbolisiert, ist die Biographie von Michel Debatisse, der nacheinander Generalsekretär der JAC, des CNJA und der FNSEA wurde, ein getreuliches Abbild des modernistischen Aufbruchs eines Teils der Mittelbauern und ihrer allmählichen Versöhnung mit den alten herrschenden Schichten auf dem Lande.

Die neue Bauernlinke organisierte sich, nachdem sie in kleinen Gruppen (wie z. B. „Paysans en lutte“) und in den bestehenden Bauernverbänden (v. a. denen des Westens) gewirkt hatte, Anfang der 70er Jahre autonom und national in der „Association Nationale des Paysans-Travailleurs“ (ANPT). Mittlerweile haben ihre Analysen von der Proletarisierung der Bauern lokale Bauernbewegungen (etwa die der südfranzösischen Winzer) und bedeutende Teile der anderen Bauerverbände beeinflußt (mit dem Resultat, daß sich die oppositionellen Bezirksverbände innerhalb der FNSEA koordiniert haben und einer von ihnen, der des Départemtents Loire-Atlantique, bereits ausgeschlossen wurde).

Neben diesen Strömungen im landwirtschaftlichen Verbandswesen ist in Gestalt der FFA ein Auffangbecken der konservativen bis reaktionären Kräfte entstanden und existiert seit 1959 die kommunistisch orientierte MODEF (Bewegung zur Verteidigung des Familienbetriebes). Sie war eine erste Reaktion auf die Entmachtung der CGA und zeigte, daß die Kommunistische Partei Frankreichs (PCF) an einer traditionellen Bauerschutzpolitik festhielt. Insofern ist die MODEF ein apolitischer Transmissionsriemen der PCF, der sich lange Jahre auf eine rein defensive, kurzfristige Politik beschränkte, ohne etwas auszusagen über die Wege und Inhalte einer sozialistischen Landwirtschaft. Seit der agrarpolitischen Umorientierung der PCF auf den Aufbau einer „antimonopolistischen Front" anläßlich des 17. Parteikongresses 1964 befürwortet auch die MODEF mit Einschränkungen bestimmte Maßnahmen der gaullistischen Agrarpolitik (Landabgaberente, GAECs, SAFERs).

2.4. Bauern und Arbeiterbewegung[7]

Die gesellschaftlichen Veränderungen in der Landwirtschaft haben also das Verbandswesen in Bewegung gebracht. Solches kann man nicht bezüglich des bäuerlichen Wählerverhaltens und des Verhältnisses zur organisierten Arbeiterbewegung (Gewerkschaften und Parteien) feststellen. Wo es überhaupt zur Annäherung zwischen Industriearbeitern und Bauern kommt, geschieht dies an der Basis in lokalen und befristeten Bündnissen – meist im Einflußbereich der Paysans-Travailleurs.

Auf dem Lande ist es den Gaullisten mit ihren Werten Autorität, Sicherheit, Ordnung und Effektivität gelungen, die klassische Rechte weitgehend zu ersetzen: 1969 erhielt Pompidou über 50 % der Bauernstimmen. Dabei haben die Gaullisten nicht nur vom traditionellen Bündnis breiter Teile der Bauernschaft mit der Bourgeoisie, das einen ersten Höhepunkt 1871 in der gemeinsamen Niederschlagung der Pariser Commune gefunden hatte und mit einer protektionistischen Agrarpolitik jahrzehntelang aufrechterhalten wurde, profitiert, sondern auch von dem aus diesem Bündnis resultierenden Wahlsystem, bei dem ländliche Gebiete überrepräsentiert werden. So stellen die Gemeinden unter 1500 Einwohnern 35,5 % der Bevölkerung, aber 56 % der Senatoren (für die zweite Kammer des französischen Parlaments).

Auf der anderen Seite ist den Organisationen der Arbeiterbewegung nie ein entscheidender Einbruch in die Bauernschaft gelungen. Selbst unter den Landarbeitern war und ist der Einfluß gering: den höchsten Organisationsgrad erreichten die während der Volksfrontperiode vereinigten Landarbeitergewerkschaften 1937 mit ca. 180 000 Mitgliedern (bei damals weit über einer Million Landarbeiter).

Unter den Bauern haben die traditionellen Arbeiterparteien PCF und PSF (Sozialistische Partei Frankreichs) eine Vielfalt von Organisationsversuchen unternommen: sie orientierten sich dabei immer mehr oder weniger an einer Kleinbauernschutzpolitik, die davon ausgeht, daß der bäuerliche Bündnispartner durch Schutz vor allzu krasser Proletarisierung zu gewinnen ist. Vor der Volksfrontperiode hatten PCF und PSF ihre eigenen Bauernverbände, die CGPT und die CNP, die ab 1934 ergebnislose Vereinigungsversuche unternahmen. Ihre Hauptdifferenz lag darin, daß die CNP die Befreiung der Bauern als deren eigene Sache ansah, während für die CGPT die Bauern ausschließlich Bündnispartner der Arbeiter waren.

In der Volksfrontregierung war ein Sozialist Landwirtschaftsminister und ein Kommunist Präsident der Agrarkommission. Außer der sozialen Gleichstellung der Landarbeiter (Kindergeld, bezahlter Urlaub usw.) und der Regulierung des Getreidemarktes mit einer staatlichen Import- und Exportorganisation konnten sie genauso wenig erreichen wie der sozialistische Landwirtschaftsminister Tanguy-Prigent nach 1945, der erfolglos Projekte für ein nationales Bodenamt und für Produktionsgenossenschaften vorlegte.

Auf dem Kongreß der Bauerneinheit wurde 1945 die CGA mit 7 Unterverbänden (darunter die mächtige FNSEA) gegründet, deren Führung von Sozialisten und Kommunisten dominiert wurde. Aber die politisch rechts orientierte FNSEA gewann bald die Oberhand und die CGA degenerierte zu einem Büro, das 1954 entschlief.

Das heutige Agrarprogramm der PCF beschränkt sich im wesentlichen auf eine Übertragung der antimonopolistischen Strategie auf die Bauernpolitik: „... die Arbeiterklasse hat die Möglichkeit, das Bündnis auf neue Schichten mittlerer und wohlhabender Bauern auszudehnen, d.h. auf die überwältigende Mehrheit der Bauernschaft.“[8]

Das Agrarprogramm der PSF ist auf die Einkommens- und Bodenfrage konzentriert: „... eine sozialistische Regierung würde eine Preispolitik machen, die den Produzenten ein gerechtes Arbeitseinkommen sichert. Das einzige Mittel, das Einkommen der Produzenten zu garantieren, besteht tatsächlich darin, ihnen Erzeugerpreise zu garantieren, die die Produktionskosten berücksichtigen, wobei für jedes Produkt ein nationales und regionales Quantum festgelegt werden wird, für das allein es garantierte Preise geben wird.“[9] Bezüglich der Bodenfrage, deren Bedeutung für die Weiterentwicklung der Landwirtschaft erkannt scheint, formuliert das Agrarprogramm der PSF: „Die Bodenämter werden öffentliche Einrichtungen sein, die auf der Ebene von Gemeinden und Kreisen geschaffen werden. Dadurch werden die SAFERs ersetzt oder nach und nach umgewandelt durch Organismen, die den Landwirten näher und demokratischer sind.“[10]

Das mittlerweile verstorbene „Gemeinsame Regierungsprogramm der Linken“ (Wahlbündnis von PCF, PSF und MRG) formulierte zu einer neuen Agrarpolitik: „Alles wird unternommen werden, um die Landwirtschaft als wichtigen Faktor für die Aufrechterhaltung der wirtschaftlichen und natürlichen Gleichgewichte, zu entwickeln und zu modernisieren. Dies wird geschehen durch die Verbesserung der Arbeits- und Lebensbedingungen der kleinen und mittleren Produzenten, die heute und in den kommenden Jahren die große Mehrheit der Arbeiter auf dem Lande darstellen.“[11]

Die linksrevolutionären Organisationen spielen unter den Bauern keine große Rolle. Soweit sie sich überhaupt um die Bauernfrage kümmern, übernehmen sie oft die Analysen der Paysans-Travailleurs und versuchen auch, sich unter diesen zu verankern. Im Zusammenhang mit der Agrarfrage am bedeutendsten ist sicherlich noch die PSU, die anfänglich mit der Führungsspitze des CNJA zusammenarbeitete. Im Unterschied etwa zur PCF und in ziemlich enger Anlehnung an Lambert (der PSU-Mitglied war) und die Paysans-Travailleurs sind die proletarisierten Bauern für die PSU keine simplen Bündnispartner, sondern Teile des Proletariats. Auch lehnt es die PSU ab, den Bauern ihre Kampfziele vorzuschreiben und die Bauernverbände als Transmissionsriemen zu nutzen. Im Mittelpunkt ihres Agrarprogramms stehen die kollektive Kontrolle der landwirtschaftlichen Nutzfläche und die gemeinsame Kontrolle der Arbeiter und Bauern über landwirtschaftliche Produktion, Weiterverarbeitung und Handel.

3. Interpretation der bäuerlichen Wirklichkeit

Die folgenden Beispiele aus der französischen Agrardiskussion erheben keinen Anspruch auf umfassende Darstellung. Gar nicht berücksichtigt sind die Positionen bürgerlicher Agrarökonomen, die weniger Beiträge zur Erhellung der Agrarfrage als Gegenstände der Kritik bürgerlicher Wissenschaften – was nicht Aufgabe dieses Aufsatzes ist – sein könnten.

Die hier dargestellten Interpretationen bäuerlicher Wirklichkeit lassen sich im allgemeinen politisch einordnen. Soweit sie direkt im Hinblick auf die Entwicklung sozialistischer Bauernpolitik gemacht wurden, werden die politischen Schlußfolgerungen mitberücksichtigt werden.

3.1. Herkömmliche Analysen

3.1.1. Theorien von der bäuerlichen Landwirtschaft als besonderer Produktionsweise.

Stellvertretend soll hier die Position von Claude Servolin dargestellt werden.[12]

Servolin knüpft an Kautsky[13] an, der einerseits von der Koexistenz großer und kleiner Betriebe sprach, weil sie sich ergänzen, und andererseits die Proletarisierung der Kleinbauern durch das Agrarkapital im Sinne einer Verarmung ohne Veränderung der Produktionsverhältnisse sah.

Den ersten Punkt findet Servolin in der französischen Landwirtschaft bestätigt: die Großbetriebe haben sich auf einige Pflanzen (Getreide, Mais, Zuckerrüben, Feldgemüse) spezialisiert und existieren neben dem Parzellenbauerntum ohne antagonistische Interessen.

Dieses Parzellenbauerntum charakterisiert Servolin als einfache Warenproduktion, die sich dadurch auszeichnet, daß der unmittelbare Produzent, der Bauer, alle Produktionsmittel besitzt, und daß er produziert, um sich, seine Familie und seine Produktionsmittel am Leben zu erhalten. Zwar bemerkt Servolin, daß die bäuerliche einfache Warenproduktion immer nur in Koexistenz mit der kapitalistischen Produktionsweise existiert hat; aber sie tut dies autonom und anhaltend, weil einerseits der Agrarkapitalismus (gemeint ist eine kapitalistisch betriebene Landwirtschaft) sich nicht durchsetzt wegen des Privateigentums am Boden und des Marktpreisniveaus, das keinen Durchschnittsprofit garantiert, und andererseits gerade diese langfristig niedrigen Marktpreise als Bestandteile der Reproduktionskosten der Ware Arbeitskraft im Interesse des Gesamtsystems sind.

Unter diesen Umständen geschieht die kapitalistische Integration der bäuerlichen Landwirtschaft durch eine schleichende Enteignung, bei der die Bauern die Kosten des technischen Wandels, des Bodens und die Marktrisiken aufgehalst kriegen.

Diese schleichende Enteignung geschieht im Rahmen der äußerlichen Beziehungen zwischen einfacher Warenproduktionsweise und kapitalistischer Produktionsweise. Diese äußerlichen Beziehungen sind Waren- und Marktbeziehungen. Der Werttransfer erfolgt in Gestalt von landwirtschaftlichen Erzeugerpreisen, die unter dem Wert der entsprechenden Produkte liegen. D. h. der Tausch entsprechend dem Wert ist gestört, es herrscht ein ungleicher Tausch; die Agrarpreisschere (traditioneller linker Erklärungsversuch für die Beziehungen zwischen Kapital und bäuerlicher Landwirtschaft) bzw. die Verschlechterung der "terms of trade" (entsprechender Ausdruck, der vor allem im Hinblick auf das Verhältnis zwischen kapitalistischen Metropolen und 3. Welt benutzt wird) sind am Werk.

Die politischen Schlußfolgerungen aus einer solchen Analyse sind:

– Der Hauptwiderspruch, unter dem die Landwirtschaft leidet, ist der zwischen der überwiegenden Mehrheit der Bauern und dem Agrarkapital.

– In der Landwirtschaft selbst gibt es keine antagonistischen Widersprüche (was die Existenz von Einheitsverbänden wie der FNSEA im übrigen zu beweisen scheint) und demzufolgen keinen spezifischen innerlandwirtschaftlichen Klassenkampf.

Da die unterstellte einfache Warenproduktions*weise* nie real-historisch existiert hat, schwächt Servolin selbst – aber auch andere Autoren derselben Richtung – sein Konzept insofern ab, als er abwechselnd auch von einfacher Warenproduktion als Produktions*form* spricht, die beim Übergang von der feudalen zur kapitalistischen Produktionsweise aus bäuerlichen Selbstversorgungszellen entstanden sein soll.

In allen Fällen aber wird die bäuerliche Landwirtschaft als autonom betrachtet, weil die Produzenten ihre Arbeitsmittel besitzen. Sie haben daher immer nur äußerliche Warenbeziehungen zum Kapital.

3.1.2. Theorien über die Ausplünderung der bäuerlichen Landwirtschaft

Diese Theorien gehen von einer andersartigen Autonomie der Bauern aus, nämlich derjenigen als kleine Kapitalisten. Dabei hat das bäuerliche Kapital die Besonderheit, keinen Profit abzuwerfen, weil das Produkt bäuerlicher Mehrarbeit ständig von Industrie- und Handelskapital geplündert wird.

Es gibt im Wesentlichen zwei Varianten dieser Theorie.

a) Die Ausbeutung der bäuerlichen Arbeit in der Zirkulationssphäre
Nach dieser Interpretation, vertreten z. B. von A. Mollard[14], hängt die Verfügung über den Mehrwert – ganz im klassischen marxistischen Sinne – zunächst vom Eigentum an den Produktionsmitteln ab. Die Bauern sind Produktionsmittelbesitzer, aber durch ihre Integration in den kapitalistischen Markt wird der von ihnen geschaffene Mehrwert permanent abgezogen. Sie werden also genauso wie die Arbeiter ausgebeutet, nur eben nicht in der Produktion, sondern in der Zirkulation.
Dabei sind zwei Arten von Wertabzug am Werk:
– Zum einen erleiden die Bauern noch vor der Produktion Wertverluste über Zinsen, Steuern, Pachten und Mieten.
– Zum anderen – hauptsächlichen Teil – werden sie beim Verkauf ihrer Produkte ausgeplündert. Das Industriekapital diktiert – gegebenenfalls unterstützt vom bürgerlichen Staat – solche Erzeugerpreise, die nur den Wert der bäuerlichen Subsistenzmittel und Teile oder die Gesamtheit (je nach der ökonomischen Stärke des betreffenden landwirtschaftlichen Betriebes) des Wertes zur Reproduktion der bäuerlichen Produktionsmittel decken. Der Bauer kann diesem Wertabzug nicht entgehen, weil seine Produktionsmittel immobiles Kapital sind, er also nicht durch Überwechseln in eine andere Branche am allgemeinen Ausgleich der Profitrate teilnehmen kann. Mollard sieht den Grund für die mangelnde Kapital-Mobilität der Bauern in erster Linie in ihrer Verschuldung.

b) Entwertung des bäuerlichen Kapitals
Diese Interpretation wird vor allem von den Vertretern der Theorie des staatsmonopolistischen Kapitalismus angeboten.[15]
In ihren Augen ist die bäuerliche Landwirtschaft ein Teil des nichtmonopolistischen Kapitals, das wegen der Ausplünderung durch die vor- und nachgelagerten Monopole keinen Durchschnittsprofit erzielt.
Die klassenpolitische Folgerung, daß die Bauern deshalb Teil jener antimonopolistischen Front sind, in der sich die Arbeiterklasse mit allen kleinbürgerlichen Opfern der Monopole zusammenschließt, ist bekannt.
Die Theorie von der Entwertung des bäuerlichen Kapitals geht auf das Konzept der „Selbstausbeutung" bei Marx zurück. In den Theorien über den Mehrwert hat Marx diesen Begriff benutzt, um zu zeigen, daß die bäuerlichen Produktionsmittel Kapital sind, das einen Durchschnittsprofit abwirft, der, da der Bauer sein eigener Arbeiter ist, durch Selbstausbeutung entsteht. Allerdings hat bei Marx diese Kategorie und die Interpretation der bäuerlichen Produktionsmittel als Kapital nur dann einen Sinn, wenn der Bauer auch den gesamten mit diesem Kapital und seiner Arbeitskraft geschaffenen Wert bekommt.
Gerade dies ist aber bei den Stamokap-Theorien zur Agrarfrage nicht der Fall: ganz im Gegenteil wird das bäuerliche Mehrprodukt danach systematisch von den Agrarmonopolen geplündert, indem diese Agrarprodukte unter deren Wert kaufen und industrielle Produktionsmittel über ihrem Wert an die Bauern verkaufen.

3.2. Kritik und neue Ansätze

Die dargestellten Interpretationen bäuerlicher Wirklichkeit haben zwei Punkte gemeinsam:
– Aus dem formalen Eigentum an Produktionsmitteln wird die Autonomie der bäuerlichen Produzenten abgeleitet.
– Diese Autonomie erlaubt nur äußerliche Warenbeziehungen mit dem Kapital, weshalb der Wertabzug nur über die Preise, nur über den Markt, nur in der Zirkulation erfolgen kann.

Diese Auffassungen sind vielfach kritisiert worden, wobei die wohl interessantesten Ansätze darin bestehen, die Beziehungen zwischen bäuerlicher Landwirtschaft und Kapital nicht als Austauschverhältnisse, sondern als Produktionsverhältnisse zu analysieren.

3.2.1. Orthodoxe marxistische Kritiken

Links von PS und PC stehende Organisationen setzen bei ihrer Kritik meist von der politischen Seite her an: sie versuchen die These vom Hauptwiderspruch zwischen Monopolen und Mehrzahl der Bauern und von den nicht existierenden Klassengegensätzen innerhalb der Bauernschaft zu widerlegen. Dabei gehen sie meist von der klassischen Interpretation des Parzellenbauern aus, in dem sich die Gestalten von Agrarkapitalist, Grundeigentümer und Landarbeiter vereinigen. Diese „Dreieinigkeit" weist den Bauern die Zukunft, nämlich ein Auseinanderfallen der Parzellenbauernschaft in diese drei Klassen einer kapitalistischen Landwirtschaft (insofern ist übrigens Marxens Analyse der Parzellenbauern eine bloße Projektion einer hypothetischen kapitalistischen Landwirtschaft auf die bäuerliche Landwirtschaft). In der Kritik der oben dargestellten Theorien werden so die Heterogenität der Bauernschaft, ihr zunehmendes Auseinanderfallen in verschiedene Schichten mit unterschiedlichen Interessen in den Vordergrund gestellt.

a) In der Analyse der *OCT*[16] ist die Phase nach dem Zweiten Weltkrieg durch ein verstärktes Eindringen des großen Kapitals in die vorkapitalistische Landwirtschaft gekennzeichnet. So geraten die Bauern in eine immer direktere Abhängigkeit vom Kapital, was z. B. in der Vertragslandwirtschaft (vertikale Integration) seinen Ausdruck findet, in der die Bauern auch die Verfügungsgewalt über ihre Produktionsmittel verlieren. Gleichzeitig geht aber auch die Differenzierung innerhalb der Bauernschaft weiter: die vom Industriekapital bestimmten Erzeugerpreise reichen – je nach Produktionsbedingungen – den einen zum Akkumulieren, den anderen nicht zum Überleben.
Im Gegensatz etwa zu den Paysans-Travailleurs betont die OCT, daß auch die vertikal integrierten Bauern noch Produktionsmittelbesitzer sind und daß gerade deshalb einige noch die Möglichkeit haben, kleine Kapitalisten zu werden.
Im Gegensatz zu Servolin, der eine Trennung macht zwischen einer möglichen agrarkapitalistischen Entwicklung in der Pflanzenproduktion und der weiterbe-

stehenden stabilen Vorherrschaft der Familienbetriebe in der Tierproduktion mit Koexistenz beider Sektoren, sieht J. M. Philipot[17] diese Erscheinung nur als Übergangsstadium in der Entwicklung des Agrarkapitalismus nach dem Gesetz der Klassendifferenzierung innerhalb der Bauernschaft.
Er unterscheidet folgende Stadien:
– Eine Differenzierung durch interne Konkurrenz und die Verschlechterung der "terms of trade" führten zur Entstehung einzelner agrakapitalistischer Sektoren (z. B. Getreide).
– Das Industriekapital dringt in die Verarbeitung landwirtschaftlicher Erzeugnisse ein.
– Seine Konzentration führt zu einem weiteren Auseinanderklaffen der Agrarpreisschere (indem der vorgelagerte Sektor seine Preise möglichst hoch setzt, der nachgelagerte die Erzeugerpreise möglichst drückt) und zwingt die Bauern, zu intensivieren und zu rationalisieren.
– Dies wiederum führt zur Herausbildung neuer Agrarkapitalisten in der unmittelbaren Produktion, während gleichzeitig andere Bauern dem Rationalisierungsdruck nicht standhalten und ausscheiden.
Man sieht, daß auch hier die Agrarpreisschere im Mittelpunkt steht, also ein Warenverhältnis zwischen bäuerlicher Landwirtschaft und Kapital unterstellt wird.

b) Eine direkte Kritik an Servolin
In der trotzkistisch orientierten Zeitschrift „Critique de l'économie politique" hat Hervé Ossard[18] die oben dargestellte Auffassung von Servolin kritisiert.
Er geht vor allem auf die von Servolin behauptete doppelte Koexistenz einerseits zwischen bäuerlicher einfacher Warenproduktionsweise und kapitalistischer Produktionsweise und andererseits zwischen Bauern und Agrarkapitalisten ein.
Folgende Kritikpunkte führt er unter anderen an:
– Servolin meint, das Kapital hätte es nicht nötig, die einfache Warenproduktionsweise zu zerstören. Dies hält Ossard für eine Revision der marxistischen Akkumulations-Theorie, wonach das Kapital nicht ruht noch rastet, bevor es nicht die ganze Welt und alle Produktionssphären erobert hat.
– Servolin macht aus der einfachen Warenproduktion eine selbständige Produktionsweise. Nach Ossard handelt es sich dagegen um eine Übergangsform bei der Auflösung alter Produktionsverhältnisse – eine Auflösung, die dem Gesetz der ungleichzeitigen und ungleichen Entwicklung folgt.
– Servolin bleibt die sozialen und politischen Schlußfolgerungen aus seiner ökonomischen Analyse schuldig. Indem er die Einheit der Bauernschaft ohne wesentliche interne Widersprüche behauptet, macht er aus der einfachen Warenproduktion eine klassenlose Produktionsweise.
– Während Servolin das Privateigentum an Boden und die keinen Durchschnittsprofit abwerfenden landwirtschaftlichen Marktpreise als Haupthindernisse für das Eindringen des Kapitals in die bäuerliche Landwirtschaft sieht, macht Ossard vor allem politische Gründe dafür aus:
die Nicht-Vollendung der bürgerlichen Revolution auf dem Lande in Gestalt

der ausgebliebenen Nationalisierung des Bodens und die bewußte staatliche Politik zur Konservierung der kleinbürgerlichen Sozialschichten im Interesse der Erhaltung einer Unterstützungsschicht für die Bourgeoise.
Ossard kommt zu dem Schluß, daß die vorherrschenden Tendenzen die weitere Proletarisierung und Ausdifferenzierung der Bauernschaft sind. Motor dieser Bewegung ist das Vordringen des Kapitals über den Markt in die vorkapitalistische Landwirtschaft. Mithin charakterisiert auch er das Verhältnis zwischen Kapital und bäuerlicher Landwirtschaft als Ausplünderung in der Zirkulationssphäre.

3.2.2. Analyse des Agrarkapitalismus und der Ausbeutung der bäuerlichen Arbeit bei Michel Blanc[19]

Michel Blanc (Mitglied der PSU) hat in einem jüngst erschienenen Buch unter anderem zwei wichtige Fragen der Agrardiskussion behandelt: warum dringt das Kapital nicht direkt in die Produktion ein; wer beutet eigentlich die Bauern aus?
ad 1) Blanc geht von dem Phänomen aus, daß in Frankreich die Anzahl der agrarkapitalistischen Betriebe stärker zurückgegangen ist, als die der landwirtschaftlichen Betriebe insgesamt. Dann untersucht er die dafür angegebenen Gründe:
– Die biologischen Eigenschaften der landwirtschaftlichen Produktion erschweren eine fortschreitende Arbeitsteilung, verhindern so die Ausnutzung innerbetrieblicher "economies of scale" und machen zudem eine hochqualifizierte, schwer kontrollierbare Arbeitskraft erforderlich. Dem hält Blanc entgegen, daß mittlerweile auch manche Industriekapitalisten einsehen, daß die extreme Parzellierung der Arbeit beim Taylorismus gar nicht unbedingt die ausbeutungsoptimalste Arbeitsorganisation ist, weil sie zu Absentismus, häufigem Arbeitsplatzwechsel und Ausschuß führt. Deshalb scheint es nicht plausibel, daß die geringere Teilbarkeit landwirtschaftlicher Arbeitsprozesse allein ein kapitalistisches Betreiben dieses Sektors verhindert.
– Die bäuerlichen Familienbetriebe – wird gesagt – sind Lohnarbeitsbetrieben überlegen, weil der Bauer und seine Familie länger arbeiten, als es ein Landarbeiter unter vergleichbaren Einkommensbedingungen je tun würde. So wird die eventuell niedrigere Arbeitsproduktivität pro Stunde im Familienbetrieb durch längere Arbeitszeiten kompensiert. Blanc weist nach, daß dies im Endeffekt nicht stimmt, denn nach den verfügbaren statistischen Angaben ist der Netto-Wertzuwachs je Arbeitskraft auf Lohnarbeitsbetrieben größer, d.h. die längere Arbeitszeit der Familienbetriebe kompensiert im Durchschnitt die höhere Arbeitsproduktivität auf den kapitalistischen Betrieben nicht.
– Die Aufrechterhaltung der bäuerlichen Landwirtschaft geschieht im Interesse des Gesamtsystems, denn die damit erzielten niedrigen Lebensmittelpreise verbilligen die Reproduktionskosten der Ware Arbeitskraft. Empirisch ist dem entgegenzuhalten, daß 1972 die landwirtschaftlichen Erzeugnisse nur noch 15,4% der Ausgaben von Arbeiterhaushalten ausmachten. Andererseits erschüttert Blanc die Logik des Argumentes bezüglich seiner Beschränkung auf die unmittelbare

Produktion: wäre die Aufrechterhaltung billiger Reproduktionskosten der Ware Arbeitskraft über Nahrungsmittel derart entscheidend, müßte das System dafür sorgen, daß auch in der Nahrungsmittelverarbeitung und im Handel „billige" handwerkliche Produktionsformen erhalten bleiben. Gerade hier aber ist die kapitalistische Durchdringung und Konzentration besonders stark.
– Der bäuerliche Familienbetrieb wird als Quelle politischer Macht für die Bourgeoisie gegen die ökonomische Logik künstlich am Leben erhalten. Dieses Argument verliert viel an Überzeugungskraft, wenn man bedenkt, daß die französiche Bourgeoisie trotz der Sorge um den bäuerlichen Bündnispartner von 1955-75 900 000 landwirtschaftliche Betriebe eingehen ließ.
Den – wie es scheint – entscheidenden Faktor für die Nicht-Übernahme der unmittelbaren Produktion durch das Kapital findet Blanc, indem er umgekehrt untersucht, welcher Faktor allen Situationen gemein ist, in denen sich tatsächlich ein Agrarkapitalismus entwickelte. An den Beispielen der französischen Kolonialisierung Algeriens, der Entwicklung des Agrarkapitalismus in Kalifornien und dem jüngsten Ausverkauf des Amazonasbeckens an multinationale Konzerne weist er nach, daß sich der Agrarkapitalismus immer und überall entwickeln konnte und kann, wo der Boden nichts oder fast nichts kostet. Kapitalistische Formen in der Landwirtschaft entwickeln sich also dort, wo der Boden als Produktionsmittel in technischer oder ökonomischer Hinsicht an Bedeutung verliert. Diese Tatsache wird vom Vordringen des Kapitals in bodenunabhängige Produktionen (Geflügel, Schweine) untermauert.
ad 2) Bezüglich der Ausbeutung der bäuerlichen Arbeitskraft kommt Blanc – mit der Einschränkung, daß ihm die dafür eigentlich entscheidende Frage der Wertbewegung zwischen bäuerlicher Landwirtschaft und Kapital nicht geklärt scheint – zu folgenden Schlüssen:
– Die Arbeiterbauern und die vertikal integrierten Bauern, deren Einkommen mit einem Stücklohn zu vergleichen ist, sind Halbproletarier.
– Die Kleinbauern, die sich gerade noch einfach reproduzieren können und auch noch notwendig sind, um den gesamten Lebensmittelbedarf eines Landes zu decken (im Rahmen des handelspolitisch bestimmten Verhältnisses zwischen Eigenversorgung und Agrarimporte), sind die „letzten gesellschaftlich notwendigen Bauern." Ihre Arbeitszeit bestimmt den Wert der Agrarprodukte mit. Bei einfacher Reproduktion deckt der Erzeugerpreis die Kosten der notwendigen Arbeit und die Reproduktion der Produktionsmittel; die gesamte Mehrarbeit wird vom nachgelagerten Kapital abgepreßt. Diesem Werttransfer kann der Bauer nicht entgehen, weil sein Kapital nicht mobil ist.
Der so abgepreßte Mehrwert verbleibt nicht oder nicht ausschließlich in den Händen des nachgelagerten Agrokapitals, denn da bei einfacher Reproduktion der Preis unter dem Wert liegt, wird die Wertdifferenz zumindest zum Teil an die Konsumenten weitergegeben und spielt dann erst über deren Reproduktionskosten als Lohnarbeiter eine Rolle für das Industriekapital.
Ein Zahlenbeispiel (willkürliche Zahlen):

Zur Erzeugung von 1 hl Milch mögen 10 Arbeitsstunden erforderlich sein, davon 6 Stunden lebendige bäuerliche Arbeit und 4 Stunden tote Arbeit, vergegenständlicht in Rohmaterial und Produktionsmitteln. Der Wert von 1 hl Milch beträgt also 10 Arbeitsstunden.

Zur einfachen Reproduktion mögen 4 Arbeitsstunden für die Reproduktion der Produktionsmittel und 3 für die Reproduktion der Familie notwendig sein, insgesamt also 7 Arbeitsstunden (die 4 Arbeitsstunden sind nicht beliebig, denn natürlich ist die Reproduktion der Produktionsmittel identisch mit dem Wert der vergegenständlichten Arbeit). Wenn zu den Reproduktionskosten verkauft wird, beträgt der Preis von 1 hl Milch also 7 Arbeitsstunden.

Die Differenz zwischen Wert und Preis – also 3 Arbeitsstunden – verbilligen zunächst einmal die Reproduktion der gesamtgesellschaftlichen Arbeitskraft. Da der nachgelagerte Sektor diese Werte als Rohmaterial kauft, kann er diese Verbilligung weitergeben oder auch nicht.

– Die Mittelbauern haben geringere Produktionskosten als die letzten gesellschaftlich notwendigen Bauern. Bei gleichen Marktpreisen ist ihr Erlös also um den Betrag einer Differentialrente höher.

Im obengeannten Zahlenbeispiel würde ein solcher Bauer also 1 hl Milch ebenfalls zu 7 Arbeitsstunden verkaufen. Aufgrund seiner günstigeren Produktionsbedingungen erzeugt er 1 hl Milch aber in – sagen wir – 8 Arbeitsstunden, wovon 3 Stunden lebendige bäuerliche Arbeit (3 anstatt 4 Stunden entsprechend der anzunehmenden höheren Arbeitsproduktivität) und 5 Stunden in den Produktionsmittel inkorporierte Arbeit (entsprechend der anzunehmenden höheren organischen Zusammensetzung) sind. Er bekommt also dank seiner günstigeren Bedingungen pro hl Milch gratis 2 gesellschaftliche Arbeitsstunden.

Zwar wird dem Mittelbauern ebenfalls vom nachgelagerten Sektor mehr oder weniger viel Mehrwert entzogen, aber durch seine höhere Arbeitsproduktivität (oder auch günstigere natürliche Standortsbedingungen) erhält er immer auch gesellschaftlichen Mehrwert. Überwiegt letztere Tendenz, kann er akkumulieren und wird sich eventuell zum Agrarkapitalisten mausern.

Zieht man politische Schlußfolgerungen aus einer solchen Analyse, so liegt auf der Hand, daß die wohlhabenden Bauern alles Interesse an der Aufrechterhaltung einer Differentialrente haben müssen, weil andernfalls sie unweigerlich zu den letzten sozial notwendigen Bauern werden. In diesem Lichte kann man dann keinesfalls mehr von nicht-antogonistischen Interessen innerhalb der Bauernschaft reden.

So gibt Blanc der schlichten Behauptung von Klassenunterschieden innerhalb der Bauernschaft bei einigen linkssozialistischen Organisationen einen ökonomischen Gehalt und widerlegt die Koexistenz-Thesen von Servolin und anderen erst handfest. Andererseits sieht auch er das Werttransfer-Problem noch unter dem Blickwinkel einer Differenz zwischen Wert und Preis, also nach dem Konzept des ungleichen Tausches.

3.2.3. Die Entwicklung der Proletarisierungsthese bei Evrard/Hassan/Viau[20]

Bernard Lambert und in seiner Nachfolge die Paysans-Travailleurs und zahlreiche linke Agrartheoretiker haben die kapitalistische Subsummierung der bäuerlichen Landwirtschaft eigentlich immer recht oberflächlich – beschreibend mit Begriffen wie Proletarisierung und Ausbeutung bäuerlicher Arbeitskraft – analysiert.[21] So wird der Begriff Proletarisierung, der an ein Produktionsverhältnis gebunden ist, ständig mit der Interpretation der Ausbeutung bäuerlicher Arbeitskraft als Zirkulationsphänomen, also als Austauschverhältnis durcheinander gebracht.

Evrard et al haben die an einer Warenkonzeption von den Beziehungen zwischen bäuerlicher Landwirtschaft und Kapital festhaltenden Analysen einer gründlichen Kritik unterzogen und ihnen das Konzept einer realen Subsumption, also der Herstellung eines Produktionsverhältnisses zwischen bäuerlichen Produzenten und Kapital entgegengesetzt.

Ihre Grundgedanken sollen im Folgenden dargestellt werden:

Im Konzept der bäuerlichen Landwirtschaft als einer einfachen Warenproduktionsweise (im Folgenden: EWPW) werden Wert und Preis einer Ware von der in ihr verausgabten durchschnittlichen gesellschaftlichen Arbeitszeit bestimmt, wobei die durchschnittlichen technischen Bedingungen das Verhältnis zwischen lebendiger und toter Arbeit bei der Herstellung dieser Ware definieren.

In der EWPW betreiben die Produzenten den Handel selber. Wird die EWPW nun in die kapitalistische Produktionsweise (KPW) integriert, betreibt das Kapital den Handel: sein Profit muß notwendigerweise aus einem Abzug vom ursprünglichen Wert des Produktes entstehen. Dabei spielt in der Landwirtschaft nur der nachgelagerte Sektor eine Rolle, denn wäre – wie die Agrarpreisscheren-Theoretiker behaupten – der Verkaufspreis industrieller Waren größer als ihr Wert, gäbe es einen Extraprofit, der andere Kapitale anzöge und durch den Ausgleich der Profitraten zum Verschwinden käme.

Der Wertabzug zugunsten des handelstreibenden Kapitals hängt quantitativ von dessen Profitrate ab. Auf diesen Wertabzug kann der Bauern unterschiedlich reagieren: er kann seine Produktion unverändert lassen, dann muß er den Wertabzug entweder von seinen Subsistenzmitteln abziehen, womit er sich in ständige Unterbezahlung begibt, oder von seinen Produktionsmitteln, wodurch er seinen Betrieb ruiniert. Oder er kann seine Produktion erhöhen, um den Wertabzug zu kompensieren. Dann wird sich aber auch der Wertabzug erhöhen usw. Mit anderen Worten: nach diesem Konzept sind die Bauern auf fatalistische Weise einer ständigen Ausplünderung unterworfen, der sie im Grunde nur durch Abwanderung aus der Landwirtschaft entgehen können.

Zur Kritik dieses Modelles führen Evrard et al nun an:

– Ziel der einfachen Warenproduktion ist die unmittelbare individuelle Bedürfnisbefriedigung; es gibt normalerweise keinen Mehrwert. Die Gesellschaftlichkeit der Privatarbeiten stellt sich über den Markt her. Die Gültigkeit dieses Modelles macht eine Modifizierung des Marx'schen Produktionspreis-Systems notwendig.

Dieses hat folgende Voraussetzungen:

1. Die Arbeitsprodukte sind Waren.

2. Produktionsmittel und Produkte stehen in einem festen Verhältnis zueinander, d. h. die Produktionsmethoden sind bekannt.

3. Die Produktmenge ist gleich groß oder größer als die eingesetzte Produktionsmittelmenge. Die Differenz ist der Mehrwert.

4. Das Nettoprodukt wird nach Maßgabe der eingesetzten Produktionsmittel unter den Branchen verteilt.

Im Modell der EWPW muß bei der 3. Voraussetzung die Produktmenge der Produktionsmittelmenge strikt gleichgesetzt werden. D. h. es gibt keinen Mehrwert und keine Notwendigkeit, ihn zu verteilen. Damit ist dieses Modell aber nur ein Sonderfall des Produktionspreis-Systems, impliziert also Lohnarbeit. Unter diesen Voraussetzungen kann es die Existenz einer EWPW nicht erklären, denn diese unterstellt freie Arbeit. D. h. eine autonome einfache Warenproduktions*weise* hat nicht nur nie real-historisch existiert, sie ist auch nicht logisch konzipierbar.
– Auch das Konzept einer bäuerlichen einfachen Warenproduktion als von der kapitalistischen bei der Umformung der feudalen Produktionsweise erzeugte Produktions*form* unterstellt Produzenten-Autonomie.

Historisch wird dies durch die Tatsache widerlegt, daß z. B. auch in der frühkapitalistischen industriellen Heimarbeit die Arbeiter noch Produktionsmittel besaßen, aber dem Kapital gleichwohl völlig unterworfen waren. Umgekehrt garantiert der formale Produktionsmittelbesitz allein offenbar keine Autonomie gegenüber dem Kapital.

Logisch krankt der Autonomie-Gedanke daran, daß er eine absolute Einheit von Arbeits- und Verwertungsprozeß setzt. Ist dann der Arbeitsprozeß formal getrennt, indem die unmittelbaren Produzenten noch Arbeitsmittel besitzen, ist er für außerlandwirtschaftliches Kapital kein Verwertungsprozeß und mithin kein kapitalistischer Produktionsprozeß. Zwar ist die Einheit von Arbeits- und Verwertungsprozeß für den kapitalistischen Produktionsprozeß unabdingbar, nicht erforderlich ist aber ihre formale, geographische Einheit.

Tatsächlich ist eine Produzenten-Autonomie überhaupt nur denkbar, wenn der Bauer keine Warenbeziehungen unterhält oder selber Kapitalist ist.
– An die Interpretationen der Bauern als Kapitalisten knüpfen – wie wir gesehen haben – die Ausplünderungs-Theorien an. Sie halten Bauern und Kapitalisten für autonome Produktionsmittelbesitzer, wenn auch unterschiedlicher Stärke, die sich nur auf dem Markt entgegentreten. Evrard et al vertreten demgegenüber die Auffassung, daß die Bauern de facto ihrer Produktionsmittel enteignet sind und diese ihnen als Fraktion des Monopolkapitals gegenüberstehen.

Von dieser Kritik ausgehend versuchen sie dann, das Verhältnis von bäuerlicher Landwirtschaft und Kapital als Produktionsverhältnis zu interpretieren.

Da es bäuerliche Produzenten-Autonomie nur bei absoluter Selbstversorgung gibt, bedeutet jeder Schritt auf den Markt eine Unterwerfbarkeit. Inwieweit daraus eine tatsächliche Unterwerfung wird, die den Produzentenstatus grundlegend verändert, hängt von den real-historischen Bedingungen ab. Gegenwärtig unterhält die bäuerliche Landwirtschaft zum vorgelagerten- und zum Bankkapital Beziehungen, die ihren Produzentenstatus nicht verändern – also Handelsbeziehungen. Demgegenüber scheinen die Beziehungen zum nachgelagerten Sektor diesen Status in vielen Fällen entscheidend verändert zu haben.

Evrard et al erklären sich an zwei Beispielen:

– Die vertikale Integration

Bedient man sich zur Erklärung der Zusammenhänge des Schemas des Kapitalzyklus, wie es Marx im 2. Band des „Kapital" entwickelt hat, und geht man von einer vertikalen Integration aus, bei der vorgelagerter Sektor, eigentliche landwirtschaftliche Produktion und nachgelagerter Sektor drei Phasen in einem Verwertungsprozeß sind (solches kann man z. B. annehmen, wenn der abnehmende Konzern den Bauern Tiere und Viehfutter stellt), erhält man folgendes Bild:

$$A_1 - M_1 \left\{ \begin{matrix} T_1 \\ Mp \end{matrix} \right. \ldots P_1 \ldots M_1' \left\{ \begin{matrix} T_2 \\ M_1' \end{matrix} \right. \ldots P_2 \ldots M_2' \left\{ \begin{matrix} T_3 \\ M_2' \end{matrix} \right. \ldots P_3 \ldots M_3' - A_3'$$

wobei: A = Anfangskapital in Geldform

M = Warenkapital, sich verwandelnd in produktives Kapital Mp = Produktionsmittel und T = Arbeitskraft (also konstantes und variables Kapital)

P = Produktionsprozeß

Unterstellt wird, daß beim Übergang von einer Phase zur anderen das jeweilige Produktionsergebnis in seiner Gesamtheit als Produktionsmittel eingesetzt wird.

Wenn also alle drei Phasen voll integriert sind, muß der Status der Produzenten in allen drei Phasen derselbe sein: sie sind Lohnarbeiter. Trifft dies für vertikal integrierte bäuerliche Produktionen tatsächlich zu?

Beobachten läßt sich jedenfalls,

– daß der integrierte Bauer die technische Herrschaft über den Produktionsprozeß verliert, weil Techniken und Produktionsniveau vom Integrator vorgeschrieben und kontrolliert werden;

– daß er auch die ökonomische Herrschaft verliert, weil Qualität und Quantität seines Arbeitsproduktes vom Integrator vorbestimmt werden und er die Freiheit verliert, beliebig über seine Arbeitsprodukte als Waren zu verfügen.

In der vertikalen Integration wird der Bauer pro produzierter Einheit bezahlt. Evrard et al interpretieren dies als Stücklohn. Daß die Arbeit hier Lohnarbeit ist, läßt sich nach ihrer Ansicht an folgendem Zahlenbeispiel erkennen:

Werden in 10 Stunden 50 Masthähnchen produziert und hat der Integrator vor, für eine Arbeitsstunde des Bauern – wie es in der Industrie üblich ist – 5 DM zu bezahlen, gilt: in einer Stunde werden 5 Hähnchen erzeugt; der Lohn auf 1 Hähnchen bezogen, der Stücklohn, beträgt dann 1 DM/Hähnchen. Stellt der Stundenlohn von 5 DM die Bezahlung der durchschnittlich gesellschaftlich notwendigen

Arbeitszeit dar (also der Reproduktionskosten der Ware Arbeitskraft), so beträgt das Verhältnis von notwendiger Arbeit zu Mehrarbeit, in Hähnchen ausgedrückt und auf 10 Stunden bezogen, 25 Hähnchen für den Bauern und 25 Hähnchen für den Integrator. Es läge also eine Ausbeutungsrate von 100 % vor.

Nach dieser Interpretation besteht zwischen dem industriellen Lohnarbeiter und dem integrierten Bauern nur noch ein Unterschied in der juristischen Form seiner Anbindung an das Kapital: der eine hat einen Arbeitsvertrag, der andere einen Integrationsvertrag. Dabei akzeptieren die betroffenen Bauern letztgenannte juristische Form leichter, weil sie oft nur einen Teil ihrer Gesamtaktivität betrifft (z. B. ein Bauer, der neben einer integrierten Masthähnchenproduktion noch anderen landwirtschaftlichen Aktivitäten nachgeht) und weil sie keinen Bruch mit ihrer herkömmlichen Lebensweise erfordert.

Inwieweit die vertikale Integration für das Kapital eine lohnende Form zur Ausbeutung der bäuerlichen Arbeitskraft darstellt, hängt im konkreten Fall davon ab, wieviel Rohstoffe verbraucht werden und ob die betreffende Produktion technisch gut beherrscht wird.

Insgesamt kann man die vertikale Integration als Ausbeutungsverhältnis charakterisieren, weil die davon betroffenen Bauern ihre Arbeitskraft nur noch in Verbindung mit dem Kapital des Integratos anwenden können.

Aber Evrard et al gehen noch weiter: in ihren Augen reicht es zur Ausbeutung der bäuerlichen Arbeitskraft aus, daß der Bauer an eine nachgelagerte Industrie verkaufen muß, die ihm so die Kontrolle über sein Produkt als Ware nimmt.
– Dies versuchen sie, am Beispiel der *Milchproduktion* nachzuweisen.

Auch der Milchproduzent tritt nicht als autonomer Anbieter auf den Markt. Er kann heutzutage nicht mehr frei entscheiden, an wen und unter welchen Bedingungen er verkauft. Und er kann bei ungünstigen Preisen auch nicht einfach den Produktionszweig wechseln, weil er meist große Investitionen getätigt hat und verschuldet ist. Mit anderen Worten: seine Unabhängigkeit als Warenproduzent existiert nur noch formal. In diesem Sinne ist dann auch im Milchpreis ein Stücklohn zu sehen.

Mehrere Fragen erheben sich zu diesem Modell:
– Kann man bei bäuerlichen Produzenten so einfach zwischen Sachkosten und Lohnkosten unterscheiden, einen Stücklohn-Anteil aus dem Erzeugerpreis pro Einheit herausschälen?

Dies wird umso eher möglich, je gleichartiger und gleichbleibender die Kostenstruktur wird und je höher der Anteil der sächlichen Produktionskosten. Bei steigenden Investitionen und Verschuldung bekommen die regelmäßig anfallenden Kosten für Schuldentilgung, Amortisierung und Produktionsmittel einen konstanten Charakter und sie machen den ganz überwiegenden Anteil der Gesamtkosten aus, so daß der Lohnkostenanteil immer mehr zur Residualgröße wird.
– Wird das Stücklohn-Modell den vielfältigen Situationen gerade in der Milchproduktion gerecht?

Der Stücklohn ist ein sehr flexibles Instrument. Er enthebt den Kapitalisten der ständigen Arbeitsüberwachung und der Dauerbeschäftigung der Arbeitskräfte – und läßt sich gerade deshalb über die unterschiedlichsten Situationen stülpen.

Die laufende Entwicklung scheint die Interpretation des Milchproduzenten als Stücklöhner zu rechtfertigen, denn nachdem er die Kontrolle über seine Arbeitsprodukte als Waren verloren hat, verliert er mehr und mehr auch seine technische Unabhängigkeit. Mit Sanktionen und Prämien greift die Molkereiindustrie ständig in seinen Produktionsprozeß ein – und dies muß sie umsomehr tun als ihr Konzentrationsgrad regelmäßige, standardisierte Anlieferungen erheischt. In diesem Sinne dienen ihr z. B. baktereologische Kontrollen und Kühlung zur Erhöhung der Lagerfähigkeit des Rohmaterials und saisonale Prämien zum Abmildern der Produktionsschwankungen.

Da der tatsächlich bezahlte Milchpreis wegen der Zersplitterung und Isoliertheit der bäuerlichen Produzenten (die nicht an einer Produktionsstätte konzentriert sind wie die Industriesarbeiter) in der Regel niedriger ist als ein vergleichbarer industrieller Stücklohn (zu berücksichtigen ist natürlich nur der Lohnanteil im Milchpreis), muß der Bauer sich ständig modernisieren, wenn er an ein vergleichbares Einkommen herankommen will. Modernisierung bedeutet aber: noch mehr industrielle Vorleistungen, Verschuldung, Abhängigkeit von der technischen Beratung. Und so verstrickt sich der Bauer immer mehr in eine Abhängigkeit, in der sich auch sein Erscheinungsbild allmählich dem eines Lohnarbeiters annähert. So sind in der Milchproduktion bereits Arbeitsdisposition und -ausführung voneinander getrennt (in Gestalt der wachsenden Rolle der technischen Beratung), Anfänge einer Arbeitsteilung zwischen Kälberaufzucht und eigentlicher Milchproduktion sind erkennbar und der Beginn einer Standardisierung der Arbeitsvorgänge (Organisation der Stallarbeiten nach der Netzplantechnik).

Auch auf der Ebene der Arbeitskraft läßt sich die immer realere Subsumption der Bauern erkennen. In dem Maße, in dem ihre Produktionsprozesse Etappen innerhalb eines kapitalistischen Produktionsprozesses werden, bei dem nur noch das Endprodukt Ware ist (für die vertikale Integration trifft das bereits zu, in der Milchproduktion existiert der Markt zwischen den Produktionsphasen nur noch formal), in dem Maße in dem sich die Einheit von Arbeits- und Verwertungsprozeß herstellt, werden die Bauern Teile des Gesamtarbeiters des Konzerns, an den sie gebunden sind. Sie sind sozusagen seine dezentralisierten Arbeiter. Die Stichhaltigkeit dieses Argumentes erkennt man daran, daß Produktion, Transport und Verarbeitung in der Milcherzeugung eng voneinander abhängen, eigentlich zwischen diesen Stufen kein Markt mehr existiert.

Bei diesem ganzen Prozeß der kapitalistischen Einverleibung bäuerlicher Produzenten kommt dem formalen Eigentum eine hervorragende ideologische Rolle zu. Seine materielle Existenz erlaubt eine Dezentralisierung der Produktion und die Beibehaltung vielfältiger Produktionsprozesse. Der Stücklohn verschleiert, da er auch einen Teil zur Amortisierung der Produktionsmittel enthält, das Lohnverhältnis noch trefflicher als der industrielle Stundenlohn.

Zieht man schließlich die politischen Schlußfolgerungen aus dieser Analyse, so wird ersichtlich, daß die Lohnarbeitersituation dem bäuerlichen Existenzkampf mehr Entfaltungsraum läßt als in den Modellen von den autonomen einfachen Warenproduzenten. In der Tat beinhaltet die Analyse etwa von Servolin eine ausweglose Lage für die Bauern: ihr Einkommen wird rein objektiv festgelegt durch die fatalen Mechanismen zwischen den beiden Produktionsweisen. Was die Bauern auch fordern und durchsetzen an Erzeugerpreiserhöhungen, es wird ihnen über die Agrarpreisschere wieder genommen. Sie unterliegen einer Art „ehernem Lohngesetz." Politisch können solche Analysen dann auch nur noch die Zuflucht zum Staat anbieten. Tatsächlich beinhaltet z. B. die Politik der MODEF nicht mehr als die Forderung an den Staat, die Bauern zu schützen. Nach dem Stücklohn-Modell dagegen können die Bauern wie die industriellen Lohnarbeiter um ihr Einkommen kämpfen und ihre Entlohnung ist nicht mehr von den ewigen Gesetzen des Warenaustausches bestimmt, sondern wird abhängig von dem Kräfteverhältnis, daß herzustellen sie in der Lage sind.

Die Analyse von Evrard et al läßt sich folgendermaßen zusammenfassen: Die Unterwerfbarkeit der Bauern unter das Kapital gründet in ihrer Integration in den kapitalistischen Markt. Inwieweit daraus eine tatsächliche Unterwerfung wird, hängt davon ab, wie stark sie bezüglich ihres Absatzes von einem Einzelkapital abhängig werden. Das Abhängigwerden erfolgt dabei nicht über die Abtrennung von den Produktionsmitteln, sondern über deren Immobilisierung, Festlegung auf eine bestimmte Produktion. Mit anderen Worten: die reale Unterwerfung erfolgt über den Verlust der *Verfügung* über die Produktionsmittel und über die Produkte als Waren – bei Beibehaltung formalen Produktionsmittel*besitzes*.

Die Festlegung der Produktionsmittel in dem Sinne, daß sie nur noch im Produktionsprozeß eines Kapitals eingesetzt werden können, daß sie Verwertungsmittel dieses Kapitals werden, ohne aufzuhören Arbeitsmittel des Bauern zu sein, erfolgt bei der vertikalen Integration per Vertrag, bei anderen Produktionen über die Spezialisierung. Die Festlegung und damit die Abhängigkeit vom Kapital wird dann von der Endgültigkeit der Spezialisierung und vom Anteil der spezialisierten Produktion an der Gesamtproduktion eines Bauern bestimmt. Nach diesen Kriterien muß die konkrete Abhängigkeit im Einzelfall untersucht werden.

4. Schlußbemerkungen

Es ist leicht zu erkennen, daß die dargestellten Diskussionsbeiträge jeweils keine (und auch zusammengenommen nicht) kohärente Agrartheorie darstellen. Zum Teil behandeln sie nur Teilaspekte, zum Teil bleiben ihre Erklärungen unbefriedigend. So können z. B. Evrard et al die akkumulationsfähigen Bauern schwerlich in ihrem Stücklohn-Modell berücksichtigen – es sei denn, sie sehen die Möglichkeit, daß Arbeiter systematisch Kapitalisten werden. Blanc kann zwar den Unterschied zwischen einfach und erweitert reproduzierenden Bauern und wie die einen von den anderen profitieren erklären, bleibt dabei aber im Modell reiner Austauschbeziehungen zwischen Kapital und bäuerlicher Landwirtschaft verhaftet.

Wichtig an dieser Diskussion scheint jedoch:

– daß sie der Frage des Werttransfers zwischen bäuerlicher Landwirtschaft und Kapital systematisch und theoretisch nachgeht und nicht auf der Oberfläche von Agrarpreisscheren und dergleichen hängen bleibt;

– daß sie die politischen Konsequenzen bestimmter Analysen im Auge behält.

Bezüglich des letztgenannten Punktes ließe sich fast sagen, daß man in Frankreich gegenwärtig die theoretische Überwindung des Revisionismus in der Agrarfrage erlebt, vor allem indem das behauptete Nebeneinander zweier Produktionsweisen und die Koexistenz innerhalb der Bauernschaft als Grundlagen antimonopolistischer Strategien angegriffen werden. Insofern spiegelt die theoretische Diskussion nur einen schon in Gang befindlichen realen Prozeß wieder: die praktische Überwindung des Agrarrevisionismus in Gestalt der neuen Bauernlinken, deren Kämpfe sich auf die Widersprüche innerhalb der Bauernschaft (v. a. bei den Auseinandersetzungen um den Boden) und zwischen Kapital und proletarisierten Bauern (Kämpfe um lohn-enthaltende Erzeugerpreise) konzentrieren. Der theoretischen Herausarbeitung des Stücklöhners im Bauern ist seine eigene – zumindest in Teilen der betroffenen Bauernschaft – Selbsterkenntnis und Selbstidentifikation als Lohnarbeiter vorausgegangen.

Anmerkungen

1 Bernard Lambert, Bauern im Klassenkampf, Wagenbach, Berlin 1971.
2 Angaben in diesem Abschnitt nach: Hervé Ossard, L'agriculture et le dévelopement du capitalisme, in: Critique de l'économie politique, Nr. 24/25, Apr. – Sept. 76. – Michel Blanc, Les paysanneries françaises, Jean-Pierre Delarge, Paris 1977. – Michel Gervais, L'économie agricole française, 1955-70, in: L'univers politique des paysans, FNSP, Paris 1972. – Claude Servolin/Yves Tavernier, La France: réforme de structures ou politique des prix? in: Terre, paysans et politique, SEDEIS, Paris 1969. – C. Canevet, L'évolution récente de l'agriculture en Bretagne: de l'agriculture paysanne à une agriculture intégrée dans le mode de production capitaliste, in: L'agriculture en Bretagne, dynamisme ou domination? Ar Falz, Nr. 13-15, April-Juni 1976. – J. B.Henry, Les mécanismes de la domination: l'exemple de l'économie laitière bretonne, in: L'agriculture en Bretagne ... a.a.O. – Comités d'action viticoles, La révolte du Midi, Les Presses d'Aujourd'hui, Paris 1976.
3 Angaben in diesem Abschnitt nach: Pierre Rémy, Le Gaullisme et les paysans, in: L'univers politique des paysans, a.a.O. – Michel Blanc, a.a.O. – Georges Duby, Armand Wallan (Hrsg.), Histoire de la France rurale, Seuil, Paris 1976.
4 Zitiert bei: Onno Poppinga, Bauern und Politik, EVA, F.a.M., Köln 1975.
5 Zitiert bei: Duby/Wallan, a.a.O.
6 Angaben in diesem Abschnitt nach: Servolin/Tavernier, a.a.O. – Yves Tavernier, Le Mouvement de Défense des Exploitants Familiaux (MODEF), in: L'univers politique des paysans, a.a.O. – Francois Prévost, Mutation dans le syndicalisme agricole, le courant Paysans-Travailleurs, Chronique Sociale, Paris 1976. – Paysans-Travailleurs, Projet de plateforme paysan-travailleur, Journées nationales de Novembre 1977.
7 Angaben in diesem Abschnitt nach: Duby/Wallan, a.a.O. – Philippe Gratton, Le mouvement ouvrier et la question agraire de 1870 à 1947, in: L'univers politique des paysans, a.a.O. Pierre Gaborit, Le Parti Communiste Français et les Paysans, in: L'univers politique des paysans, a.a.O. – Laurent Laot, Le Parti Socialiste Unifié et les paysans, in: L'Univers politique des paysans, a.a.O.
8 Quelle agriculture pour la France?, zitiert in: Ceres, La paysannerie, le front de classe et le projet politique de la gauche, Repères, Nr. 41, März 1977.
9 PSF, Avec les socialistes l'agriculture de demain ... Paris o.J.
10 Ebenda.
11 Zitiert in: Avec les socialistes ..., a.a.O.
12 Claude Servolin, L'absorption de l'agriculture dans le mode de production capitaliste, in: L'univers politique des paysans, a.a O. – Vgl. auch: Gervais/Servolin/Weil: Une France sans paysans, Paris 1965.

13 Karl Kautsky, Die Agrarfrage. Ein Überblick über die Tendenzen der modernen Landwirtschaft und die Agrarpolitik der Sozialdemokratie, Verlag J. H. W. Dietz Nachf., Hannover 1966.
14 A. Mollard, L'exploitation du travail en agriculture, in: De l'industrialisation à la régression de l'agriculture, IREP, CNEEJA, Nov. 1971.
15 Zum Beispiel: L. Perceval, Avec les paysans pour une agriculture non-capitaliste, Ed. Sociales, Paris 1969.
16 Organisation Communiste – Gauche ouvrière-populaire (OC-GOP), Les paysans exploités face à la crise, Cahiers pour le Communisme, Nr. 6, o.J.
17 Jean-Michel Philipot, Le dévelopement du capitalisme dans la production laitière, Manuskript, Redon 1977.
18 Hervé Ossard, a.a.O.
19 Michel Blanc, a.a.O.
20 Philippe Evrard/Daniel Hassan/Claude Viau, Petite agriculture et capitalisme, in Cahiers d'économie politique, Nr. 4 Presses Universitaires de France, Paris 1977.
21 Vgl.: Lambert, a.a.O. – Prévost, a.a.O.

Abkürzungen

LN	Landwirtschaftliche Nutzfläche
CNJA	Centre National de Jeunes Agriculteurs = Jungbauernverband
SAFER	Société d'Aménagement Foncier et d'Etablissement Rural = Gesellschaft zur Regulierung des landwirtschaftlichen Bodeneigentums
IVD	Indemnité Viagère de Départ = Landabgaberente
GAEC	Groupement Agricole d'Exploitation en Commun = Landwirtschaftliche Betriebsgemeinschaft
FORMA	Fonds d'Orientation et de Régularisation des Marchés Agricoles = Orientierungs- und Regulierungsfonds der Agrarmärkte
FNSEA	Fédération Nationale des Syndicats d'Exploitans Agricoles = Nationaler Bauernverband
JAC	Jeunesse Agricole Chrétienne = Christliche Landjugend
CGA	Confédération Générale de l'agriculture = nach dem Zweiten Weltkrieg gegründeter Dachverband der landwirtschaftlichen Organisationen, 1954 aufgelöst
ANPT	Association Nationale des Paysans-Travailleurs = Nationalverband der Bauern-Arbeiter
FFA	Fédération Française de L'Agriculture = Französischer Landwirtschaftsverband
MODEF	Mouvement de Défense des Exploitations Agricoles Familiales = Bewegung zur Verteidigung der bäuerlichen Familienbetriebe
CGPT	Confédération Générale des Paysans-Travailleurs = Allgemeiner Verband der Bauern-Arbeiter (vor dem Zweiten Weltkrieg)
CNP	Confédération Nationale Paysanne = Nationaler Bauernverband (vor dem Zweiten Weltkrieg)
PCF	Parti Communiste Français = Kommunistische Partei Frankreichs
PSF	Parti Socialiste Français = Sozialistische Partei Frankreichs
MRG	Mouvement des Radicaux de Gauche = Bewegung der linken Radikalen
PSU	Parti Socialiste Unifié = Vereinigte Sozialistische Partei

Willem Günnemann

Konzentration und Zentralisation in der Agrarindustrie und den Genossenschaften

1. Ursachen der zunehmenden Konzentration und Zentralisation

Wie in allen Bereichen der Volkswirtschaften kapitalistischer Länder, so ist auch auf dem Agrarsektor und hier besonders seit dem Zweiten Weltkrieg eine enorme Konzentration und Monopolisierung festzustellen. Dieser Prozeß soll in der nachfolgenden Untersuchung behandelt werden. Dabei werden die Begriffe Konzentration und Zentralisation in marxistischer Terminologie verwandt. Der Begriff der Konzentration, wie er in der bürgerlichen Wissenschaft benutzt wird für den Zusammenschluß vieler Unternehmen zu wenigen großen Gesellschaften und Konzernen oder die Liquidierung vieler kleiner und mittlerer Unternehmen und die Übernahme ihres Kapitals, ihrer Produktionsanlagen, durch große Firmen, wird hier mit Zentralisation bezeichnet. Konzentration dagegen bezeichnet das Wachstum der einzelnen Kapitale, das Wachstum der einzelnen Unternehmen durch Akkumulation von Mehrwert. Diese Akkumulation erfolgt naturgemäß nicht bei allen Kapitalen in gleichem Umfang. Zufällige oder systematisch ausgebaute Konkurrenzvorteile einzelner Kapitale, einmal erreicht, ermöglichen es diesen, im Prozeß der krisenhaften Entwicklung des Kapitalismus, ihren Vorsprung auszubauen. Der aus diesem Vorsprung gegenüber anderen Kapitalen realisierte höhere Profit ermöglicht einen weiteren systematischen Ausbau der Konkurrenzfähigkeit, z. B. die Erschließung neuer Märkte im Ausland oder die Absicherung eigener Rohstoffquellen. Dieser Prozeß führt gleichzeitig zur Vertiefung der größenspezifischen Strukturdifferenzierung innerhalb des Gesamtkapitals. Immer weniger große Unternehmen stehen einer Vielzahl kleiner und mittlerer Unternehmen gegenüber.

Dieses systematische, absolut und relativ ungleiche Größenwachstum der einzelnen Kapitale hat auch zur Folge, daß sie ihrer Größe entsprechend unterschiedlich durch ihren Einfluß auf den Reproduktions- und Verwertungsprozeß die Bedingungen der Konkurrenz entscheidend mitgestalten können:

1. Durch die Möglichkeit der günstigeren Finanzierung – über das Maß der Eigenfinanzierung aus auf den Warenmärkten realisierten Profiten hinaus – in der Weise, daß große Kapitale, eher als mittlere und kleine Unternehmen, oft auch schon wegen ihrer Verflechtung mit dem Kredit- und Bankensektor einen Zugang zu größeren Kredit- und Kapitalmärkten haben und auch günstigere Kreditkonditionen erhalten.

2. Durch die Möglichkeit, die Produktionskraftentwicklung durch die Entwicklung und Anwendung neuer Technologien und Produktionsverfahren, die von kleinen und mittleren Unternehmen wegen fehlender Forschungs-, Entwicklungs- und Planungsapparate sowie der dazu notwendigen Finanzkraft nicht nachvollzogen und angewandt werden können.

3. Durch die Möglichkeit der besseren Marktübersicht, die durch günstigeren Zugang zu entsprechenden Rohstoff-, Produktionsmittel- und Arbeitskräftemärkten, aber auch durch umfangreichere Marktforschung gegeben ist, können sie über Mengensteuerung die Preisgestaltung beeinflussen.

4. Durch die Möglichkeit von Großunternehmen, Preise zu setzen, wenn ihre Konkurrenten von den ihnen zugänglichen Vorteilen ausgeschlossen sind oder wenn sie – z. B. durch die alleinige Verfügung der Großunternehmen über bestimmte Rohstoffmärkte – von diesen Möglichkeiten ausgeschlossen werden. Großunternehmer erlangen dadurch eine regelrechte Marktbeherrschung, der sich andere Unternehmen zu fügen haben.

5. Durch die Möglichkeit über Produktdifferenzierung, Werbung und bessere Absatzstrategien können Großunternehmen einen größeren Anteil der Kaufkraft am Markt auf sich ziehen.

Alle diese Möglichkeiten, die sich tendenziell mit dem Größenwachstum eines Unternehmens verstärken, sichern die Existenz- und Profitrealisierungschancen dieser Unternehmen, während gleichzeitig mittlere und kleine Unternehmen wegkonkurriert werden.

So entfallen denn auch nach einer Analyse des Verbandes der Vereine Creditreform, der die Kreditfähigkeit von Unternehmen prüft, 94,9 % aller Insolvenzen auf Unternehmen des mittelständischen Bereichs mit 1 bis 200 Beschäftigten (vgl. Institut für Marxistische Studien und Forschungen (IMSF): Wirtschaftskrise und Wirtschaftspolitik, S. 451). Im Kartellbericht der Bundesregierung für 1976 heißt es dazu: „Sowohl insgesamt wie auch in den einzelnen Wirtschaftsbereichen ist das Umsatzwachstum (1972 zu 1974) in der Umsatzgrößenklasse 250 Millionen DM und mehr am größten (Ausnahme: Kunststoff, Gummi- und Asbestverarbeitung). In allen Wirtschaftsbereichen haben demgegenüber die Unternehmen mit Umsätzen bis zu 5 Millionen DM kaum Umsatzsteigerungen zu verzeichnen. Ihr Gesamtumsatz ist in einzelnen Bereichen sogar spürbar zurückgegangen.

Als Folge der abnehmenden Zahl der Unternehmen und des überdurchschnittlichen Umsatzwachstums in den höheren Umsatzklassen weist der Konzentrationsindex nach Gini seit 1962 insgesamt und für nahezu alle Wirtschaftsbereiche eine kontinuierlich anwachsende Konzentration aus.“ (s. Bundestagsdrucksache 8/704, S. 118/119).

Große Unternehmen sind also weit mehr in der Lage, ihre Liquidität zu erhalten. Dies wird in der bereits genannten Analyse des Verbandes der Vereine Creditreform damit begründet, daß Großunternehmen die Möglichkeit besitzen, „durch Stillegung von Teilbetrieben den Bestand des Gesamtunternehmens zu sichern; und außerdem wird die Schließung eines Klein- oder Mittelbetriebes nicht als Politikum angesehen, wodurch Großbetriebe quasi automatisch in den Genuß staatlicher Unterstützung kommen. Schließlich sollte man nicht unerwähnt lassen, daß Großunternehmen eine systematische Planung und Kontrolle aller Unternehmensfunktionen als Grundvoraussetzung jeglicher Unternehmensführung überhaupt ansehen, während sich diese Erkenntnis, aus welchen Gründen auch immer, bei Mittel-, und vor allen Dingen auch bei Kleinbetrieben in vielen Fällen erst noch durchsetzen muß" (zitiert nach IMSF, a.a.O., S. 452).

Nun wird es auch bei bester Planung und Kontrolle einem Mittelständischen Unternehmen – wenn es überhaupt die Mittel dazu hat – nur selten gelingen, eine den Großunternehmen adäquate Existenzsicherung zu erreichen. Denn gerade aus ihrer ökonomischen – und der damit zumeist verbundenen politischen – Machtstellung heraus ist es den Großunternehmen möglich, anderen wirtschaftlich schwächeren Unternehmen und weniger monopolisierten Wirtschaftsbereichen einen Teil ihres Erlöses abzunehmen. Dies zeigt sich besonders in der noch immer andauernden Wirtschaftskrise: Wie anders läßt sich sonst erklären, daß im Krisenjahr 1976 einerseits zwar mit 9221 Anträgen die meisten Konkursverfahren seit Bestehen der BRD beantragt wurden (vgl. Handelsblatt v. 11.5.1977, S. 20), daß andererseits aber beispielsweise im Wirtschaftsteil der Wochenzeitung „Die Zeit" vom 2.9.1977 im Zusammenhang mit der Veröffentlichung einer Rangliste der 100 größten Industrieunternehmen der BRD zu lesen ist: „Die Rangliste der Milliadäre brach im abgelaufenen Geschäftsjahr einen Rekord: während der addierte Umsatz der Konzerne 1976 um 8,7 Prozent auf knapp über 500 Milliarden Mark anwuchs, stieg ihr Gewinn (nach Steuern, aber vor Einstellung oder Auflösung von Rücklagen) um fast hundert Prozent von 6,8 auf etwas mehr als zwölf Milliarden Mark." Auch in der Entwicklung der Umsätze der 10 größten Unternehmen der BRD ist nichts von der seit 1973 andauernden Wirtschaftskrise zu vernehmen. So ergeben sich für diese Unternehmen folgende Anteilszahlen am Gesamtumsatz: 1966 = 12,3 %, 1970 = 13,8 %, 1974 = 16,7 % und 1975 = 17,5 % (vgl. Arbeitsgruppe Großunternehmen: Gewinnentwicklung und Gewinnverschleierung …, Köln 1977, S. 17). Wie durch diese Entwicklung und die Marktstrategien der Großkonzerne die Landwirtschaft, die wegen ihrer zersplitterten Struktur eine der ökonomisch und politisch schwächsten Branchen darstellt, in Mitleidenschaft gezogen wird, soll in den folgenden Abschnitten gleichzeitig mituntersucht werden.

2. *Entwicklung und Ausmaß der Konzentration und Zentralisation in den vor- und nachgelagerten Wirtschaftsbereichen der Landwirtschaft*

Die Landwirtschaft in der BRD bestand 1976 aus 889.016 Betrieben, mit jeweils mehr als 1 ha Betriebsfläche. Gegenüber 1949 mit 1.646.751 Betrieben hat sich die Zahl der Betriebe zwar fast halbiert und die durchschnittliche Betriebsgröße ist auch von 8,06 ha auf 13,98 ha gewachsen (vgl. Materialband zum Agrarbericht '77, S. 17). Gegenüber der vor- und nachgelagerten Industrie besteht die Landwirtschaft jedoch nach wie vor aus einer unvergleichlich größeren Zahl von Käufern und Anbietern.

Die Tatsache, daß insbesondere die Lieferanten landwirtschaftlicher Produktionsmittel zum Teil auch für andere Wirtschaftsbereiche und Verbraucher produzieren, soll hier unberücksichtigt bleiben, da dies für die Landwirtschaft selbst von untergeordneter Bedeutung ist.

Wie aus der Tabelle 1 hervorgeht, hat sich der Konzentrationsgrad mit Ausnahme der Fleischverarbeitenden Industrie bei allen wichtigen vor- und nachgelagerten Industriezweigen in den 12 Jahren von 1962 bis 1974 (bzw. in der Zeit, für die Angaben vorliegen) verstärkt. Dies zeigt die Zunahme des Anteils der jeweils 3 bzw. 6 größten Unternehmen am Gesamtumsatz der Branche. Aber auch der Zentralisationsgrad, als Folge der Konzentration und damit Anstieg der ökonomischen Macht der größten Unternehmen der jeweiligen Branche, hat zum Teil beträchtlich zugenommen. So hat sich z. B. die Zahl der Betriebe in der Mühlenindustrie von 275 im Jahre 1960 auf 131 im Jahre 1975 verringert. In der Nährmittelindustrie ging die Zahl in der gleichen Zeit von 148 auf 111 zurück, in der Brotindustrie von 392 auf 301, bei den Molkereien und Käsereien von 1887 auf 743 und in der Ernährungsindustrie insgesamt von 6.421 auf 4.514 (vgl. Materialband 77, Seite 172). Da sich diese Zahlen auf „örtliche Betriebe" beziehen, ist anzunehmen, daß die Zentralisation noch stärker ist, daß nämlich viele der örtlich ansässigen Betriebe überregional nur einen Teilbetrieb eines größeren Unternehmens darstellen. Nun sagt auch die

Tab. 1: Anteil der 3 und 6 größten Unternehmen am Gesamtumsatz in ausgewählten Industriezweigen (bezogen auf die in der jeweiligen Branche tätigen inländischen Unternehmen)

	3 Unternehmen				6 Unternehmen			
	1962	68	72	74	62	68	72	74
Bergbau, darunter: Kali- u. Salzbergbau, Salinen	75,9	87,7	– [1]	98,1	90,5	94,4	– [1]	100
Chemische Industrie	26,0	27,4	27,0	29,7	35,5	37,7	35,4	41,4
Landmaschinen u. Ackerschlepper	27,9	22,5	26,1	29,0	41,4	35,9	– [1]	42,5
Ernährungsindustrie	8,0	8,4	– [1]	11,4	10,8	11,3	– [1]	16,3
darunter:								
Mühlenindustrie	15,1	22,9	– [1]	36,3	– [1]	33,5	– [1]	47,9
Brotindustrie	6,8	8,3	– [1]	10,1	12,3	15,0	– [1]	17,7
Zuckerindustrie	46,6	49,3	– [1]	49,0	56,0	59,5	– [1]	60,3
Molkereien, Käserei	6,7	10,3	9,3	9,2	9,7	– [1]	14,5	14,5
Fleischverarb. Industrie	42,6	37,2	33,1	32,3	46,9	43,0	41,4	40,1

1 Keine Veröffentlichung wegen der für die amtliche Statistik geltenden Geheimhaltungsbestimmungen.

Quelle: Bundestagsdrucksache 8/704 (Kartellbericht 1976)

Vielzahl von Unternehmen einer Branche noch nicht alles über den Grad der Monopolisierung, der Zentralisation von Verfügungsgewalt in wenigen Händen und ihrer Folgen für die von diesen Branchen abhängigen Unternehmen und Wirtschaftsbereiche (z. B. die Landwirtschaft) oder die Verbraucher. Auch bei einer Vielzahl von Unternehmen in einer Branche kann eine Marktbeherrschung durch wenige hochkonzentrierte Unternehmen bestehen.

Für die Landwirtschaft stellt sich der Konzentrations- und Zentralisationsprozeß in der ihr angrenzenden Industrie folgendermaßen dar: Sowohl auf dem vorgelagerten als auch auf dem nachgelagerten Markt hat sie es mit einer ganz geringen Zahl von Anbietern bzw. Abnehmern zu tun, deren Konzentrations- und Zentralisationsgrad sich noch laufend erhöht.

Betrachten wir kurz die für die Landwirtschaft wichtigsten Bereiche der vor- und nachgelagerten Industrie- und Handelsunternehmen (die Bedeutung der nachstehend genannten Branchen ergibt sich aus Tabelle 2 über die wichtigsten Ausgaben und Einnahmen der Landwirtschaft). Es sind dies für den vorgelagerten Bereich die Futtermittel-, die Maschinen- und die Düngerindustrie und für den nachgelagerten Bereich die Milchverarbeitungs-, die Fleisch- und die Mühlenindustrie.

Tab. 2:

I. Verkaufserlöse in jeweiligen Preisen und in % der Gesamterlöse

	1965/66		1975/76	
	Mio DM	%	Mio DM	%
Getreide	2.305	8,5	4.149	8,6
Schlachtvieh (Rinder, Kälber und Schweine)	10.840	40,4	19.448	40,4
Kuhmilch	6.133	22,9	11.715	24,4
Eier	1.808	6,7	2.495	5,2

II. Ausgaben für Vorleistungen in jeweiligen Preisen und % der Gesamtausgaben

	1965/66 Mio DM	1965/66 %	1975/76 Mio DM	1975/76 %
Futtermittel	6.213	42,1	8.660	34,2
Düngemittel	2.149	14,6	3.783	15,0
Pflanzenschutz	173	1,2	514	2,0
Unterhaltung Maschinen	2.516	17,0	4.080	16,1
Energie	950	6,4	2.977	11,8

Quelle: Materialband zum Agrarbericht 1977, S. 39 u. 45, eigene Berechnung

In der Futtermittelindustrie werden 50 % an der Gesamterzeugung von einer Gruppe von Mischfutterherstellern produziert, die im Verband der Futtermittelindustrie zusammengefaßt sind. Die Haupt- und Raiffeisen-Genossenschaften sind mit 30–35 % beteiligt. Der Rest wird von kleinen Firmen produziert. 45,8 % des Gesamtumsatzes der Futtermittelindustrie entfielen 1973 auf 10 Unternehmen (entsprechend 5,6 % der gesamten Unternehmen dieser Branche) (vgl. Statistisches Bundesamt, Fachserie

D). Eine der ganz Großen dieser Branche ist die Firma A. C. Toepfer, Hamburg. Die Bedeutung dieses Futtermittel- und Getreidehandelsriesen wird aus einer Veröffentlichung der Wochenzeitung „Die Zeit" vom 10.9.1976 deutlich. Hiernach nimmt die Firma Toepfer mit einem Jahresumsatz von 7,5 Milliarden DM in einer Aufstellung der 10 größten Handelsunternehmen der BRD im Jahre 1975 noch vor Quelle, Karstadt und Kaufhof den ersten Platz ein. 1976 mußte Toepfer diesen Rang zwar an die Thyssen-Handelsunion abtreten und sich hinter der Firma Stinnes auf den dritten Rang zurückziehen, konnte aber mit einem Umsatzplus von 3,4 % und vor allem mit einem Jahresüberschuß von 42,3 Millionen DM gegenüber 14,7 Millionen DM in 1975 noch einen wesentlich besseren Abschluß als im Vorjahr erzielen.

In der Landmaschinen- und Ackerschlepperindustrie ist der Konzentrations- und Zentralisationsgrad noch höher als in der Futtermittelindustrie. Auf die 10 größten Unternehmen dieser Branche (entsprechend 5,13 % aller Unternehmen) entfielen 53,2 % des Gesamtumsatzes (vgl. Stat. Bundesamt, Fachserie D). Auf die 3 größten Unternehmen dieser Branche entfielen 1963 27,9 % und 1974 29 % des Gesamtumsatzes.

Die Produktion von Ackerschleppern machte 1973 42,5 % der Gesamtproduktion dieser Branche aus (vgl. Mitteilungen der Landmaschinen und Ackerschleppervereinigung vom 27.5.1974). Die beiden größten Hersteller von Ackerschleppern, International Harvester Company (IHC) und Deutz, stellten 41,7 % der 1975 in der BRD zugelassenen Ackerschlepper her. Der Marktanteil der drei größten Hersteller (IHC, Deutz und Fendt) stieg von 43,7 % im Jahre 1963 auf 56,4 % im Jahre 1975. Erweitert um weitere 3 Produzenten (Massey-Ferguson, Daimler-Benz und John Deere) ergibt sich für die 6 größten dieser Branche ein Marktanteil von 78,6 % für 1975 gegenüber 1963 mit 63,4 % (alle Angaben berechnet nach Inlandszulassungen; vgl. Kraftfahrt-Bundesamt Flensburg, Neuzulassungen–Besitzumschreibungen –. Kirschbaum-Verlag Bonn-Bad Godesberg – Hrsg. – mehrere Jahrgänge). Ähnlich sieht die Marktstruktur für die übrigen Landmaschinen aus. So stellte die Firma Fendt 1974 allein etwa 64 % der Geräteträger her (vgl. Landtechnik, Heft 4, Hannover 1975, S. 363). Die Firma Gebrüder Claas Maschinenfabrik GmbH ist zusammen mit der ihr angegliederten Firma Josef Bautz GmbH nach eigenen Angaben 1975 der größte Hersteller von Mähdreschern und Hochdruckpressen (für die Heu- und Strohbergung) nicht nur in der BRD, sondern auch in Westeuropa. Der Marktanteil bei Mähdreschern lag bei 22 bis 25 % in Westeuropa und über 30 % in der BRD. Der Exportanteil machte 1975 73 % aus (Vorjahr 69 %) (vgl. Handelsblatt vom 6.4.1976, S. 11).

Auf dem Düngemittelmarkt teilten sich schon 1971 nur drei Produzenten den gesamten Verbrauch an Stickstoffdünger aus inländischer Produktion. Es sind dies die BASF mit fast 50 %, die Ruhrstickstoff AG mit 30–35 % und die Farbwerke Hoechst mit 15–25 %. Ähnlich verhält es sich bei den anderen Düngemitteln, wobei die drei genannten Unternehmen noch durch die Kali und Salz AG ergänzt werden. Alle anderen Unternehmen fallen wegen ihres geringen Marktanteils kaum ins Gewicht oder sind durch entsprechende Eigentumsanteile von den vorgenannten Unternehmen abhängig. So ist z. B. die Firma Hoechst an den Süddeutschen Kalkstickstoffwerken mit 50 % am Aktienkapital beteiligt (vgl. Ulrich H. Schulze, Düngemittelsyndikate ... S. 15 ff.). Ebenso stellt zwar auch die Kali-Chemi AG Hannover 10 % des Verbrauchs an Kalidünger her, doch ist die Kali und Salz AG alleiniger Anbieter von Kalidünger, da die Kali-Chemie AG Hannover ihre Produktion über die Kali und Salz AG vermarkten läßt (vgl. Schulze, a.a.O., S. 17).

Da alle Mehrnährstoffdünger, die heute den wesentlichsten Teil des Düngemittelverbrauchs ausmachen (vgl. Schulze, a.a.O., S. 60 ff.), immer auch Kali enthalten, nimmt die Kali und Salz AG auf dem Düngemittelsektor eine ausgesprochene Monopolstellung ein. Sieht man sich nun aber die Eigentumsverhältnisse der Kali und Salz AG an, so entdeckt man, daß hinter diesem Monopolunternehmen auf dem Düngemittelsektor nicht nur ein weiteres Unternehmen der Düngemittelbranche, sondern eines der ganz großen Unternehmen des Chemiesektors sowohl der BRD als auch der Welt steht (vgl. Tabelle 3).

Tab. 3:

Gesellschaft	Grund- bzw. Stammkapital in Mio DM	Großaktionär bzw. Gesellschafter	Anteil in %
I. Kali und Salz AG	250,0	Wintershall AG Celle – Kassel	64,6
		Burbach-Kaliwerke AG Kassel	7,2
		Streubesitz (ca. 15.000 Aktionäre)	
II. Burbach Kaliwerke AG Kassel	34,0	Wintershall AG Celle – Kassel	über 90
III. Kali-Bank AG Kassel	2,0	Wintershall AG Kassel	100
IV. Wintershall AG Celle – Kassel	176,0	BASF	100

Quelle: Commerzbank, Wer gehört zu wem, 12. Auflage 1977 (eigene Zusammenstellung)

Diese ausführliche Darstellung eines Teils der „Verschachtelung" auf dem Düngemittelsektor, der praktisch über den Kalidünger im wesentlichen von der BASF allein kontrolliert wird, sollte hier nur exemplarisch für viele andere Bereiche der vor- und nachgelagerten Industrie gezeigt werden. So ist auch die BASF nicht nur an Unternehmen der Kalidüngerindustrie beteiligt, sondern direkt oder indirekt noch an einer ganzen Anzahl weiterer Unternehmen des Düngersektors (vgl. hierzu Schulze, a.a.O., S. 74 ff.).

Von den nachgelagerten Bereichen hat die Milchverarbeitung, gemessen an den Einnahmen der Landwirtschaft (vgl. Tabelle 2) die größte Bedeutung. 88,7 % der erzeugten Milch wurde 1974 zur Weiterverarbeitung an Molkereien geliefert, davon wiederum rd. 80 % an genossenschaftliche Molkereien. Durch Fusionen, die mit erheblichen Förderungsmitteln der EG unterstützt wurden, sank die Zahl der Molkereien bzw. Milchwerke von 891 im Jahre 1963 auf 466 im Jahre 1973, also fast um die Hälfte. In der gleichen Zeit stieg der Umsatz der jeweils vorhandenen Unternehmen von 6.032 Millionen DM auf 10.907 Millionen DM. Der Konzentrationsgrad stieg auf dem Molkereisektor verglichen mit allen anderen Branchen am stärksten (vgl. Tabelle 1). Es ist auch nicht so, daß in der Milchverarbeitungsbranche, weil diese überwiegend aus Genossenschaftsunternehmen besteht, Fusionen nur zum Nutzen der Genossenschaftler, die in diesem Fall ja selbst Zulieferer „ihres" Unternehmens sind, oder zum Nutzen des Gemeinwohls erfolgten. Das Verhalten der Unternehmensführung ist hier kaum von denen privater Unternehmen zu unterscheiden.

So wurden beispielsweise in der Nähe von Hannover von der Molkerei Mellendorf eGmbH zunächst drei Nachbarmolkereien übernommen. Mit Hilfe staatlicher Subventionen wurde dieser Betrieb nun zu einer Großmolkerei ausgebaut. Anschließend fusionierte die Mellendorfer Molkerei mit der Milchversorgung Hannover eGmbH. Damit wurde sowohl der Betrieb in Hannover als auch der erst neu erstellte Betrieb in Mellendorf im Herbst 1973 geschlossen. Dieses „Fusionskarussell" kostete 30 Millionen staatliche Subventionen (vgl. „Der Spiegel" Nr. 47/1974, S. 80). Damit aber noch nicht genug: Am 1.5.1974 fusionierte die Milchunion Groß-Hannover mit dem Milchhof Göttingen eGmbH zum Milchhof Hannover-Göttingen eG. mit Sitz in Göttingen (vgl. Deutsche Milchwirtschaft, Heft 17, Hildesheim 1974, S. 548). Diese Fusion wurde mit der mangelnden Kapazitätsauslastung des Betriebes in Isernhagen (wegen unerwartet hoher Michanlieferungsrückgänge von 23 Millionen kg in 3 Jahren durch Abschlachtungsprämie für Milchvieh und Bestandsverlagerungen in andere Gebiete und mit den sonst notwendigen Investitionen in Göttingen in Höhe von 30 Millionen DM) begründet (vgl. Deutsche Milchwirtschaft, Heft 26/ 1974, S. 852).

In einem im Auftrag des Bundesministeriums für Ernährung, Landwirtschaft und Forsten (BML) erstellten Gutachten über den Einsatz von Subventionen stellte denn auch die Prognos AG Basel fest, daß für Molkerei-Subventionen in der BRD rund zwei Mrd. DM „verwirtschaftet wurden ...". Das Förderungsprogramm der Bundesregierung habe weder zu einer höheren Produktivität der Molkereien noch zu einer Einkommensverbesserung der Milcherzeuger geführt" (Der Spiegel, Nr. 47/74, S. 80).

In der Fleischwarenindustrie hat sich zwar die Zahl der Unternehmen von 295 in 1963 auf 298 in 1973 erhöht (Statistisches Bundesamt, Fachserie D, Industrie und Handwerk, Reihe 1), doch handelt es sich trotz des Rückgangs des nach Gini errechneten Konzentrationsverhältnisses von 0,724 auf 0,706 in der Zeit von 1963 bis 1973 um eine der zentralisiertesten und konzentriertesten Branchen. Vergleicht man die Fleischwarenindustrie z. B. mit der chemischen Industrie und Mineralölverarbeitung (1962 = 0,7129 und 1972 = 0,7599, s. BT Drucksache 8/704, Seite 118) so bestätigt sich dies.

Der Anteil des industriellen Sektors an der Gesamtproduktion des Fleischwarengewerbes hat sich seit dem Zweiten Weltkrieg laufend auf Kosten des handwerklichen Sektors erhöht (vgl. E. Böckenhoff, Marktstruktur ..., Bonn 1966, S. 22 ff.). Die Bedeutung der kommunalen Schlachtviehgroßmärkte mit den angeschlossenen Schlachthöfen ging dagegen zugunsten der großenteils auch auf genossenschaftlicher Basis eingerichteten Versandschlachtereien von 29,4 % in 1960 auf 11,3 % in 1974 zurück. Versandschlachtereien haben gegenüber kommunalen Schlachthöfen den Vorteil, daß sie in Erzeugernähe schlachten und nur noch Schlachthälften und teilverarbeitete Stücke in die Verbrauchergebiete zu transportieren brauchen. Die Entwicklung der Absatzwege geht aus Tabelle 4 hervor.

Tab. 4: Verkäufe von Schlachtvieh nach Absatzwegen (Mengenanteile in %)

Absatzweg	1966/67	1968/69	1970/71	1972/73	1974/75
2. Schlachtrindvieh[2]					
Schlachter und Metzger	43,0	39,7	35,0	35,0	29,2
Genossenschaften und Viehhandel	33,3	34,2	32,1	34,9	39,1
Sonstige Festverkäufe	5,5	7,7	10,2	9,8	8,1
Kommissionsverkäufe	13,6	13,3	12,1	11,4	11,1
Versandschlachtereien und Fleischwarenfabriken	4,6	5,1	10,6	8,9	12,5
3. Schlachtschweine[2]					
Schlachter und Metzger	45,3	38,0	36,9	34,4	33,6
Genossenschaften und Viehhandel	28,2	25,5	24,4	27,1	28,1
Sonstige Festverkäufe	3,9	5,4	5,5	4,4	4,3
Kommissionsverkäufe	16,2	14,8	12,1	12,1	10,6
Versandschlachtereien und Fleischwarenfabriken	6,4	16,3	21,1	22,0	23,4

1 Ergebnisse der Betriebs- und Marktwirtschaftlichen Meldungen aus rund 8 000 landwirtschaftlichen Betrieben; die Angaben beziehen sich nur auf den Erstabnehmer, sie geben keinen Hinweis auf die Marktanteile (z. B. der Versandschlachtereien).

2 Verkäufe nach Lebend- und Schlachtgewicht zusammen: für Schlachtschweine bis 1967/68 nur nach Lebendgewicht.

Quelle: Stat. Jahrbuch über Ernährung, Landwirtschaft und Forsten 1971, Seite 149 und 1976, Seite 150

Über den Anteil der Genossenschaften an der Vieh- und Fleischverarbeitung waren leider keine genauen Daten zu erhalten, doch zeigt die nachfolgende Aufstellung der größten Unternehmen dieser Branche, daß die Genossenschaften einen nicht unbedeutenden Platz einnehmen. So ist die Centralgenossenschaft Hannover eGmbH im Jahre 1969 der größte Abnehmer auf diesem Gebiet.

Als größter privater Konzern gilt die Schweisfurth-Gruppe, die 1967 bereits einen Marktanteil von 12 % auf sich vereinigte (vgl. E. Rechtziegler, Westdeutsche Landwirtschaft im Spätkapitalismus, S. 63).

Rangliste der größten Viehverwerter und Fleischwarenfabriken:	Eigentümer:
1. Centralgenossenschaft für Viehverwertung e.G.m.b.H. Hannover, Umsatz 1969: 1317 Mio. DM	(Genossensch.)
2. Großeinkaufsgesellschaft Deutscher Konsumgenossenschaften mbH, Hamburg Umsatz 1969: 760 Mio. DM	(Coop)
3. Südvieh-Südfleisch GmbH, München, Umsatz: 683 Mio. DM	(Genossensch.)
4. Schweisfurth Fleischwaren- und Konservenfabriken, Herten, Umsatz 1969: 580 Mio. DM	(Privat)
5. Vieh- und Fleischzentrale eGmbH, Westfalen, Münster Umsatz 1969: 440 Mio. DM	(Genossensch.)
6. Schleswig-Holsteinische Vieh- und Fleischzentrale Hamburg, Umsatz 1969: 428 Mio. DM	(Genossensch.)
7. Württ. Viehverwertung AG, Stuttgart, Umsatz 340 Mio DM	(Genossensch.)

Quelle: DWI-Berichte Nr. 11/1971, S. 41 f.

Inzwischen haben vier genossenschaftliche Unternehmen eine Handels- und Vermarktungszentrale, die „Deutsche Vieh- und Fleischzentrale GmbH" in Bonn gegründet. Am Grundkapital dieses Unternehmens von 1,0 Mio DM sind jeweils mit 25 % beteiligt: Die Centralgenossenschaft für Viehverwertung eG, Hannover, die Landwirtschaftliche Fleischzentrale GmbH, Hannover, die Südvieh-Süddeutsche Viehverwertung GmbH, München und die Süddeutsche Fleischverwertung GmbH, München (vgl. Commerzbank, Wer gehört zu wem, 12. Auflage, S. 196).

In der Mühlenindustrie sank die Zahl der Unternehmen von 204 (1963) auf 116 (1973). Der Umsatz hat sich für die jeweils vorhandenen Unternehmen nur mäßig erhöht, von 1963 mit 2.643 Millionen DM auf 2.978 Millionen DM 1973 (vgl. Statistisches Bundesamt, Fachserie D). Dies ist auf einen starken Rückgang des Verbrauchs stärkehaltiger Nahrungsmittel zurückzuführen (vgl. Tabelle 5). Innerhalb dieser Branche, in der genossenschaftliche Unternehmen kaum Einfluß haben, ist die Konzentration soweit fortgeschritten, daß 1973 bereits 7 Großmühlen 75 % des Marktes kontrollierten. Darunter ist die Firma Kampffmeyer, die als größtes Unternehmen der Branche einen Marktanteil von 18 % erreichte (vgl. Handelsblatt vom 28.5.1974, S. 10).

Abschließend muß in diesem Abschnitt noch zur Rolle der Genossenschaften etwas gesagt werden: Um die Mitte des vorigen Jahrhunderts als Reaktion auf die wirtschaftliche Not der Bauern gegründet, stehen die Genossenschaften heute den einzelnen Bauern fast genauso gegenüber wie private kapitalistische Unternehmen. Das alte genossenschaftliche Prinzip „Ein Mann eine Stimme" ist im Genossenschaftsgesetz nicht mehr verankert. Der Vorstand hat sich gegenüber der Generalversammlung erheblich verselbständigt. Der Konkurrenzkampf zwischen privatwirtschaftlichen Unternehmen und den Genossenschaftsunternehmen hat zu einer starken Zentralisation geführt wie dies auch aus den vorstehenden Beispielen hervorgeht. Dies alles ist aber nur Beleg dafür, daß sich in einem kapitalistischen Wirtschaftssystem auch eine Genossenschaft nur kapitalistisch verhalten kann, will sie ihrem Unter-

*Tab. 5: Nahrungsmittelverbrauch in kg je Einwohner und Jahr**

	1948/49	1950/51	1955/56	1960/61	1965/66	1970/71	1973/74
Rindfleisch ohne Fett	6,6	11,3	14,2	19,5	19,5	22,1	20,9
Schweinefleisch ohne Fett	7,1	19,2	26,1	29,6	33,5	40,7	41,7
Geflügelfleisch	–	–	1,7	4,4	6,3	8,6	8,7
Vollmilch einschl. Sahne**	67,6	110,0	118,1	109,3	96,8	96,0	90,8
Eier***	2,5	7,4	9,8	13,1	13,7	16,3	16,7
Brotgetreideerzeugnisse in Mehlwert	115,5	95,8	89,5	77,3	68,4	61,8	59,9

* Mit steigendem Lebensstandard sinkt der Brotgetreideverbrauch und steigt der Fleischverbrauch. Für die Fleischerzeugung wird aber Getreide verbraucht. Da zur Erzeugung von 1 kg Fleisch rd. 4 kg Getreide erforderlich sind, ist für die menschliche Ernährung, wenn sich diese auf höheren Fleischverzehr umstellt, wesentlich mehr Getreide erforderlich.
** ab 60/61 incl. Sterilkakao, ab 70/71 Sahne in Produktgewicht incl. Sterilsahne
*** ab 65/66 incl. Eierprodukte

Quelle: Statistisches Jahrbuch für die BRD mehrere Jahrgänge von 1957 bis 1975

gang entgehen. In einem kapitalistischen Wirtschaftssystem besteht der Unterschied zwischen genossenschaftlichen und privaten Unternehmen nur darin, daß genossenschaftliche Unternehmen kollektive kapitalistische Unternehmen sind, die sich in der Konkurrenz gegenüber privaten kapitalistischen Unternehmen durchsetzen müssen.

3. Bedeutung der Konzentration und Zentralisation des Industriebereichs für die Landwirtschaft

3.1. Zunehmende Abhängigkeit der Landwirtschaft von vor- und nachgelagerten Wirtschaftsbereichen

Neben den aus den veränderten Produktionsvoraussetzungen in der Landwirtschaft – durch technischen Fortschritt und verbesserte Produktionsmethoden – resultierenden verstärkten Spezialisierung der landwirtschaftlichen Produktion verlangt auch die Monopolisierung besonders auf den der Landwirtschaft nachgelagerten Märkten eine Forcierung der Produktion in größeren Einheiten. Das Entstehen großer Verarbeitungsunternehmen und Einzelhandelsketten erfordert große einheitliche Angebotsmengen in möglichst gleichbleibender Qualität und Standardisierung. Die Landwirtschaft selbst ist an der marktgerechten Weiterverarbeitung ihrer Produkte kaum mehr beteiligt. Der enorme Kapitalbedarf für die notwendigen Anlagen und Kapazitäten begünstigt das Vordringen industrieller Großunternehmen.

Durch die zunehmende Verfeinerung und Differenzierung der Endprodukte landwirtschaftlicher Erzeugnisse nimmt der Anteil der Landwirtschaft an den Verkaufserlösen dieser Endprodukte immer weiter ab. Erhielten die Landwirte z. B. 1950 noch fast zwei Drittel der Verbraucherausgaben für die von ihnen erzeugten Nahrungsmittel, so waren es 1965 nur noch rd. die Hälfte (vgl. R. Plate, Agrarmarktpolitik, S. 170). Von 1965 bis 1975 hat sich dieser Anteil lt. Agrarberichte der Bundesregierung nur noch wenig verändert (vgl. Agrarbericht 1970, S. 171 und Materialband zum Agrarbericht 1976, S. 159 sowie 1978, S. 134). Gleichzeitig wird die Möglichkeit der Direktvermarktung für die Landwirtschaft immer geringer, womit die Abhängigkeit von der weiterverarbeitenden Industrie zunimmt. Als Beispiel kann hier der Rückgang des Direktverkaufs von Speisekartoffeln etwa als „Einkellerungskartoffeln" und die gleichzeitige Zunahme des ganzjährigen Verkaufs von industriemäßig verpackten 5 und 10 kg-Mengen sowie der Anstieg des Absatzes von Kartoffelerzeugnissen in gebrauchsfertigen Packungen wie z. B. Kartoffelpüree, Pommes frites und Kartoffelchips genannt werden. Die Produktion von Chips stieg z. B. in der BRD von 3.500 Tonnen im Jahre 1966 auf 29.500 Tonnen im Jahre 1976 (vgl. Stat. Jahrbuch über Ernährung, Landwirtschaft und Forsten 1977).

Eine wachsende Abhängigkeit der Landwirtschaft von anderen Wirtschaftsbereichen resultiert auch aus der Auslagerung immer weiterer Funktionen aus der Landwirtschaft. So hat z. B. der Ersatz tierischer Zugkräfte durch Zugmaschinen die Abhängigkeit der Landwirtschaft besonders nach dem Zweiten Weltkrieg nicht nur von der Maschinenindustrie erheblich verstärkt, sondern auch von der Energiewirtschaft. Denn Zugtiere wurden auf den eigenen Betrieben gezüchtet und das Futter, das diese Tiere benötigten, stammte ebenfalls aus eigener Ernte (vgl. Stefan Tangermann, Landwirtschaft im Wirtschaftswachstum, S. 39). Die fortlaufende Substituierung menschlicher Arbeitskraft und der fast völlige Ersatz von Zugtieren durch Maschinen und Motoren sowie die Auslagerung immer weiterer Funktionen oder anders ausgedrückt, die weitere Entfernung der Landwirtschaft von der ursprünglichen „geschlossenen Hauswirtschaft" hatte außer einer wachsenden Abhängigkeit der Landwirtschaft von anderen Wirtschaftssektoren auch zur Folge, daß der Anteil der Landwirtschaft an der gesamten Produktionsleistung der Volkswirtschaft relativ geringer wurde.

3.2. Die Beeinflussung der Produktionsverhältnisse in der Landwirtschaft

Die Schwierigkeiten der Landwirtschaft, ausreichende Kapitalmengen für eine industriemäßige Produktion zu mobilisieren, wurden bereits weiter oben im Zusammenhang mit der Weiterverarbeitung landwirtschaftlicher Produkte erwähnt. Aber auch in der Produktion selbst ist die Anwendung neuer Technologien und Produktionsverfahren mit einem immer größeren Einsatz von Kapital verbunden, der von einem einzelnen Landwirt nur selten aufgebracht werden kann. So betragen z. B. die Kosten für einen Arbeitsplatz in der modernen Veredlungsproduktion mittlerweile bereits DM 250.000,– bis 500.000,– (vgl. Frankfurter Allgemeine Zeitung vom

25.6.77, S. 12). Dies sind aber nicht die einzigen Gründe für das Vordringen landwirtschaftsfremder Unternehmen und der industriellen Produktion in der Landwirtschaft. Vielmehr entsteht bei der wachsenden Zentralisierung und Konzentration im Industriesektor für monopolistische Unternehmen zunehmend die Schwierigkeit, den angeeigneten Profit in der eigenen Branche ausreichend gewinnbringend wieder anzulegen. Denn wenn ein monopolistisches Unternehmen durch entsprechende „Preis-Mengen-Kombination seinen maximalen Profit erzielt, führt jede weitere Erhöhung der Produktion zu einer Verringerung des Profits, hat also zu unterbleiben" (J. Huffschmid, Begründung und Bedeutung des Monopolbegriffs in der marxistischen politischen Ökonomie, in: Das Argument, AS 6, S. 51). Besonders Nahrungsmittelkonzerne können wegen der unelastischen Nachfrage nach ihren Produkten auch durch eine Produktdifferenzierung oder einer verstärkten Werbung ihren Absatz nur noch sehr begrenzt weiter ausweiten. Das anlagesuchende Kapital versucht deshalb vornehmlich in noch nicht monopolisierte Bereiche einzudringen. Dies geschieht auf dem Agrarsektor in der Weise, daß es nicht unmittelbar in landwirtschaftlichen Betrieben Verwertung sucht, sondern den bestehenden Betrieben die Produktionszweige abnimmt, die sich relativ leicht zentralisieren lassen. Es handelt sich hierbei vornehmlich um bodenunabhängige Betriebszweige wie z. B. die Eier-, Hähnchen- und Schweinefleischproduktion. So befindet sich beispielsweise im Raum Weser-Ems die Legehennenhaltung zu 66 % in gewerblicher Hand (vgl. Plakat-Bauernverlag Heft 7, S. 12). Für diese Bereiche ist auch bei größeren Beständen die Futterbeschaffung relativ einfach und nicht an die unmittelbar vorhandene landwirtschaftliche Nutzfläche gebunden, wie dies z. B. bei der Rindviehhaltung und Milchproduktion der Fall ist, wo Raufutter erforderlich wird. Der Einstieg in die direkte Bodenproduktion (Getreide, Zuckerrüben, Kartoffeln, Gemüse etc.) scheidet für industrielle Unternehmen fast völlig aus. Doch versucht das Kapital auch in diesen Bereichen Profite zu machen: Durch entsprechende Verträge wird den Bauern zwar der Boden im Eigentum belassen, weil seine Zentralisierung ohnehin übermäßige Kapitalmengen verschlingen würde. Die Verfügung über dieses Eigentum der Bauern wird aber so stark eingeengt, daß die Bauern selber praktisch nur noch Lohnarbeiter im Auftrag großer Konzerne sind. Hierzu ein Beispiel aus der Gemüseproduktion:

Die Langnese-Iglo GmbH (eine Tochtergesellschaft des internationalen Lebensmittelkonzerns Unilever, an der auch Nestlé mit 25 % beteiligt ist – vgl. Commerzbank a.a.O., S. 475) hat für die Herstellung von Tiefkühlgemüse 110 Bauern in Wunstorf bei Hannover mit 2.200 ha und in Reken 55 Bauern mit 1.300 ha unter Vertrag genommen. Wie die Partnerschaft zwischen diesem Konzern und den Landwirten aussieht, soll hier an einigen Auszügen eines Anbauvertrages gezeigt werden.

„Die Langnese-Iglo GmbH, Hamburg, Werk Wunstorf und der Erzeuger ... schließen folgenden Vertrag über den Anbau von Buschbohnen ab: Der Vertrag bezieht sich auf eine Anbaufläche von ... ha. Die zu bebauende Fläche liegt in ...

Der Erzeuger ist verpflichtet, das Saatgut für die Vertragsfläche ausschließlich von der Gesellschaft zu beziehen, das bezogene Saatgut ausschließlich für die Vertragsfläche zu benutzen und keinerlei anderes Saatgut, auch nicht zum Nachsäen für die Vertragsfläche zu verwenden. ... Der Preis für das Saatgut bei Lieferung frei Haus beträgt DM 4,35/kg. Der Preis für das Saatgut wird gleichzeitig mit dem von der Gesellschaft zu zahlenden Preis für die von der Anbaufläche abgenommenen Bohnen fällig. ...

Der Erzeuger nimmt die Aussaat auf der Vertragsfläche, in der/den von der Gesellschaft bestimmten Aussaatzeit/Aussaatzeiten vor. Die Gesellschaft kann die Abnahme der Buschbohnen verweigern, falls die Aussaatzeiten entgegen Satz 1 dieser Ziffer nicht eingehalten werden. Der Erzeuger führt die Anbau- und Pflegemaßnahmen, insbesondere auch Pflanzenschutz und Unkrautbekämpfung mit der Sorgfalt eines ordentlichen Landwirtes durch. Soweit die Gesellschaft hierzu Weisungen erteilt, ist der Erzeuger an sie gebunden. ...

Die Gesellschaft bestimmt den oder die Zeitpunkte der Ernte. ... Falls der von der Gesellschaft festgesetzte Zeitpunkt nicht eingehalten wird, ist die Gesellschaft berechtigt, die Abnahme der Bohnen zu verweigern, soweit der Grund für die Verspätung nicht von der Gesellschaft selbst zu vertreten ist. ...

Die Gesellschaft stellt die Erntemaschinen samt Schleppern mit den dazugehörenden Fahrern sowie die Fahrzeuge mit den dazugehörenden Fahrern zum Abtransport der Bohnen. Der Erzeuger sorgt dafür, daß die Felder für die Erntemaschinen zugänglich sind. ...

Die Gesellschaft übernimmt den Ertrag der Anbaufläche vorbehaltlich des in Ziffer 3 und 4 und des in Absatz 3 dieser Ziffer genannten Zurückweisungsrechtes bis zu einer Menge von 85 dz/ha. Die Gesellschaft hat das Recht, darüber hinausgehende Mengen des Ertrages der Anbaufläche zu übernehmen. ... Nur über nicht von der Gesellschaft in Anspruch genommene Mengen ... darf der Erzeuger anderweitig verfügen. Für jeden Fall einer vertragswidrigen anderweitigen Verfügung über den Ertrag ist eine Vertragsstrafe des Erzeugers an die Gesellschaft in Höhe von DM 2.000,– pro ha Vertragsfläche fällig. Der Preis für maschinengepflückte Bohnen beträgt ...

Die Bohnen müssen frisch und zart sein, nicht bastig und bis auf technisch unvermeidbare, eine Verarbeitung zu Tiefkühlkost nicht behindernde geringfügige Reste frei sein von Fremdkörpern und fremden Stoffen jeder Art, wie Unkraut, Erde ... Krankheiten, Schädlingen ...

Das der Preisberechnung zugrundezulegende Gewicht wird wie folgt bestimmt: Die Gesellschaft stellt das Gewicht der Bohnen in der Fabrik fest und entnimmt jeder Partie ein repräsentatives Muster von 5 kg ... Der Erzeuger oder ein Vertreter des Erzeugers kann beim Wiegen der Bohnen sowie beim Ziehen und Prüfen des Musters anwesend sein... (s. Plakat-Bauernverlag (Hrsg.) Vertikale Integration in der Landwirtschaft, Anhang, S. 17 und 18).

Diese Form des Vordringens kapitalistischer Großproduktion in den landwirtschaftlichen Bereich hat für den industriellen Vertragspartner vor allem auch den Vorteil, daß er kein Kapital für den Ankauf oder die Pacht des Bodens aufzuwenden braucht. Außerdem dürfte der „Stundenlohn" des sich nach wie vor als „selbständig" fühlenden Landwirts wegen fehlender alternativer Beschäftigungsmöglichkeiten eher niedriger sein als der Lohn für industrielle Lohnarbeiter. Ein weiterer Vorteil besteht darin, daß der Landwirt als Eigentümer von Boden und Produktionsanlagen auch noch das Risiko und die Kosten der Reproduktion zu tragen hat. So gibt es Beispiele dafür, daß Produktionsanlagen in der Veredlungswirtschaft, die zunächst völlig von der Landwirtschaft losgelöst, gewerblich eingerichtet und betrieben wurden wegen zu geringer Profitraten, als Folge der hohenAnfangsinvestitionen und Lohnkosten wieder aufgegeben und durch Lohnmastverträge mit Landwirten ersetzt wurden. Diese Form der Bindung industrieller Produktion an landwirtschaftliche Betriebe hat in den letzten Jahren immer größere Verbreitung gefunden (vgl. Plakat-Bauernverlag, Heft 7, S. 15 ff.).

3.3. Die Beeinflussung der Preis- und Einkommensverhältnisse

Wie wir im ersten Abschnitt gesehen haben, sind bestimmte Kapitale aufgrund ihrer Größe in der Lage, besonders in Krisenzeiten ihren Profitanteil und damit ihre Akkumulationskraft zu erhalten oder sogar noch auszubauen. Ihr Vorsprung vor anderen Unternehmen wird dadurch immer größer, sie gewinnen zunehmend Einfluß auf immer größere Wirtschaftsbereiche, sind dadurch schließlich in der Lage, sowohl die produktionsmittelliefernden Bereiche als auch die Absatzmärkte entscheidend unter ihren Einfluß zu bringen. Gleichzeitig wächst damit die Abhängigkeit anderer Kapitale von diesen monopolistischen Unternehmen. Schließlich bestimmt nur noch ein Unternehmen die Markt- und Preisgestaltung in einer Branche, auch wenn noch mehrere Produzenten oder Lieferanten auf diesem Sektor tätig sind. Es ist also irreführend, wollte man einen wesentlichen Unterschied machen, ob einige wenige oder nur ein einziges Unternehmen den jeweiligen Markt beherrscht und dementsprechend zwischen Oligopol und Monopol unterscheiden.

Die beiden amerikanischen Ökonomen Hunt und Sherman schreiben zur Frage von Oligopol und Monopol: „In den meisten Lehrbüchern werden umfangreiche Modelle der Oligopolpreisbildung entwickelt. Sie bauen samt und sonders auf der Annahme auf, daß die Oligopolisten nie ihre wechselseitige Abhängigkeit erkennen, wie oft auch ihre Rivalen ihre Erwartungen durchkreuzen mögen". Sie weisen dann auf Untersuchungen von Heinrich von Stackelberg hin, über das Verhalten von Oligopolisten, in denen nachgewiesen wurde, „daß in einem Oligopol nur dann ein Gleichgewicht zustande kommt, wenn ein Oligopolist von allen anderen als Marktführer akzeptiert wird". In diesem Zustand wäre also ein Oligopol mit einem Monopol, zumindest im Marktverhalten, gleichzusetzen. „Unterschiede zwischen Oligopol und Monopol treten zutage, wenn sich die Machtverteilung in einem Oligopol grundlegend verändert. Dann kann ein Kampf um die Führungsposition entbrennen, aus dem kurzfristig ein ruinöser Preiskampf werden kann. Ist aber ein neuer Branchenführer als Sieger aus dem Kampf hervorgegangen, so wird die Branche gewöhnlich zu einer Politik zurückkehren, die man kaum von der eines Monopols unterscheiden kann" (vgl. E. K. Hunt/Howard J. Sherman, Ökonomie aus traditioneller und radikaler Sicht, S. 100). Konkurrenz tritt also vorwiegend nur noch in der Werbung mit „angeblichen Qualitätsunterschieden" in Erscheinung. Der Preiswettbewerb ist so gut wie ausgeschlossen (vgl. das Verhalten der Ölkonzerne bei der Benzinpreisgestaltung). Zu diesem Verhalten sind keine offenen Absprachen erforderlich, die wegen der Wettbewerbsgesetze ohnehin verboten wären. Oligopolisten sind nach Hunt und Sherman ,,daran interessiert, den Preis (oder, bei Produktdifferenzierung, die Preise) festzusetzen, der den Profit der gesamten Branche maximiert. Jedes Produkt wird dann zu dem Preis angeboten, den ein Monopolist fordern würde... Und das heißt: Nicht die Theorie der Konkurrenzpreisbildung, sondern die Theorie der Monopolpreisbildung liefert die richtigen Aussagen für eine Wirtschaft, die von Großunternehmen beherrscht wird. Was den Theoretikern des 19. Jahrhunderts als ein Spezialfall erschien, das ist heute der Regelfall!" (s. Hunt/ Sherman, a.a.O. S. 98).

Wie sieht nun die monopolistische Preisbildung aus und was sind Monopolpreise? Nach Jörg Huffschmid sind Monopolpreise ,,Marktpreise, die dauerhaft über den jeweiligen Produktionspreisen bestimmter Waren liegen" (wobei Produktionspreise zu verstehen sind als die im Durchschnitt einer Branche zur Produktion einer Ware aufzuwendenden Kosten und Marktpreise die Preise, zu denen die Konkurrenz die einzelnen Preise ausgleicht). Ein ,,dauerhaft" über den jeweiligen Produktionspreisen liegender Marktpreis kann sowohl durch Überhöhung der Marktpreise als auch durch eine Senkung der Produktionskosten erfolgen. Um diesen Zustand zu erreichen, muß das jeweilige Unternehmen alle wesentlichen Eigenschaften eines Monopols besitzen:

Dies kann sowohl durch Überhöhung der Marktpreise als auch durch eine Senkung der Produktionskosten erfolgen. Um diesen Zustand zu erreichen, muß das jeweilige Unternehmen alle wesentlichen Eigenschaften eines Monopols besitzen:

1. Die ,,Beherrschung und alleinige oder maßgebliche Verfügung über bestimmte notwendige Bedingungen und Zusammenhänge der kapitalistischen Produktion..."

2. Es muß in der Lage sein (ökonomisch oder politisch) andere Kapitale ,,von diesen Bedingungen und Zusammenhängen" vollständig oder weitgehend auszuschliessen. (s. Jörg Huffschmid, Bedingung und Bedeutung des Monopolbegriffs, a.a.O., Seite 46 u. 47)

Zu diesen beiden Bedingungen gehören u. a.
- überdurchschnittlich günstige Einkaufs- und Beschaffungsmöglichkeiten für Rohstoffe und Betriebsmittel, die von den Zulieferern bezogen werden,
- kostengünstige Produktionsverfahren (durch Patente, Lizenzen etc.),
- höher entwickelte Produktivkraft der beschäftigten Arbeiter,
- bestimmte Werbemethoden, die aus Kostengründen nicht von anderen Kapitalen kopiert werden können,
- Beschränkung des Angebotes und damit Erhöhung der Verkaufspreise.

Die Aufrechterhaltung dieser Bedingungen, die jede für sich zu ,,dauerhaft über den jeweiligen Produktionspreisen" liegenden Marktpreisen führt, schließt aber eine weitere Bedingung ein: ,,der positiven Abweichung der tatsächlichen Marktpreise von den Produktionspreisen muß – da nach wie vor die Summe aller Werte und Produktionspreise gleich der Summe aller Marktpreise ist – eine negative Abweichung der tatsächlichen Marktpreise von den Produktionspreisen entsprechen, die bei den nichtmonopolistischen Warenverkäufern auftritt." (J. Huffschmid, Bedingung und Bedeutung des Monopolbegriffs., a.a.O. S. 46/47)

Nun gehört die Landwirtschaft nicht nur zu diesen „nichtmonopolistischen Warenverkäufern", sondern auch zu den nichtmonopolistischen Produktionsmittelkäufern, d. h. sie ist nicht in der Lage, in irgendeiner Form auf ihre Produktionsmittellieferanten in der Weise (ökonomisch oder politisch) einzuwirken, daß sie ihre Produktionsmittel zu den Produktionspreisen oder gar darunter einkaufen kann. So ist z. B. der Preisindex von Handelsdünger für die Landwirtschaft von 1950/51 = 100 auf 1970/71 = 132 und auf 1974/75 = 188 gestiegen (errechnet nach Stat. Jahrbuch über Ernährung, Landwirtschaft und Forsten, mehrere Jahrgänge). Dieser Preisanstieg liegt zwar deutlich unter den Preisanhebungen für andere Betriebsmittel, verschleiert aber, daß die Düngemittelindustrie ihre Produktionskosten wesentlich senken und dadurch ihre Profite erheblich vergrößern konnte. So sind die Herstellungskosten für Stickstoffdünger durch die Einführung modernster Anlagen der Ammoniaksynthese zum Teil auf 30 % zurückgegangen. In der Zeit von 1956 bis 1970 gingen die Herstellungskosten von Ammoniak um 50 % zurück (vgl. Schulze, a.a.O., S. 21 ff.), wogegen die Preise für die landwirtschaftlichen Verbraucher nicht nur nicht gesunken oder gleichgeblieben, sondern noch gestiegen sind.

Im Verhältnis zu den Erzeugerpreisen für Getreide, die immer noch eine gewisse Leitfunktion für alle übrigen landwirtschaftlichen Erzeugerpreise haben, sind nicht nur die Einkaufspreise landwirtschaftlicher Betriebsmittel, sondern auch die Verbraucherpreise für landwirtschaftliche Erzeugnisse erheblich schneller gestiegen. Der Index für landwirtschaftliche Betriebsmittel kletterte in der Zeit von 1950 bis 1974/75 um 123 % und der Index der Lebenshaltungskosten um 99 %. Der Index der Erzeugerpreise für Getreide stieg im gleichen Zeitraum dagegen nur um 23 % (errechnet nach Statistisches Jahrbuch für die Bundesrepublik Deutschland, Jahrgänge 1966 bis 1975, s. auch Tabellen 6 und 7).

Bei der Betrachtung der Preisentwicklungen (Tabellen 6, 7 und 8) und ihre Gegenüberstellung mit dem Konzentrationsgrad der Branchen, die für diese Preise zuständig sind (s. Tabelle 1), stellen wir fest, daß gerade in den Bereichen, in denen die Konzentration in der vor- und nachgelagerten Wirtschaft am höchsten ist, nicht auch die Verbraucherpreise am stärksten gestiegen oder die Abgabepreise der Landwirtschaft an diese hochkonzentrierten Branchen am weitesten zurückgeblieben sind. So ist z. B. der Großhandelsverkaufspreis für Weizenmehl (s. Konzentrationsgrad der hierfür zuständigen Mühlenindustrie) von 1954 = 100 auf 1975 = 121 gestiegen. Der Preis für das aus diesem Weizenmehl gebackene Weißbrot ist aber von 1950 = 100 auf 1974 = 453 gestiegen (vgl. dazu den Konzentrationsgrad der Brotindustrie – Tabelle 1). Ein Blick auf Tabelle 5 zeigt außerdem noch, daß der Verbrauch an Brotgetreideerzeugnissen sich von 1948/49 bis 1973/74 fast halbiert hat, während der Verbrauch bei allen anderen Nahrungsgütern größtenteils um ein Mehrfaches gestiegen ist. Eine verstärkte Nachfrage auf dem Brotmarkt kann also nicht die Ursache für diese enorme Preissteigerung sein.

Tab. 6: Index der Erzeugerpreise landwirtschaftlicher Produkte

	50/51	55/56	60/61	65/66	69/70	70/71	71/72	72/73	73/74
Getreide[1]	100	128	129	131	119	120	120	122	123
davon Weizen	100	125	128	131	119	117	116	119	122
Roggen	100	137	134	137	128	125	125	129	133
Milch	100	117	128	159	157	160	176	182	187
Eier	100	113	102	101	–	71	81	82	99
Schlachtvieh[2]	100	115	123	137	140	130	140	163	160
davon: Bullen	100	133	151	177	183	182	201	243	217
Schweine	100	100	105	113	115	99	105	119	127
Schlachtgeflügel			100	99	–	79	78	83	95

1 insgesamt, incl. Hülsenfrüchte
2 insgesamt, ohne Geflügel

Quelle: Eigene Berechnungen aufgrund der Angaben in: Statistisches Jahrbuch über Ernährung, Landwirtschaft und Forsten, mehrere Jahrgänge und Statistisches Jahrbuch der BRD, mehrere Jahrgänge. Indexzahlen wurden auf 1950/51 bzw. bei Schlachtgeflügel auf 1960/61 = 100 umbasiert.

Tab. 7: Index der Verbraucherpreise ausgewählter Nahrungsmittel

	1950	1954	1956	1961	1965	1970	1974
Weizenmehl[1]	100	128			178	174	186
Weißbrot[2]	100		177	222	266	319	453
Helles Mischbrot[2]	100	137	152		216	265	380
Vollmilch[3]	100	111	119	125	143	159	227
Butter[4]	100	114	126	123	141	135	141
Eier[5]	100	103	109	99	99	78	104
Rindfleisch zum Kochen	100		141	161	202	194	246
Schweinefleisch Kotelett	100		127	160	186	198	233
Brathähnchen	100	121			107	82	96

1 Type 405 (für 1950 und 1954 Type 550 – Preise sind jedoch für beide Sorten gleich; vgl. z. B. auch Index der Großhandelsverkaufspreise für 1954 in: Preise, Löhne, Wirtschaftsrechnungen, Reihe 8, Fachserie M, Stuttgart und Mainz 1961, Seite 42).
2 errechnet auf der Grundlage der kg-Preise
3 lose Vollmilch ab Laden
4 Deutsche Markenbutter, 1 kg-Packungen
5 Gewichtsklassen zwischen 55 und 65 gr

Quelle: Eigene Berechnungen aufgrund der Angaben in: Fachserie M (vgl. Fußnote 1 dieser Tabelle) mehrere Jahrgänge ab 1954 und Statistisches Jahrbuch für die BRD, mehrere Jahrgänge sowie Wirtschaft und Statistik, mehrere Jahrgänge und Wirtschaftszahlen in: Agrarwirtschaft, mehrere Jahrgänge. Indexangaben wurden umbasiert auf 1950 = 100.

Tab. 8: Index der Großhandelsverkaufspreise

I. Großhandelspreise	1954	1956	1961	1965	1970	1975
Weizenmehl[1]	100		106	106	104	121
Butter[2]	100		107	117	116	133
Eier[3]		100	81	98	66	73

1 Vgl. Anmerkung 1 zu Tabelle 7
2 Deutsche Markenbutter, 1 kg-Packungen
3 deutsche, Gewichtsklassen zwischen 55 und 65 g

Quelle: Wie Tabelle 6 u. 7, Indexzahlen umbasiert auf 1954 bzw. bei Eiern auf 1956 = 100.

Wie wir schon bei den Düngemittelherstellern gesehen haben, realisieren Monopole ihren höheren Profit nicht immer durch überdurchschnittlich hohe Verkaufspreise, sondern auch durch die Ausnutzung ihrer ökonomischen Vormachtstellung, die sich ausdrückt in einer Senkung der Produktionskosten, z. B. durch billigere Beschaffung ihrer Produktionsmittel und Rohstoffe. Monopole scheinen also zunächst zu versuchen, über eine Senkung der Produktionskosten ihren Profit zu erhöhen. Damit gehen sie einem möglichen Absatzrückgang, der mit einer Preiserhöhung ihrer Produkte verbunden sein könnte, aus dem Weg.

Die Landwirte sind aufgrund ihrer geringen Marktmacht nicht in der Lage (oder werden durch gesetzliche Bestimmungen daran gehindert – vgl. Schulze, a.a.O., S. 51) den Marktstrategien der Konzerne wirksam zu begegnen.

Bei der Darstellung der Einkommenssituation der Landwirtschaft wird deshalb sehr oft von dem Problem der Preisschere gesprochen, wonach einerseits die Preise für Betriebsmittel laufend steigen und andererseits die Verkaufspreise landwirtschaftlicher Erzeugnisse immer mehr zurückbleiben. Nach J. Kleinsorge realisieren die „Produktionsmittel liefernden Konzerne ... ihre riesigen Profite auf Kosten der Bauern, indem sie deren Betriebsmittelausgaben vergrößern, während die Bauern ihre Erlöse nur durch höchste Leistungssteigerung verbessern können. Von 1949 bis 1970 wurden den Bauern der BRD über die Preisschere mehr als 60 Mrd. DM entzogen". (Johann Kleinsorge, Steigende Lebensmittelpreise bei sinkenden Erlösen der Bauern, in: DWI-Berichte, Heft 3, 1971, S. 15)

Diese Aussage muß m. E. relativiert werden. Denn erstens kann nicht von „den Bauern" als eine einheitliche Bevölkerungsschicht und damit Einkommensgruppe gesprochen werden. Wegen der großen Unterschiede in den Produktionsbedingungen der einzelnen landwirtschaftlichen Betriebe – durch Größe, Lage und Klimaverhältnisse bedingt – sind auch die Einkommensdifferenzen innerhalb der Landwirtschaft größer als in der übrigen Wirtschaft (1 : 44 innerhalb der Landwirtschaft gegenüber 1 : 12 in der übrigen Wirtschaft – vgl. E. Neander, Hoffnung auf mehr Information, in: Der Spiegel, Nr. 45/74, S. 20).

Zweitens wird zumindest im Wirtschaftsraum der EG von den meisten Nahrungsgütern ständig mehr produziert als benötigt wird, woraus sich wieder zwei Konsequenzen ergeben:

1. „... Wenn die Masse der produzierten Waren größer ist als zu den mittleren Marktwerten Absatz findet, so regeln die unter den besten Bedingungen produzierten Waren den Marktwert" (K. Marx, MEW, Bd. 25, Seite 188). Hier ist anzumerken, daß auch die Preisbeschlüsse der EG von den „unter den besten Bedingungen produzierenden" Landwirten ausgehen (vgl. Memorandum Landwirtschaft 1973–1978, Hrsg.: EG-Kommission, Brüssel 1973).

2. „Ein Teil der Mehrarbeit der Bauern, die unter den ungünstigsten Bedingungen arbeiten, wird der Gesellschaft umsonst geschenkt und geht nicht in die Regelung der Produktionspreise oder in die Wertbildung überhaupt ein" (K. Marx, MEW Bd. 25, S. 814).

Dies bedeutet, daß die Bauern, die in einer Überschußsituation nicht unter den „besten Bedingungen produzieren", den Teil ihrer investierten Arbeit, der über den gesellschaftlich notwendigen Teil hinausgeht, nicht realisieren können. Und da der Wert einer Ware „nicht durch die Arbeit gemessen (wird), die sie im Einzelfall dem Produzenten tatsächlich kostet, sondern durch die gesellschaftlich zu ihrer Produktion erheischte Arbeitszeit" (K. Marx, MEW Bd. 23, S. 336) kann in diesem Fall auch nicht von einem Werttransfer in der Zirkulationssphäre an die monopolistischen Kapitale der Käuferseite – wie es in vielen anderen Branchen zutrifft – oder gar von einer Ausbeutung der Bauern gesprochen werden.

Die unter den schlechten oder mittleren Bedingungen produzierenden Bauern müßten, wenn sie sich „marktkonform" verhalten wollten, ihre Produktion einstellen und gegebenenfalls das Kapital in andere Sphären transferieren. Die bäuerlichen Warenproduzenten reagieren aber, wie das Dilemma der EG Agrarmarkt- und Preispolitik anschaulich vor Augen führt, nur im äußersten Fall mit „Kapitalentzug", der für sie Betriebsaufgabe oder Produktion anderer Waren durch teuere Betriebsumstellung oder aber auch den Verlust des eigenen Arbeitsplatzes bedeutet. Sie antworten einer solchen Preisentwicklung überwiegend mit einer Steigerung der Produktivkraft ihrer Arbeit, was in Kleinbetrieben zumeist Mehrarbeit für den Landwirt und seine Familie bedeutet.

Diese prekäre Situation auf dem Agrarsektor wird von den Großunternehmen der vor- und nachgelagerten Industrie und des Handels gewinnbringend genutzt. Ihre Marktmacht und ihr politökonomischer Einfluß sorgt dafür, daß die Mehrarbeit der Bauern bzw. die überschüssigen Produkte nicht „der Gesellschaft umsonst geschenkt" werden, sondern daß sie selbst dieses „Geschenk" vereinnahmen können. Durch staatlich finanzierte Überschußvernichtung wird das Angebot verringert (denn auch eine Ausfuhr dieser Güter in unterernährte Regionen der Welt, würde den Ausfuhrinteressen der Industrie zuwiderlaufen). Dem Verbraucher wird aber trotzdem ein hoher Preis abverlangt. Auch die Vorteile der Produktivitätssteigerung in der Landwirtschaft werden von vor- und nachgelagerten Wirtschaftsbereichen absorbiert. So läßt sich die Produktivitätssteigerung, die in der Landwirtschaft von 1965/66 bis 1975/76 jährlich 8,5 % erreichte, in der übrigen Wirtschaft dagegen nur 3,6 % (vgl. Materialband zum Agrarbericht 1977, a.a.O., S. 56), fast exakt an den Erzeugerpreisen der Landwirte ablesen (vgl. Tabelle 6), bei den Verbraucherpreisen ist davon jedoch kaum noch etwas zu vernehmen (vgl. Tabelle 7).

Die größten Produktivitätssteigerungen je Arbeitskraft wurden bei der Getreide-, Eier-, Schlachtgeflügel- und Schweinefleischproduktion erreicht. Dies hängt mit den natürlichen Voraussetzungen zusammen, z. B. großflächige Einsatzmöglichkeiten von Saat- und Erntemaschinen im Getreidebau oder die schnellere Bestandsvermehrung und Reproduktion bei Mastschweinen und Geflügel (ein Huhn hat im Jahr z. B. 250 Nachkommen, die von Maschinen ausgebrütet werden). Dagegen ist sowohl die Milch- als auch die Rindviehhaltung und Bullenmast davon abhängig, daß eine Kuh nur jedes Jahr ein Kalb zur Welt bringt.

Wegen des zunehmenden Erzeuger-Verbraucher-Direktverkehrs in der Eier- und Hähnchenproduktion liegt hier eine Ausnahme vor. Die Erzeugerbetriebe (zumeist industriemäßige Großproduktion) sind hier in Größenordnungen hineingewachsen, daß die volle Auslastung eigener Verarbeitungs- und Verpackungsanlagen möglich wurde (vgl. Handelsblatt 22.5.1975, S. 23 u. 24). Die direkte Belieferung des Einzelhandels und der Großverbraucher führte zur weitgehenden Ausschaltung des Zwischenhandels.

Nun mag dieser Zustand auf dem Eier- und Hähnchenmarkt den Gedanken aufkommen lassen, daß eine Entwicklung, hin zu industriemäßiger Großproduktion und ihre Zentralisation und Konzentration schließlich doch auch für den Verbraucher nützlich ist (vgl. Tabelle 7). Zu dem hier gezeigten Beispiel ist aber zu sagen, daß wir es auf dem Eiermarkt trotz einiger Großunternehmen, die in einigen Gebieten wie z. B. im Raum Weser-Ems zum Teil schon marktbeherrschend sind, doch immer noch mit rd. 1,3 Millionen Hennenhaltern zu tun haben (vgl. Plakat ... Heft 7, S. 12), von denen ein Großteil die Produktion sofort ausweiten würde, wenn durch eine Preisanhebung ihre gegenüber Großunternehmen ungünstigere Produktionskostenstruktur verbessert würde. Die Absatzwege sind durch den einfach zu gestaltenden Erzeuger-Verbraucherverkehr noch nicht monopolisiert. Ausserdem läßt sich auch kein landwirtschaftliches Produkt einfacher vermarkten, da kaum eine Weiterverarbeitung notwendig ist.

Hier bleibt also den Großunternehmen *zunächst* nichts als die Senkung ihrer Produktionskosten und die Niedrighaltung der Verbraucherpreise, um dadurch die Zahl ihrer Konkurrenten noch wesentlich weiter zu verringern, so daß auch auf diesem Sektor anschließend eine monopolistische Preis-(und Mengen-)gestaltung eine Erhöhung der Profite ermöglicht.

Literatur

Agrarbericht der Bundesregierung, 1970, 1976, 1977 und 1978, Bundestagsdrucksache VI/372, 7/4680, 8/80 und 8/1500

Arbeitsgruppe Großunternehmen, Gewinnentwicklung und Gewinnverschleierung in der westdeutschen Großindustrie – Eine Untersuchung der 50 umsatzgrößten Kapitalgesellschaften der BRD 1967–1975, Köln 1977

Böckenhoff, E., Marktstruktur und Preisbildung bei Schlachtvieh und Fleisch in der Bundesrepublik Deutschland, Schriftenreihe der Forschungsgesellschaft für Agrarpolitik und Agrarsoziologie, Bonn 1966

Bundestagsdrucksache 8/704 (Kartellbericht der Bundesregierung 1976)
Commerzbank (Hrsg.), Wer gehört zu wem, 12. Auflage 1977
Das Landvolk, Mitteilungblatt des niedersächsichen Landvolkverbandes, Hannover, v. 1.10.1977
Der Spiegel, Nr. 42/1974, 45/1974, 47/1974 und 29/1976
Deutsche Milchwirtschaft, Hildesheim, Heft 17/1974 und 25/1974
Die Zeit, v. 10.9.1976 und 2.9.1977
DWI-Berichte Nr. 3 und 11/1971, Berlin (DDR)
EG-Kommission, Abt. Agrarinformation (Hrsg.), Memorandum Landwirtschaft 1973–1978, Brüssel 1973
Frankfurter Allgemeine Zeitung, v. 25.6.1977
Günnemann, W. und Jürgens, C., Monopolisierung, Preis- und Einkommensentwicklung auf dem Agrarsektor und ihre Konsequenzen für die Agrarpolitik, Dipolomarbeit im Studiengang Wirtschaftswissenschaft an der Universität Bremen, 1976 (unveröffentlicht)
Handelsblatt, v. 28.5.1974, 22.5.1975, 6.4.1976 und 11.5.1977
Huffschmid, Begründung und Bedeutung des Monopolbegriffs in der marxistischen politischen Ökonomie; in: Das Argument, AS 6, Berlin 1975
Hungerbühler, Eberhard, Landwirtschaft – permanente Einmischung in die Natur, Schriftenreihe der Norddeutschen Landesbank Hannover, Band I, 1977
Hunt, E. K. / Sherman, Howard J., Ökonomie – Aus traditioneller und radikaler Sicht, Band 1, Fischer Athenäum, Frankfurt/M. 1974
Institut für Marxistische Studien und Forschungen (IMSF) Frankfurt/Main (Hrsg.), Beiträge des IMSF – Wirtschaftskrise und Wirtschaftspolitik, Frankfurt/M. 1976
Israel, Joachim, Landwirtschaft und Energieverbrauch; in: Technologie und Politik, aktuell-Magazin 3, Reinbek bei Hamburg, 1975
Kraftfahrt-Bundesamt Flensburg, Neuzulassungen – Besitzumschreibungen – Löschungen von Kraftfahrzeugen und Kraftfahrzeuganhängern, Kirschbaum-Verlag Bonn-Bad Godesberg (Hrsg.), mehrere Jahrg. 1964–1976
Landtechnik, Heft 4, Hannover 1974
Marx, Karl, Das Kapital, Marx-Engels-Werke (MEW) Bd. 23 und 25, Berlin (DDR) 1970
Materialband zum Agrarbericht der Bundesregierung 1976 und 1977, Bundestagsdrucksache 7/4681, 8/81 und 8/1501
Plakat-Bauernverlag, Heft 7, Offenbach 1976
Plakat-Bauernverlag (Hrsg.), Materialien – Vertikale Integration in der Landwirtschaft der BRD, Stuttgart, ohne Jahrgang
Plate, R., Agrarmarktpolitik, Band 1, München 1975
Poppinga, Onno, Zur Bauernfrage in Westdeutschland; in: Plakat-Bauernverlag, Heft 3, Offenbach 1972
Rechtziegler, Emil, Westdeutsche Landwirtschaft im Spätkapitalismus, Offenbach 1972
Schulze, Ullrich H., Düngemittelsyndikate, Monopolpreisbildung und ihre Folgen für die Landwirtschaft, Agrarlit, Stuttgart 1975
Statistisches Jahrbuch für die Bundesrepublik Deutschland, mehrere Jahrgänge von 1957 bis 1976
Statistisches Jahrbuch über Ernährung, Landwirtschaft und Forsten, Hamburg und West-Berlin 1970 bis 1977 (mehrere Jahrgänge)
Statistisches Bundesamt, Fachserie D, Industrie und Handwerk, Reihe 1 und Fachserie M, Löhne, Preise, Wirtschaftsrechnungen, Reihe 8
Tangermann, Stefan, Landwirtschaft im Wirtschaftswachstum, Hannover 1975
Weinschenck, Günter, Agrarpolitik in diesem Jahrzehnt; in: Zur Sache Nr. 2/71; Presse- und Informationszentrum des Deutschen Bundestages (Hrsg.), 1971

Zur Situation der Landwirtschaft in der Bundesrepublik Deutschland

Onno Poppinga

Gebrauchsanleitung zum Agrarbericht

Für alle Sozialwissenschaftler, Zeitungsschreiber, Rundfunkkommentierer wie auch für grüne Professoren, Ministerialbeamte und Landwirtschaftslehrer ist der Agrarbericht (früher: Grüner Bericht und Grüner Plan) eine Informationsquelle erster Ordnung. Für wenig andere gesellschaftliche Bereiche gibt es eine vergleichbar ausführliche, regelmäßige und aktuelle Berichterstattung. Jedes Jahr neu legt der Bundeslandwirtschaftsminister Mitte Februar dem Parlament diese voluminöse (in der Regel ca. 500 Seiten umfassende und 0,8 kg schwere) Fleißarbeit seines Hauses und korrespondierender landwirtschaftlicher Forschungs- und Untersuchungsanstalten bzw. grünen Fachbereichen der Hochschulen vor. Neben einer Darstellung der Lage der Agrarwirtschaft (wozu auch Wein- und Gartenbau, Forst- und Holzwirtschaft, Fischerei und Ernährungsgewerbe gezählt werden), wird ausführlich auf die agrarwirtschaftlichen und agrarpolitischen Ziele und Programme eingegangen.

Für einen Aufsatz über den Agrarbericht gibt es mehrere denkbare oder plausible Themenschwerpunkte. So würde es sich lohnen, der Frage nachzugehen, wie sich der Agrarbericht seit der ersten Vorlage eines Grünen Berichtes im Jahre 1956 entwickelt hat, welche Schwerpunktverschiebungen vorgenommen worden sind, wie sich Veränderungen in der allgemeinen politischen Landschaft im Agrarbericht niedergeschlagen haben (was z. B. an Hand der Aussagen zur Sozialpolitik in hervorragender Weise gemacht werden könnte) oder wie Gewitterwolken der ökonomischen Großwetterlage im Agrarbericht nachlesbar sind. Alles ehrenwerte, eines kritischen Sozialwissenschaftlers würdige Fragestellungen. Nichtsdestotrotz sollen sie hier nicht diskutiert werden. Stattdessen orientiert sich der thematische Schwerpunkt der folgenden Überlegungen an der Einschätzung, daß wegen der großen Bedeutung des Agrarberichts als Materialgrundlage, als Basis für Einschätzungen der sozialen und politischen Entwicklung auf dem Lande eine „Gebrauchsanleitung", eine Lesehilfe für Nicht-Agrarspezis dazugehört. Dies nicht so sehr wegen der spezifischen Agrarterminologie – obwohl z. B. die Begrifflichkeit bei Arbeitskräften, Einkommensangaben und Kalkulationsmethoden verzwickt genug ist und eine an umgangssprachliche Verwendungen orientierte Deutung von Begriffen durchaus daneben treffen kann –, sondern vor allem, um einen Zusammenhang zwischen den oft so eindeutig erscheinenden Daten (etwa über Einkommen je Arbeitskraft), den Erhebungsmethoden (etwa die Repräsentativität der Testbetriebe) und den zu Grunde liegenden Konzepten herzustellen.

Zur spezifischen Aufgabe der Gebrauchsanleitung sei noch angemerkt, daß auf Probleme, die im übergreifenden sozialwissenschaftlichen Kontext breit diskutiert werden, nur kurz hingewiesen werden soll. Anspruch ist insbesondere, die Darstellungen im Agrarbericht zu den Bereichen:

- Landwirtschaftliche Gesamtrechnung
- Einkommensvergleich von Bauern und Arbeitern
- Agrarpreise

besser handhabbar zu machen. Kriterium für die Auswahl dieser Bereiche waren Beobachtungen über die Häufigkeit unrichtiger bzw. verzerrter Interpretationen, die sich auf den Agrarbericht stützten.

1. Landwirtschaft in der Volkswirtschaftlichen Gesamtrechnung

Die wirtschaftliche Lage der Landwirtschaft wird im Agrarbericht auf 2 Wegen dargestellt: der Sektor Landwirtschaft als Teil der Volkswirtschaftlichen Gesamtrechnung (VGR) sowie Betriebsergebnisse von landwirtschaftlichen Testbetrieben (s. Kapitel 2).

Regelmäßig finden in Beschreibungen, die das Produktionsniveau der Landwirtschaft und ihre volkswirtschaftliche Bedeutung zum Thema haben, der Anteil der Landwirtschaft am Bruttoinlandsprodukt (BIP) bzw. ihr Beitrag zum Volkseinkommen (Wertschöpfung) als Maßstab Verwendung; dieser Beitrag wird verglichen mit dem Anteil der landwirtschaftlichen Bevölkerung an der Gesamtbevölkerung bzw. mit dem Anteil der landwirtschaftlichen Erwerbstätigen an der Gesamtzahl der Erwerbstätigen.

Tab. 1: Anteil der Landwirtschaft, Forstwirtschaft und Fischerei (in %)

	Anteil an der Gesamtzahl der Erwerbstätigen		Anteil am Bruttoinlandsprodukt	
	1965	1972	1965	1972
BRD	11,1	7,5	5,0	3,4
EG	13,3	9,6	7,0	5,3

Quelle: Schlecht, 24

Eine andere Methode des Vergleichs ist die Gegenüberstellung der Wertschöpfung pro Erwerbstätigem:

Tab. 2: Bruttowertschöpfung je Erwerbstätiger im Wirtschaftsjahr 1976/77 (Preise von 1970)

Je Voll-Arbeitskraft in der Landwirtschaft	16 866 DM
Je Erwerbstätigem in der übrigen Wirtschaft	33 438 DM

Quelle: Agrarbericht '78

Die geringere Pro-Kopf-Wertschöpfung wird als Beweis gesehen für eine unterdurchschnittliche Produktivität in der Landwirtschaft, für ihre technische und ökonomische Rückständigkeit, für die Notwendigkeit einer beschleunigten Abwanderung von Arbeitskräften aus der Landwirtschaft.

„Der Beitrag der Landwirtschaft zum Sozialprodukt sank von 1950 bis 1963 von 10,4 % auf 5,2 %. Während 1882 noch mehr als 40 v. H. aller Erwerbstätigen in der Landwirtschaft arbeiteten, waren es im Jahre 1961 nur noch 14 v. H.. Das Einkommen der in der Landwirtschaft Tätigen konnte nicht mehr mit der allgemeinen Einkommensentwicklung Schritt halten.“ (Ackermann[1], S. 13)

Diese Art der Argumentation ist nicht verwunderlich, sie gehört gewissermaßen zu den „Erzeugern“ des Landwirtschaftsgesetzes (das Grundlage des Erscheinens der Agrarberichte ist). Die Verhinderung der Preisschere, die Sicherstellung einer Einkommensparität für die Landwirtschaft, die Teilnahme der Landwirtschaft an der fortschreitenden wirtschaftlichen Entwicklung, das alles waren Forderungen von Agrarwissenschaftlern und Bauernverband, die ihren Niederschlag in der Darstellungs- und Argumentationsweise der Agrarberichte gefunden haben. Erst seit dem Agrarbericht ’77 wird der Vergleich Wertschöpfung pro Kopf in der Landwirtschaft verglichen mit ... deutlich problematisiert:

„Ein Niveauvergleich der Wertschöpfung je AK in der Landwirtschaft und der Wertschöpfung je Erwerbstätigen in der übrigen Wirtschaft ist für eine vergleichende Beurteilung der Einkommenslage der Beschäftigten in verschiedenen Wirtschaftsbereichen ungeeignet, da sich die Darstellung in der Gesamtrechnung auf den gesamten Produktionsbereich Landwirtschaft bezieht. Die wachsende Bedeutung außerbetrieblicher Erwerbseinkommen, insbesondere in den Zu- und Nebenerwerbsbetrieben bleibt in dieser Rechnung völlig unberücksichtigt.“ (Agrarbericht ’77, S. 19).

1.1 Agrarpreisschere

Gewissermaßen im Vorfeldbereich der VGR ist eine auf Aussagen des Agrarberichtes gestützte und weit verbreitete Argumentation angesiedelt, die aus den u. a. für die VGR aufgestellten Indices für landwirtschaftliche Erzeugerpreise und Produktionsmittelpreise Aussagen über die wirtschaftliche Lage der landwirtschaftlichen Betriebe gewinnen will. Zwischen dem Anstieg des Betriebsmittelpreisindex und dem des Erzeugerpreisindex klaffe eine immer größer werdende „Schere“ zu Ungunsten der Landwirtschaft.

Historisch hat diese Argumentation eine große Rolle gespielt. Der Deutsche Bauernverband (DBV) forderte erstmals 1951 auf dem Deutschen Bauerntag in Rendsburg die Einführung eines Paritäts-Preissystems für alle landwirtschaftlichen Erzeugnisse (Rehwinkel[22], S. 111 f.). Auf der Basis des Vergleichs des Erzeuger- und des Betriebsmittelpreisindex sollte die Regierung zu einer Wirtschaftspolitik verpflichtet werden, die das Entstehen einer „Preis-Kosten-Schere“ unmöglich machen sollte. Auch heute argumentiert der DBV noch recht häufig mit der Preisschere, bisweilen auch „Austauschrelation zwischen Erzeuger- und Betriebsmittelpreisen" oder „"Terms of Trade" der Landwirtschaft" genannt (s. z. B. DBV-Informationen vom 24.2.75 und „Situationsbericht des DBV zur wirtschaftlichen Lage der Landwirtschaft" vom 25.11.74).

Ganz ähnlich, wenn auch in der Regel aus entgegengesetzter politischer Richtung, argumentiert ein beträchtlicher Teil der Sozialwissenschaftler:

„Der Gesamtprozeß der kapitalistischen Vergesellschaftung der Landwirtschaft beginnt historisch etwa gleichzeitig mit der Durchsetzung der Monopole in der industriellen Produktion und der Herausbildung des Finanzkapitals. Die Entfaltung der landwirtschaftlichen Produktion als Teil des kapitalistischen Reproduktionsprozesses wird also von Anfang an durch die Verwertungsinteressen des Monopolkapitals bestimmt. Die gleichsam „traditionellen" Ausbeutungsinstrumente des in der Landwirtschaft engagierten Monopol- und Finanzkapitals sind der Zinsfuß (zunehmende Verschuldung der Bauern an die Banken), die „Preisschere" und, vermittelt, auch die Handels- und Verarbeitungsspannen. Besonders die „Preisschere", d. h. das zunehmende Zurückbleiben der landwirtschaftlichen hinter den industriellen Erzeugerpreisen, hat sich als wirkungsvolles Mittel des Monopolkapitals erwiesen, sich einen Teil der landwirtschaftlichen Mehrarbeit anzueignen. Wie Tabelle (a) zeigt, wirkt sie – obwohl sie in der BRD besonders weit auseinanderklafft – in allen EWG-Ländern...".

Tab. a: Indizes der landwirtschaftlichen Erzeugerpreise und der Preise für landwirtschaftliche Produktionsmittel

	BRD		Frankreich		Italien		Niederlande		Belgien	
	a	b	a	b	a	b	a	b	a	b
1962–1964 = 100										
1965/66	109	105	104	103	109	109	112	108	113	106
1966/67	105	107	105	103	106	111	113	111	110	103
1967/68	95	123	106	105	103	–	109	111	104	111
dasselbe, auf der Basis 1968/69 oder 1968 = 100										
1969	105	103	107	104	110	102	108	102	105	101
1970	98	108	113	111	113	108	108	107	105	106
1971	107	114	118	119	118	111	108	107	103	105

a = Index der Preise für landwirtschaftliche Erzeugnisse
b = Index der Preise für landwirtschaftliche Produktionsmittel

(Siebels, Lenke, 28, S. 346 f.)

Das Denkmuster wird weitergespielt bis zur Nennung konkreter Zahlen, die den Umfang der der Landwirtschaft durch die Preisschere entzogenen Werte angeben sollen:

„Von 1949 bis 1970 wurden den Bauern der BRD über die Preisschere mehr als 60 Mrd. DM entzogen". (Johann Kleinsorge[10], S. 15). Was ist von dieser Preisscherenargumentation zu halten? Indexvergleiche, die sich auf sehr kurze Zeiträume beziehen (1 Monat, maximal 1 Jahr), geben zweifelsohne eine gewisse Vorstellung von den Veränderungen der Preis-Kosten-Differenz und damit auch der Tendenz der sektoralen Einkommensentwicklung. Der Hinweis auf *kurze Zeiträume* ist deshalb von zentraler Bedeutung, weil nur dann von einigermaßen unveränderten Mengenbeziehungen ausgegangen werden kann. Zur Verdeutlichung des Problems sei hier an das Prinzip der Indexbildung erinnert. Die bei den zur Debatte stehenden Erzeuger- und Betriebsmittelpreisindeces nahezu ausschließlich verwendete Indexform geht von konstanten Input-Output-Beziehungen aus:

$$I_L = \frac{Qo \times P_t}{Qo \times P_o}$$

Qo = Menge zum Zeitpunkt 0 (Basisjahr)
Po = Preis zum Zeitpunkt 0 (Basisjahr)
P_t = Preis zum Zeitpunkt t (Ziel- oder Ist-Jahr)

Ein Preisindex ist – mit Blick auf das Sektorale Einkommen – nur dann aussagekräftig, wenn die Mengenbeziehungen unverändert bleiben. Das ist aber real nicht der Fall. Die folgende Tabelle zeigt, wie sich innerhalb eines Wirtschaftsjahres die Gütermengen ändern können.

Tab. 3:

	Veränderung der Verkaufsmengen 1976/77 gegenüber 1975/76 (in %)
Getreide	– 14,0
Zuckerrüben	– 0,5
Kartoffeln	– 4,2
Gemüse	– 10,5
Obst	– 16,6
Weinmost	– 4,9
Milch	+ 0,2
Rinder und Kälber	+ 6,8
Schweine	+ 6,0
Eier	– 1,5
Geflügel	+ 10,4

Quelle: Agrarbericht '78, Materialband, S. 32

Ähnlich sind auch beim Input kräftige Veränderungen innerhalb nur eines Jahres möglich; im Dürrejahr 1976 z.B. kam es zu einem starken Anstieg der Futtermittelzukäufe.

Dieser Widerspruch zwischen den konstanten Mengen, von denen der Preisindex ausgeht, und der realen Veränderung der Mengen, führte z. B. für das Wirtschaftsjahr '74/75 zu der Beobachtung, daß „die durchschnittlichen Erlöspreise im Gegensatz zum Index der landwirtschaftlichen Erzeugerpreise anstiegen" (Agrarbericht '76, S. 16).

Diese durch veränderte Mengenbeziehungen verursachte schiefe Wichtung der Agrarpreisscherenargumentation wird um so größer, je weiter das Basisjahr zurückliegt und je größer die Veränderungen bei Erträgen und Aufwendungen waren. Wer etwa mit einem auf das Basisjahr 1949 bezogenen Index herumwerkelt (s. z. B. Kleinsorge), der geht von den damaligen Mengenverhältnissen aus (Zahl der Schlepper 1950 multipliziert mit Schlepperpreisen 1978). Natürlich ist das Ergebnis – vor allem wenn man Einkommensüberlegungen daran knüpft – Unsinn. Hinzu kommt, daß bei derartig langen Indexreihen die Herstellung einer Mengenreihung immer merkwürdiger wird. Wie soll sinnvollerweise ein Schlepper des Jahres 1950 (Marke Lanz-Bulldog, 1 Zylinder, reine Zugfunktion) verglichen werden mit einem Schlepper des Jahres 1978 (Marke MB-Trac, ausgerüstet mit allen technischen Raffinessen und von vielseitiger Einsetzbarkeit)?

Die Autoren – bauernverbändlerische wie kritische Sozialwissenschaftler –, die die Agrarpreisschere als Maß für Ausbeutung der Landwirtschaft verwenden wollen, haben es schließlich noch mit einem weiteren Problem zu tun: die Agrarpreisschere existiert nicht immer. So war z. B. in den Wirtschaftsjahren '71/72 und '72/73 der Erzeugerpreisindex höher als der Betriebsmittelpreisindex. Keine Ausbeutung? Nach der von Siebels/Lenke aufgestellten Tabelle (s. S. 75) hat es z. B. in den Niederlanden und in Italien keine Agrarpreisschere, sondern eher eine „Industriepreisschere" gegeben.

Auf theoretischer Ebene ist gegen die Scherentheorie das meiste von dem einzuwenden, was bereits gegen die "terms of trade"-Position zur Erklärung der ökonomischen Beziehungen zwischen „entwickelten" und „unterentwickelten" Ländern gesagt worden ist (wobei die terms of trade-Position ohne Zweifel ein ungleich wichtigerer und vorwärtstreibenderer Ansatz war. Eine ausführliche Würdigung der "terms of trade"-Theorie findet sich u. a. in: Schoeller[26], S. 140 f.). Die Scherentheorie ist ausschließlich – zudem noch, wie oben gezeigt, falsch – auf die Oberfläche der ökonomischen Prozesse bezogen; Wertbildungsprozesse werden nicht erfaßt. Ob von einer „Schere" gesprochen werden kann oder nicht ist zudem noch weitgehend von der Wahl des Basisjahres abhängig.

1.2 Volkswirtschaftliche Gesamtrechnung (VGR)

Kritik an der üblichen Form der VGR ist inzwischen recht allgemein verbreitet. So ist z. B. die vor einigen Jahren durchaus noch häufige Umrechnung Sozialprodukt pro Kopf der Bevölkerung und die Verwendung dieser Zahl – noch gar heruntergerechnet auf die Ebene Gemeinde oder Landkreis – als Indikator für Wohlstand („Wohlstandszahl") heute selten geworden. Zwar richten sich die meisten einschlägigen Arbeiten gegen eine Verwendung des Sozialprodukts als Wohlstandsindikator, die Überlegungen haben zu einem Teil jedoch allgemeinere Gültigkeit, betreffen auch die Verwendung des Sozialprodukts als Produktionsanzeiger. Im Folgenden wird nicht der Versuch einer Gesamtkritik der VGR unternommen; es soll auf die Momente eingegangen werden, die in besonders enger Beziehung zur Darstellung der Landwirtschaft in der VGR stehen.

Die Kritik an der VGR gilt auf mehreren Ebenen:

a) Die VGR geht von der klassischen Vorstellung der liberalen Ökonomen des 19. Jahrhunderts aus (im Folgenden nach: Leipert[13]): das Maß aller Dinge ist der Konsument; er ist der eigentliche Souverän in der Ökonomie (das Prinzip der Konsumentensouveränität), die Kapitalisten handeln praktisch nur als Sachwalter der Interessen der Konsumenten, der Markt und die Austauschbeziehungen sind gekennzeichnet durch vollständige Konkurrenz und durch Gleichgewichtspreise; der Konsument ist ein Musterexemplar aus der Gattung homo öconomicus: jedes Individuum entscheidet allein auf der Basis vollständiger Informiertheit und rational (vor jeder Entscheidung erfolgt eine Nutzenabwägung). Diese Voraussetzungen der VGR sind seit ihrer Formulierung Gegenstand grundsätzlicher Kritik gewesen; die Kritik der Politischen Ökonomie hat wahre Breitseiten gegen Grundpositionen der liberalen Ökonomen gefeuert; gegen die Subjektive Werttheorie, gegen die idealistischen Robinsonaden, gegen das Gleichgewichtsmodell. Von Marx's „Kapital"[15] über Bucharin's „Ökonomie des Rentners"[5] bis zu Linder's „Anti-Samuelson"[14] ließe sich hier eine stattliche Liste zusammenstellen. Doch auch von Ökonomen, die das kapitalistisch-marktwirtschaftliche Modell nicht grundsätzlich in Frage stellen, werden solche Positionen inzwischen kritisiert: in weiten Bereichen der Wirtschaft sei es zur Bildung von Oligopolen oder Monopolen gekommen; bei den meisten Märkten erfolge eine Lenkung der Bedürfnisse der Verbraucher durch die Unternehmer (Leipert); das stabile Gleichgewicht sei eine falsche Analogie; soziale und ökonomische Systeme seien nicht durch die Tendenz zum Gleichgewicht, sondern durch den Prozeß der zirkulären und kumulativen Verursachung charakterisiert nach dem biblischen Spruch: „Denn wer hat, dem wird gegeben werden, und er wird die Fülle haben; wer aber nicht hat, dem wird auch, was er hat, genommen werden" (Myrdal[18]). Für den Agrarsektor ist im Bereich der Märkte für Agrarprodukte (Produktmärkte) insbesonere das liberale Dogma vom Gleichgewichtspreis erschüttert (s. dazu den Aufsatz von Ulrich Hampicke in diesem Heft). Mit Ausnahme einer stark zusammengeschmolzenen Nachhut von Agrarprofessoren wird inzwischen allgemein davon ausgegangen, daß zumindest momentan von einem Gleichgewicht auf den Märkten und bei den Preisen nicht gesprochen werden kann, daß deshalb also auch der Preis die ihm zugedachte Steuerfunktion nicht erfüllt (Brandes[4], S. 7 f.). Die neueren agrarpolitischen Konzepte – von der Weinschenckschen Kontingentierung[30] über die Koester/Tangermannsche[11] personengebundene Einkommensübertragung – versuchen denn auch, durch politisch-dirigistische Maßnahmen und nicht durch unmittelbar marktwirtschaftlich orientierte Konzepte den von ihnen als „Agrarprobleme" diagnostizierten Verhältnissen beizukommen.

F ür den Bereich der Märkte für Produktionsmittel (= Faktormärkte) wird ebenfalls recht allgemein akzeptiert, daß von der Existenz von Gleichgewichtspreisen nicht die Rede sein kann. Bereits 1954 sagte der Wissenschaftliche Beirat beim Bundeswirtschaftsministerium, daß „zahlreiche sächliche Betriebsmittel der Landwirtschaft in monopolistisch organisierten Betriebszweigen hergestellt werden" (zitiert nach: Rehwinkel[22], S. 94) und der Wissenschaftliche Beirat beim Bundesministerium für Ernährung, Landwirtschaft und Forsten forderte im selben Jahr Maßnahmen, die auf „die Senkung überhöhter Preise für landwirtschaftliche Betriebsmittel hinwirken" (Sammelband der Gutachten[23], S. 148). Für den Bereich des Düngemittelsektors hat die ausgezeichnete Arbeit von Ulrich Schulze[27] deutlich gemacht: vom konkurrenzwirtschaftlichen Musterländle der Altliberalen keine Spur.

Wenn es so ist, daß in weiten Bereichen nicht von Gleichgewichtspreisen gesprochen werden kann, dann ist ein Konzept von VGR, das eben von der Existenz dieser Gleichgewichtspreise ausgeht, wenig überzeugend. Man müßte sich zumindest um eine andere, legitimierende Theorie bemühen. (Anmerkung: Die bis jetzt vorgetragene Kritik ist orientiert auf das Grundmodell des ökonomischen Liberalismus, das der VGR zugrunde liegt. Auf Versuche, die VGR von einer arbeitswerttheoretischen Position her neu zu diskutieren, kann hier nicht eingegangen werden. S. dazu als ersten Versuch: Projekt Klassenanalyse[21]).

b) Die VGR ist von ihrer Grundkonzeption her bezogen auf „Güter und Dienste", die einen Marktpreis haben. Dazu einige Anmerkungen:
– Gerade für die landwirtschaftliche Produktion (wie für den ländlichen Raum überhaupt) spielen die nicht in Preisen bewerteten Leistungen eine große Rolle (s. dazu z. B. Chotjewitz[6]). Vom Bau oder der Renovierung des Wohnhauses über die Reparatur der Landmaschinen bis zum (illegalen) Spritzen der Ferkel mit Psychopharmaka gibt es Arbeiten in großer Zahl, die – von der zuständigen Berufsgruppe ausgeübt und mit Marktpreisen bewertet – zu einer Senkung der Wertschöpfung der Landwirtschaft führen würden. Im Gegensatz dazu würde die Berücksichtigung der umfangreichen Produktion im landwirtschaftlichen Haushalt zu einer Erhöhung des Produktionswertes führen (nach einem – nicht veröffentlichten – Gutachten des Statistischen Landesamtes Baden-Württemberg liegt der Umfang der Produktion in ländlichen Haushalten erheblich über dem in städtischen Haushalten). Zwar ist in der Landwirtschaftlichen Gesamtrechnung eine Position Eigenverbrauch enthalten, sie berücksichtigt aber nur einen Teil der nicht in Preisen bewerteten Leistungen (die Hausarbeit im landwirtschaftlichen Haushalt wird – wie generell bei der VGR – nicht berücksichtigt, ebenso nicht die Produktion im eigenen Wirtschaftsgarten, in der Vorratshaltung etc.; s. dazu: Zander[32], Bossung[3]).
– Bei der VGR existieren nur Güter, „Ungüter" (externe Effekte, Sozialkosten) werden nicht berücksichtigt. Im Zusammenhang mit Diskussionen über „Verzehr freier Güter", „Belastung von Umwelt und Lebensqualität" ist ausführlich auf dieses Problem hingewiesen worden. Gerade für die Verwendung des Sozialprodukts als Produktionsanzeiger – worum es hier ausschließlich geht –, als Indikator für die volkswirtschaftliche Bedeutung verschiedener Wirtschaftssektoren, wäre es von größter Bedeutung, einerseits der Frage der Produktion von „Freien Gütern" durch die Landwirtschaft, andererseits den „externen Effekten" der landwirtschaftlichen Produktion nachzugehen (s. zu diesem Komplex: Hampicke[8]).
– Die VGR fragt grundsätzlich nur „wieviel zu welchem Preis", nicht, was, welcher Nutzen für wen, welche Qualität. Werner Hofmann hat darauf in aller Deutlichkeit hingewiesen:

Indem die ökonomische Theorie nicht mehr von der Produktion, von der wertschaffenden Arbeit, sondern von der Welt der individuellen Bedürfnisse und Genüsse ausging, hat sie jene Frage aus den Augen verloren, von der die theoretische Ökonomie einst ihren Ausgang genommen hat: die Frage nach den Quellen des Volkswohlstandes. Sie hat auch darauf verzichtet, zwischen produktiver und unproduktiver Arbeit in der Gesellschaft zu unterscheiden. Was seinen Markt findet, was dem einzelnen etwas einbringt, erscheint eben hierdurch in seiner ökonomischen Bedeutung als hinreichend ausgewiesen ... Obendrein werden nun jene mannigfachen Formen einer bloß nutznießenden Teilhabe Dritter an dem umverteilten Sozialprodukt, wie sie die neuere Zeit entwickelt hat, gedeckt: Der Umstand, daß Einkünfte natürlich auch Hoteliers, Werbeagenturen, Heiratsvermittlungsbüros, Ministern, Zuhältern und Verfassungsschützern zufallen, erscheint als hinreichende Bestätigung für den „produktiven" Charakter der so entgoltenen Tätigkeit". (Werner Hoffmann[9], S. 122 f.).

Wenn dem so ist: läßt sich dann nicht über Sozialprodukt als Indikator für Produktion, als Basis für die Produktivität verschiedener volkswirtschaftlicher Sektoren erst dann diskutieren, wenn unabhängig vom Preis über gesellschaftlichen Nutzen Übereinstimmung erzielt worden ist? In der landwirtschaftlichen Produktion gibt es z. B. nahezu ausschließlich *Produzenten*; man vergleiche damit den tertiären Sektor mit seiner Vielzahl parasitärer Einkommensbezieher! Was sagt dann ein Vergleich „Beitrag der Lanwirtschaft zum Sozialprodukt" verglichen mit „Beitrag des Tertiären Sektors zum Sozialprodukt" eigentlich aus?
Aber nicht nur die Qualität einer *Tätigkeit*, ihre volkswirtschaftliche Bedeutung, auch über die Qualität des *Produkts* ist eine Klärung erforderlich: ein Würstchen, hergestellt aus argentinischem Knochenmehl, Milchpulver, Farbstoffen, Fett, Wasser u. a. m. mag zwar denselben Preis (also denselben Beitrag zum Sozialprodukt haben wie eine reelle Hausmacher-Wurst, wollen wir sie aber auch gleich „gewichten"?

d) Schließlich ist mit Blick auf die konkreten Zahlen der Landwirtschaftlichen Gesamtrechnung noch auf einige Probleme bei der Ermittlung von Produktmengen und Produktpreisen einzugehen.
– Die Vorleistungen, um die der Bruttoproduktionswert der Landwirtschaft vermindert wird, wird nicht ermittelt über die Addition tatsächlicher Käufe von Schleppern, Nägeln oder Gummistiefeln durch Landwirte, sondern es wird ausgegangen von einer durchschnittlichen Produktionsstruktur in der Landwirtschaft, von konstanten Vorleistungsquoten aus der jeweils letzten Großzählung u. ä. Dabei sind die Produktionsstruktur, der Umfang des Produktionsmitteleinsatzes je ha oder Betrieb sehr unterschiedlich. Zum Teil erfolgen Korrekturen nach Angaben der Industrie über produzierte Mengen, aber die Abgrenzung des Exportanteils ist hier wiederum problematisch.
– In zahlreichen Fällen wird auf Werte der Testbetriebe des Agrarberichtes zurückgegriffen, so z. B. bei der Abschreibung, beim Eigenverbrauch, beim Anlagevermögen. Zur Frage der Problematik dieser Werte s. Kapitel 2.
– Zahlenmäßig besonders wichtig sind die Angaben über die Höhe der Abschreibung. Schon die Höhe des Anlagevermögens muß locker überm Daumen gepeilt werden; dann muß gepeilt werden, wie lange die Lebensdauer des Anlagevermögens und wie hoch der Wiederbeschaffungswert ist (dazu ein Beispiel: wie hoch ist der Wiederbeschaffungswert eines 9 Jahre alten Schleppers, der gar nicht mehr gebaut wird?). In der Fachdiskussion gibt es zur Frage der Abschreibung 2 gegensätzliche Positionen: die einen halten sie für um 20 % zu niedrig, die an-

deren für um 20 % zu hoch. Bezogen auf das Wirtschaftsjahr '76/77 würde das einen Schwankungsbereich von ca. 3 Mrd. DM markieren!

Um es noch zu verdeutlichen; im Geschäftsbericht der Landwirtschaftlichen Rentenbank 1975 (S. 13) heißt es:

„Da er (der Abschreibungsbedarf) gemäß der Volkswirtschaftlichen Gesamtrechnung zu Wiederbeschaffungswerten vorzunehmen ist, hat er sich, bedingt durch die allgemeine Preisentwicklung in den letzten Jahren, besonders kräftig erhöht. Während er im Wirtschaftsjahr 1963/64 nur etwa die Hälfte der Bruttoinvestitionen beansprucht hatte, machte er 1973/74 hiervon bereits neun Zehntel aus. Im Wirtschaftsjahr 1974/75 waren, wie der neue Agrarbericht ausweist, die Abschreibungen mit rund 6,17 Mrd. DM sogar um 150 Mio. DM größer als die Bruttoinvestitionen. Bei der Berechnung der Abschreibungen auf der Grundlage des Wiederbeschaffungswertes, die Preissteigerungen berücksichtigt, ergaben sich für die Landwirtschaft erstmals seit der Währungsreform negative Nettoinvestitionen."

Im Gegensatz zur VGR wird bei der Versteuerung vom Anschaffungspreis ausgegangen; die Industrieverbände und auch der Deutsche Bauernverband bemühen sich seit langem, generell die Abschreibung in der Form des Wiederbeschaffungswertes durchzusetzen. Durch die dadurch erhöhten Abschreibungssummen ermäßigt sich der zu versteuernde Gewinn. Für die Landwirtschaftliche Gesamtrechnung (und für den Vergleich: Anteil der Landwirtschaft am Sozialprodukt verglichen mit ...) bedeutet die Übernahme dieser besonders kapitalorientierten Form der Abschreibung rechnerisch eine Verminderung des Beitrags zum Sozialprodukt.

– Bei der Ermittlung des Produktionswertes der Landwirtschaft wurde bis zu einer unlängst vorgenommenen Revision die Position „Subventionen" von den Verkaufserlösen abgezogen (Pflanzliche und Tierische Erzeugnisse + Wertzuwachs bei Weiterverarbeitung von Weinmost zu Wein – Subventionen). Bei diesen Subventionen sollte es sich um solche Aufwendungen des Staates zugunsten der Landwirtschaft handeln, die zu einer Erhöhung der Erzeugerpreise geführt haben. Jetzt heißt es dazu:

„Bei genauer Überprüfung ergab sich, daß die vom Landwirt erzielten, in der Gesamtrechnung verwendeten Erlöspreise tatsächlich Marktpreise sind. Subventionen, die diese Preise beeinflussen, fließen nicht an Landwirte, sondern an nachgelagerte Stufen und sind nach dem Konzept der Gesamtrechnung dort zu buchen. Eine Ausnahme bildet der früher gewährte Zuschlag zum Milchauszahlungspreis." (Agrarwirtschaft 9/77, S. 263).

Diese Position Subventionen, die man jetzt – m. E. zu Recht – den der Landwirtschaft nachgelagerten Wirtschaftssektoren zurechnet, senkte den Produktionswert der Landwirtschaft immerhin um beachtliche Werte (s. Tab. 4).

(Damit es nicht mißverstanden wird: diese Aussagen beziehen sich nur auf die Position „Subventionen" auf Erzeugerstufe; es taucht in der Landwirtschaftlichen Gesamtrechnung noch eine zweite Position „Subventionen" auf, die hier nicht angesprochen ist.)

– Zur Errechnung des Produktionswertes werden Angaben über die innerhalb eines Wirtschaftsjahres erzeugten Produktmengen sowie über die Produktpreise benötigt. Der größte Teil der Angaben wird übernommen aus den jeweiligen statistischen Er-

Tab. 4: Position „Subentionen" auf Erzeugerstufe der VWG (in jeweiligen Preisen; in Mill. DM)

	Subvention
1964/65	1.004
1968/69	903
1969/70	513
1970/71	221
1971/72	273
1972/73	304
1973/74	257
1974/75	141

Quelle: Agrarbericht '76, Materialband, S. 36.

hebungen bzw. Fortschreibungen (Ernteschätzungen, Viehzählungen usw.). Die Zahlenwerte täuschen in vielen Fällen eine Genauigkeit vor, die nicht gegeben ist. Das sei verdeutlicht an Beispielen aus der Schweineproduktion.

Ein Teil der Angaben entstammt den Notierungen auf Lebendviehmärkten. Über die getätigten Verkäufe werden Marktschlußscheine erstellt, die u. a. Angaben über Gewichte und Preise der Tiere enthalten. Diese Marktschlußscheine muß der Käufer der Tiere der staatlichen Marktstelle übergeben, die daraus die offizielle Notierung zusammenstellt. Nach dieser Notierung orientieren sich ein großer Teil der Ab-Hof-Verkäufe. Wie merkwürdig es dabei zugehen kann, ist am Beispiel des Lebendviehmarktes Stuttgart aufgezeigt worden. Mehr als Dreiviertel aller Schweine im Einzugsgebiet wurden bereits Ab-Hof verkauft; es handelte sich dabei vor allem um die Tiere mit guter oder bester Qualität (was immer man unter Qualität heute verstehen mag). Der Rest – um 2.000 Tiere – bildete den Auftrieb für den Markt. Am Freitag war der Tag der Anlieferung; am Samstag deckten sich die Stuttgarter Metzger ein; der nicht verkaufte Rest – qualitätsmäßig gesehen die 3. Wahl –, vor allem fette und zu schwere Tiere, wurde am Montag, dem offiziellen Markttag, verkauft. Dabei waren dann ein privater Großmetzger und eine genossenschaftliche Viehverwertung weitgehend unter sich bei der Gestaltung der Preise. Doch damit noch nicht genug: dem Großmetzger – seines Zeichens übrigens Ehrensenator einer Landwirtschaftlichen Hochschule – konnte nachgewiesen werden, daß er Marktschlußscheine über Käufe von Schweinen mit noch relativ guter Qualität unterschlagen bzw., daß er falsche – zu niedrige – Werte eingetragen hatte. Auf der Basis dieser nach unten manipulierten Preise von 2–300 Schweinen, Marke 3. Auslese, orientierten sich dann die Verkäufe von einigen zehntausend Schweinen im ganzen Land (s. dazu „Top Agrar", 10/76; Martin Born[2]).

Stuttgart war von der Art der „Preisgestaltung" her beileibe kein Einzelfall! Inzwischen hat eine andere Form der Vermarktung – die sogenannte Totvermarktung – weit größere Bedeutung als die Lebendvermarktung. Dabei werden die Tiere nicht mehr an den Ort des Konsums gefahren und dort geschlachtet, sondern umgekehrt im Erzeugergebiet geschlachtet und dann in die Verbraucherzentren versandt. Die Notierungen und die Feststellung des Gewichts der Tiere erfolgen hier nicht mehr am lebenden, sondern am geschlachteten Tier. Die ausgeschlachteten Tierhälften werden gewogen, in Qualitätsklassen eingestuft und danach wird bezahlt. In einer im gesamten Bundesgebiet Furore machenden Nummer der Agrarzeitschrift „Top Agrar" vom Dez. 77 wurde beschrieben, was so alles bei der Totvermarktung passieren kann:

Das passierte Ende Mai 1977 in einer mittleren Versandschlachterei in Ostwestfalen: Mit schnellen Schritten steuert Horst Schafhausen, Mitarbeiter des nordrhein-westfälischen Landesamtes für Ernährungswirtschaft in Düsseldorf, auf Schlachtband und Waage zu. Auf einem Notizblock notiert er die Nummer des Schweines, das gerade verwogen wird. Zur gleichen Zeit klopft es im Büro der Schlachterei an die Tür. Freundlich, aber bestimmt, verlangt dort ein weiterer Mitarbeiter des Landesamtes die Herausgabe der Wiegekarten des heutigen Tages. 175 Schweine sind bislang an diesem Morgen geschlachtet worden. Mit den Wiegekarten in der Hand wiegen die beiden Prüfer sämtliche noch nicht ausgelieferten Hälften nach. Nach zwei Stunden steht das Ergebnis fest: Pro Schwein fehlen im Durchschnitt 5 kg. Zwei geschlachtete Sauen haben sogar 20 kg „Untergewicht". Bei einigen kontrollierten Rinderhälften beträgt die Differenz 15–25 kg je Stück zu Lasten des Einsenders. Doch das ist noch nicht alles. 40 der an diesem Morgen geschlachteten Schweine sind bereits an einen Fleischgroßhändler ausgeliefert worden. Wie üblich, wurden sie wie vor dem Verladen erneut verwogen. Die Prüfer verglichen auch diese Wiegekarten. Und siehe da: die vorher fehlenden 5 kg pro Schwein sind hier plötzlich wieder da. Ja, die fleißigen Wieger der Schlachterei haben sogar noch 1 kg zum tatsächlichen Gewicht zugelegt, denn „das machen wir bei dem Abnehmer immer so, der wiegt doch nie nach"...
Die Tricks, das Schlachtgewicht zu manipulieren, sind jedenfalls so zahlreich, so daß selbst gewiefte Prüfer nicht behaupten, wirklich alle zu kennen. Das beginnt bei der Waage selbst. Fast jeder kennt die Gerüchte von eingebauten Magneten oder Gummibändern, die das Schwein um 2 bis 3 kg „erleichtern". ...Simpler, aber nicht weniger wirksam, ist die Verwendung unterschiedlich schwerer Haken, an denen die Schweine über die Waage gleiten ... Nicht minder beliebt sind die sogenannten Schlachtabschnitte vor der Waage. Angefangen hat es mit dem „Spiegelschnitt" am Schinkenspiegel. Er wird „aus kosmetischen Gründen" in vielen Schlachtereien durchgeführt... Zwar macht der Schinkenspiegel am Schwein „nur" ca. 200–400 g aus, aber auch hier macht die Masse den Griff zum Messer schnell zum „goldenen Schnitt". ...Kein Zweifel an der Betrugsabsicht kann es geben, wenn Wiegekarten bewußt gefälscht werden. Das geht so: Unmittelbar nach der Schlachtung wird das Gewicht korrekt ermittelt und in eine Wiegekarte eingedruckt. Für die Abrechnung mit dem Landwirt werden später jedoch neue Wiegekarten angefertigt. Ein Prüfer: „Wir sprechen in solchen Fällen von Mitternachts- oder Mondscheindruckern". ... Seit langem ein offenes Geheimnis ist es, daß zahlreiche Schlachtereien Schweinehälften vor dem Verkauf nach- bzw. umklassifizieren (im Branchenjargon auch „umbumsen" genannt). Wenn man einem internen Rundschreiben des Hamburger Großversandschlächters Reinhard Stücken glauben darf, war dieses Verfahren zumindest bis 1976 „bundesweit branchenüblich" und umfaßte „vermutlich 30–50 % der Schweinehälften". Das heißt auf gut deutsch nichts anderes, als daß Schweinehälften, die gegenüber den Erzeugern in eine bestimmte Handelsklasse eingereiht und auch danach bezahlt wurden, beim Verkauf mit einem ganz anderen Klassifizierungsstempel (meist der nächsthöheren Handelsklasse) die Verladerampe verließen".

– Fazit: es ist wohl niemand in der Lage (das liegt hier „in der Natur der Dinge") auch nur einigermaßen genau anzugeben, welche Anteile an allen Verkäufen diese manipulierten Preise und Gewichte ausmachen (private Schätzung: bezogen auf alle Verkäufe ein Minus für die Erzeuger in Höhe von 5–10 %). Eindeutig dürfte nach der ausführlichen obigen Beschreibung wohl sein, daß durch derartige Praktiken der Wert der Fleischproduktion und damit auch der Produktionswert der Landwirtschaft insgesamt merklich vermindert wird (in Zahlen: nach den Angaben des Agrarberichts steuern die Rindfleisch- und die Schweinefleischproduktion 37 % des Produktionswertes bei; geht man von einer Manipulationsmarge von nur 5 % aus – bezogen auf die ausgewiesenen Preise –, so ist dadurch im Wirtschaftsjahr '76/77 der Produktionswert der Landwirtschaft um etwa 600 Mill. DM vermindert worden).

Doch damit noch nicht genug. Bei der Ermittlung der Zahl der erzeugten Tiere wird z. T. auf die offiziellen Viehzählungen zurückgegriffen. Deren detaillierte Aussagen erwecken den Eindruck, als wenn wirklich jeder Kuh- oder Schweineschwanz erfaßt worden ist. Dem ist aber nicht so; Grund: nach der Zahl der bei der Viehzählung angegebenen Tiere richtet sich die Höhe des Beitrags des Landwirts zur Tierseuchenkasse. Über den Umfang der so nach unten „korrigierten" Tierbestände kann man gleichfalls nur Vermutung anstellen. Nach Aussagen von Branchenspezialisten ist zu vermuten, daß z. B. im Zentrum der Schweinemast in der BRD, der Region Südoldenburg-Cloppenburg, etwa 25 % der Schweine bei der Viehzählung nicht angegeben werden.

– Ein besonderes Problem tritt dann auf, wenn der Produktionswert oder die Wertschöpfung der Landwirtschaft in Relation gesetzt werden soll mit der Zahl der Arbeitskräfte. Das ist in der Landwirtschaft nämlich gar nicht so einfach: mithelfende Kinder, die außerhalb der Landwirtschaft einen Hauptberuf haben; mithelfende Altenteiler, Verwandte; die Arbeit der Bäuerin, die in Haushalt und Betrieb aufgeteilt werden muß. Die landwirtschaftliche Arbeitskräftestatistik versucht diesem Problem in der Weise beizukommen, indem sie zwischen Teil-Arbeitskräften und Voll-Arbeitskräften unterscheidet. Dabei wird die Einschätzung über den Umfang des Arbeitskräfteeinsatzes vom Leiter des landwirtschaftlichen Betriebes selbst vorgenommen. Auch hier gibt es eine Reihe von Widersprüchen.

– Entsprechend der allgemeinen Arbeitskräftestatistik wird in der Landwirtschaftlichen Arbeitskräftestatistik davon ausgegangen, daß einer Voll-Arbeitskraft 280 Arbeitstage entsprechen. Zumindestens bei Bauern, die Milchvieh halten (und das sind zwei Drittel aller Betriebe), besteht dagegen die Voll-Arbeitskraft aus 365 Tagen (im Gegensatz zu den wenigen viehlos wirtschaftenden Bauern, die zwar in Arbeitsspitzen kräftig anpacken, übers Jahr gesehen aber keine ungewöhnliche Arbeitsleistung vollbringen müssen). Durchschnittlich werden denn auch von den Landwirten nicht weniger als 63 Arbeitsstunden pro Woche geleistet (Agrarbericht '78).

– Mithelfende Familienarbeitskräfte werden in der Regel ungenügend berücksichtigt.

– Bei den Bäuerinnen wird in Abhängigkeit von der Zahl der zu versorgenden Personen ein Abzug vorgenommen. Z. B. 4-Personen-Haushalt: 4 x 0,17 AK = 0,68; für den landwirtschaftlichen Betrieb bleiben demnach 0,32 AK. In Wirklichkeit dürfte bei einem Großteil der Bäuerinnen der Arbeitseinsatz im Betrieb viel höher liegen (s. z. B. Artikel Bäuerinnenprojekt in diesem Heft). Im Gegensatz dazu wird in Schleswig-Holstein bei der Arbeitskräftezählung generell davon ausgegangen, daß die Bäuerin im Betrieb nicht mithilft. Das mag zwar für den ehemals großbäuerlich strukturierten Teil Schleswig-Holsteins gültig sein, für die anderen Regionen aber keineswegs.

– Zudem können verschiedene „außerlandwirtschaftliche Überlegungen" in die Angaben über die Arbeitskräftesituation eines Betriebes eingehen. Z. B. für den Fall der Zurückstellung von der Bundeswehr. Je niedriger der Arbeitskräftebestand des Betriebes, desto größere Chancen hat ein Rückstellungsantrag. Da kann der noch kräftig zupackende Altbauer oder die mithelfende Schwester schon mal vergessen werden.

Eine Zusammenfassung der Anmerkungen zur Methode und zur Datengewinnung der Landwirtschaftlichen Gesamtrechnung scheint mir nicht möglich zu sein. Nur soviel: es ist zweifelsfrei, daß die Berechnungen über den Beitrag der Landwirtschaft zum Sozialprodukt irgendetwas ergeben; es bleibt aber höchst unklar, was das ist, und höchst zweifelhaft, wie hoch das ist.

1.3. Kuchentheorie

Die Kuchentheorie spielt bei Agrarwissenschaftlern und Agrarpolitikern seit Jahren eine zentrale Rolle; nach ihr entsteht ein Einkommensproblem in der Landwirtschaft dadurch, daß der vorhandene Kuchen (= Anteil der Landwirtschaft am Sozialprodukt) auf zu viele Köpfe verteilt werden muß. Hauptaufgabe der Agrarpolitik ist es danach, die Zahl der Arbeitskräfte in der Landwirtschaft zu vermindern (denn, je weniger Esser, desto größer das Stück Kuchen). Insbesondere zu Beginn der 70er Jahre spielten derartige Überlegungen in den Agrarberichten eine große Rolle; im Agrarbericht '71 nahmen die Überlegungen über „Langfristige Entwicklungstendenzen" z. B. breiten Raum ein. Heute ist es still darum geworden; im Agrarbericht '78 wird nicht darauf bezug genommen, obwohl darin zum ersten Mal eine Überprüfung der damaligen Prognosen hätte vorgenommen werden können.

Das methodische Vorgehen sah – grob skizziert – folgendermaßen aus (s. Agrarbericht '71):

– Der Produktionswert der Landwirtschaft im Jahre X wird ermittelt über eine Vorausschätzung von Gütermengen- und Güterpreisen.

– Die Vorleistungen, die die Landwirte in der Produktion verwenden, werden ebenfalls vorausgeschätzt nach Menge und Preis. Die Differenz war das Bruttoinlandsprodukt zu Marktpreisen im Jahre X.

– Das Nettoinlandsprodukt zu Faktorkosten (Wertschöpfung) sollte ermittelt werden, indem vom Bruttoinlandsprodukt zu Marktpreisen die vorausgeschätzte Abschreibung und die indirekten Steuern ab- und die vorausgeschätzten Subventionen hinzugezählt wurden.

– In einem letzten Schritt sollte geschätzt werden, wie sich das Vergleichseinkommen außerhalb der Landwirtschaft entwickeln würde; die Division des Nettoinlandsprodukts zu Faktorkosten durch dieses Vergleichseinkommen sollte die Zahl an Arbeitskräften ergeben, die in der Landwirtschaft beschäftigt werden können, wenn sie das Vergleichseinkommen erzielen sollen (bzw. wenn der Abstand zum Vergleichseinkommen gleich bleiben soll).

Um dem „Datenproblem" beizukommen, wurden aufwendige ökonometrische Verfahren entwickelt (s. dazu die Tagung der Gesellschaft für Wirtschafts- und Sozialwissenschaften des Landbaus 1972). Das Wirtschaftsjahr 1975 war das erste, für das Vorschätzungen gemacht worden sind. Die folgende Tabelle zeigt einen Vergleich der geschätzten mit den tatsächlichen (nach Agrarbericht) Werten:

Tab. 5: Vorausschätzung der Wertschöpfung der Landwirtschaft (in Mill. DM; in jeweiligen Preisen)

	Vorausschätzung Wi/Ja '75 pessimistische Preishypothese	optimistische Preishypothese	laut Agrarbericht tatsächliche Werte '75/76
Produktionswert	32.223	35.244	53.345
Vorleistungen	16.416	16.955	25.454
Beitrag zum Bruttoinlandsprodukt zu Marktpreisen	15.807	18.289	27.891
Indirekte Steuern	600	600	1.370
Subventionen	800	800	1.483
Abschreibung	2.450	2.450	6.550
Nettoinlandsprodukt zu Faktorkosten	13.557	16.039	21.454

Quelle: Agrarbericht '71, S. 130 f., Agrarbericht '78, S. 11.

Die Prognose ist also beträchtlich daneben gegangen. Doch das ist eigentlich nur von Interesse, wenn man von der Sicherheit, mit der insbesondere viele ökonometrisch orientierte Agrarwissenschaftler ihre Aussagen vortragen, auf die Gültigkeit eben dieser Aussagen schließen wollte. Ansonsten ist es wohl eher das Schicksal aller Prognose in einer vom Markt gesteuerten Ökonomie, daß sie – wenn man von außergewöhnlichen Schönwetterperioden des Kapitalismus mal absieht – daneben liegen.

Viel wesentlicher als Grund der Kritik ist, daß das methodische Vorgehen davon ausgeht, daß die Entwicklung der Preise ausschließlich nachfragebestimmt ist. Über eine Vorausschätzung der Entwicklung der Nachfrage nach Agrarprodukten sollen die zu erzielenden Preise und die absetzbaren Mengen ermittelt werden. D. h.: die Höhe der Preise wird nicht gesehen in Beziehung zu den Kosten der Produktion, sondern als abhängig von verschiedenen Elastizitäten (insbesondere Einkommenselastizität der Nachfrage). Im Gegensatz dazu ging die sogenannte Klassik in der landwirtschaftlichen Betriebslehre noch sehr wohl davon aus, daß die Preise der Güter in enger Beziehung zu den Produktionskosten stehen (s. etwa die Denkfigur der berühmten Thünenschen-Ringe). Der zentrale Fehler der Kuchen-Theoretiker ist, daß sie einen Zusammenhang zwischen der Entwicklung der Arbeitsproduktivität und den Preisen ablehnen. Arbeitskräfte sind keine Residualgröße, auf die man einen – in seiner Höhe vorwiegend nachfragebestimmten – Kuchen aufteilen kann.

2. *Einkommensvergleich Bauer – Arbeiter („Vergleichsrechnung")*

Der Deutsche Bauernverband ist bei der Diskussion um ein Landwirtschaftsgesetz mit seiner Forderung, den Bericht über die Lage der Landwirtschaft auf der Basis von Erzeugerpreis- und Betriebsmittelpreisindizes zu erstellen, unterlegen; durchgesetzt hat sich der Vorschlag, von den Wirtschaftsergebnissen landwirtschaftlicher Testbetriebe auszugehen.Das Landwirtschaftsgesetz regelt, wie diese Wirtschaftsergebnisse zu gewinnen sind und worauf bei der Auswertung ein besonderes Gewicht zu legen ist. Zwar ist im § 2 die Rede von „Feststellungen über die Lage *der* Landwirtschaft", im Mittelpunkt der Darstellung der Agrarberichte und des öffentlichen Interesses steht aber traditionellerweise die Vergleichsrechnung, die nur von einem Teil der landwirtschaftlichen Betriebe ausgehen soll:

„§ 4
Die Bundesregierung legt mit dem Ergebnis der Feststellungen des Bundesministers ... dem Bundestag und dem Bundesrat einen „Bericht über die Lage der Landwirtschaft" vor. Der Bericht enthält eine Stellungnahme dazu, inwieweit
a) ein den Löhnen vergleichbarer Berufs- und Tarifgruppen entsprechender Lohn für die fremden und familieneigenen Arbeitskräfte – umgerechnet auf notwendige Vollarbeitskräfte –,
b) ein angemessenes Entgelt für die Tätigkeit des Betriebsleiters (Betriebsleiterzuschlag) und
c) eine angemessene Verzinsung des betriebsnotwendigen Kapitals erzielt sind; dabei ist im wesentlichen von Betrieben mit durchschnittlichen Produktionsbedingungen auszugehen, die bei ordnungsgemäßer Führung die wirtschaftliche Existenz einer bäuerlichen Familie nachhaltig gewährleisten."

Im Gesetz wird darüber hinaus aber nichts ausgesagt, wie diese Betriebe, die nachhaltig die Existenz einer bäuerlichen Familie sichern sollen, aus der Gesamtheit aller landwirtschaftlichen Betriebe ausgewählt werden sollen. Bis zum Agrarbericht '76 löste das Bundeslandwirtschaftsministerium das Problem, indem es von sich aus einen Einkommenswert vorgab, der die untere Grenze für diese Betriebe markieren sollte (Betriebe über bzw. unter der Grenze nach § 4). Im Agrarbericht '76 waren das 14.800 DM Standardbetriebseinkommen*), ein Wert, den nur 40 % aller landwirtschatlichen Betriebe erreichten bzw. überschritten (Agrarbericht '76, S. 20). Der „Kern" der Aussagen des Agrarberichts bezieht sich also von vornherein auf weniger als die Hälfte der landwirtschaftlichen Betriebe. Dazu sind inzwischen zwei Korrekturen notwendig:
– seit dem Agrarbericht '77 ist eine Umstellung erfolgt von „Grenze nach § 4" auf „sozialökonomische Kriterien" (Voll-, Zu- und Nebenerwerb). Der Vergleich der Ergebnisse vor und nach der Umstellung (Agrarbericht '77, Materialband, S. 56 f.), die Zusammensetzung der Betriebe, von deren Wirtschaftsergebnissen ausgegangen wird

*) Das Standardbetriebseinkommen ist ein kalkuliertes Betriebseinkommen, von dem das tatsächlich erzielte nach oben oder unten abweichen kann. Es gibt an, welches Betriebseinkommen bei ordnungsgemäßer und standortgerechter Bewirtschaftung im Durchschnitt der Betriebe erzielt werden kann und dient als Kennziffer für die wirtschaftliche Größe eines Betriebes.

(Agrarbericht '78, Materialband S. 195 und 202) und die Vorgehensweise bei der Verwendung der sozialökonomischen Kriterien (so wird unterstellt, daß alle Vollerwerbsbetriebe oberhalb der Grenze nach § 4 liegen; Agrarbericht '78, Materialband, S. 195) zeigen an, daß es sich bei der Umstellung im wesentlichen um eine Änderung der Nomenklatur handelt.

Angemerkt muß aber doch werden, daß die einschränkungslose Gleichstellung der Vollerwerbsbetriebe mit Betrieben „die bei ordnungsgemäßer Führung die wirtschaftliche Existenz einer bäuerlichen Familie nachhaltig gewährleisten" die Frage nach den Ursachen für die Aufgabe von Vollerwerbsbetrieben aufwirft. Wenn die dem Agrarbericht zugrunde liegenden Vollerwerbsbetriebe repräsentativ sein sollen für alle Vollerwerbsbetriebe und wenn sie zugleich alle nachhaltig die Existenz gewährleisten sollen, warum wurden dann wohl von 1967 bis 1977 86 Tsd. (von 1976 bis 1977 gut 2 Tsd.) Vollerwerbsbetriebe aufgegeben (Agrarbericht '78, S. 9)?
– Seit dem Wirtschaftsjahr 1968/69 werden Betriebe unterhalb der Grenze nach § 4 / Zuerwerbsbetriebe, seit dem Wirtschaftsjahr 1973/74 Nebenerwerbsbetriebe im Bericht über die Lage der Landwirtschaft mit berücksichtigt. Die Verfasser des Agrarberichts erheben aber lediglich bei den größeren Nebenerwerbsbetrieben (ab 5000 DM StBE) den Anspruch, diese seien repräsentativ; da aber auch hier nur von bereits buchführenden Nebenerwerbsbetrieben ausgegangen wird (s. dazu die folgenden Abschnitte), deren Anteil an allen Nebenerwerbsbetrieben aber noch niedriger ist als bei den Haupterwerbsbetrieben, ist diese Aussage eher als Zeichen von Humor zu werten.

Die Grundproblematik der Einkommensdarstellung im Agrarbericht ergibt sich daraus, daß über Einkommen von landwirtschaftlichen Betrieben nur etwas ausgesagt werden kann, wenn einigermaßen genaue Aufzeichnungen über die wirtschaftlichen Aktivitäten vorliegen, daß aber z. Z. nur 11 % (= 95 Tsd.) aller landwirtschaftlichen Betriebe bereits Buch führen. Diese Zahl hat sich zwar in den letzten Jahren leicht erhöht, macht aber auch bezogen auf die Zahl der Betriebe größer der Grenze nach § 4 / Vollerwerbsbetriebe nur ca. 23 % aus.

Was tun? Auftrag des Landwirtschaftsgesetzes ist es, einen Bericht über die Lage *der* Landwirtschaft bzw. eine Vergleichsrechnung für die Betriebe größer der Grenze nach § 4 zu erstellen. Das kann nur heißen, daß die Betriebe, die für den Agrarbericht ausgewählt werden (Testbetriebe), ein verkleinertes Abbild der Grundgesamtheit sind (Agrarbericht '77, S. 21: „Diese im BML-Testbetriebsnetz repräsentativ abgebildeten (Vollerwerbs-) Betriebe ..."). Unabhängig von welchem Verfahren der Stichprobenziehung man ausgeht: Grundprinzip muß sein, daß die Testbetriebe den in jedem Lehrbuch der Empirischen Sozialforschung ausgebreiteten Kriterien für eine repräsentative Auswahl entsprechen.

Im Folgenden soll überprüft werden, wieweit die bei der Erstellung des Agrarberichtes angewendeten Verfahren dieser Forderung genügen. Dabei taucht als Problem auf, daß es zwar einige allgemeine Erlasse gibt, die eine Orientierung über die Durchführung zulassen, daß aber genauere Untersuchungen über die tatsächlich zum Zuge kommenden Kriterien kaum vorliegen (Andeutungen finden sich bei Witzke[31] S. 179). Hinzu kommt, daß die Verfahren im Detail durchaus von Bundesland zu

Bundesland variieren. Die anschließende Darstellung muß sich deshalb im wesentlichen auf Gespräche mit zuständigen Sachbearbeitern stützen. Die wesentlichen, einheitlichen oder sehr ähnlichen Verfahrensmerkmale werden im Folgenden idealtypisch zusammengefaßt für das Bundesland X, nennen wir es „Ertelland".

Bei der Auswahl der Testbetriebe wird von vornherein und ausschließlich ausgegangen von Betrieben, die bereits eine Buchführung haben. In „Ertelland" sind das 10 % aller Betriebe oberhalb der Grenze nach § 4 / Vollerwerbsbetriebe, sagen wir mal als absolute Zahl 3000 Betriebe.

Was sind das nun für Betriebe, die Buchführung machen:

- 20 % tun es freiwillig, bzw. gegen Erstattung der Buchführungskosten.
- 20 % müssen aus steuerlichen Gründen Buch führen (worauf kommt es bei dieser Buchführung wohl an?)
- 60 % müssen Buch führen, weil sie im Rahmen des Einzelbetrieblichen Förderungsprogrammes gefördert wurden (die „Auflagenbuchführungen").

Nun werden nicht alle diese Betriebe als „Testbetriebe" für den Agrarbericht genommen. Vom Bundeslandwirtschaftsministerium werden sogenannte „Quoten" vergeben, die aussagen, wieviel Betriebe für das Bundesland Ertelland in den Agrarbericht eingehen sollen. Dabei gibt es eine Gesamtquote – sagen wir 1000 Betriebe – und eine Aufteilung nach Betriebsformen, nach Betriebsgrößenklassen usw. Es sollen bei den Testbetrieben die drei Betriebsgrößenklassen:
unter 20.000 DM Standardbetriebseinkommen
20.000 bis unter 50.000 DM Standardbetriebseinkommen und
über 50.000 DM Standardbetriebseinkommen
etwa im selben Verhältnis verteilt sein wie in der Landwirtschaft insgesamt. Das gleiche gilt für die Betriebsformen und andere Unter-Quoten. Entsprechend dieser Vorgaben des Bundeslandwirtschaftsministeriums soll also das Bundesland Ertelland aus seinen 3000 Buchführungsbetrieben 1000 auswählen. Hier tauchen Probleme auf. In unserem Bundesland Ertelland gehören von allen 30.000 Betrieben größer 10 ha LF 60 % zur Betriebsgrößenklasse unter 20.000 DM Standardbetriebseinkommen. Es müßten deshalb von den 1000 Testbetrieben auch etwa 600 aus dieser Betriebsgrößenklasse kommen. Das geht aber nicht, da lange nicht so viele von diesen Betrieben (sagen wir 200) überhaupt eine Buchführung machen! Warum das so ist? Freiwillige und steuerliche Buchführung gibt es fast nur bei Betrieben mit weit über 20.000 DM Standardbetriebseinkommen; Auflagenbuchführung gibt es auch nur wenige bei Betrieben der kleinsten Größenklasse, weil sie kaum die für eine staatliche Förderung erforderliche Förderschwelle erreichen. Also?

Nun sollte man annehmen, daß entsprechend der geringen Zahlen der Testbetriebe der kleinsten Größenklasse auch die Zahlen der Testbetriebe in den oberen Größenklassen vermindert werden. Denn man will ja schließlich bei den Testbetrieben dieselbe Verteilung auf die Betriebsgrößenklassen erreichen wie bei der Gesamtheit der landwirtschaftlichen Betriebe. Das hat aber einen Haken: der Bund zahlt nämlich für die Buchführungsabschlüsse von Testbetrieben eine Prämie. Dieses Geld geht an die Stellen, die die Buchführung praktisch durchführen. Das sind vor allem die landwirtschaftlichen Buchstellen, aber auch private Steuerberater und ähnliches.

Pro abgelieferten Buchführungsabschluß und Jahr werden zwischen 170 und 250 DM gezahlt. Das ist für die Buchstellen verlockende Münze, macht es doch fast die Hälfte der Einnahmen aus, die sie sonst pro Buchführungsabschluß einnehmen.

Wie hängt nun die geringe Zahl der Betriebe unter 20.000 DM Standardbetriebseinkommen mit der Prämie für Buchführungsabschlüsse zusammen? Der für die Auswahl der Testbetriebe zuständige Beamte sitzt in der Klemme: 600 Betriebe unter 20.000 DM Standardbetriebseinkommen soll er abliefern, er hat aber nur insgesamt 200 Buchführungsabschlüsse zur Verfügung! Außerdem weiß er, wie sehr die Buchstellen und privaten Steuerberater an der Prämie interessiert, ja sogar darauf angewiesen sind. Man kennt sich da auch ein wenig. Ergebnis: die fehlenden Betriebe mit weniger als 20.000 DM Standardbetriebseinkommen werden „ersetzt" durch Betriebe über 20.000 DM und über 50.000 DM Standardbetriebseinkommen. In unserem Beispiel Bundesland Ertelland sieht das nun so aus, daß von der Betriebsgrößenklasse mit dem niedrigsten Standarddeckungsbeitrag 1 %, von den beiden höheren Betriebsgrößenklassen aber jeweils 6 % aller Betriebe Testbetriebe sind.

Kehren wir nun vom Bundesmusterländle „Ertelland" zu den tatsächlichen Ländern zurück. Was ist zu dem Verfahren, daß sich bei den einzelnen Ländern nur in den Proportionen unterscheidet, zu sagen:

— Aufgabe war es, mit Hilfe der Testbetriebe gültige Aussagen über die wirtschaftliche Lage aller landwirtschaftlichen Betriebe (bzw. aller Betriebe oberhalb der Grenze nach § 4 / Vollerwerbsbetriebe) zu gewinnen. Im Gegensatz dazu ist das Auswahlverfahren für die Testbetriebe von vornherein beschränkt auf die 11 % der Betriebe, die bereits eine Buchführung machen. Die Gründe für die Erstellung einer Buchführung in landwirtschaftlichen Betrieben sind unterschiedlich, eindeutig aber ist, daß sie mit den Kriterien für eine repräsentative Stichprobe nichts gemein haben. So ist das Basistheorem, daß jede Einheit der Grundgesamtheit die gleiche (oder eine fast gleiche) Chance haben muß, für die Stichprobe gezogen zu werden, eindeutig nicht gegeben.

Im Gegensatz zur bisweilen zu findenden Aussage, es handele sich bei den Testbetrieben zwar nicht um eine zufallsgesteuerte Stichprobe, wohl aber um eine Stichprobe nach dem Quota-Verfahren, ist zu betonen: das Quota-Verfahren ist ebenso wie eine vollständig zufallsgesteuerte Auswahl bezogen auf die Grundgesamtheit. Bei dem im Agrarbericht angewandten Verfahren gibt es zwar Quoten, aber bezogen nicht auf die Grundgesamtheit, sondern auf Buchführungsbetriebe.

— Im Grunde geht auch das BML davon aus, daß es sich weder um eine vollständig zufallsgesteuerte noch um eine Stichprobe nach dem Quotaverfahren handelt. Es sieht nämlich vor, daß je Bundesland ein „Landesausschuß" verantwortlich ist für die Auswahl und Repräsentativität der Testbetriebe. Dem Landesausschuß gehören an:

1 Vertreter der Landwirtschaftskammer bzw. der staatlichen Landwirtschaftsverwaltung.
1 Vertreter der Finanzverwaltung.
1 Vertreter des Bauernverbandes und
1 Vertreter der landwirtschaftlichen Buchstellen.

Auch der Landesausschuß ist prinzipiell begrenzt auf bereits buchführende Betriebe. Ihm ist die Aufgabe gestellt, aufgrund subjektiver Beobachtungen und Erfahrungen buchführende Betriebe als repräsentativ für die Grundgesamtheit auszuwählen, obwohl ihm die Grundgesamtheit nicht bekannt ist. Noch so viel Beobachtungen und Erfahrungen können nichts daran ändern, daß die Gewinnung einer repräsentativen Auswahl für die Einkommensverhältnisse der Grundgesamtheit aus methodischen und praktischen Erwägungen ausgeschlossen ist. Im Gegenteil: durch dieses Verfahren sind zumindest potentiell individuellen, verbandsspezifischen und parteipolitischen Interessen Tür und Tor geöffnet. Doch so diffizil ist es in der Praxis gar nicht. Der entscheidende Einfluß wird in aller Regel von einer Person ausgeübt, vom zuständigen Sachbearbeiter: nur der Vertreter der Verwaltung kennt, da bei ihm die ganze Buchführung zusammenläuft, alle in Frage kommenden Betriebe, nur er hat die Materie wirklich durchgearbeitet. Die anderen Mitglieder des Landesausschusses sind wenig informiert, können nur hier und da ein wenig mäkeln, mehr nicht. Unter der Hand wird es auch zugegeben: die wirkliche Bedeutung des Landesausschusses ist nicht, Kontrolle zu üben; die wirkliche Bedeutung besteht darin, daß die Landwirtschaftsverwaltung ein Alibi-Gremium hat, auf das sie bei Notwendigkeit verweisen kann. Damit ist nicht gesagt, daß es z. B. keine verbandsspezifischen Interventionen gibt. So geschieht es durchaus häufig und mit Erfolg, daß Funktionäre eines Landesbauernverbandes (von einer Buchstelle über Betriebe informiert, die Testbetrieb werden sollen) versuchen, Betriebe mit besonders herausragenden Wirtschaftsergebnissen nicht Testbetrieb werden zu lassen.

Ein informatives Beispiel dafür, wie die Praxis der „repräsentativen Auswahl" aussieht, liefert ein Sachbearbeiter nördlich der Mainlinie. Wenn die Buchstellen ihm genügend Betriebe einer Gruppe gemeldet haben, greift er zum Telephon und sagt durch, daß er keine weiteren Betriebe dieser Gruppe mehr benötigt; Ende der „repräsentativen Auswahl". Es ist wohl offensichtlich, daß dieses sogenannte „Windhundverfahren" windige Ergebnisse liefert.

– Ohne einem Landesausschuß mangelnden Einsatz, mangelnde Kenntnisse oder je egoistische Interessen vorhalten zu wollen, bleibt abschließend zu sagen: die Testbetriebe des Agrarberichts sind eindeutig nicht repräsentativ für die landwirtschaftlichen Betriebe oberhalb der Grenze nach § 4 / Vollerwerbsbetriebe. Es sind die Buchführungsergebnisse von 10.194 Betrieben (einschließlich Neben- und Zuerwerbsbetriebe), nicht mehr und nicht weniger.

1976 hat das BML ein „Gutachten zur Verbesserung der methodischen Grundlagen des BML-Testbetriebsnetzes" veröffentlicht[7]. Auf 53 Seiten werden zwar für den Teil „Landwirtschaftliche Betriebe" alle möglichen Vorschläge unterbreitet, das Kernproblem aber wird schlicht übergangen. Ausgesagt wird:

„An der gegenwärtigen Auswahl der Testbetriebe ist verschiedentlich kritisiert worden, daß diese Auswahl nicht zufällig, sondern weitgehend in das Ermessen der Auswählenden gestellt ist. Diese Kritik ist berechtigt und ihr sollte bei einer Neuauswahl der Testbetriebe soweit wie möglich Rechnung getragen werden. ... Eine völlig zufällige Auswahl der Testbetriebe wird sich angesichts der Freiwilligkeit der Mitwirkung der Betriebsinhaber nicht verwirklichen lassen. Es ist m. E. daher erforderlich, wiederholt zu prüfen, inwieweit die Testbetriebe ... wirklich repräsentativ sind. Dazu bietet sich insbesondere der Vergleich der Testbetriebsergebnisse mit den Buchführungsergebnissen von Betrieben außerhalb des Testbetriebsnetzes – jeweils auf der Grundlage vergleichbarer Gruppen – an." (S. 32 f.).

Wegen dieser Aussagen war wahrlich kein Gutachten notwendig. Das vorgeschlagene Verfahren fällt noch weit hinter dem bereits im Agrarbericht praktizierten zurück. Dort wird regelmäßig der Nachweis der Repräsentativität der Testbetriebsergebnisse dadurch zu führen versucht, daß bestimmte Kennziffern der Testbetriebe mit den entsprechenden Daten aus landwirtschaftlichen Vollerhebungen verglichen werden. Ein Verfahren, das nur dann sinnvoll wäre, wenn die Testbetriebe nach Repräsentativkriterien ausgewählt worden wären. Es sind eine Vielzahl von je 10 Tsd. Betrieben denkbar, die in den Kennziffern mit den Werten der Vollerhebungen übereinstimmen, aber gänzlich abweichende Einkommen haben.

– Noch ein abschließendes Beispiel. Bei Diskussionen über die Aussagekraft der Testbetriebsergebnisse wird häufig ein Rettungsversuch in der Weise gemacht, daß zwar eine bewußt-willkürliche Auswahl der Testbetriebe zugegeben, dann aber behauptet wird, die Werte der Testbetriebe würden doch im wesentlichen ein zutreffendes Bild von den Einkommensverhältnissen der Landwirtschaft geben. Eine Untersuchung über das Entscheidungsverhalten von Landwirten in Schleswig-Holstein hat nebenbei deutlich gemacht, daß auch dieser Rettungsversuch unglaubwürdig ist:

„Die Datengrundlage der Analyse bilden ca. 250 landwirtschaftliche Betriebe Schleswig-Holsteins, die in den letzten Jahren Berichtsbetriebe für den Agrarbericht darstellten und deren Einzelentwicklung sich über 26 Jahre zurückverfolgen läßt. ...
Die Zahl der untersuchten Betriebe in den einzelnen Naturräumen entspricht nicht der tatsächlichen Verteilung der landwirtschaftlichen Betriebe in Schleswig-Holstein. Innerhalb des vorliegenden Untersuchungsmaterials sind die Betriebe der Ostküste und Westküste mit ca. 44 v. H. bzw. 20 v. H. an der Gesamtzahl der für das Ausgangsjahr 1959/60 erfaßten Betriebe überrepräsentiert, die Betriebe des Mittelrückens dagegen mit ca. 36 v. H. im Vergleich zu ihrem tatsächlichen Anteil von ca. 49 v. H. aller Betriebe über 10 ha LN unterrepräsentiert. Auch innerhalb der Naturräume kann die Verteilung der Betriebe auf die einzelnen Größenklassen zu Beginn des Untersuchungszeitraums nicht als repräsentativ angesehen werden. Beispielsweise weist im Östlichen Hügelland der Anteil der Betriebe über 100 ha LN bei dem vorliegenden Datenmaterial einen Anteil von nahezu 20 v. H. aus, während in Wirklichkeit der Anteil dieser Größenklasse im Jahre 1959/60 nur reichlich 3 v. H. aller Betriebe mit mehr als 10 ha LN ausmachte. Innerhalb des Untersuchungsmaterials gilt für alle Naturräume, daß die flächenreicheren bäuerlichen Betriebe der Größenklasse 30–50 ha LN sowie 50–100 ha LN mit einem Anteil vertreten sind, der ihren tatsächlichen Prozentsatz an der Gesamtzahl aller Betriebe kräftig übersteigt, während der Anteil der Betriebe mit weniger als 30 ha LN zu Beginn der Untersuchung erheblich geringer ist als der prozentuale Anteil, den diese Größenklasse in der Agrarstatistik aller Betriebe über 10 ha LN einnimmt." (Langbehn, Heitzhausen[12], S. 426 f.)

– Doch damit ist die Suppe noch längst nicht ausgelöffelt. Da die Konstrukteure des Agrarberichtes ja an dem Anspruch festhalten, repräsentative Werte zu liefern, versuchen sie die Problematik der Über„repräsentativität" der Testbetriebe größer 20 Tsd. DM Standardbetriebseinkommen dadurch zu lösen, daß sie das jeweilige arithmetische Mittel der Gruppe gewichten. Man sollte meinen: Gewichten nach dem Anteil dieser Betriebsgrößengruppen an allen Betrieben oberhalb der Grenze nach § 4 / Vollerwerbsbetriebe. Doch dem ist nicht so: gewichtet wird nach dem Anteil der jeweiligen Gruppe an der Landwirtschaftlich genutzten *Fläche (LF) aller* Betriebe. Das Ergebnis der Gewichtung macht das ganze noch merkwürdiger:

Schaubild 1: Verteilung und Gewichtung der „Stichprobe"

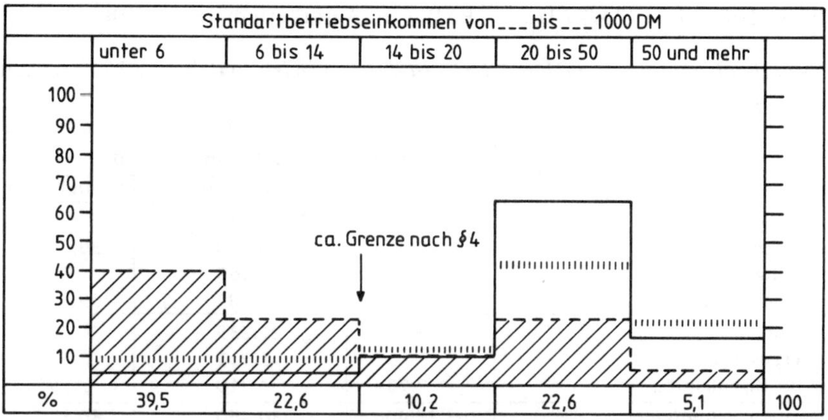

----- reale Verteilung nach Anzahl der Betriebe
—— 1974/75 Verteilung der „Stichprobe" über § 4 LwG + unter § 4
IIIIIII Gewichtung der Buchführungsergebnisse der „Stichprobe" mittels einer Hochrechnung über den Anteil der an der „Stichprobe" beteiligten Betriebe an der gesamten landwirtschaftlich genutzten Fläche

Quellen: Messerschmidt, Oppermann, 16; die Darstellung basiert auf: Agrarbericht 76, Materialband

Folge: die Betriebe von 20–50 Tsd. DM STBE sind unter den Testbetrieben stark über-„repräsentiert"; das wird durch die Wichtung vermindert, aber nicht aufgehoben; die Betriebe größer 50 Tsd. DM StBE sind unter den Testbetrieben bereits stark über-„repräsentatiert", durch die Art der Wichtung wird das noch verstärkt. Fazit: das Gewicht der Werte für die Betriebe von 20–50 Tsd. DM StBE wird stark, das der Betriebe größer 50 Tsd. DM StBE sehr stark angehoben.

Wenn man nun mal für einen Augenblick so tut, als wenn die Methode des Agrarberichts etwas mit Repräsentativität zu tun hätte, so würde als Folge dieser Art von Wichtung die wirtschaftliche Lage der Landwirtschaft besser dargestellt, als sie real ist.

– Anlaß für das Landwirtschaftsgesetz und von der Öffentlichkeit besonders beachtet ist die „Vergleichsrechnung". Sie ist Grundlage der Aussagen einer „Disparität" des landwirtschaftlichen Einkommens im Vergleich mit dem Einkommen von Arbeitern (zur grundsätzlichen Problematik dieses Vergleichs s. Schmalz 33, S. 93–96). Rechnerisch wird folgendermaßen vorgegangen:

Haben

Reineinkommen der Testbetriebe in DM je Familienarbeitskraft
+ Zuschlag für Eigenverbrauch
= Vergleichsreineinkommen

Soll

Vergleichslohn (durchschnittlicher Bruttoarbeitsverdienst der Versicherten in der Arbeiterrentenversicherung ohne Land-, Forst- und Bergarbeiter)
+ Betriebsleiterzuschlag
+ Zinsansatz für Eigenkapital
= Summe der Vergleichsansätze

Für das Wirtschaftsjahr 1976/77 lauten die Werte (Agrarbericht'78; S. 20):

Tab. 6: Vergleichsrechnung nach § 4 LwG in den landwirtschaftlichen Vollerwerbsbetrieben[1]

Gliederung	Betriebsgröße von ... bis unter ... 1.000 DM StBE		
	unter 20	20 bis 50	50 und mehr
		DM – Familien-AK	
Reineinkommen	12.204	20.620	39.550
Zuschlag für Eigenverbrauch[2]	423	363	330
Vergleichsreineinkommen	12.627	29.983	39.880
Vergleichslohn	24.853	25.239	26.295
Betriebsleiterzuschlag	819	1.211	2.509
Zinsansatz für Eigenkapital	2.734	4.010	7.795
Summe der Vergleichsansätze	28.406	30.460	36.599
Abstand[3] %	–55	–31	+9

1 hochgerechnete Ergebnisse
2 Zuschlag für Kostenvorteile, die dem landwirtschaftlichen Haushalt durch den Verbrauch selbsterzeugter Nahrungsmittel gegenüber Arbeitnehmerhaushalten entstehen, die sich zu Einzelhandelspreisen über den Markt versorgen: 1975/76 und 1976/77 = 35 %.
3 Differenz zwischen Vergleichsreineinkommen und Summe der Vergleichsansätze in % der Summe der Vergleichsansätze.

Was ist nun zu diesem Verfahren – z. B. mit Blick auf Disparitäts-Argumentationen – zu sagen: (dabei muß erneut so getan werden, als hätten die Testbetriebsergebnisse etwas mit einer repräsentativen Auswahl gemein. Da das real nicht so ist, können die folgenden Überlegungen nichts zum tatsächlichen Vergleich des Einkommens von Bauern und Arbeitern hergeben, wohl aber die Absichten deutlich machen, die hinter dieser Art des Vergleichs stehen).

– Verglichen werden Bruttowerte. Der Beitrag von Bendixen/Harbeck in diesem Heft macht deutlich, daß z. B. bei den Beiträgen zur Sozialversicherung die Landwirtschaft sich vergleichsweise günstig stellt.*)

*) Die Einschätzung „vergleichsweise günstig" bezieht sich auf den Globalvergleich. Innerhalb der Landwirtschaft sind die Beiträge zur gesetzlichen Sicherung extrem unterschiedlich. Bei nahezu gleicher absoluter Höhe der Beiträge beträgt die Belastung in Relation zur Betriebsgröße (gemessen in StBE):
– durchschnittliche Belastung 18 v. H. des StBE;
– Belastung bei der Gruppe mit den kleinsten Betrieben (kleiner 12 Tsd. DM StBE) 39 v. H.
– Belastung bei der Gruppe mit den größten Betrieben (größer 50 Tsd. DM StBE) 7 v. H.

Eine quantitative Vorstellung von der unterschiedlichen Belastung durch Abzüge für Sozialversicherung und Steuern bei bäuerlichen Arbeitskräften und Lohnarbeitern gibt eine Darstellung im „Raiffeisen-Mitteilungsblatt Weser-Ems" (vom 28. 10.75):

Tab. 7: Modifizierte Vergleichsrechnung: Gesamteinkommen landwirtschaftlicher Familien

Größe des Betriebes	Gesamteinkommen landw. Familien 1973/74 in DM (4-Personen-Haushalt) brutto	netto	Abzüge in % vom Bruttoeinkommen
über 100 ha	89.400	64.200	39
75–100	60.100	47.500	21
50–75	41.300	34.400	17
30–50	32.300	27.900	14
20–30	25.700	22.500	13
bis 20	21.900	18.000	18
zum Vergleich: Arbeitnehmerhaushalt mit mittlerem Einkommen 1974	32.700	23.200	29

(Die Darstellung basiert auf „Agrarwirtschaft" 6/1975, S. 159–161, und Agrarbericht '75, Materialband, S. 313)

Bei diesem Vergleich ist noch zu bedenken, daß 1973/74 nur 24 Tsd. Betriebe grösser als 50 ha, 174 Tsd. zwischen 20 und 50 ha und 771 Tsd. Betriebe kleiner als 20 ha waren.

– Merkwürdig nehmen sich die „Zuschläge" für Betriebsleitertätigkeit und Zinsanspruch des Eigenkapitals aus. Das ist zwar so im § 4 des Landwirtschaftsgesetzes vorgesehen, ändert aber nichts daran, daß dadurch „Äpfel" mit „Birnen" verglichen werden. Während z. B. für die Arbeiter nur vom Lohneinkommen ausgegangen wird, wird hier den bäuerlichen Arbeitskräften ein Lohneinkommen plus Vermögenszuwachs zugesprochen. In der politischen Auseinandersetzung ist diese Rechnung vor allem für die Betriebe größer 50.000 DM StBE günstig. Das zeigt sich sehr deutlich, wenn man den im Agrarbericht praktizierten Vergleich neben einen Vergleich ohne Berücksichtigung von Betriebsleiterzuschlag und Zinsanspruch hält:

Tab. 8: Vergleichsrechnung ohne Betriebsleiterzuschlag und Zinsanspruch

	Betriebe in einer Größe von ... bis ... Tsd. DM StBE unter 20	20–50	über 50
Vergleichsreineinkommen zu Summe der Vergleichsansätze	– 56	– 31	+ 9
Vergleichsreineinkommen zu Vergleichslohn	– 49	– 17	+ 52

Quelle: Agrarbericht '78, S. 20.

Nun kann sehr wohl die Meinung vertreten werden, daß landwirtschaftliche Betriebe ein Einkommen erzielen müssen, welches über ein reines (durchschnittliches) Konsumeinkommen hinausgeht; die Konkurrenz in der Landwirtschaft macht Nettoinvestitionen zur Notwendigkeit. Doch erstens gilt das nicht für alle bäuerlichen Arbeitskräfte (die Vergleichsrechnung stellt Einkommen je Arbeitskraft dar) in der Landwirtschaft (sondern nur für den Betriebsleiter), zweitens ist dieser „Investitionsanteil am Einkommen" – auch von der Höhe her – anders zu begründen als über „durchschnittliche Aktienrendite" – so das Verfahren im Agrarbericht – und drittens wäre das als Privileg der Bauern gegenüber den Lohnabhängigen zu kennzeichnen.

– Fazit: die Wirtschatsergebnisse der Testbetriebe sind nicht repräsentativ; sie sind weder ein „verkleinertes Abbild" *aller* landwirtschaftlichen Betriebe noch der Betriebe oberhalb der Grenze von § 4 / Vollerwerbsbetriebe. Es sind schlicht die wirtschaftlichen Daten von 10.194 Betriebe, irgendwelcher Betriebe. Die viel zitierte landwirtschaftliche Einkommensdisparität ist zudem noch durch methodische Merkwürdigkeiten gekennzeichnet; sie führen vor allem zu einer „Abschlankung" der Einkommen der Betriebe mit mehr als 50.000 DM StBE.

3. *Agrarpreise.*

Zu diesem Abschnitt muß vorweg darauf hingewiesen werden, daß eine auch nur halbwegs vollständige Beschreibung der Entwicklung der Agrarpreise, der Theorien über die Preisbildung von landwirtschaftlichen Erzeugnissen und der staatlichen Aktivitäten in diesem Bereich hier weit außerhalb der Möglichkeiten liegt. Es soll lediglich eine – für die öffentliche Diskussion allerdings besonders wichtige – These angesprochen werden: die Aussage, bei den landwirtschaftlichen Erzeugerpreisen handele es sich um vom Staat garantierte Preise.

Im Abschnitt „Markt- und Preispolitik" des Agrarberichts '78 wird gleich im ersten Satz Position bezogen: „Die Festsetzung der gemeinsamen Agrarpreise für das Wirtschaftsjahr 1977/78 ..." (d. h., es gibt in der EG *gemeinsame* Preise, und diese Preise werden *festgesetzt*). In den Ausführungen über die Milchproduktion steht die Aussage: „Die Erzeugerpreise sind in der Bundesrepublik Deutschland aufgrund der vorsichtigen Preisanhebung beim Richt- und Interventionspreis weniger stark gestiegen als im Jahre 1976" (d. h., die Entwicklung der Erzeugerpreise wird bestimmt durch staatlich festgelegte Preise). Diese beiden kurzen Zitate mögen als Beleg ausreichen dafür, daß die Argumentation im Agrarbericht die These von den „staatlich garantierten Agrarpreisen" stützt. In der öffentlichen Diskussion klingt es meist ähnlich, wenn auch zumeist grober. Auch hier nur einige wenige Beispiele:

– „Mit einem mindestens 25prozentigen Einkommensanstieg innerhalb von zwei Jahren (1974/75 und 1975/76) hat die Landwirtschaft in der Rezession besser abgeschnitten als viele andere Wirtschafts- und Einkommensgruppen. Hier wird das fragwürdige Privileg staatlich garantierter Verkaufspreise besonders deutlich erkennbar, das die Verbraucher weitgehend mit überhöhten Lebensmittelpreisen bezahlen müssen" („Verbraucherpolitische Korrespondenz der Arbeitsgemeinschaft der Verbraucher", 17.2.76).

– „Eine planvolle Strukturpolitik ist schnellstens zu verwirklichen. Vorrangig sind folgende Maßnahmen einzuleiten:
...
2. Die Steigerungsraten der garantierten Agrarpreise (Preis- und Abnahmegarantien) müssen pro Jahr um mindestens drei Prozent hinter der gesamtwirtschaftlichen Inflationsrate zurückbleiben, um sie auf ein normales Maß zu führen. Die überdimensionalen Subventionen für die Landwirtschaft, die aus Steuergeldern der Arbeitnehmer finanziert werden, müssen abgebaut werden" (Antrag der Afa des SPD-Unterbezirks Wiesbaden auf einem Bezirksparteitag; nach „Landw. Wochenblatt Kurhessen-Waldeck", 18.6.77).

– „Die Bundesregierung wird ersucht, mit allen ihr zur Verfügung stehenden Mitteln, den inflationären Preisauftrieb bei landwirtschaftlichen Betriebsmitteln auf ein erträgliches Maß zurückzuführen und im Zuge der Agrarpreisverhandlungen darauf hinzuwirken, daß durch eine entsprechende Anhebung der Erzeugerpreise für Agrarprodukte wieder ein ausgeglichenes Verhältnis von Agrarpreisen und Produktionskostenpreisen erreicht wird" (Entschliessungsantrag der CDU/CSU im Bundestag, 13.3.74).

– „Nach den Worten Ertls ist die Geldentwertung für die Landwirtschaft mit ihren weitgehend administrativ fixierten Preisen besonders schmerzlich" (Stuttgarter Zeitung, 29.5.72).

– „Der Agrarbereich ist der einzige Bereich, bei dem aus Verhandlungen des Ministerrates unmittelbare Folgen für die europäischen Bürger und deren Einkommen eintreten. Entscheidungen des Ministerrates über Agrarpreise oder Beschlüsse über die Festlegung von Interventionsmaßnahmen spüren mehr als 25 Millionen Menschen in Europa wenige Wochen später bei ihren Einkommen...
Insofern sind die Agrapreisverhandlungen eher mit Tarifverhandlungen vergleichbar, allerdings mit dem Unterschied, daß sich hier nicht die Partner gegenübersitzen; die Partner stehen vor der Tür und können nur indirekt versuchen, Einfluß zu nehmen". (Deutsche Bauernkorrespondenz", 5/78, S. 148)*)

Bevor die These von den staatlich garantierten Erzeugerpreisen mit der tatsächlichen Preisentwicklung konfrontiert werden soll, muß kurz die formale Organisation der in Brüssel diskutierten „Marktpreise" beschrieben werden, z. B. die Marktorganisation für Weizen. Vom Ministerrat der EG wird zu Beginn eines jeden Wirtschaftsjahres ein Richtpreis (bezogen auf eine bestimmte Weizenqualität) ausgehandelt (die berühmten Brüsseler Marathonsitzungen mit angehaltener Uhr gehören hierhin); von diesem Richtpreis wird der für den Weizenimport maßgebliche Schwellenpreis abgeleitet; die Differenz zwischen Weltmarktpreis und Schwellenpreis wird abgeschöpft, der Preis für Importweizen dadurch auf das angestrebte Binnenmarktniveau gebracht. An den Richtpreis ist weiter der Interventionspreis gekoppelt; sinken die Preise auf den ausgewählten Märkten (die sogenannten Referenz-Preise) um einen

*) Der Deutsche Bauernverband betont durchgängig die Bedeutung der Marktordnungspreise als „Tarifverträge für die Landwirtschaft". Eine Ausnahme macht ein Leitartikel von v. Heeremann im Organ seines Verbandes (Deutsche Bauernkorrespondenz 5/78), in dem er die Aussage, daß die Landwirtschaft außerhalb eines durch Wettbewerb geregelten Marktes stehe, als falsch bezeichnet. Daß es sich dabei um eine tagespolitische Abwehrargumentation handelt, geht schon daraus hervor, daß sein Generalsekretär Schnieders just auf der folgenden Seite wieder von den Marktordnungsverhandlungen als Tarifverhandlungen spricht und daneben eine Erklärung des Präsidiums des Deutschen Bauernverbandes abgedruckt ist, in der ein unmittelbarer Zusammenhang zwischen Vereinbarungen in Brüssel und den landwirtschaftlichen Erzeugerpreisen hergestellt wird. 3 Monate zuvor hatte v. Heeremann in derselben Zeitschrift erst erklärt: „Preisbeschlüsse entscheiden über Zukunft der Landwirtschaft".

bestimmten Prozentsatz unter den Richtpreis ab, so muß die EG auf dem Markt durch Stützungskäufe eingreifen, sie muß intervenieren, bis mindestens wieder das Interventionspreisniveau erreicht ist auf den Märkten. (Seit Beginn des Wirtschaftsjahres '77/78 kann bei Weizen, der zur Brotherstellung geeignet ist, bereits zum Referenzpreis interveniert werden).

Eine wichtige Frage ist demnach, wie der Orientierungspreis zustande kommt. Seit einigen Jahren propagiert die EG-Kommission die Verwendung der sogenannten „objektiven Methode". Auf der Basis der Veränderung von Preis- und Kostenindices und unter Berücksichtigung von Produktivitätsfortschritten sollte der Richtpreis „objektiv" ermittelt (und nicht mehr politisch ausgekämpft) werden. Orientiert sollten die Ausgangswerte an sogenannten „modernen Betrieben" sein, die faktisch nur ca. 10 bis 20 % aller landwirtschaftlichen Betriebe in der EG repräsentiert haben würden. Eine eingehendere Darstellung der Berechnungsverfahren dieser „objektiven Methode" erübrigt sich (ein Ansatz dazu ist z. B. in der Deutschen Bauern Korrespondenz, 2/78, zu finden), da die EG-Kommission das Vorhaben praktisch bereits wieder zu den Akten gelegt hat:

„Nach dem „objektiven Verfahren", dessen sich die Kommission zur Prüfung der Preise bedient, hätte die Anhebung (der Marktordnungspreise; OP) eigentlich 4,2 % betragen müssen. Wenn die Kommission eine durchschnittliche Erhöhung um 2 % vorgeschlagen hat, so deshalb, weil sie der Auffassung war, daß sich in einer Phase der Rezession, Inflation und des Ungleichgewichts verschiedener Agrarmärkte eine größere Preissteigerung nicht vertreten läßt" (Bulletin der EG, 12/77).

Kaum aus der Taufe gehoben, ist die „objektive Methode" also bereits wieder zu Grabe getragen worden. Die Orientierungspreise werden wie zuvor ohne ideologische Kapuze, offen auf dem Feld der ökonomisch-politischen und nationalstaatlichen Interessen ausgefochten.

Die Überprüfung der These von den staatlich garantierten Preisen muß auf mehreren Ebenen ansetzen:

– Grundsätzlich gilt, daß es staatliche Marktordnungspreise ausschließlich für Produkte gibt, für Produktionsmittel dagegen nicht. Wenn die EG die Ziele (u. a. angemessene Einkommensentwicklung bei den landwirtschaftlichen Produzenten), um deretwillen sie ihre Marktordnungen entwickelt haben will, tatsächlich erreichen wollte, müßte sie die sogenannten Güter- und Faktorpreise gleichgewichtig behandeln. So sind die als Begründung für die Notwendigkeit von Marktordnungen regelmäßig genannten starken Preisschwankungen keineswegs ein Spezifikum der Produktmärkte:

„Für uns, ihre (der USA; OP) größten Abnehmer, sind diese unkontrollierbaren Preisbewegungen eine Quelle großer Besorgnis. Unsere gesamte Agrarpolitik ist auf die Erhaltung stabiler Verbraucherpreise und stabiler landwirtschaftlicher Einkommen gerichtet – eine Stabilität, die für unser soziales Gefüge in Westeuropa lebensnotwendig ist. Die Sojapreisschwankungen und ihre Auswirkungen auf Konkurrenzerzeugnisse unterhöhlen diese Politik. Wir haben ein Stadium erreicht, in dem eine unvorhersehbare Bewegung auf dem Markt in Chikago für die Mehrzahl unserer Schweine- und Geflügelzüchter den Unterschied zwischen einem angemessenen Einkommen oder gar keinem ausmachen kann". (Rede von Petrus Josephus Lardinois, Mitglieder der Kommission der EG, vor dem Amerikanischen Verband der Sojabohnenverarbeitungsindustrie, Mitteilungen zur Gemeinsamen Agrarpolitik, 7/76).

– Marktordnungen gibt es keineswegs für alle landwirtschaftlichen Erzeugnisse (im Agarbericht '78 sind die wesentlichen Prinzipien der jeweiligen Marktordnungen dargestellt). Bei einem Teil der vorhandenen Marktordnungen kommt hinzu, daß sie keine Interventionspreise enthalten (sondern nur Richt-, Orientierungspreise u. ä.). Nur bei den Interventionspreisen existiert aber eine formale Verpflichtung für die EG, auf dem Markt zu intervenieren. Dazu v. Heeremann:

„Denn die Preise von über 50 % der Agrarproduktion werden überhaupt nicht durch EG-Ministerratsbeschlüsse festgelegt" (in: 29, S. 76).

Unabhängig davon, ob es tatsächlich „über 50 %" sind, für einen beträchtlichen Anteil der landwirtschaftlichen Erzeugnisse kann man nicht einmal dem Buchstaben nach von staatlich garantierten Preisen sprechen. Hinzukommt, daß insbesondere seit Beginn des Wirtschaftsjahres 1978/79 die Interventionspflicht bei mehreren wichtigen Produkten (u. a. Rindfleisch) keine „Pflicht" mehr ist.

– Nahezu alle EG-Marktordnungspreise setzen nicht bei den Bauern an, sondern bei der Großhandels- oder Verarbeitungsstufe:
Nicht bei Milch wird interveniert, sondern bei Butter und Magermilchpulver (und das sind Erzeugnisse nicht der Bauern, sondern der Molkereien und Milchwerke).
Nicht bei Zuckerrüben wird interveniert, sondern bei Zucker (und das ist ein Erzeugnis der Zuckerrübenfabrik, nicht der Bauern).
Nicht bei Bullen, Färsen oder Schweinen wird interveniert, sondern bei Schlachthälften, Teilstücken oder Fleisch in Dosen (und das sind Erzeugnisse nicht der Bauern, sondern der Großschlächter, Fleischfabriken oder genossenschaftlichen Großunternehmen).

Soweit nicht bereits durch das Produkt eindeutig geklärt ist, bei wessen Ware hier die staatliche Intervention ansetzt, sorgen entsprechende Verordnungen dafür: so ist die Mindestangebotsmenge bei Tierhälften so groß, daß nicht nur Bauern, sondern auch kleinere Schlachtereien von einem Angebot an die Interventionsstelle ausgeschlossen sind.

Es mag z. B. für das nichtlagerfähige Produkt Milch selbstverständlich erscheinen, daß nur bei haltbaren Verarbeitungsprodukten interveniert werden kann, aber diese Selbstverständlichkeit hat Folgen: die Marktordnungsmaßnahmen richten sich unmittelbar an die Verarbeitungsindustrie, nicht an die Bauern. Nur wenn die Verarbeitungsbetriebe „ohne Eigennutz" wären (also z. B. nicht dem Profit-Prinzip folgen müßten), wäre es theoretisch denkbar, daß die Auswirkung einer Intervention am Markt voll zu den Bauern durchdringen würde. Ein Beispiel für die tatsächlichen Interessenkonstellationen: im Frühjahr 1974 sah die Entscheidung der EG-Kommission eine Anhebung des Orientierungspreises für Milch um 8 % vor. Reales Ergebnis: der Milcherzeugerpreis blieb unverändert, der Verbraucherpreis für Trinkmilch stieg (z. B. bei der Südmilch Stutgart von 1 DM auf 1,05 DM/l). Begründung der Milchwerke: wegen der gestiegenen Löhne und sonstiger Kostensteigerungen könne der Preisanstieg nicht an die Bauern weitergegeben werden.

Da bei zahlreichen Märkten eine Abstimmung zwischen den wichtigsten Anbietern leicht möglich ist, kann z. B. durch Scheinangebote ein Überangebot vorgetäuscht werden, das die Interventionsstellen zum Handeln veranlaßt:

„Von der BALM werden gegenwärtig rund 3.000 Bullen wöchentlich übernommen. Das Angebot schwankt zwischen 15.000 und 16.000 Stück pro Woche, wobei man davon ausgehen muß, daß Luftangebote gemacht werden". (Rundschreiben der Arbeitsgemeinschaft Freie Vieh- und Fleischwirtschaft 7/78).

Auch das Paradoxon, daß Großhändler auch dann Fleisch in die Intervention geben, wenn der Marktpreis über dem Interventionspreis liegt, läßt sich über eine ähnliche Instrumentalisierung der BALM erklären; die wertvollen (fettarmen) Teilstücke gehen auf den Markt, die weniger wertvollen (fettreichen) dagegen in die Intervention.

Allgemein muß davon ausgegangen werden, daß zumindest der *unmittelbare* Nutzen von Marktordnungen nicht den Bauern, sondern der Verarbeitungsindustrie („Aufnehmende Hand") zugute kommt.

„Ähnlich wie auf dem Zuckersektor wird auf dem Milchmarkt Interessenpolitik nicht allein im Hinblick auf die landwirtschaftlichen Erzeuger betrieben. Wichtige Bestandteile der nationalen Marktordnungen dienten nicht zuletzt dem Ziel einer kontinuierlichen Kapazitätsauslastung und damit der Erleichterung der Kosten- und Gewinnplanung der Molkereiwirtschaft" (Naumann[19], S. 226).

Eine andere Wirkung des „Konzepts der Partnerschaft", über eine Verbesserung der Profitsituation der Verarbeitungsindustrie die Erzeugerpreise der Bauern zu beeinflussen, ist, daß die Verarbeitungsindustrie sich gemütlich einmummeln kann; ein Teil kapitalistischer Rationalität geht verloren, zumindest ein Teil der Unternehmen wird träge am Markt, Kapazitäten werden neu errichtet, aber minimal ausgelastet (z. B. viele Milchpulvertrockenwerke), die Verwaltung – insbesondere die Zahl der leitenden Angestellten – bläht sich auf usw..

„Den normalen Marktkräften soll auch im Milchsektor breiterer Raum eingeräumt werden. Bei der EWG-Kommission bestehen Pläne, mit dem Preispaket auch flankierende Maßnahmen zu verabschieden, die vor allem die Molkereien dazu veranlassen sollen, mehr für den Markt und nicht mehr nur für die Intervention zu produzieren. ... Unterbrochen werden soll der bisherige Teufelskreis, daß viele Molkereien ausschließlich für die Intervention produzieren und daher ihre Anstrengungen um Absatzmärkte vernachlässigen" (Landwirtschaftliches Wochenblatt/Der Hessenbauer, Nr. 12/78).

Es ist ohne Frage, daß Interventionen der EG eine gewisse Wirkung auf die Höhe der Erzeugerpreise haben; es ist aber völlig offen, wie hoch diese Wirkung ist (wieviel bei den Bauern tatsächlich ankommt); es ist schließlich völlig sicher, daß die übliche Gleichsetzung der Ausgaben für Marktordnungen mit Steigerung der Einkommen der Bauern Unsinn ist, es ist gleichfalls völlig sicher, daß – nachdem das Marktordnungssystem zum festen Bestandteil der Investitions-, Produktions- und

Absatzstrategie der Verarbeitungsindustrie geworden ist – eine Einschränkung oder Aufhebung der Interventionen voll zu Lasten der Bauern weitergewälzt werden würde.

– Schließlich: wenn die These von den staatlich garantierten Erzeugerpreisen stimmen soll, dann müßte sich das in einer Übereinstimmung von Marktordnungspreisen (vor allem Interventionspreisen) und Marktpreisen (bei Abzug der Vermarktungskosten gleich den Erzeugerpreisen) ausdrücken. Marktordnungspreise und Erzeugerpreise müßten tendenziell identisch sein.

Z. B. bei Weichweizen

Schaubild 2: Durchschnittliche Erzeuger-, Börsen-, Richt- und Interventionspreise für Weichweizen der Jahre 1970/71–1974/75

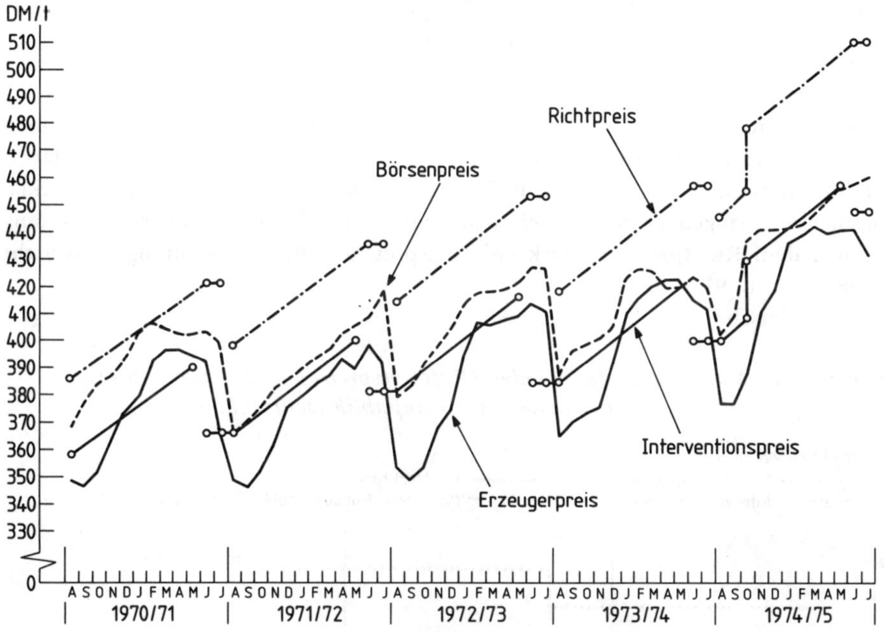

aus: Fritz Schmidt, 25.

Z. B. Milch

Eine graphische Darstellung ist hier problematisch, weil die Erfassungs- bzw. Geltungsbereiche von Auszahlungs- und Marktordnungspreisen nicht übereinstimmen. Es ist wegen der Komplexität des Milchmarktes – ein Teil der milchwirtschaftlichen Unternehmen produziert nahezu ausschließlich für den Markt, Richtpreise für Milch bzw. Interventionspreise für Butter und Magermilchpulver sind für ihn

Tabelle 9: Preisentwicklung bei Milch (Potterbaum[20], S. 136)

	27.7.68 – 7.12.69	8.12.69 – 31.7.70	1.8.70 – 31.3.71	1.4.71 – 31.3.72	1.4.72 – 31.5.73	14.5.73 – 31.3.74	1.4.74 – 6.10.74	7.10.74 – 2.3.75	3.3.75 – 15.9.75
Richtpreis für Milch (3,7 % Fett) frei Molkerei	41,20	37,70	37,70	39,89	43,08	45,56	49,08	51,53	53,39
	1968	**1969**	**1970**	**1971**	**1972**	**1973**		**1974**	
Auszahlungspreis für Milch mit 3,7 % Fett frei Molkerei, einschließlich MWST	39,9	40,1	39,4	42,5	45,5	46,3		49,1	

also von geringer Bedeutung; ein anderer Teil der Unternehmen produziert einen Großteil seiner Erzeugnisse unmittelbar für die Intervention, für ihn sind Marktordnungspreise also von höchster Bedeutung – ausgeschlossen, hier simple Erklärungsmuster abzugeben. Nur soviel: auch bei der Milch ist eine Übereinstimmung zwischen dem Richtpreis als Marktordnungspreis und dem Auszahlungspreis nicht gegeben (s. Tab. 9).

Z. B. Rindfleisch

Schaubild 3: Marktpreise für Rinder (Referenzpreise) in der Gemeinschaft und in der Bundesrepublik Deutschland

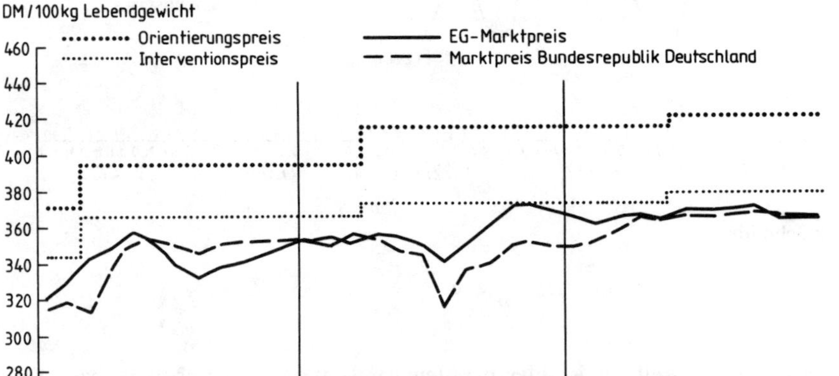

Quelle: Agrarbericht' 78, S. 55

Von einer Übereinstimmung von Marktordnungspreisen und Erzeugerpreisen kann keine Rede sein, über weite Strecken lagen die Erzeugerpreise beachtlich unter den Marktordnungspreisen.

Abschließend sei dazu auch noch erwähnt, daß bei „staatlich garantierten Erzeugerpreisen" die Preise für alle Bauern gleich hoch sein müßten (gleiche Qualität etc. vorausgesetzt), außer, wenn die EG-Marktordnungspreise ausdrücklich von regionalisierten Preisen ausgehen würden. Das ist mitnichten der Fall: bei Milch z. B. schwankten die Erzeugerpreise innerhalb der BRD im Mai 78 zwischen verschiedenen Molkereien von weniger als 60 bis über 80 Pfennig je Kilogramm (Auszahlung bei effektivem Fettgehalt).

– Bei einem Teil der Überschüsse, die sich in den Interventionsstellen sammeln, handelt es sich ursächlich um Folgen wirtschaftlicher bzw. politischer Entscheidungen in anderen Bereichen. So betrugen z. B. die Butterimporte in die EG im Jahre 1976 125 Tsd. t (= 7 % der Gesamtproduktion). Bezogen auf die Interventionsbestände an Butter (Butterberg) machte diese Importmenge an Butter innerhalb eines Jahres genau 49 % aus (Mitteilung der EG-Kommission auf eine Anfrage des Abgeordneten Lemoine). Ein großer Teil der Butterimporte resultiert aus den Beitrittsverhandlungen Großbritanniens zur EG. Es handelt sich dabei überwiegend um Import aus Neuseeland.

„Da die Milcherzeugung in der Gemeinschaft bei weitem den Bedarf übersteigt, könnte angenommen werden, daß sich jegliche Einfuhr von Milcherzeugnissen aus Drittländern auf die Überschußlage auswirkt. Diese Einführungen müssen im Rahmen der von der Gemeinschaft verfolgten Handelspolitik beurteilt werden, die auf eine Verbesserung des Welthandels ausgerichtet ist." (Antwort der EG-Kommission auf die Anfrage Nr. 938/77.)

Für das Jahr 1977 (Import an Butter aus Neuseeland: 137.756 t) betrugen die Kosten der EG für den Export bzw. den verbilligten Inlandsabsatz der durch diesen Import „überschüssig" gewordenen Inlandsbutter zwischen 1 (min.) und 2 Mrd. DM (max).

Bei Zucker steht einer Überschußmenge von z. Z. ca. 3 Mio. t eine Importmenge von 1,3 Mio. t pro Jahr gegenüber. Bei dieser Importmenge handelt es sich um Rohrzucker aus dem Vertrag von Lomé. Propagiert als musterhafte Förderung von Rohrzucker produzierenden Entwicklungsländern, handelt es sich in Wirklichkeit um die Sicherstellung des Rohrzuckerbedarfs des britischen Zuckergiganten Tate & Lyle. Der Import dieser Rohrzuckermenge erzeugt als „Überschuß" die entsprechende Menge an Rübenzucker, die auf dem Weltmarkt abzusetzen ist. Dabei entstehen der EG Kosten in Höhe von über einer Dreiviertel Milliarde DM pro Jahr (s. Mitteilungen der EG-Kommission auf die schriftliche Anfrage Nr. 275/77). Diese Summe wird dem Ausgleichs- und Garantiefond im Landwirtschaftshaushalt der EG entnommen. (Hiermit soll nicht ausgesagt werden, daß das Problem der „strukturellen Überschüsse" zur Gänze eine Fiktion sei; es soll lediglich darauf hingewiesen werden, daß Überschüsse, die EG-Interventionen erfordern, zu einem Teil auf Entscheidungen zurückzuführen sind, die außerhalb des Agrarbereichs liegen).

– Eine besonders merkwürdige Lage ist auf dem Milchmarkt entstanden. Zur gleichen Zeit, in der die Milch ein gesuchter Rohstoff ist, in der bundesrepublikanische Molkereien um Milcherzeuger konkurrieren und über die Grenzen hinaus Milch einkaufen (z. B. in Luxemburg und in den Niederlanden), in der Verbraucherverbände von Versorgungsschwierigkeiten bei Milch in Nordrhein-Westfalen berichteten (s. Rundbrief der Arbeitsgemeinschaft Freie Vieh und Fleisch e. V., II/77), wurden Butter und Magermilchpulverberge zum Symbol für die Folgen „staatlich festgelegter Erzeugerpreise".

Ein besonders eindrucksvolles Beispiel für die merkwürdigen Folgen, die Marktordnungsmaßnahmen der EG real annehmen können, sind die Magermilchpulver (MMP)-berge. Am Beispiel des „Milchpulver-Tangos" soll deshalb – im Gegensatz zur bisherigen, sich auf wenige Andeutungen beschränkende Darstellungsweise – ein Stück Realität des Marktes und der staatlichen Intervention plastisch abgebildet werden.

Exkurs: Der Milchpulver-Tango.

Bei der Abtrennung des Milchfettes (Butter) von der Rohmilch fällt Magermilch an. Seit dem ausgehenden 19. Jahrhundert wird dieser Arbeitsprozeß nicht mehr in den Bauernhöfen selbst ausgeführt, sondern ist in – zumeist genossenschaftlichen – Molkereien ausgelagert. Die Rohmilch wurde auf den Höfen eingesammelt und in der Molkerei zu Butter und Käse verarbeitet; das Restprodukt Magermilch wurde zurück an die Bauern geliefert und dort als hervorragendes, eiweißreiches Futtermittel verwendet (zumeist für Kälber und Schweine). Dieses Verfahren war bis vor einem Jahrzehnt allgemein verbreitet. Im Jahre 1976 dagegen betrug der Anteil, der auf diese – vernünftige – Weise verwerteten Magermilch nur noch knapp über 5 %. Gleichzeitig betrug der Bestand an nicht absetzbarem Magermilchpulver (der „Überschuß") im März 1976 in der EG 1,2 Mio. t, in der BRD 0,4 Mio. t. Was war passiert?

1. Wichtigste Entwicklung war die Konzentration der Molkereien. Ausgehend von der These, daß eine stetige Vergrößerung der Anlagen (des fixen Kapitals) notwendig ist für eine bestmögliche Verarbeitung der Rohmilch und zur Erhaltung der Konkurrenzkraft des Unternehmens, wurden der Produktionsablauf rationalisiert, die Produktionsstätten zentralisiert, das Kapital konzentriert. In den norddeutschen Gebieten hatte das die Stillegung zahlloser Ortsmolkereigenossenschaften, in den süddeutschen Gebieten die Schließung fast aller dörflicher Milchsammelstellen zur Folge. So ging z. B. in Hessen die Zahl der privaten und genossenschaftlichen Molkereien von 1962–1972 von 139 auf 68 zurück; die langfristige „End"-Zahl wurde mit16 Molkereien für ganz Hessen geschätzt. Eine These war diese Forderung nach Konzentration insofern, als ihre Notwendigkeit keineswegs schlüssig und *allgemein* nachgewiesen werden konnte. So gibt es zehn Jahre nach Beginn der Konzentrationswelle im Molkereiwesen immer noch Dorfmolkereien, die im Auszahlungspreis an die Erzeuger in der Spitzengruppe liegen. Mit der Konzentration einher ging eine Veränderung des Transportsystems für die Milch; statt täglich zur Molkerei trans-

portierte Milchkannen (die zugleich Transportbehälter für die rückgelieferte Magermilch waren) wurden große (teure) Milchsammelbehälter auf den Höfen erstellt und die Milch von Tankwagen abgeholt. Da das Zusammenschütten vieler tausend Liter Milch in einen Tank voraussetzt, daß alle Milch keimarm ist, mußten von den Bauern teure Milchkühlanlagen errichtet werden. Konsequenzen:
– die Bauern mußten hohe Investitionen tätigen (was gleichbedeutend war mit einer Beschleunigung der Aufgabe kleiner milcherzeugender Betriebe);
– traditionelle Nebenerwerbe von Kleinbauern wurden weg-rationalisiert. In jedem Dorf hatte es ein oder zwei Bauern gegeben, die mit Pferden oder Schlepper die Milch zur Molkerei gebracht hatten. Ähnliches galt für den Arbeitsplatz in der Dorfmolkerei bzw. in der Milchsammelstelle;
– die Möglichkeiten des Direktabsatzes an den Verbraucher gingen immer mehr zurück. 1. Weil gerade kleinere Milcherzeugerbetriebe das größte Interesse am Direktabsatz hatten, 2. weil (das gilt nur für Süddeutschland) die dörflichen Milchsammelstellen zugleich Milchverkaufsstellen waren (im Dorf Bildechingen bei Tübingen stellte eine Bürgerinitiative gegen die Schließung der dörflichen Milchsammelstelle fest, daß die Verbraucher nach der Schließung statt 0,70 DM für beste, frische Vollmilch 1,10 DM für normale Tütenmilch zu zahlen hätten).
– die Rücklieferung der Magermilch an die Bauern wurde den Großmolkereien lästig und – nach Einrichtung fester Sammelbehälter auf den Höfen – auch für die Bauern schwieriger. Allerdings zeigen die Transportsysteme in den wenigen Regionen, in denen die Magermilchrücklieferung noch von Bedeutung ist, daß es im eigentlichen Sinne auch hier keine „technischen Probleme" gibt. Die Milchsammelwagen sind einfach mit 2 Tanks statt mit einem ausgerüstet, einem größeren für Frischmilch, einem kleineren für Magermilch.

2. Eine weitere Entwicklung war, daß in der landwirtschaftlichen Produktion eine Spezialisierung einsetzte. Nicht jeder Milcherzeuger betrieb eine Rindvieh-Nachzucht und eine Schweinehaltung, in der die Magermilch verwertet werden konnte. Andererseits entstanden spezialisierte Betriebe, die keine Milch erzeugten, aber einen hohen Bedarf an Eiweißfutter für ihre Kälber- oder Schweinemast hatten. Aus dieser Spezialisierung ergaben sich gewisse Schwierigkeiten, das alte Verfahren der Magermilchrücklieferung in vollem Umfang beizubehalten.

3. Die staatliche Politik war voll auf die Konzentrationspolitik der Molkereien eingestiegen. Sowohl die verschiedenen Bundesregierungen als auch – später – die EG-Kommission setzen auf diese Konzentrationspolitik. Von 1957 bis 1974 wurden allein in der Bundesrepublik 1,2 Milliarden DM an öffentlichen Mitteln zur „Strukturverbesserung" des Molkereiwesens eingesetzt. Nach der Förderung der Kapazitätsvergrößerung der Milchverarbeitung wurde besonders die Umstellung der Molkereien von der Magermilchrücklieferung auf Magermilchtrocknung gefördert. (Sprühturm- oder Walzentrocknung). Bundesregierung und EG-Kommission waren der Meinung, die Herstellung und Verfütterung von Magermilchpulver sei die einzige zukunftsweisende Lösung. Statt des direkten Wegs Molkerei – Bauer nahm die

Magermilchpulververwertung nun folgenden Verlauf: Flüssig von der Molkerei ins Trockenwerk, dort Überführung vom flüssigen in den festen Zustand (enormer Energieverbrauch), Transport ins Lager und Lagerung; Transport ins Mischfutterwerk (Mischkosten); Transport ins Genossenschafts- oder Handelslager; Transport zum Bauern; Überführung vom festen in flüssigen Zustand, Kälbertrog. Erste Voraussetzung für die Durchsetzung dieses „langen Marsches des Magermilchpulvers" war, daß für alle beteiligten Unternehmen dieser Weg profitabel war. Denn das ist der Grundzug aller EG-Interventionen; sie hängen ab davon, daß sie für privatwirtschaftliche Unternehmen rentabel sind. Mittel zur Sicherstellung der Profite der beteiligten Unternehmen war die Aufnahme des Magermilchpulvers in den Interventionskatalog der EG (zuvor konnte auf dem Milchmarkt nur bei Butter interveniert werden). Neben Butter bildet nun das Magermilchpulver den zweiten Ansatz staatlicher Eingriffe in den Milchmarkt. Eine Kalkulation, die den Interventionspreis für Magermilchpulver (317,– DM je Doppelzentner ab 3.3.75) – also den Verkaufspreis für den Milchpulverhersteller – die Produktionskosten gegenüberstellte, kam zu dem Ergebnis, daß an einen Doppelzentner getrockneter Magermilch über 40,– DM Überschuß „drin sind" („Bauernblatt", September 1976, S. 8). Ergebnis: Die Verwertung der Magermilch zu Magermilchpulver ist für die Molkereien lukrativ. Die Rücklieferung an die Bauern wurde – trotz großer Nachfragen – weitestgehend eingestellt, die Milchpulverproduktion stieg steil an. Auf die Erzeugung von Milchpulver spezialisierte Molkereien machten hervorragende Geschäfte.
Zweite Voraussetzung für den staatlich protegierten Siegeszug des Magermilchpulvers war, daß die Bauern davon überzeugt werden konnten, daß die Verfütterung von Magermilchpulver viel besser sei als die von Magermilch. Mit einem Massenaufwand an Aufsätzen in Fachzeitschriften, landwirtschaftlichen Wochenblättern, mit einer Fülle neuer „Forschungsergebnisse der Wissenschaft von der Tierernäherung" wurde den Bauern eingebleut, daß jeder, der als Bauer noch etwas gelten wollte, umzusteigen hatte auf Magermilchpulver. Die alte Verwertung der Magermilch wurde zu einem Zeichen von Rückständigkeit, zu einer schon fast prähistorischen Form erklärt. Musik in den Ohren der Molkereiwirtschaft, die an der Magermilch nicht viel, an dem Magermilchpulver dagegen kräftig verdienen konnte.
Im Gegensatz zur Herstellung von MMP klappte es mit der Nachfrage nicht wie gehofft. Die Futtermittelhersteller verwendeten nach Durchsetzung der Milchaustauschfuttermittel am Markt immer weniger Magermilchpulver, immer mehr billige Ersatzstoffe (Süßmolkepulver, Rinderfett, Schweineschmalz). Dieser Austausch des wertvollen Eiweißfuttermittels Milchpulver durch billige Substitute ging so weit, daß 1976 nur knapp über 50 % der Inhaltsstoffe der Milchaustauscher Milchpulver waren. Da die anderweiten Verwendungen von Milchpulver (u. a. Beimischung zu Wurstwaren) und auch der Export nur vergleichbar geringe Mengen aufnahmen, stiegen die nicht verkäuflichen Mengen an; der Berg war, durch Einsatz erheblicher öffentlicher Mittel, geschaffen.

Nun darf man sich die Situation nicht so vorstellen, daß alle beteiligten Unternehmen sich rastlos auf die Suche nach Möglichkeiten machten, den Magermilchpulver-Berg abzutragen. Vorhandene Gebäude, die nicht mehr zur Produktion benötigt wurden, ließen sich mit Leichtigkeit in Lagerräume für Magermilchpulver umfunktionieren – und die Lagerkosten wurden bezahlt, von der staatlichen Einfuhr- und Vorratsstelle (EVST). Ein besonderes Kapitel ist hier die private Lagerhaltung. Ein Unternehmen (z. B. eine Molkerei), das größere Mengen Magermilchpulver aufkauft – der EVST dadurch die Interventionen „ersparend" –, erhielt für seine private Lagerhaltung einen Zuschuß in Höhe von einer Rechnungseinheit (ungefähr 36,60 DM je Tonne und Monat). Die Lagerhaltung von Magermilchpulver war so lukrativ, daß trotz hoher Lagerbestände Engpässe im Magermilchpulver-Angebot entstanden.

Von einem großen Milchwerk im Raum Frankfurt wurden selbst von der Bundeswehr Lagerhallen gepachtet und mit Magermilchpulver gefüllt. Von einem bedeutenden norddeutschen Futtermittelhersteller wurden sogar Preisaufschläge auf Milchaustauscher damit begründet, daß „die privaten Lagerhalter nicht bereit sind, sich unter einem bestimmten Preis von dieser Ware zu trennen". Mit Blick auf die Interventionspreise hatte manches Milchwerk sogar spezielle Lagerkapazitäten für Magermilchpulver errichtet bzw. Lagerkapazitäten erweitert.

Im Frühjahr 1976 blies die EG-Kommission zum Rückzug in Sachen Magermilchpulver. Überschüsse, erzeugt im Zusammenspiel staatlicher Förderpolitik, auf privatwirtschaftlichen Kriterien beruhende Interventionsmechanismen und einzelbetriebliche Profitmaximierung der Milchwerke, waren so groß und teuer geworden, daß ein Abbau organisiert werden mußte, mit welchen Methoden auch immer; es war die Geburtsstunde der „Kautionsregelung". Der Gedankengang der Schöpfer des Zaubermittels Kautionsregelung war etwa folgendermaßen: der Magermilchpulver-Berg ist nur durch vermehrte Verwendung als Futtermittel abzubauen. Um das ohne zusätzliche Kosten für die EG (z. B. Herabsubventionierung des Magermilchpulver-Preises unter das Preisniveau der konkurrierenden Futtermittel) zu erreichen, muß von den Importeuren von Ölsaaten und Ölschroten (vor allem Soja) eine Kaution bezahlt werden (für eine Tonne Soja z. B. 78,– DM). Verfüttern kann dieses Magermilchpulver nur der Landwirt, also wird die Kaution bis zu ihm weiterberechnet. Damit der Landwirt an dieses (von ihm bezahlte) Magermilchpulver kommt, muß irgendeiner in der Kette (Mischfutterhersteller, Landhändler, Genossenschaft) bei der Einfuhr- und Vorratsstelle Magermilchpulver kaufen. Er bekommt es dort gegen volle Bezahlung. 100 kg = DM 314,–. Er denaturiert dieses Magermilchpulver (oder läßt es denaturieren) und erhält dann die „Stützung", nämlich DM 163,– je Doppelzentner aus Steuergeldern. Sein Einstandspreis ist somit 151,– DM für ein Doppelzentner Magermilchpulver. Gleichzeitig mit der Denaturierung erhält der Denaturierer (Genossenschaft, Händler oder Mischfutterhersteller) eine Eiweißlizenz, mit der er von seinem Vorlieferanten (Ölmühle, Großhändler, Importeur) die bereits bezahlte Kaution zurückverlangen kann. Jetzt lagert das denaturierte Magermilchpulver zum Einstandspreis von 0,00 Pfg. bei ihm. Er braucht es nur noch (kostenlos natürlich) an die Landwirte weiterzugeben, die an ihn Kaution bezahlt haben – und der Fall ist erledigt.

Statt der Abgabe des (denaturierten) Magermilchpulvers an die Bauern als Bezahler der Kaution wäre noch eine andere Lösung plausibel gewesen. Die Futtermittelhersteller bezahlen die Kaution selber und ersetzen in der Futtermischung 1,5

Teile des (teuren) Fischmehls durch ein Teil Soja und 0,5 Teile Magermilchpulver. Diese Regelung wäre kostenneutral gewesen sowohl für die Futtermittelhersteller als auch für die Bauern. Zudem wäre dadurch ein Druck auf die Fischmehlpreise ausgegangen, der preisdämpfend gewirkt hätte.

Was geschah real:

1. Um durch die vermehrte Milchpulverfütterung die US-Agrarexport-Interessen nicht zu verletzen (die Agrarexporte sind der Devisenbringer Nr. 1 der US-Wirtschaft) sollte die EG 250.000 t US-Soja „auf Halde" nehmen – auf EG-Kosten natürlich.

2. Am Stichtag der Kautionsregelung (19.3.1976) waren die Lager der Ölmühlen knallvoll. Über die Kautionsregelung war schon Wochen vorher debattiert worden; die Ölmühlen hatten den Verkauf der eiweißreichen Futtermittel gedrosselt bzw. gestoppt. Hinzu kamen die importierten Futtermittel, die bereits an der Grenze abgefertigt, aber noch nicht gelöscht waren. Zusammen ergab das ca. 200.000 t allein in der BRD. Schon einige Tage später erschienen diese Waren, für die keine Kaution bezahlt worden war (!), als sogenannte „freie Ware" mit 6,– bis 7,– DM Aufschlag auf den Markt (ca. 12 Mio. DM Verlust für die Bauern).

3. Die Ölmühlen, Landhändler, Genossenschaften erklärten die Kaution zu einer schlichten Preiserhöhung. Zur Illustration einige Mitteilungen von Futtermittelhersteller und Genossenschaften an die „verehrten" Kunden:
– „(Von der Kautionsregelung) betroffen sind auch alle mit Ihnen abgeschlossenen Kontrakte und die bei uns vorliegenden Bestellungen, sofern sie noch nicht zugefahren sind ... Diese Preisänderung ist als Übergangsphase ... gedacht. Die Aufschläge enthalten ... nur einen Teil der kommenden Belastungen ...".
– Ab 16. März 1976 werden uns ... Kautionen berechnet ... wir sehen uns deshalb gezwungen, ab Dienstag, dem 16.3.1976 diese Aufschläge auch an Sie weiterzugeben ... Wir bedauern sehr, daß wir Ihnen dies so kurzfristig mitteilen müssen ...".
– Aufgrund gestiegener Rohstoffpreise sind wir gezwungen, ab 15.3.1976 Preisanhebungen durchzuführen: ..." (Dann folgen ganz einfach die neuen Preise.)

In einem großen Lamento über den Unsinn der Regelung im allgemeinen, über die bürokratischen Verfahren im besonderen versuchten die Landhändler, Genossenschaften und Futtermittelhersteller vergessen zu machen, daß sie durch die Erklärung der Kaution zu einem Preisaufschlag so „nebenbei" die Bezugsrechte für das (denaturierte) Magermilchpulver erhielten. Den Bauern die Kaution, den Futtermittelherstellern die Bezugsrechte. Um es aus berufenem Munde bestätigen zu lassen: nach einem Schreiben des niedersächsischen Landvolkverbandes, Kreisverband Wesermünde erklärte der Geschäftsführer einer Hauptgenossenschaft (Bremerhaven): Dieses MMP ... „kann entweder dazu benutzt werden, Mischfutter herzustellen, und es wäre dem Futterhändler möglich, dieses mit für ihn kostenlose MMP hergestellte Mischfutter billiger an den Landwirt abzugeben. Daß dieses in

Praxi, besonders in einem Jahr, in dem das Futter sehr knapp ist, nicht durchgeführt wird, liegt auf der Hand." (Bauernblatt, Dez. 76).

Den wenigen Bauern, die trotz allem auf ihre Bezugsrechte auf Magermilchpulver hinwiesen, wurde erklärt (in folgender Reihenfolge): es gäbe gar kein denaturiertes Magermilchpulver; es sei unrentabel, Magermilchpulver einzusetzen; es gäbe technische Schwierigkeiten beim Mischen und Pressen der Futtermittel; das Magermilchpulver tauge nicht viel, es führe zu Verdauungsstörungen. Nur in den Fällen, wo Bauern hartnäckig auf ihrem Recht bestanden, wurde das Magermilchpulver herausgerückt. Um möglichen Nachforderungen einen Reigel vorzuschieben, wurde z. B. von einer Futtermittelvertriebsgruppe erklärt: „Der Anspruch auf denaturiertes Magermilchpulver mit Vergütung der Kaution erlischt 4 Wochen nach Rechnungsdatum über das gelieferte Sojaschrot/Leinkuchenmehl". Auf einer Bauernversammlung in Münsingen (das ist auf der Schwäbischen Alb, am 12.10.76) wurde zusammengezählt, um welche Beträge Steuerzahler und Bauern durch die Kautionsregelung „erleichtert" worden waren:

„Es geht hier um 1,256 Milliarden Mark, soviel kosten die 400.000 t Magermilchpulver. Davon bezahlt der Steuerzahler 652 Mio. Der Rest, 604 Mio. ist der Kaufpreis, der von EG-Bauern über Kaution bezahlt wird. Etwa ein Drittel davon entfällt auf die BRD, also ca. 200 Mio. Das Magermilchpulver wird in den meisten Fällen unterschlagen. Dazu kommen Kautionsforderungen, die in der Anfangsphase ungerechtfertigt erhoben wurden, und Preiserhöhungen, bevor Magermilchpulver greifbar war. Die Bauern der BRD verlieren so von März bis Oktober/November 1976 über die Hälfte der bezahlten Kautionen: grob geschätzt 120 Mio. DM. Ein paar kleine Schönheitsfehler, wie doppelt bezahlte Bearbeitungsgebühr, gar nicht mitgerechnet."

Doch damit war die Angelegenheit noch keineswegs ausgestanden. Das Lamentieren der Futtermittelindustrie führte dazu, daß es mit der „Nachfolgeregelung zur Kautionsregelung" noch einen krönenden Abschluß gab: in dieser Nachfolgeregelung wurde die Traumforderung der Futtermittelindustrie erfüllt: Verbilligung des Magermilchpulvers aus EG-Mitteln von 312 DM/dz auf 59 DM/dz.

In der Folgezeit entdeckte die EG „neu", daß die Verwendung der Magermilch in flüssiger Form doch wohl die rationalere Methode sei. Durch Verlagerung der Beihilfen von Magermilchpulver auf Magermilch wurde erreicht, daß die Menge des von der Intervention aufgekauften Magermilchpulvers von 875 Tsd. (1975) auf 470 Tsd. t (1977) zurückging (Bulletin der EG, 3/78, S. 55). Nur die enormen Trocknungskapazitäten, die waren nicht mehr „umzulagern".

Fazit: die These von staatlich garantierten Erzeugerpreisen ist falsch. Richtig ist, daß der Staat (in der konkreten Form der Bundesanstalt für landwirtschaftliche Marktordnung) zu bestimmten Zeiten und bei einem Teil der Agrarprodukte (in Einzelfällen auch dauernd) auf den Märkten zusätzliche Nachfrage schafft und Preise beeinflußt. Über die reale Auswirkung dieser Interventionen auf die Entwicklung der Preise für die Interventionsgüter und über das Ausmaß, in dem diese Auswirkung der Interventionen weitergegeben werden in die Erzeugerpreise hinein, kann nur gemutmaßt werden. Sicher ist nur, daß die Wirkung der Interventionen weit geringer ist, als in der öffentlichen Diskussion angenommen wird. Eine kritische Empirie der realen Marktvorgänge dürfte zudem nachweisen, daß die als Folge „staatlich garantierter Erzeugerpreise" bezeichneten Berge zum Teil durch die Interventionspolitik selbst geschaffen worden sind.

Ebenso unrichtig wie „staatlich garantierte Erzeugerpreise" ist die Aussage, die Landwirtschaft sei aus den normalen „Spielregeln der Marktwirtschaft" herausgenommen worden. Der Staat schafft bei Interventionsgütern zusätzliche Nachfrage, mehr nicht. Das aber ist beileibe kein Spezifikum des Agrarmarktes.

Literaturverzeichnis

[1] Paul Ackermann, „Der Deutsche Bauernverband im Politischen Kräftespiel der Bundesrepublik", Tübingen 1970.
[2] Martin Born, „Wenn der Schlachthof geschlachtet werden muß", Sendung des Südfunk Stuttgart, 16.3.76.
[3] Moiken Bossung, „Das Lebensniveau bäuerlicher Familien in den drei landwirtschaftlichen Produktionsstandorten der Rhön", AVA Nr. 51 (Sonderheft), Wiesbaden 1974.
[4] W. Brandes, „Zur Konzentration der Agrarproduktion in der Bundesrepublik Deutschland aus betriebswirtschaftlicher Sicht", in: „Agrarwirtschaft", 1/78.
[5] Nikolai Bucharin, „Die politische Ökonomie des Rentners", Frankfurt 1966.
[6] Peter O. Chotjewitz, „Neuland –Leben in der Provinz" in „Kursbuch", 39, April 1975.
[7] „Gutachten zur Verbesserung der methodischen Grundlagen des BML-Testbetriebsnetzes", Hrsg.: Bundesministerium für Ernährung, Landwirtschaft und Forsten, Hiltrup 1976.
[8] Ulrich Hampicke, „Landwirtschaft und Umwelt", Kassel 1977.
[9] Werner Hofmann, „Universität, Ideologie, Gesellschaft", Frankfurt/M., 1968.
[10] Johannes Kleinsorge, „Steigende Lebensmittelpreise bei sinkenden Erlösen der Bauern", in: „DIW-Berichte", 3/71.
[11] U. Koester, S. Tangermann, „Alternativen der Agrarpolitik", Münster 1976.
[12] Cay Langbehn, Gerd Heitzhausen, „Analyse des Entscheidungsverhaltens von Landwirten", in: „Agrarwirtschaft und wirtschaftliche Instabilität", München, Band 13 der Schriften der Gesellschaft für Wirtschafts- und Sozialwissenschaften des Landbaus.
[13] Christian Leipert, „Unzulänglichkeiten des Sozialprodukts in seiner Eigenschaft als Wohlstandsmaß", Tübingen 1975.
[14] Marc Linder, „Der Anti-Samuelson", Gaiganz 1974.
[15] Karl Marx, „Das Kapital", Frankfurt 1968.
[16] Messerschmidt, Oppermann, „Stellen die BML-Testbetriebe eine repräsentative Stichprobe der Grundgesamtheit der landwirtschaftlichen Betriebe dar?", (unveröffentlichtes Manuskript), Witzenhausen 1977.
[17] Gunnar Myrdal, „Kritischer Realismus in der Bruttosozialproduktberechnung", in: „gdi topics", Jg. 4, 1973, No. 1, Rüschlikon.
[18] Gunnar Myrdal, „Ökonomische Theorie und unterentwickelte Regionen", Frankfurt 1974.
[19] Hans-Peter Naumann, „Marktwirtschaft und Dirigismus am Beispiel des Milchmarktes", in: „Der Agrarsektor im Integrationsprozeß", Hrsg. v. Urff, Baden-Baden 1975.
[20] Paul Pottebaum, „Marketing Management in der Ernährungsindustrie", Stuttgart 1976.
[21] Projekt Klassenanalyse, „Gesamtreproduktionsprozeß der BRD 1950–1975. Kritik der volkswirtschaftlichen Gesamtrechnung", Westberlin 1976.
[22] Edmund Rehwinkel, „Gegen den Strom", Dorheim, o. J.
[23] „Sammelband der Gutachten von 1949 bis 1974", Hrsg.: Der Wissenschaftliche Beirat beim Bundesministerium für Ernährung, Landwirtschaft und Forsten, Hiltrup 1975.
[24] Schlecht, „Gesamtwirtschaftliche Überlegungen zur Fortentwicklung der gemeinsamen Agrarpolitik", in: „Agrar – Europe", 44/74.

[25] Fritz Schmidt, „Theorie der Warenterminmärkte und Möglichkeiten ihrer Einführung auf Getreide- und Schlachtschweinemärkten unter besonderer Berücksichtigung der EG-Agrarmarktsituation", Diss. Göttingen 1977.

[26] Wolfgang Schoeller, „Unterentwicklung und ungleicher Tausch auf dem Weltmarkt", in: „Handbuch 2. Unterentwicklung", Frankfurt/M. u. Köln, 1975.

[27] Ullrich H. Schulze, „Düngemittelsyndikate, Monopolpreisbildung und ihre Folgen für die Landwirtschaft", Agrarlit, Stuttgart 1975.

[28] Focko Siebels, Hermann Lenke, „Kapitalistische Vergesellschaftung der Landwirtschaft und „Gemeinsamer Agrarmarkt" in der EWG", in: „Europäische Wirtschaftsgemeinschaft", Hrsg.: Frank Deppe, Reinbek 1975.

[29] „Vorträge auf dem Hohenheimer Universitätstag 1976", Stuttgart 1977.

[30] Günther Weinschenck, Kurt Meinhold, „Landwirtschaft im nächsten Jahrzehnt", Stuttgart 1969.

[31] H. v. Witzke, „Zur Aussagefähigkeit inter- und intrasektoraler Einkommensvergleiche in den Agrarberichten", in: „Agrarwirtschaft", 7/1975.

[32] E. Zander, „Zeitaufwand für Hausarbeit in ausgewählten privaten Haushalten", Bericht der Bundesforschungsanstalt für Ernährung, Karlsruhe, 1976/2.

[33] H. Schmalz, „Agrarpolitik ohne Scheuklappen", Bund-Verlag, Köln 1973

Ernst Bendixen/Helmut Harbeck

Zur sozialen Sicherung in der Landwirtschaft

1. Anfänge der Agrarsozialpolitik und Begründungen

Sozialpolitik im eigentlichen Sinne dieses Begriffes wird für die Landwirtschaft erst seit 20 Jahren betrieben. Als Beginn kann die Einführung des Gesetzes über eine Altershilfe für Landwirte (GAL) im Jahre 1957 angesehen werden. Die Einführung des derzeitigen Systems der sozialen Sicherung in der Landwirtschaft beruhte auf der Erkenntnis, daß der Besitz und/oder die Bewirtschaftung eines Hofes nicht die Gewähr für eine ausreichende soziale Sicherung für die in der Landwirtschaft tätige Bevölkerung bot. Eine soziale Sicherung der in der Landwirtschaft Tätigen wurde außerdem nicht zuletzt deshalb erforderlich, weil die Sicherungsansprüche in unserer Gesellschaft allgemein anstiegen.

Viele Landwirte bewirtschaften auch heute noch relativ kleine Betriebe mit geringer Kapitalausstattung.[1] Wenngleich eine Einkommensunterteilung in Kapital- und Arbeitseinkommen problematisch ist[2], kann für die genannten Betriebe festgestellt werden, daß dort der Einsatz des Kapitals als Produktionsfaktor nur einen unerheblichen Einfluß auf das Gesamteinkommen hat, und zwar auch dann, wenn es sehr produktiv eingesetzt wird. Das Arbeitseinkommen ist deshalb für die Sicherung des Lebensunterhaltes vieler Landwirte besonders wichtig. Sie bedürfen wie unselbständig tätige Arbeitnehmer eines sozialen Schutzes.

Der Einführung der Altershilfe für Landwirte 1957 ging eine vielschichtige Diskussion voraus. Die Gegner argumentierten mit einem Widerspruch zwischen einer Pflichtversicherung und der Selbständigkeit der Bauern. Selbständigkeit wurde mit dem Willen zur persönlichen Freiheit, mit Initiative, Vorsorge, Selbstverantwortung u.ä. gleichgesetzt.[3] Mit einer Pflichtversicherung erfolge eine Unterwerfung unter „kollektive Bindungen".[4] Es würde damit eine „... Abkehr vom Grundsatz eigenverantwortlicher Lebensvorsorge" erfolgen; „... das Freiheitsrecht der Betroffenen ..." werde verletzt und „... in seinem Wesensgehalt in Frage gestellt".[5] Die CDU gab 1955 „Leitsätze zur Rentenversicherung"[6] heraus. Sie forderte darin, Selbständige von der Sozialversicherung prinzipiell fernzuhalten, da diesem Personenkreis regelmäßig Wege der Selbsthilfe offenstünden. Neben den Altenteilen bei Landwirten würden eigenverantwortlich private Lebens- und Unfallversicherungen abgeschlossen; die wenigen der Fürsorge zur Last fallenden Selbständigen und deren Hinterbliebenen würden „keinen Eingriff in die Freiheit" rechtfertigen. Daß alle unselbständig Tätigen dann entsprechend unfrei, initiativlos usw. leben müßten, wurde bei solcher Argumentation übergangen. Ähnlich gerichtet war eine Kritik von Priebe[7] an Plänen für staatliche Finanzhilfen; sie müßten „... zum Verlust der bäuerlichen Selbständigkeit führen. Er übersah anscheinend den lange praktizierten Einfuhrschutz für landwirtschaftliche Produkte und ähnliche staatliche Interventionen. Die Eingebundenheit der in der Landwirtschaft Tätigen in das Gesellschaftssystem, in dem die Selbständigkeit keinen absoluten Wert mehr darstellte, wurde übergangen. Sozialpolitik konnte nicht mehr allein auf Arbeitnehmer beschränkt bleiben, zumal viele Landwirte die Arbeiten auf ihrem Betrieb allein verrichten. Diese Selbständigen wurden im Gegensatz zu den wenigen Großbetrieben mit vielen Lohnarbeitskräften zunehmend sicherungsbedürftig. Es zeichnete sich ab, daß der technische Fortschritt sowie systembedingte Umwälzungen (z.B. Kapitalkonzentration) für viele Landwirte bedeutete, nicht an der allgemeinen Einkommensentwicklung teilzunehmen oder gezwungen zu sein, den Beruf zu wechseln. Nicht zuletzt förderten auch die Kriege und Krisen unseres Jahrhunderts die Einsicht, daß Eigentum nicht mehr als absoluter Schutz anzusehen war.

Mit der Einführung der sozialen Sicherung hoffte man eine angemessene Eingliederung der Landwirtschaft in die Industriegesellschaft wie in die EWG zu bewirken. Bemerkenswert sind die in empirischen Untersuchungen 1959/60 und 1964/65 festgestellten geringen Vorbehalte in der Landwirtschaft selbst.[8] Solcher Zustimmung stehen aber auch noch heute trotz der offensichtlichen Notwendigkeit einer umfassenden sozialen Sicherung der Landwirte und ihrer Familienangehörigen Stimmen entgegen, die mit den Argumenten aus den 50er Jahren die soziale Sicherung der Landwirte grundsätzlich ablehnen.[9]

In den Diskussionen ging es nicht allein um ein „Ja" oder „Nein" zu einer kollektiven Altersversorgung, sondern auch um die Form einer solchen Sicherung. Mit der Einrichtung der Altershilfe für Landwirte hat man sich dann für eine separate, berufsständisch orientierte Lösung entschieden, mit der sowohl sozial – als auch strukturpolitische Ziele verfolgt werden.

2. *Träger der sozialen Sicherung*

Als Träger der Altershilfe für Landwirte wurden bei den schon lange bestehenden 19 landwirtschaftlichen Berufsgenossenschaften die Alterskassen errichtet. Die einzelnen Alterskassen sind selbständig und im Gesamtverband der landwirtschaftlichen Alterskassen locker zusammengeschlossen. Die 1972 eingeführten landwirtschaftlichen Krankenkassen sind dann den bestehenden Einrichtungen angegliedert worden.

3. *Altershilfe für Landwirte*

3.1. Leistungen und deren Voraussetzungen

Das 1957 in Kraft getretene Gesetz über eine Altershilfe für Landwirte (GAL) ist seit dieser Zeit mehrfach novelliert worden.

Zu den nach dem GAL gewährten Leistungen zählen heute Altersgeld an ehemalige Landwirte, vorzeitiges Altersgeld bei Erwerbsunfähigkeit, Altersgeld an Witwen, Witwer, frühere Ehegatten, Waisengeld, Besserung oder Wiederherstellung der Erwerbsfähigkeit sowie unter eng begrenzten Voraussetzungen Altersgeld an mithelfende Familienangehörige. Nachstehend soll nur auf die wichtigsten derzeitigen Leistungen und auf wesentlich erscheinende, angrenzende Zusammenhänge eingegangen werden.

Grundsätzlich erhält ein landwirtschaftlicher Unternehmer (i.S.§1 GAL) mit Vollendung des 65. Lebensjahres Altersgeld, wenn er seinen Betrieb abgegeben und mindestens 180 Kalendermonate Beiträge an eine landwirtschaftliche Alterskasse entrichtet hat. Mit der Koppelung an eine Betriebsabgabe wird das strukturpolitische Ziel verfolgt, eine günstige Altersstruktur der Betriebsleiter sicherzustellen. Der Anlaß für diese Bedingung lag in der starken Überalterung der landwirtschaftlichen Betriebsleiter vor der Einführung des GAL.[10] Im Jahre 1956 waren 16 v.H. der Betriebsinhaber über 65 Jahre alt und nur 25 v.H. jünger als 45 Jahre.[11] Durch die Koppelung der Rentengewährung an die Hofabgabe, und zwar entweder an Erben oder an andere Landwirte im Wege der langfristigen Verpachtung oder der Eigentumsübertragung, konnte das Abgabealter und damit auch das mittlere Alter der Bewirtschafter spürbar gesenkt werden. Vermutlich hat die Verjüngung des Altersaufbaues die Rationalisierung der Landwirtschaft gefördert und damit zur Erhöhung des Gesamteinkommens der in der Landwirtschaft Tätigen beigetragen.[12]

Die Überalterung beruhte allerdings auch häufig auf einem materiellen Zwang, denn die Übergabe an einen Hoferben unterblieb vor allem in kleinbäuerlichen Betrieben, weil der Erbe nicht in der Lage war, eine angemessene Altersversorgung für die Altenteiler zu gewährleisten.[13]

Das Altersgeld wurde anfangs als Bargeldzuschuß zum Altenteil angesehen. Es sollte die Lebenslage der Altenteiler verbessern und zu einer Entlastung der Betriebe führen, die aber nach wie vor Naturalleistungen für ihre Altenteiler aufbringen sollten. Darüberhinaus wurden durch den Bargeldzuschuß Bewirtschafter von nichtentwicklungsfähigen Betrieben ohne Hoferben in die Lage versetzt, ihren Betrieb an benachbarte Landwirte abzugeben. Zuvor scheiterte die Betriebsabgabe oft daran, daß der Lebensunterhalt der alten Landwirte nicht aus den Pachteinnahmen oder dem Verkaufserlös gesichert war.

Neben mehreren Rentenerhöhungen erfolgte 1963 die Ausdehnung des Rentenanspruchs auf Fälle der Erwerbsunfähigkeit. Seit 1965 können auch mitarbeitende Familienangehörige der versicherten Landwirte den Alterskassen angehören. Gleichzeitig erhielten die landwirtschaftlichen Alterskassen zu diesem Zeitpunkt den gesetzlichen Auftrag, Maßnahmen zur Erhaltung, Besserung oder Wiederherstellung der Erwerbsfähigkeit ihrer Mitglieder durchzuführen. Die einschneidenste Veränderung in der Geschichte des GAL brachte die 7. Novellierung (ab 1.1.1975); seit diesem Zeitpunkt wird das Altersgeld jährlich wie die Renten aus der gesetzlichen Rentenversicherung an die Lohn- und Gehaltsentwicklung angepaßt (Dynamisierung). Verheiratete erhalten 1977 einen Grundbetrag in Höhe von 362,10 DM/Monat und Alleinstehende 241,60 DM/Monat.[14] Zusätzlich zu dem genannten

Grundbetrag erhält ein Altersruhegeldempfänger für jedes über 15 Jahre hinausgehende Beitragsjahr eine um 3 v.H. höhere Leistung (Staffelung nach Beitragsjahren). Mit der Ausnahme der letztgenannten Beitragsjahre und ihrem im Einzelfall unterschiedlichen Einfluß auf die Rentenhöhe wird nach dem GAL also eine einheitliche Rente gewährt, die auch auf einheitlichen Beitragszahlungen beruht. Eine Differenzierung erfolgt lediglich nach dem Familienstand, denn das Altersgeld für Verheiratete ist um ein Drittel höher als das der Alleinstehenden. Für diese höhere Rente wurde von den Empfängern jedoch kein höherer Beitrag entrichtet.

Im Zusammenhang mit der derzeitigen Diskussion um die verfassungswidrige Ungleichbehandlung der Geschlechter in der gesetzlichen Rentenversicherung verdient die Gleichbehandlung in der Altershilfe für Landwirte ausdrücklich erwähnt zu werden.

Mit der Dynamisierung des Altersgeldes wie auch schon mit der vorherigen Erweiterung des Berechtigtenkreises und den Altersgelderhöhungen erfolgte eine Annäherung an das System der gesetzlichen Rentenversicherung. Die grundsätzlichen Unterschiede wurden damit jedoch nicht angetastet. Nach Schmitt und Witzke[15] mußte sich dieser Wandel zwangsläufig „... als Folge des veränderten Charakters des Strukturwandels in der Landwirtschaft ..." ergeben. Der Strukturwandel sei „... heute in einem wesentlich stärkeren Maße durch das Vorherrschen einer (vorzeitigen) Betriebsaufgabe als durch die Betriebsübergabe an den Hoferben gekennzeichnet."

Mitarbeitende Familienangehörige können einer Alterskasse angehören (§ 38 GAL), wenn sie am 1.5.1965 bereits das 50. Lebensjahr vollendet hatten. Sie müssen während der 25 Jahre vor Vollendung ihres 65. Lebensjahres mindestens 180 Monate mitgearbeitet haben oder im Falle der Erwerbsunfähigkeit während der vorherigen 10 Jahre mindestens 60 Monate tätig gewesen sein. Ferner müssen sie ab 1957 oder danach vom Beginn ihrer Tätigkeit bis zum Rentenanspruch für jeden Kalendermonat Beiträge zur Alterskasse entrichtet haben. Die Höhe des Altersgeldes beträgt für mitarbeitende Familienangehörige 50 v.H. des Betrages für Alleinstehende, im Jahr 1977 demnach also 120,80 DM/Monat. Durch die Anzahl der Beitragsjahre kann dieser Grundbetrag im Einzelfall etwas überschritten werden. Im 4. Quartal 1976 bezogen ca. 25000 Personen diese Rente.[16]

Daß mit dieser Rentenhöhe selbst bei Einbeziehung des durch eine längere Beitragszeit möglichen Steigerungsbetrages kein maßgeblicher Beitrag zum Lebensunterhalt dieser Familienangehörigen von Landwirten geleistet wird, bedarf keiner eingehenden Untersuchung. Wie unzureichend diese Rente ist, wird noch besonders dadurch unterstrichen, daß es den beitrittsberechtigten Personenkreis für das Alter abzusichern galt, da häufig keine Mitgliedschaft in der gesetzlichen Rentenversicherung vorlag. Diese mitarbeitenden Familienangehörigen haben demzufolge neben betrieblichen Leistungen nur dieses geringe Altersgeld nach ihrem Ausscheiden aus dem Erwerbsleben zur Verfügung.

Bei der Aufnahme der mithelfenden Familienangehörigen in das GAL wurde bei Personen unter 50 Jahren eine Mitgleidschaft oder die Beitrittsmöglichkeit zur gesetzlichen Rentenversicherung vorausgesetzt. Für sie bestand die Möglichkeit, durch mindestens zu erwartende 15 Jahre Berufstätigkeit die erforderliche Anwartschaftszeit in der allgemeinen Rentenversicherung erfüllen zu können.

Sehr oft sind mithelfende Familienangehörige in landwirtschaftlichen Betrieben ohnehin benachteiligt. Sie sind im allgemeinen zu alt oder aufgrund ihrer traditionellen Bindung an den heimatlichen Betrieb nicht mobil genug, um sich einen besser bezahlten Arbeitsplatz zu suchen und damit anderen Arbeitnehmern gleichgestellt zu sein. Durchgängig erhalten mitarbeitende Familienangehörige freie Unterkunft und Verpflegung, doch darüber hinaus in der Regel nur wenig Bargeld. Ihre Beiträge zur Rentenversicherung und damit ihre späteren Renten müssen entsprechend niedrig ausfallen. Besonders fragwürdig ist die Freiwilligkeit des Beitrittes der mithelfenden Familienangehörigen zu den landwirtschaftlichen Alterskassen. Dadurch ist es möglich, daß es immer noch einzelne Personen gibt, die gar keinen Rentenanspruch erwerben. Die Freiwillikeit wäre allenfalls dann berechtigt, wenn zur Voraussetzung des Nichtbeitritts der Nachweis einer Mitgliedschaft in der gesetzlichen Rentenversicherung erfolgen würde. Bei der derzeitigen Regelung sind die mithelfenden Familienangehörigen von dem guten Willen der Bewirtschafter der Betriebe, in denen sie arbeiten, abhängig. Selbst dürften sie kaum in der Lage sein, die Beiträge zur Alterskasse aufzubringen.

Die Mitgliedschaft der Landwirte selbst unterliegt davon sehr abweichenden Bestimmungen. Grundsätzlich gehört jeder Landwirt einer landwirtschaftlichen Alterskasse an, sofern sein Betrieb eine Existenzgrundlage bildet. Eine Abgrenzung wird nach dem Einheitswert oder dem Arbeitsbedarf festgelegt. Das hat zur Folge, daß Nebenerwerbslandwirte mit sehr kleinen Betrieben nicht Mitglied einer Alterskasse sind. Bei ihnen kann allerdings durch die außerlandwirtschaftliche Erwerbstätigkeit eine Versicherung in der gesetzlichen Rentenversicherung vorausgesetzt werden.

Es gibt einige Ausnahmen der Mitgliedschaftspflicht, von der jedoch nur ein kleiner Personenkreis betroffen ist. Andererseits können sich aber aus der Landwirtschaft ausgeschiedene Personen freiwillig weiterversichern, sofern sie bereits 60 Monate Beiträge entrichtet haben.

3.2. Finanzierung und Vergleich verschiedener Renten

Die Alterskassen erbringen ihre Leistung aufgrund von Beiträgen ihrer Mitglieder und von Bundeszuschüssen. Die Beiträge der Versicherten wie auch die Bundeszuschüsse wurden seit 1957 mehrfach erhöht. Jeder Landwirt entrichtet den gleichen Betrag; er beträgt 1977 63,– DM/Monat.[17] Für mitarbeitende Familienangehörige beträgt der Beitrag 31,50 DM/Monat.[18] Das Beitragsvolumen der Mitglieder reicht bei weitem nicht aus, um die gesetzlich festgelegten Leistungen zu erbringen. Die Beträge aus der Landwirtschaft betrugen 1976 455,0 Mio DM bzw. 23,8 v.H. der Leistungen.[19] Der Bund trug mit 1474,4 Mio DM[20] zur Finanzierung der Maßnahmen im Rahmen des GAL bei. Die Höhe der Bundesmittel verändert sich jährlich in dem Verhältnis, in dem sich die Summe der Altersgeldaufwendungen aller landwirtschaftlichen Alterskassen gegenüber dem Vorjahr verändert hat. Dadurch wird erreicht, daß konstant 87,5 v.H. der Altersgeldaufwendungen[21] vom Bund und nur 12,5 v.H. von den beitragszahlenden Landwirten getragen werden. Die Bundeszuschüsse sind häufig Gegenstand der Kritik.

1957 übernahm der Bund die Rentenzahlungen all der Landwirte, die entweder schon Altenteiler waren oder aufgrund ihres Alters nicht mehr in der Lage waren, die beitragspflichtige Wartezeit von 180 Monaten für einen Rentenanspruch zu erfüllen. Außerdem besteht zwischen Beitragszahlern und Altersgeldberechtigten aufgrund der Agrarstrukturveränderungen ein sehr ungünstiges Verhältnis. Durch Abwanderungen aus der Landwirtschaft und durch den mit der Einführung des GAL angestrebten Effektes früherer Hofübergaben steigt das Beitragsaufkommen der Mitglieder nicht in dem Verhältnis, wie es zur Deckung der Leistungsansprüche erforderlich wäre. Die aus der Landwirtschaft freigesetzten Personen werden in ihren außerlandwirtschaftlichen Berufen Mitglieder der gesetzlichen Rentenversicherung. Das Verhältnis zwischen Rentenempfängern und Beitragszahlern beträgt in der Altershilfe für Landwirte etwa 1 : 1,2 und in der gesetzlichen Rentenversicherung 1 : 2,3.[22] Die erhebliche „alte Last" in der Altershilfe für Landwirte rechtfertigt zum Teil die staatlichen Zuschüsse.

Die Zuschüsse wirken sich für die Mitglieder der Alterskassen sehr positiv aus, denn die Kosten der gesetzlich festgelegten Altersgelderhöhungen werden zu erheblichen Teilen vom Bund übernommen. Aufgrund des sehr niedrigen Altersgeldes in den ersten Jahren des GAL wurde das Altersgeld im Vergleich zu den Renten aus der gesetzlichen Rentenversicherung überdurchschnittlich angehoben. Nach Schmitt und Witzke[23] ist das Altersgeld von 1957 bis 1974 um 340 v.H. gestiegen, während die Renten aus der gesetzlichen Rentenversicherung um 247 v.H. angehoben wurden. Im Verhältnis zu seinen Beiträgen hat ein Landwirt eine vergleichsweise hohe Rente zu erwarten. Durch die Staffelung des Altersgeldes nach Beitragsjahren wird sich jedoch der Abstand zwischen den beiden Renten zu Ungunsten des landwirtschaftlichen Altersgeldes verschieben, da die Steigerung des Altersgeldes für Beiträge, die über die Mindestbeitragszeit von 180 Monaten hinaus geleistet werden, zu gering ist..[24] Dennoch bleibt das Altersgeld für Landwirte eine unverhältnismäßig günstige Rente, die heute aber noch nicht ausreicht, um den Lebensunterhalt der Altenteiler allein zu sichern. Sie sind nach wie vor auch auf ein Altenteil von ihrem abgegebenen Betrieb abhängig.

Die im Vergleich zur allgemeinen Rentenversicherung günstige Alterssicherung der Landwirte ist mit den folgenden Angaben zu verdeutlichen. Ein Landwirt, der im Wirtschaftsjahr 1975/76 ein Einkommen in Höhe des gewerblichen Vergleichslohnes gem. § 4 Landwirtschaftsgesetz erzielte, hätte in der gesetzlichen Rentenversicherung – wenn nur der Arbeitnehmeranteil berücksichtigt wird – einen Beitrag von ca. 2000,– DM/Jahr entrichten müssen. Demgegenüber betrug der Beitragssatz in der landwirtschaftlichen Altershilfe 1976 nur 660,– DM/Jahr, obwohl die zu erwartenden Renten nach einer Versicherungsdauer von 15 Jahren in beiden Versicherungen gleich sein werden.[25] Noch einschneidender ist dieser Vergleich, wenn man auch den Arbeitgeberanteil am Beitrag zur gesetzlichen Rentenversicherung einbezieht, der im Wirtschaftsjahr 1975/76 ebenfalls 2000,– DM betragen hätte.

Eine andere Rechtfertigung für die staatlichen Zuschüsse wird darin gesehen, daß über die soziale Sicherung ein Einkommenstransfer an die Landwirtschaft erfolge.[26] Dieser sei aufgrund der Einkommensdisparität zwischen der Landwirtschaft und den vergleichbaren Wirtschaftsbereichen erforderlich. – Es fragt sich jedoch, ob diese Einkommensübertragung in der praktizierten pauschalen Art gerechtfertigt ist, zumal es eine erhebliche innerlandwirtschaftliche Disparität gibt. Ein Teil der Zuschußempfänger erzielt überdurchschnittliche Einkommen.

Mit den einheitlichen Beiträgen wird einerseits die Altersversorgung ehemaliger Inhaber einkommensschwacher Betriebe gesichert. Diese Regelung bewirkt aber gleichzeitig, daß die Bewirtschafter größerer Betriebe mit höheren Einkommen nur einen relativ geringen Anteil für ihre Alterssicherung aufbringen müssen, während die Bewirtschafter der einkommensschwachen Betriebe einen hohen Anteil einsetzen müssen. Die höhere Belastung der letztgenannten Landwirte trägt zum Strukturwandel im Sinne der derzeitigen Agrarpolitik bei.

Wenn hier die Unterschiede zwischen Landwirten mit unterschiedlichem Einkommen sowie zwischen Landwirten und Versicherten der allgemeinen Rentenversicherung Gegenstand der Kritik sind, so muß auch auf eine unterschiedliche Behandlung der verschiedenen Mitglieder der Alterskassen hingewiesen werden. Der einheitliche Monatsbeitrag beträgt in der Alterskasse für Landwirte 63,– DM, der für mitarbeitende Familienangehörige 31,50 DM; verheiratete Altenteiler erhalten einen Altersgeldgrundbetrag in Höhe von 362,10 DM, Unverheiratete 241,60 DM und mitarbeitende Familienangehörige 120,80 DM. Diese Daten spiegeln eine Diskriminierung der mitarbeitenden Familienangehörigen wieder, denn die Beiträge sind auf alleinstehende Landwirte und alleinstehende Mitarbeitende ausgerichtet. Es ist nicht einsichtig, daß mitarbeitende Familienangehörige im Gegensatz zu den Landwirten mit der halben Rente auskommen müssen. Ferner sind die Landwirte überwiegend verheiratet und erhalten dann ein erhöhtes Altersgeld, für das von ihnen zuvor nie ein gesonderter Beitrag erhoben wurde. Altenteiler, und damit die früheren Hofbesitzer, erhalten mit ihrer Rente mehr staatliche Zuschüsse als die im allgemeinen besitzlosen Familienangehörigen. Hier liegt die Vermutung nahe, daß die mitarbeitenden Familienangehörigen im Gesetzgebungsverfahren keine Interessenvertreter hatten, die ihre Belange angemessen vertreten haben.

Zusätzlich zu der hier aufgezeigten Diskriminierung, von der nur eine relativ kleine Personengruppe, und zwar diejenigen Mitarbeitenden, die 1965 bereits das 50. Lebensjahr überschritten hatten, betroffen ist, sind die übrigen Mitarbeitenden gegenüber ihren verwandten Arbeitgebern dadurch benachteiligt, daß sie gar nicht Mitglied einer landwirtschaftlichen Alterskasse werden können. Ihnen ist nur die Versicherung in der allgemeinen Rentenversicherung offen. Leider macht aber nur etwa die Hälfte von ihnen von dieser Möglichkeit Gebrauch, wobei die gezahlten Beiträge und die daraus zu erwartenden Leistungen völlig unzureichend sind.[27] Der wesentlichste Grund dafür dürfte sein, daß die finanzielle Situation der Betriebe, in denen mitarbeitende Familienangehörige tätig sind, durch den erhöhten Bedarf für die Lebenshaltung und andere, gesetzlich fixierte Aufwendungen

(z. B. Krankenversicherungsbeiträge) ohnehin vergleichsweise ungünstig ist. Es liegt nahe, daß die Mitarbeitenden als schwächste Gruppe davon besonders nachteilig betroffen werden.[28]

3.3. Alternativen

Aus sozialpolitischer Sicht ist zu bezweifeln, ob die staatliche Unterstützung nach dem Gießkannenprinzip in der Altershilfe für Landwirte sinnvoll ist. Selbst wenn man die strukturpolitische Zielsetzung nicht völlig außer acht läßt, erscheint es vielmehr angebracht, die Förderung individueller zu gestalten. Denkbar wäre dafür ein System der Beitragsbezuschussung nach der jeweiligen Leistungsfähigkeit des Berechtigten. Dabei wäre wiederum von einem einheitlichen Beitrag auszugehen, der aber nicht generell durch Staatszuschüsse gesenkt würde. Die Zuschüsse wären in Anlehnung an das Einkommen degressiv zu staffeln. Von einem bestimmten Einkommen an – dessen Höhe hier nicht erörtert werden soll – hätten die Versicherten die Beiträge selbst zu tragen.

Ein besonderes Problem würde hierbei die Feststellung des Einkommens bereiten. Da nur ein sehr geringer Teil der Landwirte eine Buchführung hat, ist das tatsächlich erwirtschaftete Einkommen in der Regel unbekannt.

Schmitt und Witzke[29] sprechen sich stattdessen für eine Integration der Landwirtschaft in das allgemeine soziale Sicherungssystem aus. Ein weiterer Ausbau des sektorspezifischen Systems könne nur noch schwieriger und komplizierter werden. Bisherige Versäumnisse hätten zu kostspieligen Fehlentwicklungen geführt, „... die es nicht zuletzt im Interesse der sozialen Gerechtigkeit zu beseitigen ..“ gelte. Sie schlagen eine analog zur Handwerker – Rentenversicherung vorzunehmende Einbeziehung der selbständigen Landwirte in die gesetzliche Rentenversicherung vor.[30] Dem ist Hagedorn gefolgt, der eine Annährung des Systems der landwirtschaftlichen Altershilfe an das der gesetzlichen Rentenversicherung vor allem deshalb fordert, weil man dadurch dem agrarsozialpolitischen Ziel der „sozialrechtlichen Gleichbehandlung der Agrarbevölkerung“ am nächsten käme.[31] Bezüglich der organisatorischen Sonderstellung kommt Hagedorn zu dem Schluß, daß die Landwirte hier lediglich ein gemeinsames Interesse an der Erlangung staatlicher Zuwendungen besitzen und sie deshalb „keine Solidargemeinschaft zur gegenseitigen Alterssicherung, sondern eine Solidargemeinschaft infolge eines bisher sehr erfolgreich geführten intersektoralen Verteilungskampfes“ bilden.[32]

Ziel aller Überlegungen zur Verbesserung der derzeitigen Situation sollte es sein, die bestehenden Ungleichbehandlungen zu beseitigen, und zwar sowohl zwischen den Mitgliedern der landwirtschaftlichen Alterskassen als auch zwischen diesen und den in der allgemeinen Rentenversicherung Versicherten. Die Konsequenz daraus wäre in jedem Falle eine Angleichung der vorhandenen Systeme der Alterssicherung, nicht jedoch unbedingt ein Einheitssystem.

4. Landabgaberente

1969 wurde die Landabgaberente eingeführt; ihr liegen sozial – und strukturpolitische Ziele zugrunde. Die Voraussetzung für den Bezug dieser Rente ist eine fehlende Entwicklungsfähigkeit des abzugebenden Betriebes. 85 v.H. der landwirtschaftlichen Nutzfläche müssen außerdem strukturverbesserend abgegeben werden. Grundsätzlich kann die Landabgeberente mit der Vollendung des 60. Lebensjahres gewährt werden, wenn 60 Kalendermonate Beiträge an eine landwirtschaftliche Alterskasse gezahlt wurden. Der Rentenempfänger muß den landwirtschaftlichen Betrieb in den 5 Jahren vor dem Rentenbezug überwiegend hauptberuflich bewirtschaftet haben. Nicht in einen außerlandwirtschaftlichen Beruf vermittelbare Landwirte können diese Rente schon mit der Vollendung ihres 55. Lebensjahres erhalten. Sofern eine Berufsunfähigkeit im Sinne der Rentenversicherung der Arbeiter vorliegt, kann die Landabgaberente auch schon früher in Anspruch genommen werden. Hierin besteht eine Abweichung zum Altersgeld, welches vor Erreichung der Altersgrenze nur bei Erwerbsunfähigkeit bezogen werden kann.

Verheiratete erhalten 175,– DM/Monat, Alleinstehende 115,– DM/Monat zusätzlich zu dem jeweiligen Grundbetrag eines Altersruhegeldes. Der Zuschlag zum Altersruhegeld unterliegt nicht der Dynamisierung. In Relation zum Altersruhegeld nimmt die Leistungshöhe bei der Landabgaberente, die nach dem derzeitigen Stand 1982 auslaufen soll, kontinuierlich ab. Diese relative Verschlechterung beruht auf der nicht erfolgenden Berücksichtigung von Beitragsjahren, die über die Wartezeit von 180 Monaten für den Bezug des landwirtschaftlichen Altersgeldes hinaus erbracht wurden.

Die Inanspruchnahme der Landabgaberente ist in jüngster Zeit rückläufig.[34] Das mag auf einen Abbau der Anzahl potentieller Anspruchsberechtigter, auf die abnehmende Attraktivität der Leistungen im Vergleich mit dem Altersgeld und auch auf die ungünstigen Verhältnisse auf dem Arbeitsmarkt zurückzuführen sein.

5. Nachentrichtungszuschuß zur allgemeinen Rentenversicherung

Seit 1971 wird ausscheidenden Landwirten der Übergang in eine außerlandwirtschaftliche Tätigkeit durch einen Zuschuß zur Nachentrichtung von Beiträgen in der gesetzlichen Rentenversicherung erleichtert. Wer außerhalb der Landwirtschaft aufgrund seines Alters bei der Betriebsaufgabe nur noch ein unterdurchschnittlich langes Erwerbsleben erwarten kann, erhält auf diesem Wege eine Anwartschaftsdauer in der gesetzlichen Rentenversicherung, die noch zu einer befriedigenden Rentenhöhe führen kann. Außerdem kann damit die Erfüllung der Wartezeit (180 Monate) sichergestellt werden. Bei der Inanspruchnahme eines Nachentrichtungszuschusses zur gesetzlichen Rentenversicherung werden grundsätzlich frühere Beiträge zur landwirtschaftlichen Alterskasse erstattet. Wer jedoch beim Berufswechsel über 50 Jahre alt, ist seinen Betrieb strukturverbessernd abgibt und einen Nachentrichtungszuschuß in Anspruch nimmt, kann freiwillig Mitglied der Alterskasse bleiben.

Mit dem Nachentrichtungszuschuß des Bundes werden zwei Ziele verfolgt. Es sollen die versicherungsrechtlichen Nachteile eines späten Berufswechsel aufgehoben und ein Beitrag zur Strukturverbesserung in der Landwirtschaft geleistet werden. In vielen Fällen bietet die Inanspruchnahme des Nachentrichtungszuschusses für ausscheidende Landwirte jedoch keine Vorteile.[35] Sofern ein Landwirt mindestens 60 Monate Beiträge an eine Alterskasse entrichtet hat, kann er bei seinem Berufswechsel erklären, Mitglied bleiben zu wollen. Er ist dann zur weiteren Beitragsentrichtung verpflichtet und erhält keinen Nachentrichtungszuschuß für seinen Beitritt zur allgemeinen Rentenversicherung. Eine Doppelversicherung ohne den staatlichen Zuschuß ist für ihn von Vorteil, da er bei seinem so erhaltenen späteren Anspruch auf Altersgeld von den Finanzbeihilfen des Bundes an die landwirtschaftlichen Alterskassen profitiert.

6. *Krankenversicherung für Landwirte*

6.1. Gründe für ein eigenständiges Versicherungssystem

Die Krankenversicherung für Landwirte ist als letzter Teil des eigenständigen Sicherungssystems erst relativ spät eingeführt worden. Bis 1972 blieb es der Eigeninitiative der Landwirte und ihrer mitarbeitenden Familienangehörigen – soweit sie ohne formalen Arbeitsvertrag beschäftigt waren – überlassen, ob sie sich gegen Krankheitsfolgen versicherten oder nicht. Eine allgemeine Versicherungspflicht bestand bis dahin nur für die land- und forstwirtschaftlichen Arbeitnehmer und die mitarbeitenden Familienangehörigen der Landwirte, soweit dem Beschäftigungsverhältnis ein Arbeitsvertrag zugrunde lag. Die Pflichtversicherten waren entweder Mitglieder der „Allgemeinen Ortskrankenkassen" oder – insbesondere im Norden der Bundesrepublik – der berufsständisch ausgerichteten „Landkrankenkassen". Die Landwirte und ihre nicht pflichtversicherten mitarbeitenden Familienangehörigen konnten dieser Einrichtung als freiwillig Versicherte beitreten.

Daneben gab es die Möglichkeit der privaten Versicherung in mehreren berufsständischen Krankenversicherungseinrichtungen, die speziell für bäuerliche Familien gegründet worden waren. Sie lehnten sich eng an bereits bestehende berufsständische Organisationen an und waren rechtlich als Versicherungsverein auf Gegenseitigkeit organisiert. Der Grundgedanke dieser Einrichtungen war die Selbsthilfe in Gemeinschaft unter bewußtem Verzicht auf staatliche Hilfe. Im Gegensatz zur gesetzlichen Krankenversicherung hatte man den Grundsatz der Selbstbeteiligung an den Heilverfahrenskosten in die Versicherungsbedingungen mit aufgenommen.

Im Hinblick auf die vielfältigen Möglichkeiten der freiwilligen Krankenversicherung stellt sich die Frage, weshalb es eigentlich zu einer Pflichtversicherung für die bäuerlichen Familien gekommen ist. Für die Beantwortung dieser Frage ist vor allem relevant, in welchem Maße die Landwirte das aufgezeigte Versicherungsangebot nutzten und welche Problemgruppen es gab.

Aus einer 1967 durchgeführten Untersuchung geht hervor, daß von allen Landwirten in 20 repräsentativen Landkreisen ca. 13 v.H. keinen Versicherungsschutz besaßen.[36] Weiterhin war ein erheblicher Teil der privat Versicherten nur unzureichend geschützt und mußte deshalb im Krankheitsfall mit finanziellen Einbußen rechnen. Insgesamt ergab sich daraus, daß ca. ein Drittel der Landwirte nicht oder nicht ausreichend versichert war.

Noch ungünstiger waren die Ergebnisse dieser Untersuchung bezüglich des Versicherungsschutzes der Altenteiler. Während 30 v.H. von ihnen überhaupt nicht gegen Krankheitsfolgen versichert waren, zahlten weitere 20 v.H. sehr geringe Beiträge an private Versicherungen und waren nur unzureichend abgesichert.

Der Effekt des Prinzips der freiwilligen Versicherung war vor allen Dingen darin zu sehen, daß die einkommensschwachen Gruppen am schlechtesten abgesichert waren. Die Landwirte mit kleinen Betrieben oder großen Familien und die Altenteiler waren aus eigener Kraft nicht in der Lage, sich gegen die Krankheitsrisiken abzusichern. Erst die Einrichtung einer Pflichtversicherung für alle Landwirte, in Verbindung mit einem Solidarausgleich zwischen den Einkommensgruppen und der Übernahme der sogenannten „Alten Last“, d.h. der Versicherungsbeiträge für die relativ große Zahl von Altenteilern,[37] durch den Bund, ermöglichte auch einen Versicherungsschutz für die benachteiligten Randgruppen.

Mit dem Gesetz über die Krankenversicherung der Landwirte hat man sich wiederum für eine eigene berufsständische Lösung entschieden. Als Alternative dazu wäre – wie es seinerzeit auch vorgeschlagen wurde[38] – die Einbeziehung der Landwirte in die bestehenden RVO-Kassen gewesen. Dagegen gab es aber sowohl seitens des Deutschen Bauernverbandes als auch seitens des Deutschen Gewerkschaftsbundes erhebliche Widerstände. Für den DBV war das Hauptargument für eine eigene Versicherung und einer damit verbundenen Angliederung der neu zu errichtenden Trägerorganisation an die bereits bestehenden Einrichtungen die Möglichkeit der optimalen Abstimmung der Leistungen der Krankenversicherung, der Unfallversicherung und der Rehabilitation im Rahmen der Altershilfe. Daneben wird vermutlich auch die Erwartung eine Rolle gespielt haben, in den Selbstverwaltungsorganen einen großen Einfluß auf die Gestaltung der Versicherung ausüben zu können; als landwirtschaftliche Minderheit in den RVO-Kassen hätte man dazu keine Gelegenheit gehabt. Demgegenüber befürchtete der DGB, daß bei einer Einbeziehung der Landwirte in das allgemeine Krankenversicherungssystem die landwirtschaftliche Strukturpolitik teilweise aus den Beträgen der Arbeitnehmer zur Krankenversicherung finanziert werden würde; das wäre nämlich u.U. bei einer Einbeziehung der Altenteiler der Fall gewesen. Durch die Einrichtung einer separaten Krankenversicherung konnte eine klare Trennung von Beiträgen und staatlichen Zuschüssen erreicht werden. Dabei ist hervorzuheben, daß die Übernahme der Leistungsaufwendungen für die Altenteiler durch den Bund auch von der Vertretung der Arbeitnehmer als notwendig anerkannt worden ist.

6.2. Die wichtigsten Leistungen und deren Finanzierung

In der landwirtschaftlichen Krankenversicherung sind alle Unternehmer i. S. des Gesetzes über eine Altershilfe für Landwirte, ihre mitarbeitenden Familienangehörigen und die Altenteiler versichert. Nebenerwerbslandwirte, die aufgrund ihrer außerlandwirtschaftlichen Erwerbstätigkeit pflichtversichert sind, bleiben davon ausgenommen. Bei den mitarbeitenden Familienangehörigen besteht die Versicherungspflicht – im Gegensatz zur früheren Regelung – unabhängig vom Vorliegen eines formalen Arbeitsvertrages.

Die Leistungen der landwirtschaftlichen Krankenversicherung unterscheiden sich im Prinzip nicht von den Leistungen der RVO-Kassen. Eine Ausnahme besteht jedoch bei der Gewährung von Krankengeld. Bei den Arbeitnehmern hat das Krankengeld im Falle der Arbeitsunfähigkeit die Funktion eines Lohnersatzes; der Versicherte soll weitgehend vor Einkommenseinbußen durch die Krankheit geschützt werden. Den Landwirten wäre jedoch durch die Zahlung eines Krankengeldes wenig gedient. Für sie ist in erster Linie wichtig, daß der Betriebsablauf aufrechterhalten wird und alle erforderlichen Arbeiten zeitgerecht durchgeführt werden. Aus dem Grunde hat man auf die Zahlung eines Krankengeldes für Landwirte und ihre Ehegatten verzichtet und stattdessen das Institut der Betriebs- und Haushaltshilfe eingesetzt.

Dabei werden entweder Ersatzkräfte von den Versicherungsträgern gestellt oder die Kosten für selbstbeschaffte betriebsfremde Ersatzkräfte in angemessener Höhe erstattet. Da die Gewährung der Betriebs- und Haushaltshilfe ebenfalls zu den Leistungen der Altershilfe für Landwirte und der landwirtschaftlichen Unfallversicherung gehört, bietet die verwaltungsmäßige Verzahnung der drei Sozialversicherungsbereiche[39] gerade auf diesem Gebiet die Möglichkeit einer sachgerechten Zusammenarbeit.

Im Gegensatz zu den Landwirten erhalten die mitarbeitenden Familienangehörigen im Falle der Arbeitsunfähigkeit Krankengeld. Während es sich bei den Versicherten mit Arbeitsvertrag nach dem entgangenen regelmäßigen Arbeitsentgelt (Regellohn) bemißt, erhalten die Versicherten ohne Arbeitsvertrag ein pauschaliertes Krankengeld nach Maßgabe der Jahresarbeitsverdienstgrenze. Das pauschalierte Krankengeld beträgt im Jahr 1977 ca. 10,– DM pro Kalendertag. Diese äußerst niedrige Pauschale erscheint in einem etwas anderen Licht, wenn man berücksichtigt, daß die Versicherten mit Arbeitsvertrag vielfach aufgrund des vereinbarten geringen Entgelts noch weniger erhalten. Diese Zahlen sind ein anschauliches Beispiel für die oftmals problematische Situation der mitarbeitenden Familienangehörigen, soweit es keine Hofnachfolger sind.

Eine besondere Schwierigkeit in der landwirtschaftlichen Krankenversicherung die Verwirklichung des Solidaritätsprinzips. Während die Mitglieder in der allgemeinen gesetzlichen Krankenversicherung ihrem Einkommen entsprechend zur Beitragsleistung herangezogen werden, ist das hier nicht ohne weiteres möglich. Da nur relativ wenige landwirtschaftliche Betriebe der Buchführungspflicht unterliegen, kann die finanzielle Leistungsfähigkeit nur mittels einiger Hilfsgrößen geschätzt werden. Der Gesetzgeber hat deshalb bestimmt, daß die zuständigen Selbstverwaltungsorgane der einzelnen Kassen einen Bodenbewirtschaftungsmaßstab auszuwählen haben, nach dem die Beträge der Landwirte zu bemessen sind. In der Praxis hat das zur Folge, daß die Höhe der Beiträge vom Flächenwert oder vom Arbeitsbedarf des bewirtschafteten Betriebes abhängt; nach Maßgabe der Anzahl der vorhandenen Beitragseinheiten fällt der Betrieb in eine der – je nach Krankenkassen – sechs bis zehn Beitragsklassen. Dabei ist wiederum gesetzlich festgeschrieben, daß der Beitrag der höchsten Beitragsklasse mindestens das Dreifache des Beitrages der niedrigsten Klasse betragen muß.

Die vorgenommene Regelung bewirkt, daß Landwirte, die pro Flächeneinheit ein hohes Einkommen erzielen, gegenüber den weniger intensiv Wirtschaftenden begünstigt werden; im Verhältnis zu ihrem Einkommen brauchen sie aufgrund der Bodenbewirtschaftungsmaßstäbe nur relativ geringe Beiträge zu zahlen. Weiterhin führen die vorgenommenen Beitragsstaffelungen zu einer relativen Entlastung der Landwirte mit größeren Betrieben. Während in der RVO-Krankenversicherung alle Mitglieder einer Kasse mit einem Einkommen unterhalb der Beitragsbemessungsgrenze einen festen Prozentsatz dieses Einkommens als Beitrag entrichten müssen, ist die Beitragsstaffelung in der landwirtschaftlichen Krankenversicherung degressiv ausgestaltet. Mit zunehmender Zahl der Beitragseinheiten geht der Beitragssatz zurück. Dieser Regelung liegt die Vorstellung zugrunde, daß in den größeren Betrieben extensiver gewirtschaftet wird und somit das Einkommen pro Flächeneinheit geringer ist. Im Prinzip ist diese Annahme zwar richtig, doch sind – wie dic Wirtschaftsergebnisse der Testbetriebe des Agrarberichts zeigen – die Unterschiede bei weitem nicht so groß, wie zwischen den Beitragsstaffeln der Krankenkassen. In Relation zu ihrem Einkommen müssen deshalb die Landwirte mit kleinen Betrieben einen höheren Finanzierungsbeitrag zu ihrer Krankenversicherung leisten als die Landwirte mit großen Betrieben.

Ein weiteres Problem stellt die Beitragsbemessung für die mithelfenden Familienangehörigen dar. Unabhängig davon, ob ein formaler Arbeitsvertrag vorliegt oder nicht, beträgt der Beitrag für diese Personen zwei Drittel des Beitrags, den der Landwirt in dessen Betrieb der Familienangehörige tätig ist, selbst zu zahlen hat. Daraus ergibt sich, daß eine durch die Betriebsgröße oder die Bewirtschaftungsintensität bereits beim Landwirt gegebene unangemessene Beitragsbelastung sich beim Vorhandensein mitarbeitender Familienangehöriger verstärkt auswirkt. Daneben ist zu beachten, daß in vielen Fällen das vom Landwirt und vom mitarbeitenden Familienangehörigen erwirtschaftete Gesamteinkommen nicht wesentlich höher ist als in vergleichbaren Betrieben, in denen nur eine Person tätig ist. Diese ungünstige Situation tritt insbesondere vor Hofübergaben auf, also in Zeiten, in denen die späteren Altenteiler aufgrund ihres Alters nur noch eine relativ geringe Arbeitsleistung erbringen können. Unmittelbar nach der Hofübergabe verbessert sich die Situation in den Fällen, in denen die Altenteiler das Rentenalter erreicht haben – eine Beitragszahlung entfällt hier, weil die Leistungsaufwendungen durch Bundesmittel abgedeckt werden.[40]

Ein vorrangiges Ziel der Agrarsozialpolitik sollte es sein, den Solidaritätsgrundsatz bei der Beitragsgestaltung der landwirtschaftlichen Krankenversicherung stärker zur berücksichtigen. Dazu reicht es nicht aus, das betriebliche Leistungspotential für die Bemessung der Beiträge zugrunde zu legen, sondern es müßte eine Orientierung am tatsächlich erwirtschafteten Einkommen erfolgen. Da bislang aber keine allgemeine Buchführungspflicht für Haupterwerbslandwirte besteht – und diese in absehbarer Zeit auch kaum durchsetzbar sein dürfte – wäre auf andere, einkommensbezogene Maßstäbe zurückzugreifen. Neben einer Einnahmen – Ausgaben – Überschußrechnung, also einer sehr vereinfachten Buchführungsform, bietet sich dazu das Standardbetriebseinkommen an. Es handelt sich dabei um die Kalkulation des Durchschnittseinkommens von Betrieben mit bestimmter Größe und Wirtschaftsweise aufgrund standardisierter Aufwands- und Ertragssätze. Das hätte zwar gegenüber einer buchmäßigen Gewinnermittlung den Nachteil, daß nicht alle betriebsspezifischen Besonderheiten erfaßbar wären, doch wäre die zu erzielende Beitragsgerechtigkeit im Sinne eines Solidarausgleichs wesentlich größer als bei Verwendung der Bodenbewirtschaftungsmaßstäbe. Insbesondere bestünde die Möglichkeit, die Summe der Krankenversicherungsbeiträge für alle im Betrieb beschäftigten Familienangehörigen auf das Gesamteinkommen abzustellen und somit unsoziale Beitragsbelastungen in den bereits angesprochenen Problemfällen zu vermeiden.

7. *Landwirtschaftliche Unfallversicherung*

Die gesetzliche Unfallversicherung ist bereits im Jahre 1886 in der Landwirtschaft eingeführt worden. Sie wurde zu der Zeit aber weniger als Form der Sozialversicherung, sondern mehr als eine Möglichkeit der Haftungsverlagerung vom einzelnen Landwirt auf die Gemeinschaft betrachtet. So bezog sich der gesetzliche Versicherungsschutz anfangs auch nicht auf die Landwirte und ihre Angehörigen, sondern nur auf die in den Betrieben beschäftigten Arbeitnehmer. Erst 1942 wurden die selbständigen Landwirte durch eine Änderung der gesetzlichen Regelung in den Schutzbereich mit einbezogen.

Die wesentlichsten Aufgaben der gesetzlichen Unfallversicherung sind die Verhütung von Arbeitsunfällen einerseits und die Entschädigung des Verletzten, seiner Angehörigen und seiner Hinterbliebenen durch Geldleistungen andererseits. Die Berechnung der Geldleistungen erfolgt nach den §§ 570 ff RVO grundsätzlich aufgrund des Arbeitseinkommens des Verletzten im Jahr vor dem Unfall. In der landwirtschaftlichen Unfallversicherung gelten diese Bestimmungen insoweit jedoch nur für die abhängig Beschäftigten. Für die Landwirte und ihre Ehegatten werden die tatsächlichen Jahresarbeitsverdienste stattdessen gemäß § 780 Abs. 1 RVO durch fiktive Durchschnittssätze ersetzt, die von den zuständigen Selbstverwaltungsorganen der einzelnen Berufsgenossenschaften festzulegen sind. Z. Zt. beträgt der Durchschnittssatz für Landwirte in allen Berufsgenossenschaftsbezirken 9000,– DM. Da dieser Betrag in der Regel weit unter dem tatsächlich erwirtschafteten Einkommen liegt, bieten die daraus resultierenden Geldleistungen keinen ausreichenden Versicherungsschutz. Selbst unter Einbeziehung der seit 1969 gewährten Schwerverletztenzulage in Höhe von bis zu 50 v.H. des Ausgangsbetrages ist die landwirtschaftliche Unfallversicherung in ihrer derzeitigen Ausgestaltung nur als Grundsicherung anzusehen, die des Ausbaues bedarf.

Neben der Nutzung des Angebots privater Versicherungsunternehmen haben die Landwirte in den meisten Bezirken die Möglichkeit, bei den Berufsgenossenschaften Zusatzversicherungen abzuschließen. Durch eine relativ gering erhöhte Beitragsleistung, die im Gegensatz zum Grundbetrag nicht von der Betriebsgröße, sondern nur von der vereinbarten Versicherungssumme abhängt kann dadurch der Versicherungsschutz erheblich erhöht werden. Wie die Verwaltungsberichte der Berufsgenossenschaften zeigen, haben bisher nur wenige Landwirte von diesem Angebot Gebrauch gemacht. Dies dürfte in starkem Maße auf die geringe Informationstätigkeit der Sozialversicherungsträger auf diesem Gebiet zurückzuführen sein. Vermutlich werden von den Selbstverwaltungsorganen überhaupt keine hohen Abschlußzahlen angestrebt, weil das aller Wahrscheinlichkeit nach zu einer Anhebung der Tarife führen müßte. Da aber die Finanzierung der landwirtschaftlichen Unfallversicherung ohnehin besondere Probleme bereitet, ist man bemüht, die Situation nicht noch durch erhöhte Leistungen zu verschärfen.

Die Landwirte jedes der 19 Berufsgenossenschaftsbezirke bilden separate Solidargemeinschaften, die den Mittelbedarf ihrer Körperschaft selbst zu erbringen haben. Im Bereich der Unfallversicherung besteht also eine ähnliche Situation wie im Bereich der Krankenversicherung für Landwirte. Die Zahlung der Beiträge erfolgt hier aber nicht laufend, sondern nachträglich im Umlageverfahren. Dabei ist zwischen dem auf jedes einzelne Unternehmen entfallenden Umlage-Soll und den tatsächlich zu zahlenden Beiträgen zu unterscheiden. Zur Senkung der Beitragsbelastung erhalten die Landwirte einen – gesetzlich nicht verankerten – Bundeszuschuß in jährlich wechselnder Höhe; im Jahr 1976 verminderten sich die Beträge durch einen Gesamtzuschuß von 400 Mio. DM um ca. 50 v.H.. Die Nettobelastung pro ha betrug dadurch im Durchschnitt ca. 20,– DM.

Die Verteilung der Umlage auf die Mitglieder erfolgt auch in der Unfallversicherung an Hand von Bodenbewirtschaftungsmaßstäben, also nach dem Arbeitsbedarf oder dem Flächenwert; diese Regelung ist wie auch in der Krankenversicherung für Landwirte gesetzlich vorgeschrieben (§§ 803 RVO). Da die Maßstäbe – insbesondere bei Verwendung des Arbeitsbedarfs – in den einzelnen Bezirken nach sehr unterschiedlichen Kriterien von den Selbstverwaltungsorganen festgelegt worden sind, kann man sie nur teilweise miteinander vergleichen. Allen gemeinsam ist nur, daß die Umlage allein auf den Mitgliedsbetrieb ohne Berücksichtigung der Zahl der darin tätigen Personen bezogen wird. Weiterhin ist für das Beitragssystem der meisten Berufsgenossenschaften kennzeichnend, daß die Höhe der auf das einzelne Unternehmen entfallenden Umlage linear zur Zahl der Beitragseinheiten ansteigt. Dieser Regelung liegt die Vorstellung zugrunde, daß sich mit zunehmender Betriebsgröße auch die Schadenshäufigkeit erhöht und die Mitglieder dementsprechend stärker am Beitragsaufkommen zu beteiligen sind.

Es erscheint aber sehr zweifelhaft, ob die Schadenshäufigkeit tatsächlich linear zur Betriebsgröße ansteigt. Da in größeren Betrieben vielfach andere Arbeitsverfahren Anwendung finden als in kleineren, sinkt in der Regel der Arbeitsbedarf pro Flächeneinheit und damit auch die Wahrscheinlichkeit des Eintritts von Unfällen. Wie eine Aufstellung der LBG Unterfranken zeigt, war der Anteil der Betriebe ab 50 ha am Beitragsaufkommen in diesem Bezirk im Jahr 1975 etwa doppelt so hoch wie der Anteil an der Belastung durch Unfälle.[41] Wenn es also das Ziel der landwirtschaftlichen Unfallversicherung sein sollte, jeden Landwirt nach seinem Unfallrisiko am Beitragsaufkommen zu beteiligen, müßte – wie es bereits in drei Bezirken praktiziert wird – eine degressive Staffelung der Beiträge mit zunehmender Zahl der Beitragseinheiten vorgenommen werden. Da das in der Regel nicht gemacht wird, ergibt sich durch das derzeitige Beitragssystem in der Unfallversicherung überwiegend ein Solidarausgleich zugunsten der kleineren Betriebe, der – abgesehen von der insgesamt geringen Höhe der Beiträge – wesentlich weitgehender ist als in der Krankenversicherung.[42]

Durch die Abwanderung des größten Teils der familienfremden Lohnarbeitskräfte in andere Wirtschaftsbereiche wird der weitaus überwiegende Teil der Arbeitsleistung in der Landwirtschaft von den Betriebsleiterfamilien allein erbracht. Das bedeutet gleichzeitig, daß auch überwiegend Landwirte und ihre Familien von möglichen Unfallfolgen betroffen sind. Damit geht es in der landwirtschaftlichen Unfallversicherung – im Gegensatz zum gewerblichen Bereich – nicht so sehr um die Haftung von Arbeitgebern für Unfälle von Arbeitnehmern, sondern um eine Eigensicherung der Landwirte. Es ist deshalb nur konsequent, wenn die Frage diskutiert wird, ob es in der Landwirtschaft noch sinnvoll ist, im Rahmen der gesetzlichen Unfallversicherung ausschließlich Arbeitsunfälle zu erfassen. Sofern Beitragszahler und potentielle Leistungsempfänger identisch sind, ist es unerheblich, ob die Unfallursache im privaten oder beruflichen Bereich zu suchen ist. Die Einbeziehung privater Unfälle in den Versicherungsschutz würde überdies die Versicherten, die Selbstverwaltungskörperschaften und die Rechtsprechung der äußerst problematischen Abgrenzung zwischen privater und beruflicher Sphäre entheben, die gerade in der Landwirtschaft häufig wegen der engen Verflechtung beider Bereiche Anlaß zu Auseinandersetzungen der beteiligten Parteien gibt.

Neben den unbestreitbaren Vorteilen einer derartigen Regelung ist jedoch auch die Finanzierung der Aufwendungen zu bedenken. Die Erfassung der privaten Unfälle würde zu einer völlig veränderten Risikoverteilung innerhalb der Versichertengemeinschaft führen. Der Anteil der Landwirtsfamilien mit kleinen Betrieben an der Gesamtzahl der Unfälle würde zunehmen, der Anteil der Familien mit großen Betrieben dagegen zurückgehen. Eine Beibehaltung des bisherigen Beitragssystems hätte eine Verstärkung des bereits vorhandenen Solidarausgleichs zwischen den Betriebsgrößengruppen zur Folge, der in flächenreichen, aber relativ extensiv bewirtschafteten Betrieben zu Unzuträglichkeiten führen könnte. Da überdies Landwirte mit großen Betrieben aufgrund ihres höheren Einkommens auch schon in der Vergangenheit bereit und in der Lage waren, private Unfallversicherungen abzuschließen[43] – deren Prämien sich allein nach dem Unfallrisiko und nicht nach dem Einkommen oder der Betriebsgröße bemessen – werden sie an der für sie ungünstigen Ausdehnung des Schutzbereiches der gesetzlichen Unfallversicherung sicher nicht interessiert sein. Eine derartige Änderung wäre vermutlich nur in Verbindung mit einer grundsätzlichen Reform der Beitragsgestaltung durchsetzbar.

8. Zur sozialen Sicherung der Landarbeiter

Eine Darstellung der sozialen Sicherung in der Landwirtschaft ist ohne eine Nennung der familienfremden Arbeitskräfte in der Landwirtschaft unvollständig. 1974 waren 117600 Lohnarbeitskräfte in der Landwirtschaft der Bundesrepublik beschäftigt.[44] Sie sind in der allgemeinen Rentenversicherung und den Ortskrankenkassen plichtversichert. Die Lohnhöhe der Landarbeiter liegt im Mittel schon über einen langen Zeitraum am unteren Ende der Lohnskala.[45] Darüber hinaus werden ihre Sachbezüge (Unterkunft, Verpflegung u.a.) relativ niedrig bewertet. Aus ihrem gesamten Arbeitsentgelt resultieren entsprechend niedrige Beiträge zur Sozialversicherung. Die späte Folge sind sehr niedrige Renten dieser Arbeitnehmer.[46] Aus diesen Gründen wurde 1975 das Gesetz über die Errichtung einer Zusatzversorgungskasse für Arbeitnehmer in der Land – und Forstwirtschaft (ZVALG)[47] verabschiedet. Auf der Grundlage dieses Gesetzes und eines Tarifvertrages vom 20.11. 1973 ist ein Zusatzversorgungswerk für Arbeitnehmer in der Land- und Forstwirtschaft errichtet worden. Die Beiträge dafür werden von den Arbeitgebern aufgebracht. Bereits rentenberechtigte Arbeitnehmer erhalten ohne jede Beitragsleistung aus Bundesmitteln 600,– DM/Jahr (Verheiratete), bzw. 360,– DM/Jahr (Unverheiratete).[48] – Eine Umrechnung der genannten Beträge auf monatliche zusätzliche Leistungen zu den Rentenansprüchen aus der gesetzlichen Rentenversicherung verdeutlicht die nicht sehr erhebliche Verbesserung der Lebenslage der Rentner, die als Arbeitnehmer in der Landwirtschaft tätig waren. Es ist zu fordern, daß diese Beträge bald spürbar angehoben werden.

9. Folgerungen

Das derzeitige System der sozialen Sicherung der Landwirtschaft kann nur durch hohe staatliche Transferleistungen bestehen. 1976 gab der Bund 2,718 Mrd. DM für die soziale Sicherung der landwirtschaftlichen Bevölkerung aus,[49] 1970 waren es 882 Mio. DM.[50] Die aufwendige Sonderstellung trägt zur Desintegration der Landwirtschaft in unserer Gesellschaft bei und ist gegenüber außerlandwirtschaftlichen Arbeitnehmern kaum noch zu vertreten, zumal die pauschalen staatlichen Zuschüsse nicht nur Benachteiligten zugute kommen. Es ist auch kaum einsichtig, daß die Agratsozialpolitik zum umfassenden nationalen Ausweichbereich für staatliche Zuschüsse an die Landwirtschaft erkoren wird und dafür bei anderen Bevölkerungsgruppen ins Zwielicht geraten muß, nur weil die Sozialpolitik in der EG-Agrarpolitik allein in nationaler Zuständigkeit verblieben ist.[51] Der nationale Ausbau dieses einzigen Weges für Zuschüsse an die „eigene" Landwirtschaft scheint dazu beizutragen, Reformen in Richtung auf eine umfassende, gemeinsame Agrarpolitik in der EG schon im Keim zu ersticken. Das wird am deutlichsten, wenn man die unterschiedlichen nationalen Anstrengungen auf diesem Gebiet miteinander vergleicht. Aus dieser Sicht haben die Landwirte in der Bundesrepublik sogar unter einem ,,Wettbewerbsnachteil" gegenüber ihren französischen Kollegen zu leiden.[52]

Es kommt hinzu, daß mit verschiedenen Maßnahmen in der Agrarsozialpolitik sich widersprechende Ziele verfolgt werden. Strukturpolitik und Sozialpolitik können nur sehr begrenzt mit gleichen Mitteln betrieben werden.[53] Wenn die Landwirtschaft einen sicherlich erforderlichen Solidarbeitrag der übrigen Bevölkerung für ihre soziale Sicherung bezieht, um damit sonst unüberwindbare Probleme zu bewältigen, so sollte ein Solidarausgleich innerhalb der Landwirtschaft ebenfalls selbstverständlich sein. Es ist nicht vertretbar, daß sich die Beiträge von Landwirten mit einkommensstarken und einkommensschwachen Betrieben zur sozialen Sicherung nur begrenzt unterscheiden. Es wird mit den derzeitigen Beiträgen nicht zum Abbau der innerlandwirtschaftlichen Disparität beigetragen.[54]

Das Landwirtschaftsgesetz fordert eine Angleichung der sozialen Lage in der Landwirtschaft an die der übrigen Bevölkerung. Wie z. B. die Rentenhöhen zeigen, konnte diese Forderung noch nicht vollständig in die Realität umgesetzt werden. Andererseits bleibt aber zu berücksichtigen, daß die bisherige Agrarsozialpolitik auch wesentliche Aufgaben erfüllte.

Dazu gehören:

- Weitgehende Verwirklichung einer dringend erforderlichen sozialen Sicherung der landwirtschaftlichen Bevölkerung
- Einführung sozialpolitischer Maßnahmen, die konkret auf die Belange der Landwirtschaft zugeschnitten sind (z. B. Betriebs- und Haushaltshilfen)
- Regelung des Problems der „alten Last", welches durch Abwanderungen aus der Landwirtschaft entstand
- Abbau der materiellen Abhängigkeit der Generationen voneinander und vom Betrieb
- Verbesserte Anpassungsfähigkeit der Bevölkerung in der Landwirtschaft auf Zwänge, die sich aus der Industriegesellschaft auf die Landwirtschaft auswirken.

Anmerkungen

1 Vgl. Stockhausen, J.V.: Ein Beitrag zur Wertung verschiedener Finanzierungshilfen der öffentlichen Hand an die landwirtschaftlichen Betriebe; Göttingen 1970, S. 1 ff
2 Vgl. Döpke, D.: Modelluntersuchung zur Bestimmung der Mindestfaktorausstattung und der Entwicklungsmöglichkeiten landwirtschaftlicher Betriebe; Göttingen 1973, S. 16 f
3 Vgl. Wangler, W.: Landwirtschaftliche Sozialpolitik und soziale Sicherheit in der Landwirtschaft; Materialsammlung der ASG Nr. 77, Göttingen 1969, S. 76
4 Ebenda S. 88
5 Weber, W.: Die verfassungsrechtliche Problematik der Zwangsversorgungseinrichtungen der freien Berufe; Sonderdruck aus „Aktuelle Probleme der Versicherungswirtschaft vom Standpunkt der Versicherungswissenschaft", Berlin 1954, S. 19 f

6 In: Zeitschrift für Sozialreform, 1, 1955, S. 31 f

7 Priebe, H.: Wer wird die Scheunen füllen? Sozialprobleme der deutschen Landwirtschaft; Düsseldorf 1954

8 Vgl. Wangler, W.: a.a.O., S. 416 f

9 siehe z.B. Sonnemann, T.: Gestalten und Gedanken – Aus einem Leben für Staat und Volk; Stuttgart, Hannover 1975, S. 82 f

10 Vgl. Abel, W.: Die Altersversicherung der bäuerlichen Bevölkerung; Schriftenreihe für ländliche Sozialfragen Heft 17, Hannover 1956, S. 39 f

11 Vgl. Zöllner, D.: Soziale Sicherheit im Struktur- u. Funktionswandel der Landwirtschaft; in: Im Schatten des Wohlstandes? Schriftenreihe für ländl. Sozialfragen Heft 57, Hannover 1969, S. 21

12 Vgl. Zöllner, D.: a.a.O., S. 21

13 Vgl. Abel, W.: a.a.O., S. 34

14 Vgl. Agrarbericht 1977; Deutscher Bundestag, 8. Wahlperiode, Drucksache 8/80 vom 8.2. 1977, S. 81

15 Schmitt, G., Witzke, H.v.: Ungelöste Probleme und Inkonsistenzen in der landwirtschaftlichen Sozialpolitik; in Agrarwirtschaft 8/1974, S. 246.

16 Gesamtverband der landwirtschaftlichen Alterskassen (Hrgs); Quartalsstatistik der landwirtschaftl. Alterskassen; IV. Quartal 1976, Kassel S. 1

17 Agrarbericht 1977; a.a.O., S. 81

18 Nach § 39(1) GAL

19 Agrarbericht 1977, (Materialsammlung), S. 216, (vorläufige Daten)

20 Ebenda

21 Hier ohne sonstige Leistungen der Alterskassen

22 Ertl, J.: Die soziale Sicherung der landwirtschaftlichen Bevölkerung; in: der Landkreis 10/1976

23 Schmitt, G., Witzke, H.v. a.a.O., S. 250

24 Ebenda S. 252

25 Vgl. Schmitt, G., Witzke, H.v., a.a.O., S. 250 ff

26 – Wangler, W., a.a.O., S. 230;
– Zöllner, D., Agrarsozialpolitik im Zuge der sozialpolitischen Entwicklung, Schriftenreihe für ländl. Sozialfragen, Heft 75, Hannover 1976, S. 68

27 Vgl. Harbeck, H. u.a., Die Aufwendungen der Landwirte für ihre soziale Sicherung, Materialsammlung der ASG Nr. 137, Göttingen 1977, S. 57

28 Ebenda, S. 59

29 Vgl. Schmitt, G., Witzke, H.v.: Inkompatibilität und Inkonsistenzen sektorspezifischer Systeme sozialer Sicherung: Das Beispiel der landwirtschaftlichen Sozialpolitik; Institut für Agrarökonomie der Universität Göttingen (Hrsg), Working Paper No. 26, Göttingen 1975, S. 83

30 Ebenda S. 76 ff

31 Hagedorn, K., Konzeptionelle Agrarsozialpolitik – Grundsätzliche Überlegungen zum agrarsozialen Alterssicherungsziel –, Vierteljahresschrift für Sozialrecht, Bd. 5, Heft 2/3 1977, S. 216

32 Ebenda, S. 244

34 Vgl.: – Agrarbericht 1977, a.a.O., S. 81
– Statistiken des Gesamtverbandes der landwirtschaftlichen Alterskassen, Kassel

35 Vgl. Schmitt, G., Witzke, H.v.: Ungelöste ...; a.a.O., S. 245 ff

36 Riemann, F., Buchholz, P.: Der Krankenversicherungsschutz der landwirtschaftl. Unternehmer und ihrer Familien i.d. BRD, Materialsammlung der ASG Nr. 64, Göttingen 1967

37 Vgl. dazu die Ausführungen zur Altershilfe

38 Vgl. Protokoll der Sachverständigenanhörung zum Entwurf eines Gesetzes zur Krankenversicherung für Landwirte vom 1.3.1972

39 Vgl. die §§ 45 und 77 KVLG

40 Die Gründe dafür sind identisch mit den Gründen für die Übernahme der sog. „Alten Last" im Rahmen der Altershilfe

41 Verwaltungsbericht der LBG Unterfranken für das Jahr 1975, S. 52

42 Vgl. Harbeck, H. u.a., a.a.O., S. 93

43 Vgl. Harbeck, H. u.a. a.a.O., S. 49

44 Statistisches Jahrbuch über Ernährung, Landwirtschaft und Forsten der Bundesrepublik Deutschland 1976; Bundesinnenministerium für Ernährung, Landwirtschaft und Forsten (Hrsg.), Münster 1976, S. 47. (Auf familienfremde Arbeitskräfte begrenzte Daten liegen nicht vor)
45 Ebenda S. 251 ff
46 Wangler, W.; a.a.O., S. 58
47 BGBl I S. 1660 vom 31. Juli 1975,
siehe hierzu: – Noell, K.: Soziale Sicherung der landwirtschaftlichen Bevölkerung – Zwischenbilanz und Weiterentwicklung; in: Zur sozialen Sicherung der landwirtschaftlichen Bevölkerung; Schriftreihe für ländliche Sozialfragen Heft 75, Hannover S. 20 ff.
– Zusatzversorgung für Arbeitnehmer in der Land- und Forstwirtschaft; in: Soziale Sicherheit in der Landwirtschaft Heft 5/1974, Bundesverband der landwirt. Berufsgenossenschaft u.a. (Hrsg), Kassel 1974
48 Daten von 1975, Noell, K.: a.a.O., S. 21
49 Agrarbericht 1977; a.a.O., S. 81 (vorläufige Daten)
50 Agrarbericht 1971; Deutscher Bundestag, 6. Wahlperiode, Drucksache VI/1800 vom 12.02. 1971, S. 77 (errechnet)
51 Wangler, W., a.a.O., S. 8
52 Vgl. Eggers, K. J., Das System der agrarsozialen Sicherung in Frankreich, Berichte über Landw., Heft 3 1977, S. 441
53 Vgl. Schmitt, G., Witzke, H. v., Ungelöste ..., a.a.O., S. 245 ff

Bäuerinnen, Bauern und Landbewohner

Gerd Vonderach

Lebensverhältnisse in ländlichen Regionen

> **„Diese dreigeeint haben in unserer Zeit das Amt der Führung: Wissen der Welt, Fühlen des Sinns, Wollen des Rechten.“ (Gustav Landauer, 1915)**

Das neuerliche Interesse an der Region, am „Land“ und an der „Provinz“ kommt nicht von ungefähr. In ihm finden Veränderungen des gesellschaftlichen Bewußtseins – zunächst bei Minderheiten, unter Intellektuellen und Jugendlichen – ihren Bezugspunkt. Wenn diese Veränderungen auch vom erreichten Stand des materiellen Entwicklungsprozesses der Gesellschaft und von aktuellen Problemen und Krisen her verständlich werden, so bilden sie doch keinen bloßen vorhersagbaren, „ableitbaren“ Reflex auf die Verhältnisse, sondern sind lebendiger Ausdruck menschlicher Subjektivität, die sich aus entfremdeter Vergesellschaftung zu befreien versucht.

Sicherlich haben Ökologiekrise, Arbeitslosigkeit und die neuerliche Frage nach den Agenten und Leitideen gesellschaftlicher Veränderungen und veränderter Lebenspraxis dazu beigetragen, dieses Interesse zu fördern. Außerhalb der BRD kommen politische Kämpfe, die in der „Provinz“ – teilweise mit regionalistisch – autonomistischer Tendenz – geführt werden, hinzu. Die innere Kolonisation „unterentwickelter“ Regionen wird in den als Metropolen verstandenen kapitalistischen Industrieländern deutlicher wahrgenommen. Zugleich erscheint die Rückständigkeit, die „Ungleichzeitigkeit“ solcher Regionen nicht nur als ihr verachteter oder bemitleideter Mangel, sondern auch als positiv gesehene Nichtangepaßtheit an spätkapitalistische Lebensverhältnisse.

Teile der nicht-autoritären Linken haben ihr Herz für das „Land“, für die „Provinz“ entdeckt. Vielleicht kann eine derart veränderte Linke besser als bisher für eine humane Gesellschaft einen – vielleicht nur kleinen – Beitrag leisten, wenigstens keinen Beitrag in die falsche Richtung Überkapitalismus gleich „Sozialismus“. Die nicht-autoritäre Linke hat dafür vieles zu lernen und manches aufzugeben an alter scheinbarer Gewißheit, manches auch wieder aufzugreifen, was in der Geschichte des Landes und der Provinz, aber auch manches, was in der Geschichte der Linken zugedeckt wurde, als überwunden galt. Es gilt aufzugeben schlagwortartig genannt: Fortschrittsgläubigkeit, Technikgläubigkeit, Zentralitätsgläubigkeit und natürlich Parteigläubigkeit. Mündig, skeptisch und zugleich phantasievoll geworden gilt es die eigene entzweite Sozial- und Theoriegeschichte auf diese Gläubigkeit hin zu betrachten. Zugedecktes, Unterlegenes, „Unwissenschaftliches“

gilt es neu zu bewerten: utopischer Sozialismus, libertärer Sozialismus, christlicher Kommunismus, Anarchismus, mikrosoziale Experimente, Ansätze kommunitärer Praxis. Regionale und ländliche Widerstände – oft als reaktionär eingestuft – gilt es in Geschichte und Gegenwart auf Nichtangepaßtheit an die kapitalistisch-zentralistische Moderne hin zu betrachten, Widerstände unterdrückter Völker und Kulturen in dem zu erkennen, was sie für die Möglichkeit einer humanen Gesellschaft bedeuten.

1. Ländliche Lebensverhältnisse in der BRD?

Gibt es das überhaupt noch im Spätkapitalismus: Land, Region, Provinz, ländliche Region, ländliche Lebensverhältnisse?

Das Vordringen der kapitalistischen Produktionsweise war zugleich das Vordringen der Stadt, die Verstädterung des Lebens. Die Stadt war immer schon Ausdruck der Klassenherrschaft einer Gesellschaft, die zugleich auch Herrschaft der Stadt über das Land war. Gleichzeitig entfalteten sich in der Stadt verfeinerte Kultur, Zivilisation und Wissenschaft sowie Freiräume freieren bürgerlichen Lebens, zumindest in Europa. Nur klassenlose Stammeskulturen kannten und kennen keine Städte.[1] Bis zum Kapitalismus, bis zur bürgerlichen Gesellschaft war mit dem Vorherrschen der agrarischen Produktionsweise – sei diese nun gemeinschaftlich, parzellenhaft, feudal oder als Sklaverei organisiert – das Land Basis der gesellschaftlichen Produktion und Reproduktion, war die Naturabhängigkeit der Gesellschaftsabhängigkeit noch überlegen. Die Stadt war dem Land in parasitärer Symbiose aufgepfropft, lebte vom Land, das Land aber nicht von der Stadt. Die Stadt war Sitz der herrschenden Klasse und ihrer Beamten, Soldaten und Ideologen, Ort der Warenzirkulation und beginnenden Warenproduktion sowie des sich zunächst als Handels- und Wucherkapital entwickelnden Kapitals. Max Weber sah im Markt das Zentrum der Stadt seit dem Mittelalter, Keimzelle eines der agrarisch-feudalen Gesellschaft entgegengesetzten Lebensstils.[2] Markttauschwirtschaft, Warenzirkulation, dazu auch Geldwirtschaft und zunächst einfache, später auch kapitalistische Warenproduktion entstehen in der Stadt, am Rande der auf Eigenversorgung gerichteten agrarischen Produktionsweise.

Zunehmende Entfremdung von der eigenen Tätigkeit und voneinander kennzeichnet die Warentauschenden und Warenproduzenten. Nur als Warenbesitzer und Warenhüter, nicht als Subjekte in ihrem jeweiligen Arbeits- und Lebenszusammenhang interessieren sie sich füreinander.[3] „Vergesellschaftung der Ungenossen" nannte Max Weber diese soziale Beziehung. In der „unvollständigen Integration" sieht Hans Paul Bahrdt später den typisch städtischen Verhaltensstil, geprägt durch die Trennung von Öffentlichkeit und Privatheit.[4] Vermassung einerseits, Atomisierung andererseits bezeichnen die sozialpathologischen Endformen der Entfremdung der Lebensbereiche, deren Vermittlung im vernünftigen Handeln des bürgerlichen Individuums gelungen schien.

Der Prozeß der „Verstädterung“ begleitet das Vordringen der kapitalistischen Produktionsweise, die ihren Ausgangspunkt und ihr Zentrum in der Stadt hat, im Gegensatz zu allen früheren – agrarischen – Produktionsweisen. Auch die Arbeitskraft der Produzenten wird zur Ware, zu deren Angebot auf dem Arbeitsmarkt ihre Besitzer ökonomisch gezwungen sind. Ökonomisch vermittelte Klassenherrschaft und Ausbeutung bei gleichzeitigem Schein von Freiheit, Gleichheit und Tauschgerechtigkeit kennzeichnen die neuen Sozialverhältnisse. Die kapitalistische Produktionsweise ist industrielle Produktionsweise. Der Begriff der Industrie verbindet sich zunächst mit der Fabrikarbeit im sogenannten „sekundären“ Sektor der Güterproduktion; erst später – mit weiterem Vordringen des Kapitals in die „primären“ und „tertiären“ Sektoren – wird auch von Agrarindustrie oder aber von Kulturindustrie, Fremdenverkehrsindustrie etc. gesprochen. Der Fortschritt der Technologie erlaubt die Reduktion der Zahl der landwirtschaftlichen Produzenten bei gleichzeitigem Wachsen der hergestellten Produktenmasse. Aufgezwungen durch die Konkurrenz verändert sich auch die „primäre“ Naturaneignung durch Mechanisierung, Chemieprodukte, Produktspezialisierung, zuletzt durch verschärfte Barbarei der Tierhaltung, bis hin zur erkennbaren Zerstörung der Naturbasis der Produktion.

Loslösung von der Naturbasis und vom Boden ermöglicht und kennzeichnet die kapitalistisch-industrielle Produktion und die städtischen Lebensformen. Die „überschüssige“ Landbevölkerung strömt in die Städte; große Wanderungsbewegungen von Ost nach West, von den Dörfern in die Städte kennzeichnen die Bevölkerungsstruktur Deutschlands im letzten Jahrhundert. Die städtischen Fabrikarbeiter werden getrennt von dörflicher Kommunikation und Tradition, Familienhaushalt und Erwerbsarbeit fallen auseinander, die Kooperation erfolgt als fremdgesetzte in der Fabrik, ständige „Wanderbereitschaft“ (Mobilitätsbereitschaft heißt es heute) wird vorausgesetzt.

Davon wird das Land zunächst nur teilweise berührt; von einer „Verstädterung“ kann erst viel später gesprochen werden. Dennoch ändern sich in einem langsamen Prozeß die Beziehung des Dorfes zur Stadt und seine innere Verfaßtheit. Aus der äußeren politischen Abhängigkeit des Landes von der Stadt, die ökonomisch abhängig war von der Agrarproduktion, wird die ökonomische Abhängigkeit des Landes von der Entwicklung in den Städten und industriellen Ballungsgebieten. Das Land wird zunächst über die zunehmende Warenzirkulation in die städtische Ökonomie integriert; das Kleingewerbe auf dem Lande unterliegt der kapitalistischen Konkurrenz, die politische und kulturelle Autonomie der Gemeinden und Regionen wird immer mehr eingeschränkt, zuletzt wird auch die bäuerliche Agrarwirtschaft vom Kapital erfaßt.

Reste und Trümmer feudaler Produktionsweise wie einfacher Warenproduktion und -zirkulation, Reste und Trümmer nichtkapitalistischer Ideologie und Lebensweise erscheinen als rückschrittlich, als Provinz. Widerstandsmomente in der Tradition des Landes gegen seine kapitalistisch-zentralistische Unterwerfung erscheinen als konservativ und werden von reaktionären und faschistischen Bewegungen vereinnahmt. Die Linke, die Arbeiterbewegung und linke Intelligenz, steht nicht anders als die städtisch-liberale Bourgeoisie der Landbevölkerung im Bewußtsein des „Fortschritts" nur verständnislos und überheblich gegenüber. Anders als in anderen Ländern faßt die Linke in Deutschland auf dem Lande keinen Fuß. Dabei bleiben die sozialen Beziehungen und Orientierungen der städtischen Industriearbeiter häufig noch stark dem Lande verhaftet, durch Verwandtschaftskontakte mit der Dorfbevölkerung, der sie entstammen, durch den Kontakt zu Arbeitskollegen, die auf dem Lande leben, durch sehnsüchtige und auch materiell begründete Fortsetzung von Naturverbundenheit, etwa in der Kleingärtnerbewegung oder in der Haustierhaltung, wenn irgendmöglich.

Ernst Bloch sprach schon vor zwanzig Jahren von der gerade für Deutschland charakteristischen „Ungleichzeitigkeit", der widersprüchlichen Koexistenz entfalteter kapitalistischer und mitgeschleppter vorkapitalistischer Produktionsverhältnisse und Ideologien. Er kritisierte das Versäumnis der Linken, am „zurückgebliebenen" Bewußtsein und an seinem Inhalt des Widerspruchs gegen den Kapitalismus, an der romantischen Beziehung zur Vergangenheit, kurzum am „Liegengelassenen" anzuknüpfen. Der „falsch verstandene marxistische Forschrittsdeterminismus", die „Unterernährung der politischen Phantasie" der Linken habe diese „Erbschaft" dem Faschismus überlassen. Das „Wach-Traumhafte" müsse als spezifisches deutsches Erbe von der Linken zurückgeholt, die „Verschmelzung von Phantasie und Marxismus" zustandegebracht werden, nicht nur um der erfolgreichen Propaganda willen, sondern auch, um der Deformierung des Sozialismus zu begegnen, „damit wir nicht irgendwann einen Großkapitalismus von terrestischer Ausdehnung für die sozialistische Gesellschaft halten".[5]

Der Entwicklungsprozeß der deutschen Gesellschaft machte die städtische industrielle Warenproduktion zum Mittelpunkt der ökonomischen Reproduktion und die bisher vorherrschende agrarische Produktion zu einem Problembereich, er ließ das Lohnarbeitsverhältnis zum beherrschenden Arbeitsverhältnis auch außerhalb der Fabrik werden und die städtische Lebensweise zur bestimmenden. Dieser Zustand war in etwa in Deutschland schon Ende des 19. Jahrhunderts erreicht, trotz noch großer agrarischer Regionen. Außerökonomische Einwirkungen während und nach den beiden Weltkriegen, wie etwa der zunächst vom Lande aufgefangene große Flüchtlingseinstrom nach dem 2. Weltkrieg, waren bloße Modifikationen innerhalb einer kontinuierlichen langdauernden Entwicklung. Ab 1950 etwa vollzog sich dann ein beschleunigter Strukturwandel auf dem Lande in der BRD. In diesem Zeitraum vollzieht sich mit der Entwicklung des westdeutschen Kapitals eine weitgehende kapitalistische Durchdringung aller Produktionssektoren, Regionen und Lebensbereiche, die möglicherweise gegenwärtig krisenhaft einen Endpunkt erreicht hat. Von daher erscheint es sinnvoll, vom Ende der Verstädterung zu sprechen, da sich die Stadt, einst eine „Insel" im Land, dann dominierend, grundsätzlich nicht mehr vom Rest der Gesellschaft unterscheiden läßt.[6]

Dennoch gibt es in der BRD noch Provinzen, noch ländliche Regionen in einem allerdings veränderten Sinn. Zwar verschwinden allmählich die Reste vorindustrieller Produktions- und Lebensformen, aber bei zunehmender Integration und Abhängigkeit der ländlichen Regionen setzt sich die kapitalistische Produktionsweise doch ungleichmäßig, phasenverschoben und in spezifischer Arbeitsteilung durch.[7] Agglomerationsvorteile der städtisch-industriellen Zentren verstärken die räumliche Konzentration, die bei Verwertungsvorteilen für die Einzelkapitale durchaus zunehmende gesellschaftliche Kosten bedeuten kann. Die Ausdehnung der industriellen Produktion auf das Land erfolgt unterschiedlich nach Produktionssektoren und Branchen und in Abhängigkeit von den städtischen Zentren des Kapitals und der konjunkturellen wirtschaftlichen Entwicklung. Gleichzeitig hat sich die politische Abhängigkeit der Provinz durch Gebiets-, Gemeinde- und Verwaltungsreformen verstärkt. Die Kapitalisierung und Industrialisierung des Landes erfolgt nicht nur ungleichmäßig und in Abhängigkeit, sondern schafft industrielle Produktionsstrukturen und Lebensformen in Mischung mit vorindustriellen Formen, während in den städtischen Zentren längst der sogenannte „tertiäre" Sektor in den Vordergrund getreten ist. Produktionsstruktur, Klassenstruktur und Erwerbsstruktur auf dem Lande haben sich entscheidend geändert, ebenso die Lebensformen und Lebensverhältnisse; sie sind dennoch andere als in den städtischen Zentren.

Der Verstädterungsprozeß der westdeutschen Gesellschaft hat das Territorium nicht gleichmäßig und gleichzeitig erfaßt. Man kann eine Bevölkerungskonzentration und weitestgehende „moderne" Entwicklung der Erwerbsstruktur und Lebensweise in zehn großen sogenannten Verflechtungsräumen feststellen, die „Knoten der Verstädterung" und „zugleich Problemknoten dieser Art von Gesellschaft" sind.[8] Die staatliche Raumordnungspolitik geht weiterhin von insgesamt 24 Verdichtungsräumen aus, in denen auf nur 7 % der Fläche der BRD die Hälfte der Bevölkerung lebt.

Innerhalb der ländlichen Regionen weicht die Entwicklung vieler Klein- und Mittelstädte mit zunehmender Schwerpunktfunktion wiederum von der Entwicklung des „Landes" im engeren Sinne, den eigentlichen Landgemeinden, ab, in denen vor allem ein Verlust an Erwerbsmöglichkeiten und kultureller, politischer und wirtschaftlicher Autonomie auftritt. Hier ist ungleiche Entwicklung und räumliche Konzentration noch einmal in den ländlichen Regionen selbst wiederzufinden.

Die kapitalistische Produktionsweise ist von ihrem Wesen her eine dynamische. Sie muß immer weitere Regionen, Gesellschaften, Lebensbereiche und Produktionssektoren erobern, um weiter existieren zu können. Und sie muß dabei Menschen vorfinden oder formen, die bereit und fähig sind zur industriell organisierten Lohnarbeit, deren Existenzbedürfnisse zugeschnitten sind auf die kapitalistische Warenkultur, die bereit und fähig sind, Entfremdung von anderen Menschen, von der Arbeit und von der Natur zu ertragen. Dafür bietet sie „Fortschritt". Akkumulation, erweiterte Reproduktion des Kapitals ist die Möglichkeit und Voraussetzung zur Fortexistenz dieser Produktionsweise. Mehr noch als das wertmäßige Wachstum vervielfacht sich dabei die Summe der hergestellten Gebrauchswerte, beschleunigt und vergrößert sich der Stoffwechsel mit der Natur. Massenhafte Mehrproduktion von Gebrauchswerten ist das Ergebnis, das als „Fortschritt" erscheint.

Ergebnis dieser Dynamik ist nicht nur die Kapitalisierung immer neuer Produktionsbereiche, Produzenten und Regionen, sondern auch die ständige Verschiebung der Produktionsstruktur einer Gesellschaft und damit auch der Erwerbs-, Berufs- und Sozialstruktur der Bevölkerung, von der „Mobilitätsfähigkeit" und -bereitschaft verlangt wird.

Was und wer immer sich gegen diese Dynamik sträubt oder wehrt, wird niedergewalzt durch die überlegene ökonomische Macht und Fähigkeit des Kapitals, das in der Konkurrenz strengste Rationalität im einzelnen Produktionsprozeß durchsetzt. Die Rationalität und Rentabilität der Einzelkapitale ist aber nicht identisch mit sinnvoller und langfristiger Ökonomie einer Gesellschaft in der Verwendung ihres Arbeitsvermögens und ihres Naturreichtums zum Zwecke der Produktion ihrer Lebensmittel und zur Ermöglichung menschlichen Lebens. Je mehr sich beides auseinander entwickelt – was nie identisch war–, je mehr die Mitglieder der Gesellschaft diese Auseinanderentwicklung als Problem erfahren, desto mehr erweist sich kapitalistisch-industrieller „Fortschritt" als fortschreitende Destruktion menschlichen, gesellschaftlichen und natürlichen Lebens. Ein solches aufkeimendes Bewußtsein sperrt sich notgedrungen den Entwicklungszwängen des Kapitals und entwickelt Maßstäbe und Verhaltensweisen, die erste Voraussetzungen für eine nichtkapitalistische Lebens- und Gesellschaftspraxis sein können und zugleich über die vorherrschenden Veränderungs- und Sozialismusideen hinausreichen.[9] Dabei ist zu fragen, inwieweit sich eine solche Kritik und Veränderungsvorstellung auf regionale und ländliche Strukturen, Traditionen und Entwicklungsprozesse beziehen kann.

2. *Sozialer und ökonomischer Strukturwandel am Beispiel des Nordwestraumes Niedersachsens*

Die wirtschaftliche und gesellschaftliche Entwicklung der Bundesrepublik veränderte die ländliche Sozialstruktur und Lebensweise in einem kurzen Zeitraum seit etwa 1950 in einem bisher unbekannten Ausmaß. Erst in dieser Zeit setzte sich die kapitalistische Produktionsweise auch auf dem Lande und in ländlichen Regionen überall durch. Thesenartig lassen sich einige Merkmale dieser Entwicklung und ihrer Auswirkungen benennen:

– Die Landwirtschaft wurde in diesem Zeitraum in den kapitalistischen Zirkulationsprozeß und in modifizierter Form auch in den kapitalistischen Produktionsprozeß integriert.[10]

Der Anteil der Landwirtschaft an der Erwerbsbevölkerung der BRD sank kontinuierlich; das gilt gleichermaßen auch für ihren Anteil an der im ländlichen Raum lebenden Erwerbsbevölkerung mit der Folge, daß die bäuerlichen Klassen – zunächst quantitativ – ihre Dominenz auf dem Lande verloren haben.

– Nicht annähernd gleich stark vollzog sich die Abwanderung der ländlichen Bevölkerung in die Stadt und in industrielle Ballungsgebiete. Die Diskrepanz zwischen diesen beiden Entwicklungen wird durch die außerordentliche Zunahme des Pendlerwesens vom Land in die Stadt erklärt.

– Allerdings zeigten sich in verschiedenen ländlichen Regionen in Randlage zu den geographisch konzentrierten Entwicklungszentren des Kapitals Phänomene stärkeren Bevölkerungsschwundes (zum Teil relativiert durch Geburtenüberschüsse) und insbesondere der „Unterentwicklung" und Unterbeschäftigung. Industrieansiedlungsprojekte in diesen Regionen brachten überwiegend keine ausreichenden Erfolge, ebensowenig wie staatliche Förderung der „Qualifizierung" und „Mobilität" der Arbeitskräfte.[11] Einen politisierenden Faktor stellen die Versuche von Staat und Industriekonzernen dar, ökologisch bedrohliche Industrie in solche Regionen zu verlagern oder dort aufzubauen.

– Während in der Stadtbevölkerung der BRD der Anteil der Dienstleistungsbeschäftigten und der neuen Mittelklasse immer mehr wuchs und die städtische Kultur prägt, entwickelte sich auf dem Land immer stärker die industrielle Lohnarbeiterschaft zur quantitativ überwiegenden Bevölkerungsgruppe, ohne jedoch einen der ehemaligen bäuerliche Klasse vergleichbaren gesellschaftlichen Einfluß zu gewinnen. Diese auf dem Land lebende Industriearbeiterschaft bildet einen größer gewordenen Teil der westdeutschen Industriearbeiterschaft, vor allem in den Schichten der als Unqualifizierte oder Halbqualifizierte eingesetzten Massenarbeiter. Sie pendelt zu einem großen Teil zwischen Land (als Wohnsitz und Lebensbereich) und Stadt (als Arbeitsort) und zwischen Landwirtschaft (als ehemalige Bauern, Bauernkinder, Landarbeiter, mit Restlandwirtschaft oder zumindest Bodenbesitz) und Industrie. Bewußtseinslagen und Verhaltensweisen dieser Arbeiter sind von großer, bisher weitgehend unbeachtet gebliebener Bedeutung. Nach wie vor ist das Land stärker als die Stadt der Lebensbereich der handarbeitenden Klassen der Gesellschaft, die heute aber anders als noch vor wenigen Jahrzehnten auch auf dem Lande mehrheitlich als produktive Arbeiter direkt vom Kapital vereinnahmt werden.

– Die Kapitalisierung der Landwirtschaft, die tiefgreifenden Veränderungen der Erwerbs- und Sozialstruktur sowie die allgemeine ökonomische und kulturelle Entwicklung (Warenproduktion und -zirkulation, Massenmedien und Bildungswesen, Zentralisierung und Bürokratisierung), die phasenverschoben auf dem Lande vordrang, veränderten die Lebenslage und Lebensweise der ländlichen Bevölkerung in Richtung auf eine Annäherung an die Stadtbevölkerung und kapitalistisch geprägte Lebensformen. Von einer völligen Gleichartigkeit kann aber nicht gesprochen werden; teils sind Reste kommunikativer und unentfremdeter ökonomisch-praktischer Vergesellschaftung noch von starker Lebenskraft, teils schlägt Vereinzelung und Entfremdung – aufgefangen durch Familie und Bodenbesitz – stärker durch.

– Sowohl im ökonomischen als auch im politischen und im kulturell-ideologischen Bereich wird das Land immer stärker von der Stadt bzw. von zentralisierten Funktionsträgern des Kapitals, des Staates und der sozialen und kulturellen Institutionen bestimmt. Der Verlust ländlicher und regionaler Autonomie führte in Ansätzen zu Widerstandshandlungen, teilweise verbunden mit der Abwehr von aufgezwungener umweltbedrohender Produktion.

Diese Entwicklung soll im Folgenden am Beispiel des Nordwestraumes Niedersachsens veranschaulicht werden, dessen beschleunigter sozialer und ökonomischer Strukturwandel in erster Linie durch die genannten Merkmale geprägt ist.

Der Nordwestraum gliedert sich in die historischen Regionen Ostfriesland, Emsland und Oldenburg, „soziale Räume", die von ihren Bewohnern als „ihre Region" empfunden werden, im Gegensatz zu den Abstraktionen räumlicher Einteilung in der administrativen Planerwissenschaft.[12]

Die ältere bürgerliche Soziologie in Deutschland vermied noch die Planerabstraktionen. So argumentiert Georg Simmel, daß nicht der geographische Raum (der „Naturraum„) und seine sogenannten natürlichen Grenzen von gesellschaftlicher Bedeutung sind, sondern der Raum, den seine Bewohner in seiner Einzigartigkeit und Abgrenzung empfinden:

„Nicht der Raum, sondern die von der Seele her erfolgende Gliederung und Zusammenfassung seiner Teile hat gesellschaftliche Bedeutung. Diese Synthese des Raumstücks ist eine spezifisch-psychologische Funktion, die, bei aller scheinbar ‚natürlichen' Gegebenheit, durchaus individuell modifiziert ist; aber die Kategorien, von denen sie ausgeht, schließen sich allerdings, mehr oder weniger anschaulich, an die Unmittelbarkeit des Raumes an."

„Die Grenze ist nicht eine räumliche Tatsache mit soziologischen Wirkungen, sondern eine soziologische Tatsache, die sich räumlich formt."[13]

Die Annahme der Arbeitsgruppe „Industrieller Ballungsraum" von der Universität Essen, daß die von Georg Simmel genannten räumlichen Identifikationsmomente der Gemeinsamkeit soziokultureller und „landsmannschaftlicher" Prägungen und der Eindeutigkeit des „Bewußtseins der Eingegrenztheit" heute etwa für das Ruhrgebiet nicht mehr gelten[14], kann für die Regionen des Nordwestraums bezweifelt werden. Wenn demgegenüber heute staatliche „Raumordner" und „Raumplaner" Regionen unter Absehen vom erlebten, geschichtlich entstandenen sozialen Raum charakterisieren, abgrenzen und einteilen, so kennzeichnet das die angewachsene Verfügung administrativer Politik und Wissenschaft gegenüber den Betroffenen und ihrem Lebensraum als Planungsobjekten und zugleich die weiter angewachsene Verarmung einer kapitalistisch sozialisierten Bevölkerung an geschichtlichen, räumlichen und sozialen, d. h. gruppenmäßigen Identifikationsmöglichkeiten.

Als Ergebnis der Verwaltungs- und Gebietsreform, mit der sich niedersächsische Planer und Regionen seit einigen Jahren um mehr „Effektivität" bemühen – übrigens ohne die Betroffenen danach zu fragen, ob sie solche „Reform" benötigen, und in der Regel gegen deren Widerspruch – wurden im September 1977 mehrere Kreise zusammengelegt und entstand im Februar 1978 aus den bisherigen Regierungsbezirken Ostfriesland, Osnabrück und Oldenburg der neue Großbezirk Weser-Ems, der übrigens mit dem Reichsgau Weser-Ems der Nazizeit weitgehend identisch ist. Der Nordwestraum Niedersachsens, der hier untersucht wird, bezieht sich auf diesen neuen Großbezirk, allerdings in den Kreisgrenzen vor dem September 1977 und unter Ausklammerung der Region Osnabrück (Stadt- und Landkreis Osnabrück), die unter dem Gesichtspunkt der „Unterentwicklung" und Unterbeschäftigung besser gestellt ist als die übrigen Regionen und auch als „sozialer Raum"

Nordwestraum Niedersachsens
Ostfriesland – Emsland – Oldenburg

Stand: vor dem 1.9.1977

eine durchaus eigene Geschichte und Identität aufweist. Wenn man die Plankriterien für die „Entwicklung" einer Region zugrunde legt – nämlich Bevölkerungsdichte, Industriedichte und wirtschaftliche Leistungskraft, gemessen etwa am Bruttoinlandprodukt und Realsteueraufkommen pro Kopf der Bevölkerung[15] –, dann handelt es sich bei den drei Nordwest-Regionen um unterdurchschnittlich entwickelte Räume im Vergleich zum Durchschnitt der BRD, teilweise um „unterentwickelte" Räume.

Land und Region können nicht gleichgesetzt werden. Dennoch kann man mit einigem Recht von ländlichen Regionen sprechen, wenn diese stärker als andere Regionen in der BRD von ländlichen Siedlungstrukturen und Lebensverhältnissen geprägt werden. Statistisch abzulesen ist das etwa am überdurchschnittlichen Anteil der Bewohner von Landgemeinden oder am geringen Anteil der Großstadtbevölkerung. Daher kann man durchaus vom Nordwestraum als einer ländlichen Region sprechen, trotz der Städte von regionaler Bedeutung. Nur zwei Fünftel der Gesamtbevölkerung des Nordwestraums mit seinen mehr als 1,6 Millionen Menschen leben in Städten mit mehr als 15 000 Einwohnern. Mittelpunkt des Nordwestraums ist die Stadt Oldenburg, andere Städte mit regionaler Bedeutung sind Wilhelmshaven, Delmenhorst, Emden, Nordhorn, Lingen, Meppen, Leer, Aurich, Nordenham.

Das Emsland mit seiner überwiegend katholischen Landbevölkerung gilt seit langem als „rückständig". Weite Teile des Landes waren bis Anfang dieses Jahrhunderts Moor. Die Landbevölkerung lebte abgeschnitten von der wirtschaftlichen Entwicklung Deutschlands von karger Landwirtschaft und Torfgewinnung und erlitt Geschichte durch überwiegend fremde Herren. Die nördlichen Gebiete Aschendorf, Hümmling und Meppen waren lange Zeit Teil des Bistums Münster, während Lingen und Bentheim Grafschaften waren. Nach dem Wiener Kongreß von 1815 wurde das gesamte Emsland dem Königreich Hannover zugeschlagen, das wiederum selbst mitsamt dem Emsland nach der Niederlage von 1866 dem Sieger Preußen zufiel. Eine größere industrielle Entwicklung gab es nur im Bentheimer Land, wo sich vor allem in Nordhorn seit hundert Jahren die Baumwollindustrie entwickelte. Insgesamt aber mußten in dem geburtenreichen Land viele Menschen die Region verlassen, um nicht zu verhungern. Das gilt auch heute noch. Die augenfällige Unterentwicklung des Emslandes führte nach den beiden Weltkriegen zur planmäßigen Erschließung der Moore für die Landwirtschaft und zum Ausbau der Infrastruktur. Inzwischen aber lebt die Mehrheit nicht mehr von der Landwirtschaft; andere Arbeitsplätze jedoch gibt es zu wenig.

Von den drei Regionen ist Oldenburg die größte, wirtschaftlich entwickeltste und am stärksten in sich gegliederte Region. Historisch besaß dieses Land am längsten Selbständigkeit. Die alte Grafschaft Oldenburg hatte ihren Ausgangspunkt im Mittelteil der Region und erweiterte sich zunächst um die Wesermarsch, im Jahre 1803 umd die südlichen Gebiete Cloppenburg, Vechta und Wildeshausen, 1818 um das Jeverland und erst 1937 kam Wilhelmshaven hinzu. Das Großherzogtum Oldenburg wurde 1919 Freistaat und 1946 Verwaltungsbezirk des Landes Niedersachsen. Der bis 1978 bestehende Bezirk gliederte sich in drei kreisfreie Städte und sechs Landkreise. Eine deutliche Konfessionsgrenze durchzieht die Region. Der überwiegend evangelischen Bevölkerung in den nördlichen und mittleren Teilen steht eine katholische Bevölkerung in den südlichen Kreisen Cloppenburg und Vechta gegenüber, die früher dem Bistum Münster angehörten. Die wirtschaftliche Entwicklung der Region verlief unterschiedlich. Die Landwirtschaft hat trotz Rückgangs der Erwerbstätigenzahl immer noch eine beträchtliche Bedeutung. Industrielle Bedeutung haben vor allem die Städte Nordenham und Wilhelmshaven-Schortens. Oldenburg ist das Handels-, Verwaltungs- und Dienstleistungszentrum der Region.

Ostfriesland gilt als eine typische Problemregion. Hohe Arbeitslosigkeit, nicht erst seit heute, verdeutlicht die Probleme seiner Bewohner. Sprache und ausgeprägtes Bewußtsein eigener Identität in Geschichte und Lebensformen lassen Restelemente regionaler Kultureigenart erkennen wie sonst in kaum einer deutschen Region. Noch im Mittelalter gab es ein ungeteiltes Friesland vom heutigen niederländischen Westfriesland bis zur Weser. Die daraus abgetrennte Grafschaft Ostfriesland wurde 1744 preußisch, 1815 hannoverisch, 1866 wieder preußisch und schließlich 1945 Teil des Landes Niedersachsen, bis 1978 als eigener Regierungsbezirk Aurich mit der kreisfreien Stadt Emden und vier Landkreisen. Historisch ist zwischen der ehemals reichen und von Klassengegensätzen beherrschten Marschlandwirtschaft und der kargen Land- und Torfwirtschaft in den Fehngebieten zu unterscheiden. Insbesondere seit den 50er Jahren verringerten sich die Erwerbsmöglichkeiten in der Landwirtschaft und verstärkten den Druck der Unterbeschäftigung. Völlig unzureichende industrielle Arbeitsmöglichkeiten prägen heute die Lebensbedingungen in Ostfriesland.[16] Die Errichtung eines VW-Zweigwerkes in Emden im Jahre 1964 schuf nur eine teilweise Entlastung.

Im Durchschnitt ist die Bevölkerungsdichte des Nordwestraums nur etwa halb so hoch wie in der Bundesrepublik insgesamt. Die Mehrzahl der Einwohner wohnt in ländlichen Gemeinden. Von 1961 bis 1970 hat deren Bevölkerungsanteil eher zugenommen als abgenommen[17], obwohl in dieser Zeit ein erheblicher wirtschaftlicher Strukturwandel zu ungunsten der ländlichen Erwerbsmöglichkeiten stattfand. Die Zunahme des Berufspendlerwesens zwischen Stadt und Land erklärt diese gegensätzliche Entwicklung von Bevölkerung und Erwerbstätigkeit auf dem Lande. Ähnliches gilt für den Vergleich der Bevölkerungsentwicklung der Nordwest-Regionen als insgesamt ländlicher Regionen mit der BRD als ein im Durchschnitt stärker industrialisiertes und verstädtertes Land. Zwar wanderte von 1950 bis 1961 ein Teil der nach dem Kriege mehr als in andere Teile der Bundesrepublik eingeströmten Flüchtlinge wieder ab, so daß die Bevölkerungszahl in Oldenburg und Ostfriesland um etwa 4 % zurückging; ab 1961 aber stieg die Bevölkerungszahl stärker als im Bundesgebiet insgesamt – trotz zurückgehender Erwerbschancen. Der Grund dafür liegt in den – bis vor kurzem – hohen Geburtenüberschüssen vieler ländlicher Gebiete, insbesondere der katholischen Landkreise im Emsland und in Südoldenburg. Das Emsland erfuhr in den meisten Jahren – wie schon früher – einen Wanderungsverlust, der aber unter den Geburtenüberschüssen lag. In Ostfriesland gab es dagegen kaum einen relevanten Wanderungsverlust; in Oldenburg überwog in einigen Gebieten die Zuwanderung (Delmenhorst als Wohnvorort Bremens sowie die Umlandgemeinden von Oldenburg), in anderen Gebieten die Abwanderung (Wesermarsch).

Zurückgehende Erwerbsmöglichkeiten in der Landwirtschaft führten zu einem Rückgang der Erwerbstätigkeit der Bevölkerung, insbesondere der Frauen, der über dem demographisch bedingten Rückgang der erwerbsfähigen Altersgruppen liegt. Bei zunehmender Bevölkerung ging die Zahl der Erwerbstätigen von 1961 bis 1970 absolut zurück und verringerte sich die Erwerbsquote von 45 % auf 40 %. Das gilt für den Durchschnitt der Regionen und insbesondere für die Landgemeinden, nicht aber für die Städte, in denen die Erwerbstätigkeit der Wohnbevölkerung eher zunahm. Erst recht steigerte sich die Bedeutung der Städte als Arbeitsort auch für das ländliche Umland. Generell nahm das Berufspendlerwesen beträchtlich zu, vor allem in Ostfriesland: Fast jeder zweite Erwerbstätige in ostfriesischen Landgemeinden ist ein Auspendler, im Emsland und in Oldenburg etwa jeder Dritte. Einige Städte wurden die wachsenden Arbeitsplatzzentren für die Pendler: Emden seit der Errichtung des VW-Zweigwerkes, Oldenburg mit vielen Arbeitsplätzen im tertiären Sektor, Meppen im Emsland mit dem Bundeswehrschießplatz sowie Aurich als Verwaltungssitz Ostfrieslands. Erkennbar ist, daß weniger die ökonomische Gesetzmäßigkeit der Kapitalbewegung zu vermehrten Arbeitsplätzen in diesen Städten für die durch den kapitalistischen Verdrängungswettbewerb freigesetzten ländlichen Arbeitskräfte führte, als vielmehr die bewußt korrigierende oder naturwüchsig verlaufende staatliche Tätigkeit (Industrieansiedlungsförderung, Bundeswehrstandorte, Ausdehnung der allgemeinen Staatsverwaltung, des Bildungsbereichs etc.). Dagegen stagnieren die Einpendlerzahlen nach Nordhorn, dem Zentrum der Textilindustrie im Emsland, und sind die noch bis 1961 angestiegenen Pendlerzahlen nach Leer und Schortens (bei Wilhelshaven) seitdem aufgrund der verringerten Belegschaftszahlen der Olympia-Büromaschinenwerke zurückgegangen.

Die Beschäftigungsprobleme des Nordwestraums sind das Resultat seiner bis nach dem 2. Weltkrieg vorherrschenden agrarischen Produktionsweise und seiner weit unterdurchschnittlichen Industrialisierung. Noch 1950 waren etwa zwei Fünftel der Erwerbstätigen in der Landwirtschaft tätig, in den meisten Landkreisen die große Mehrheit. Der seit 1950 in der BRD erfolgte Freisetzungsprozeß in der Landwirtschaft, der zunächst die Landarbeiter, dann die Bauernkinder und schließlich die Bauern selbst mit den Übergangsformen des „Zuerwerbs-" und „Nebenerwerbslandwirts" erfaßte, wirkte sich daher in den agrarisch geprägten Nordwestregionen schwerwiegender aus als in industrialisierteren Regionen. Die aus der Einbeziehung der Landwirtschaft in das westeuropäische Agrarmarktsystem entstandene Konkurrenz erzwang eine industrieähnliche Rationalisierung, Mechanisierung und Spezialisierung der Landwirtschaft mit dem Erfolg einer beispiellosen Produktivitätssteigerung und einer nur durch die Nachfragestruktur begrenzten Produktionsausweitung bei ständig verringerter Zahl der bäuerlichen Produzenten. Für die Bauern bedeutete dieser „Fortschritt" eine ständige Verschlechterung ihrer gesellschaftlichen und materiellen Lage, eine Verdichtung und Verlängerung ihrer Arbeitszeit, eine zunehmende Abhängigkeit von kapitalistischen Industrie- und Handelsunternehmen und schließlich den Zwang zur allmählichen Hofaufgabe und zur industriellen Lohnarbeit als leicht auswechselbare Arbeitskräfte ohne industriell-handwerkliche Berufsausbildung.

Das Problem der „überschüssigen" Landbevölkerung, das in Deutschland im letzten Jahrhundert große Binnenwanderungen auslöste, prägte daher die Nachkriegsgeschichte des Nordwestraums stärker als die anderen Regionen. Das Problem wurde zunächst noch verschärft durch das massenhafte Einströmen von Flüchtlingen, die aber teilweise wieder abwanderten. Die Rekonstruktion des westdeutschen Kapitals bis in die zweite Hälfte der 60er Jahre verdeckte auch für den Nordwestraum teilweise die Beschäftigungsprobleme, obwohl etwa in Ostfriesland immer Arbeitslosigkeit herrschte und aus dem Emsland, der Wesermarsch und anderen Gebieten Arbeitskräfte abwanderten. Es setzte eine gewisse, auf einzelne Gebiete und Städte beschränkte Industrialisierung ein, nicht ohne massive Unterstützung durch den Staat und Vorleistungen seitens der Gemeinden. Die staatlichen Vergünstigungen konnten zusammen mit Standortvorteilen (Küstennähe, unbeschäftigtes Arbeitskräftepotential bei allgemeiner Verknappung der Ware Arbeitskraft, unterdurchschnittliche Lohnkosten) im begrenzten Umfang die Agglomerationsvorteile der Industriegebiete und Ballungszentren zeitweilig ausgleichen. Neue Industriebetriebe und Zweigwerke entstanden vor allem in Emden, Leer, Wilhelmshaven-Schortens, Nordenham, daneben eine Reihe von Klein- und Mittelbetrieben in einigen Landkreisen, zum Teil zur Weiterarbeitung von Agrarprodukten.

Nicht immer waren die Ansiedlungsbemühungen erfolgreich; es gibt mehrere Beispiele von Betrieben, die staatliche Hilfen in Anspruch nahmen und nach einigen Jahren wieder geschlossen wurden. Die Industrialisierung erreichte oder übertraf nur in der Stadt Emden, der Grafschaft Bentheim (Nordhorn) und den Kreisen Friesland (Schortens) und Wesermarsch (Nordenham) die durchschnittliche Industriedichte in der Bundesrepublik. Sie stoppte mit dem allgemeinen Rückgang der Industriebeschäftigung seit Anfang der 70er Jahre und zeigt nur noch in wenigen Landkreisen einen begrenzten Fortschritt (Aschendorf-Hümmling, Lingen, Vechta). Wenn der Wirtschaftsbereich des produzierenden Gewerbes (Industrie, Handwerk, Bergbau, Baugewerbe) nicht den Beschäftigungsanteil erreicht und vermutlich auch nicht mehr erreichen wird, der allgemein für die BRD gilt, so mußte das bei gleichzeitiger Dezimierung der agrarischen Beschäftigung zur regionalen Unterbeschäftigung führen.

Trotz zurückgebliebener Produktionsstruktur ist nunmehr in Ostfriesland und Oldenburg der tertiäre Sektor stärker als im Bundesdurchschnitt vertreten. Die ehemals beträchtliche und inzwischen geschrumpfte Beschäftigung im Hafen- und Schiffahrtsbereich innerhalb des generell rückläufigen Beschäftigungssektors „Verkehr" zählt dazu, das Fremdenverkehrsgewerbe auf den ostfriesischen Inseln, der Handel mit erst in letzter Zeit rückläufiger Beschäftigung, vor allem aber die stark angestiegene staatliche Beschäftigung, wozu neben regionalen Verwaltungen und Dienstleistungen vor allem die zahlreichen Bundeswehrstandorte sowie die

Marinewerkstätten in Wilhelmshaven gehören. Mehr noch als in anderen Regionen fungiert der Staat als mittelbarer oder unmittelbarer Beschäftigungsagent.

Das Verhältnis zwischen Stadt und Land und die berufliche Sozialstruktur haben sich in der Zeit des Strukturwandels seit 1950 entscheidend geändert. In einem großen Ausmaß ist die Landbevölkerung auf Beschäftigungsmöglichkeiten in der Stadt angewiesen, was durch die vervielfachten Zahlen der Berufspendler veranschaulicht wird. Die Erwerbsstruktur und Berufsstruktur haben sich in diesem Prozeß sowohl in den Städten als auch in den Landgemeinden wesentlich verschoben, allerdings nicht mit gleichem Ausgangspunkt und nicht mit gleichem Ergebnis. Die Entwicklung der erwerbstätigen Wohnbevölkerung in den Städten, die eher dem dominierenden Entwicklungstrend in der Bundesrepublik entspricht, stellt einen „fortgeschritteren" Stand der spätkapitalistischen Produktionsstruktur und Vergesellschaftung dar als die gleichwohl stärkeren Umbrüche in der auf dem Lande wohnenden Bevölkerung. Die Tätigkeit der Stadtbevölkerung im industriellen Bereich geht zurück – und entsprechend der Anteil der Arbeiterschaft – und wird durch die vordrängende Beschäftigung im privaten und staatlichen Dienstleistungsbereich mit einem Übergewicht der Angestellten und Beamten ersetzt. Demgegenüber stieg in der Landbevölkerung bei reduzierter Agrarwirtschaft die Beschäftigung in Industrie (einschl. Baugewerbe) und Dienstleistungsbereich gleichermaßen. Die Industriearbeiterschaft wurde dadurch zur größten ländlichen Bevölkerungsgruppe, während die Landarbeiterschaft, die früher in der ländlichen Arbeiterschaft stark vertreten war, fast ganz verschwunden ist. Nicht nur sank auf dem Lande der Bevölkerungsanteil der Selbständigen, hinzu kommt, daß die ländlichen Lohnabhängigen im größeren Umfang als früher in kapitalistischen Unternehmen oder beim Staat beschäftigt werden statt in bäuerlichen und handwerklichen Betrieben. Schließlich kann festgehalten werden, daß auf dem Land – und entsprechend in ländlichen Regionen – die handarbeitenden Klassen einschließlich ihrer direkt vom Kapital „produktiv" ausgebeuteten Mehrheit stärker als in den Städten vertreten sind.

Tab. 1: Bevölkerungsstruktur des Nordwestraums

		Ostfriesland	Emsland	Oldenburg	Nordwestraum	Niedersachsen
Wohnbevölkerung	31.12.1976	413120	352702	873495	1639317	7226897
Bevölkerungsdichte (Einw. pro qkm)	1976	132	91	159	131	152
Bevölkerungsanstieg	1950–1976	+ 7,3 %	+ 12,1 %	+ 7,7 %	+ 10,3 %	+ 6,3 %
Anteil der Landbevölkerung*) (Gemeinden unter 15000 Einw.)	1961	72 %	67 %	54 %	62 %	
	1970	73 %	68 %	56 %	63 %	
jährl. Geburtenüberschuß bzw. -defizit	1961	+ 1,08 %	+ 1,64 %	+ 1,04 %		+ 0,75 %
	1975	+ 0,04 %	+ 0,42 %	– 0,06 %		– 0,25 %
jährl. Wanderungsgewinn bzw. -verlust	1961	– 0,06 %	– 0,74 %	– 0,05 %		+ 0,14 %
	1975	+ 0,01 %	– 0,35 %	+ 0,27 %		– 0,11 %
Anteil der Bevölkerung im erwerbsfäh. Alter (15–65 J.)	1961	63 %	62 %	65 %	63 %	65 %
	1970	60 %	58 %	62 %	60 %	62 %
Anteil der Erwerbstätigen an der Wohnbevölkerung (Erwerbsquote)	1961	45 %	56 %	45 %	45 %	46 %
	1970	40 %	40 %	40 %	40 %	43 %

Quelle: Eigene Berechnungen nach Statistik von Niedersachsen, Bd. 27, 190, 191, 193, 194. Statistische Monatshefte Niedersachsen, H. 8/1976, H. 2/1977 (für die Daten von 1975 und 1976)

*) Wohnbevölkerung insg. abzüglich Wohnbevölkerung in den Städten Oldenburg, Wilhelmshaven, Delmenhorst, Nordenham, Vechta, Cloppenburg, Brake; Emden, Leer, Aurich, Norden; Nordhorn, Lingen, Meppen, Papenburg. Großgemeinden mit mehreren Gemeinden, die zusammen mehr als 15000 Einwohner haben, wurden zur Landbevölkerung gerechnet. Die Zahlen von 1975 bzw. 1976 sind nicht geeignet, da seit 1970 weitere Gemeindezusammenlegungen und Eingemeindungen erfolgten, die das statistische Bild von Stadt- und Landgemeinden verzerren.

Tab. 3: Erwerbstätigenstruktur 1950 und 1970

Region	Jahr	Erwerbstätige (1970) bzw. Erwerbspersonen (1950) am Wohnort					
		nach *Wirtschaftsbereichen* (zus. 100 %)			*Stellung im Beruf* (zus. 100 %)		
		Landwirtschaft etc.	produzierendes Gewerbe	Handel/Verkehr/ Dienstleist. etc.	Selbständ./mithelf. Familienangehörige	Arbeiter	Angestellte Beamte
BRD	1950	22 %	45 %	33 %	28 %	51 %	21 %
	1970/ 1971	9 %	49 %	42 %	16 %	47 %	37 %
Nordwestraum	1950	39 %	31 %	30 %	37 %	46 %	17 %
	1970	15 %	40 %	45 %	23 %	43 %	34 %
Nordwestraum Städte über 15 000 Einw.	1950	8 %	43 %	49 %	16 %	55 %	29 %
	1970	2 %	40 %	58 %	11 %	41 %	48 %
Landgemeinden unter 15 000 Einwohnern	1950	53 %	25 %	22 %	46 %	42 %	12 %
	1970	23 %	40 %	37 %	30 %	45 %	25 %
Ostfriesland	1950	43 %	26 %	31 %	41 %	47 %	12 %
	1970	16 %	39 %	45 %	24 %	45 %	31 %
Emsland	1950	46 %	31 %	23 %	47 %	41 %	12 %
	1970	20 %	42 %	38 %	28 %	44 %	28 %
Oldenburg	1950	34 %	33 %	33 %	31 %	48 %	21 %
	1970	13 %	39 %	48 %	21 %	42 %	37 %

Quelle: Eigene Berechnungen nach Statistik von Niedersachsen, Bd. 190, 191, 193
Veröff. des Nied. Amtes für Landesplanung u. Statistik, Reihe F, Bd. 15, H. 5, (Berufszählung 1950)
Statistisches Jahrbuch für die BRD, 1971, 1972

Tab. 2: Entwicklung der Stadt-Land-Berufspendlerbewegungen (Pendler über Gemeindegrenzen)

	Einpendlerüberschuß (+) bzw. Auspendlerüberschuß (–)			Veränderung des Einpendlerüberschusses	Veränderung des Auspendlerüberschusses		Auspendlerüberschußquote (Anteil an Erwerbst. am Wohnort bzw. an Erwerbspersonen am Wohnort)			Auspendlerquote (Anteil an Erwerbst. am Wohnort)
	1950	1961	1970	1961/70	1950/61	1961/70	1950	1961	1970	1970
Emden	+ 2294	+ 6712	+ 14328	+ 113 %						
Leer	+ 2780	+ 6736	+ 5803	– 14 %						
Aurich	+ 1785	+ 3373	+ 5577	+ 56 %						
Norden, Wittmund	+ 1123	+ 2997	+ 3702	+ 24 %						
Landgemeinden	– 10233	– 24432	– 36574		+ 139 %	+ 50 %	8 %	20 %	32 %	46 %
Ostfriesland	– 2251	– 4614	– 7164		+ 109 %	+ 55 %	1,3 %	2,8 %	4,5 %	35 %
Meppen	– 13	+ 1654	+ 3657	+ 121 %						
Lingen, Nordhorn, Papenburg	+ 6216	+ 6507	+ 7697	+ 18 %						
Landgemeinden	– 5871	– 8788	– 13028		+ 50 %	+ 48 %	6 %	9 %	14 %	34 %
Emsland	+ 332	– 627	– 1674		–	–	–	0,4 %	1,2 %	26 %
Oldenburg	+ 3945	+ 7297	+ 12911	+ 77 %						
Schortens	+ 1152	+ 7537	+ 5853	– 22 %						
Brake, Cloppenburg, Lemwerder, Nordenham, Varel, Vechta	+ 1149	+ 4784	+ 7158	+ 50 %						
Wilhelmshaven	+ 17	– 1640	+ 1930							
Delmenhorst	– 1219	– 1539	– 1321		+ 26 %	– 14 %				
Landgemeinden	– 11238	– 23460	– 31855		+ 109 %	+ 36 %	6 %	13 %	18 %	32 %
Oldenburg	– 6164	– 7111	– 5334		+ 15 %	– 25 %	1,7 %	2,1 %	1,6 %	23 %
Nordwestraum	– 8083	– 12352	– 14172		+ 53 %	+ 15 %	1,2 %	1,9 %	2,2 %	26 %
Landgemeinden im Nordwestraum (Auspendlergemeinden)	– 27342	– 56682	– 81457		+ 107 %	+ 44 %	6 %	14 %	21 %	35 %

Quelle: Eigene Berechnungen nach Statistik von Niedersachsen, Bd. 27, 190, 193, 222, 223, 225 sowie Veröff. des Niedersächs. Amtes für Landesplanung u. Statistik, Reihe F. Bd. 15, H. 5 (Berufszählung 1950)

Tab. 4: Veränderung der Erwerbsstruktur nach Wirtschaftsbereichen 1961/70

	Veränderung der Zahl der Erwerbstätigen am Wohnort			
	Landwirtschaft etc.	produzierendes Gewerbe	Handel/Verkehr/ Nachrichtenwesen	Dienstleistungen
Niedersachsen	– 44 %	+ 4 %	+ 2 %	+ 31 %
Nordwestraum	– 45 %	+ 8 %	+ 2 %	+ 42 %
Regionen Emsland	– 43 %	+ 9 %	+ 12 %	+ 44 %
Ostfriesland	– 47 %	+ 22 %	– 4 %	+ 27 %
Oldenburg	– 44 %	+ 2 %	+ 2 %	+ 49 %
Nordwestraum Städte über 15 000 Einw.	–	– 4 %	– 5 %	+ 40 %
Landgemeinden (+ kleinere Städte) unter 15 000 Einw.	– 44 %	+ 16 %	+ 8 %	+ 44 %
größere Städte				
– Wilhelmshaven	–	– 24 %	– 14 %	+ 72 %
– Oldenburg	–	– 10 %	– 7 %	+ 34 %
– Delmenhorst	–	– 7 %	– 2 %	+ 46 %
– Emden	–	+ 22 %	– 16 %	+ 18 %
– Nordhorn	–	– 3 %	+ 16 %	+ 36 %

Quelle: Eigene Berechnungen nach Statistik von Niedersachsen, Bd. 27, 190, 191, 193, 194

Tab. 5: Verteilung der Erwerbstätigen auf Städte und Landgemeinden 1970

	Wirtschaftsbereiche				*Erwerbstätige insgesamt*	*Stellung im Beruf*		
	Landwirtschaft etc.	produz. Gewerbe	Handel/ Verkehr/ Nachrichtenwesen	Dienstleist.		Selbständige und mithelfende Familienangehörige	Arbeiter	Angestellte u. Beamte
Nordwestraum	99207 100 %	256161 100 %	114430 100 %	174659 100 %	644457 100 %	149063 100 %	278668 100 %	216726 100 %
Wohnort in Städten über 15 000 Einw.	5 %	37 %	47 %	50 %	37 %	19 %	35 %	53 %
Wohnort in Landgemeinden unter 15 000 Einw. (u. kleinere Städte)	95 %	63 %	53 %	50 %	63 %	81 %	65 %	47 %
Arbeitsort in Städten über 15 000 Einw.	5 %	45 %	58 %	59 %	45 %			
Arbeitsort in Landgemeinden	95 %	52 %	40 %	40 %	53 %			
Arbeitsort außerhalb des Nordwestraums*)	–	3 %	2 %	1 %	2 %			

Quelle: Eigene Berechnungen nach Statistik von Niedersachsen, Bd. 190, 191, 193

*) entspricht der Differenz zwischen Erwerbstätigen am Wohnort und am Arbeitsort bzw. zwischen Auspendlern und Einpendlern über die Grenzen des Nordwestraums (Auspendlerüberschußquote)

3. Regionale Unterbeschäftigung und Krise durch Strukturwandel[18]

Die Strukturschwäche der Nordwestregionen zeigt sich auch in den Daten zur Arbeitslosigkeit. In allen sechs Arbeitsamtsbezirken liegen die Arbeitslosenquoten über dem Durchschnitt der BRD. Die Bezirke Emden und Leer weisen sogar die höchsten Quoten im Bundesgebiet auf; bereits vor der Krise gab es in diesem Bereich eine beträchliche Arbeitslosigkeit: So sank nach der Krise von 1967 die allgemeine Arbeitslosigkeit in der BRD auf 1,1 % im Jahresdurchschnitt von 1971, während sie in den Bezirken Emden und Leer bei 4,8 % bzw. 4,6 % stehen blieb.[19] Mehr als doppelt so umfangreich ist die Arbeitslosigkeit nunmehr seit 1974. Einige Merkmale der Arbeitslosigkeit im Nordwestraum fallen auf den ersten Blick auf:

– extrem hohe Arbeitslosigkeit in einigen Regionen, in erster Linie Ostfriesland einschließlich der südlich angrenzenden Gebiete (Aschendorf-Hümmling sowie Arbeitsamtsdienststelle Friesoythe), an zweiter Stelle im Gebiet Wilhelmshaven-Friesland;

– sehr hohe und steigende Jugendarbeitslosigkeit (1976 stieg die Zahl der weiblichen Arbeitslosen unter 20 Jahren in den Bezirken Emden und Leer um 27 % bzw. 41 %, im Bundesgebiet dagegen nur um 3 %, die Zahl der männlichen Arbeitslosen unter 20 Jahren stieg um 13 % bzw. 15 %, während sie im Bundesgebiet um 23 % fiel); darin zeigt sich die regional besonders starke Abdrängung der nachrückenden erwerbsfähigen Generation von den Arbeits- und Ausbildungsplätzen;

– extreme saisonale Ausschläge – d. h. sehr hohe Winterarbeitslosigkeit – in den ländlichen Gebieten; zugleich weit überdurchschnittliche Arbeitslosigkeit in den Bauberufen, die auf dem Lande stark vertreten sind (so verzeichnete die Arbeitsamtsdienststelle Friesoythe eine Arbeitslosenquote von 18,6 % im Januar 1976 und von 17,8 % im Januar 1977, die Dienststelle Sögel im Januar 1977 eine Quote von 16,6 % und im Januar 1978 eine Quote von 15,2 %).

Trotz Aufschwungs von Produktion und Ertrag seit 1976 ist bisher keine Verringerung der Arbeitslosigkeit zu bemerken (s. Tab. 6).

Auch in Zukunft ist keine grundlegende Verbesserung der regionalen Beschäftigung zu erwarten, da in einigen industriellen Branchen die Krise als Ergebnis eines all-

Tab. 6: Arbeitslosenquoten

	1975		1978	
	Januar	August	Januar	August
Arbeitsamtsbezirk Emden	10,5	7,5	12,2	7,2
Arbeitsamtsbezirk Leer	13,8	8,0	13,2	7,4
Arbeitsamtsbezirk Nordhorn	6,4	4,9	5,9	4,5
Arbeitsamtsbezirk Wilhelmshaven	5,7	5,3	7,4	6,3
Arbeitsamtsbezirk Oldenburg	5,9	5,4	6,5	5,2
Arbeitsamtsbezirk Vechta	5,9	5,0	9,7	5,0
BRD	5,1	4,5	5,4	4,0

Quelle: Monatsberichte der Bezirksarbeitsämter

gemeinen wirtschaftlichen Strukturwandels gerade erst begonnen hat. Anzunehmen ist aber eine weitere Verlagerung von der offenen zu einer verdeckten Arbeitslosigkeit, wenn einige Gruppen von erwerbsfähigen Personen sich mehr als bisher schon vom Arbeitsmarkt zurückziehen und nicht mehr als gemeldete Arbeitslose gezählt werden. Das gilt vor allem für Frauen, deren regionale Erwerbsquote seit 1960 wesentlich stärker als die der Männer und als die Frauenerwerbsquote im Bundesdurchschnitt gesunken ist. Waren 1961 in Ostfriesland und im Emsland noch 31 % bzw. 34 % aller Frauen erwerbstätig, so waren es 1970 nur noch 24 % bzw. 26 %; dagegen sank die Erwerbsquote der Frauen in Niedersachsen nur von 31 % auf 28 %.[20] Inzwischen ist die Erwerbstätigkeit der Frauen vermutlich noch weiter zurückgegangen. Die Abwanderungen aus der Region oder das Fernpendeln zu Arbeitsplätzen außerhalb der Region werden bei fortdauernder allgemeiner Unterbeschäftigung kein solches Ausmaß annehmen können, daß sie den regionalen Arbeitsmarkt mehr noch als bisher „entlasten" könnten. Auch entspräche eine noch „flüssigere" regionale Mobilität der Arbeitskräfte wohl den Effektivitätskriterien der Bürokratie und des Kapitals, aber keineswegs den Bedürfnissen der ökonomisch zwangsversetzten Menschen und dem Interesse an der Behauptung und Entwicklung der Region als ihrem Lebensraum.

Der allgemeine Beschäftigungsrückgang, der auch durch den zögernden wirtschaftlichen Aufschwung (Produktions- und Umsatzausweitung) seit 1976 nicht gestoppt werden konnte, prägte die regionale Arbeitsmarktsituation nachhaltig. Leider liegen über den Beschäftigungsrückgang in den verschiedenen Wirtschaftsbereichen keine regionalen Daten seit 1970 vor, abgesehen von Industrie und Baugewerbe; er kann aber aus dem allgemeinen Beschäftigungsrückgang und aus den Arbeitslosendaten gefolgert werden. Die unterdurchschnittliche Industrialisierung der Nordwestregionen wurde durch die Krise in ihrem allmählichen Aufwärtstrend unterbrochen. Die Arbeitsmarktprobleme werden weiter durch die besondere regionale Industriebranchenstruktur verschärft, die vom Strukturwandel der Wirtschaft betroffen ist. Ferner wirken sich die Agglomerationsvorteile der Ballungsräume bei inzwischen überall reichhaltigem Arbeitskräfteangebot wieder stärker zum Nachteil der schwächer industrialisierten Regionen aus; so werden häufig regionale Zweigwerke geschlossen. Der allgemeine Beschäftigungsrückgang geht überwiegend von der Industrie aus. Nach der Krise von 1967 wuchs die industrielle Beschäftigung in der Bundesrepublik noch bis zum Jahre 1973, als in etwa wieder der Stand von 1961 erreicht wurde. Ebenso stoppte der Anstieg der industriellen Beschäftigung in Oldenburg und Emsland im Jahre 1973, in Ostfriesland dagegen schon 1971. In den Sektoren Handel und Verkehr verlief die Beschäftigungsentwicklung im Bundesgebiet ebenfalls ansteigend bis 1973. Lediglich der Dienstleistungsbereich kann auch während der Krise und wachsenden Arbeitslosigkeit seit 1974 eine Beschäftigungszunahme aufweisen.[21] (s. Tab. 7)

Von beträchtlichem Aussagewert ist die Auseinanderentwicklung von industriellem Produktions- und Umsatzwachstum und weiterhin rückläufiger industrieller Beschäftigung im Jahre 1976. Sie erklärt sich aus dem gesteigerten Produktivitätsfortschritt,[22] begründet in der Rationalisierung in Form von Automatisierung und

Tab. 7: Industrielle Arbeitsplätze – Industriedichte

	Zahl der Industriebeschäftigten am Arbeitsort je 1000 Einwohner		
	1967	1970	1976
BRD	130	146	121
Niedersachsen	102	110	94
Regionen			
Ostfriesland	57	68	56
Emsland	84	89	92
Oldenburg	76	87	78
einzelne Kreise			
Stadt Emden	227	313	237
LK Norden	20	18	17
LK Aschendorf-Hümmling	55	68	84
LK Grafschaft Bentheim	139	146	128
LK Friesland	150	166	121
LK Vechta	57	71	78
Stadt Oldenburg	58	75	65

Quelle: Statistische Monatshefte von Niedersachsen
Jahresberichte der Oldenburgischen Industrie- und Handelskammer und der Industrie- und Handelskammer für Ostfriesland und Papenburg
sowie Datenmaterial der Industrie- und Handelskammer Osnabrück

rigiderer Arbeitsorganisation, verbunden mit Arbeitsintensivierung und der Angst der Arbeitskräfte um ihren Arbeitsplatz.

Für den Nordwestraum ist festzustellen, daß der weitere industrielle Beschäftigungsrückgang im Jahre 1976 sich auf die industriellen Zentren mit ihren Großbetrieben in Emden, Grafschaft Bentheim (Nordhorn), Friesland (Schortens) und Wesermarsch (Nordenham) beschränkte. Hier ging die Zahl der Industriebeschäftigten um 4,2 % zurück, während sie in den übrigen – weniger industriell entwickelten – Kreisen um 1,6 % anstieg.[23] (s. Tab. 8)
Daher ist die Entwicklung der in den Industriestädten dominierenden Branchen und Betriebe in der Krise und im wirtschaftlichen Strukturwandel besonders zu beachten: Textilindustrie, Büromaschinenbau, Schiffbau, Autoindustrie, Flugzeugbau. Wichtig sind ferner außerhalb der industriellen Zentren die Branchen Bekleidungsindustrie und Elektroindustrie.

Mit Ausnahme des Flugzeugbaus und der Autoindustrie gehörten diese Branchen 1976 zu den Industriebranchen in der BRD mit überdurchschnittlichem Beschäftigungsrückgang.[24] Die westdeutsche Autoindustrie konnte 1976 bei gegenwärtig noch glänzender Nachfragesituation und einer Umsatzausweitung von über 22 % ihre Belegschaften um zumindest 3,7 % vergrößern. Das gilt allerdings nicht für das Emdener VW-Zweigwerk mit stagnierender Beschäftigung.

Die Beschäftigung im Flugzeugbau wurde 1977 mit der Krise des VFW-Fokker-Konzerns mit seinen vier Werken in der Region Oldenburg äußerst problematisch.

Tab. 8: Neuere Beschäftigungsentwicklung in den wichtigsten Industriebranchen in der Krise

Industriebranchen	Anteil an Industrie (%) insg. 1976	Beschäftigte Veränd. (%) 1973/74	Beschäftigte Veränd. (%) 1974/75	Beschäftigte Veränd. (%) 1975/76	Umsatz Veränd. (%) 1975/76
BRD					
Industrie insg.	100	− 6,3	− 6,3	− 2,3	+ 11,7
Ostfriedland					
Industrie insg.	100	− 6,2	− 8,0	− 2,7	+ 7,7
Fahrzeugbau	32	− 5,6	− 15,4	− 2,1	+ 22,6
Schiffbau	26	+ 3,0	− 3,9	− 7,8	− 34,2
Büromaschinenbau/ Maschinenbau	16	− 4,2	− 5,8	− 1,6	+ 13,0
Oldenburg					
Industrie insg.	100	− 1,8	− 5,5	− 0,9	+ 24,0
Industrie ohne Mineralöl-verarb.	98	− 2,0	− 5,7	− 1,3	+ 8,9
Büromaschinenbau/ Maschinenbau	22,5	− 2,1	− 0,9	− 3,3	+ 6,7
Elektrotechn. Industrie	9	+ 2,6	− 12,0	− 7,7	+ 5,1
Bekleidungsindustrie	7,5	− 10,0	− 10,0	− 2,2	− 2,7
Flugzeugbau	7	+ 5,4	− 8,1	+ 0,8	− 3,1
Textilindustrie	6	− 7,3	+ 7,7	− 0,2	+ 28,2
Schiffbau	5	+ 9,6	− 10,0	− 4,5	− 7,0
Fleischverarbeitende Industrie	4,5	− 2,6	+ 2,6	+ 7,1	+ 22,4

Quelle: Eigene Berechnungen nach
Statistisches Bundesamt: Fachserie D, Reihe 1, H. I/Fachserie 4, Reihe 4, H. 1
dass.: Bevölkerungsstruktur und Wirtschaftskraft der Bundesländer 1976
dass.: Wirtschaft u. Statistik, H. 5/1977
Jahresberichte der Oldenburgischen Industrie- und Handelskammer und der Handelskammer für Ostfriesland und Papenburg

Ausbleibende Aufträge und Bankkredite, die Streichung des Baus der Maschine VFW 14 sowie die Kooperationsabsichten mit der Konkurrenzfirma Messerschmidt-Bölkow-Blohm gefährden die Existenz der Werke in Bremen und in der Region Oldenburg. Die IG Metall und die Betriebsräte der mehrfach demonstrierenden Belegschaften fordern staatliche Aufträge, Bundes- und Landeshilfe und einen „Neuordnungsausschuß".

Die deutschen Werften erleiden seit 1958 einen Schrumpfungsprozeß aufgrund großer Überkapazitäten – vor allem im Tankerbau – und der überlegenden Konkurrenz der japanischen Werften. Seitdem ist die Beschäftigtenzahl um ein Drittel gesunken. 1977 trat die Krise mit einem Einbruch der Auslandsaufträge besonders stark ein: für 1978 sind die Werften nur zur Hälfte ausgelastet, der Anteil der deutschen Werften an den Welt-Schiffbauaufträgen sank von 8 % auf 3 %. Die Werften reduzierten daraufhin drastisch ihre Schiffbaukapazität. Die Krise traf auch die Werften an der Ems und an der Weser. Die größte von ihnen, die Rheinstahl-Werft in Emden, behielt von 5000 Belegschaftsmitgliedern im Jahre 1970 nach Kurzarbeit nur noch 3600 Ende 1977. Staatliche Rüstungsaufträge sollen die Arbeitsplätze erhalten.

Noch schneller sank die Beschäftigung in den letzten Jahren in der westdeutschen Büromaschinenindustrie aufgrund rückläufigen Absatzes im Bürobereich. Davon sind auch die Olympia-Werke, das größte Unternehmen im Nordwestraum, stark betroffen. Zweigwerke wurden geschlossen und die Werke in Roffhausen/Schortens und Leer drastisch verkleinert. Von 13 500 Beschäftigten im Jahr 1966 sank die Belegschaftszahl im Roffhausener Werk auf 7000 im Jahr 1976.

Die Elektroindustrie zählt seit Beginn der Krise zu den am stärksten betroffenen Branchen. Künftig werden noch viele Arbeitsplätze verlorengehen, wenn sich die Mikroprozessoren und Mikrocomputer durchgesetzt haben, die bisher führend in den USA und in Japan entwickelt werden und die Arbeiten in der elektrotechnischen Produktion drastisch verringern und vereinfachen.[25] Der Beschäftigungsrückgang der Elektroindustrie im Nordwestraum ist sogar überdurchschnittlich, da der hier vertretene AEG-Konzern besonders stark betroffen ist. Die Zweigwerke in Reekenfeld, Ganderkesee, Verden und Vechta wurden geschlossen, das Oldenburger Werk stand nach Kurzarbeit und 300 Entlassungen allein im Jahr 1976 vor der Möglichkeit der Schließung, die bisher noch vermieden wurde.

Zu den Branchen mit einem großen Beschäftigungsrückgang zählen die Textilindustrie[26] und die Bekleidungsindustrie. Ursachen sind für beide Branchen die nachlassende Nachfragesteigerung, für die Bekleidungsindustrie stärker als für die Textilindustrie die zunehmende Importkonkurrenz der Niedriglohnländer (daher häufig Auslandsverlagerung der Produktion), umgekehrt stärker für die Textilindustrie eine außerordentliche Freisetzung bei wachsender Produktion aufgrund von Rationalisierung und Automation. Die Stellung der Textilindustrie, in der die BRD das bedeutendste europäische Exportland darstellt, scheint etwas stabiler als die der Bekleidungsindustrie zu sein. Von der Strukturkrise beider Branchen ist das Emsland stark betroffen, in dem etwa jeder zweite Industriebeschäftigte in diesem Bereich arbeitet. Seit 1970 sanken die Belegschaftszahlen in den drei Nordhorner Großbetrieben der Textilindustrie um fast ein Drittel, wobei Massenentlassungen vermieden wurden und die Belegschaftsreduktion vor allem über Einstellungsstopp erreicht wurde. Aufgrund der angespannten Konkurrenz ist die Ertragslage schlecht und gefährdet die Arbeitsplätze.

Gleichwie man die Krisenursachen zu bestimmen versucht und welche Wege zur Krisenüberwindung und Vollbeschäftigung dem Staat empfohlen werden,[27] gleichwohl bleiben wichtige Gründe für eine andauernde Unterbeschäftigung. Möglich ist auch eine teilweise Entkoppelung von ökonomischer Krise (der Wertproduktion und Wertrealisierung) und Arbeitslosigkeit, ein teils ökonomisch autonomes, teils wirtschaftspolitisch gefördertes begrenztes Wirtschaftswachstum bei gleichzeitig fortdauernder Arbeitslosigkeit in begrenzter Höhe.

Gründe, die unabhängig vom konjunkturellen Krisenverlauf für eine langfristige Unterbeschäftigung der erwerbsfähigen Bevölkerung sprechen, sind

– die erreichte und andauernde Freisetzung aufgrund von Rationalisierungs- und Automationsprozessen, eine zunehmende Ersetzung von Arbeitskraft durch Maschinerie, die bei gegebener Produktionsstruktur keinen Umkehrprozeß möglich werden läßt; das bedeutet auch in Zukunft Stagnation und Reduktion statt Ausweitung industrieller Beschäftigung trotz Produktionswachstums, bei zugleich unsicherer Ausdehnung des Dienstleistungsbereichs, der ebenfalls Rationalisierungsmöglichkeiten besitzt;[28]
– weiterer Strukturwandel der gesamten Erwerbsstruktur und der Industriebranchenstruktur in der BRD mit Beschäftigungsreduktion von Bereichen und Branchen mit geringer Einkommenselastizität der Nachfrage und/oder seit der Aufwertung der DM und beginnender Industrieproduktion in verschiedenen Entwicklungsländern schärfer gewordener Weltmarktkonkurrenz einschließlich der Produktionsverlagerung ins Ausland;[29]
– Zunahme der Altersgruppen im erwerbsfähigen Alter bis etwa 1990 im Gegensatz zu ihrer Abnahme seit 1960.

Wenn man die Ausgangsposition der Nordwestregionen betrachtet, so liegen ihre Beschäftigungsprobleme auf der Hand, die sich möglicherweise erst in Zukunft voll auswirken werden:
– die geographische Randlage und teilweise infrastrukturelle Minderausstattung lassen bei allgemeiner Unterbeschäftigung die Standortnachteile für die Unternehmen deutlicher werden, die auch nicht durch Ansiedlungsförderung aufgehoben werden;
– die allgemeine Stagnation der industriellen Beschäftigung im Stadium unterdurchschnittlicher regionaler Industrialisierung blockiert die weitere Umsetzung der Agrarproduzenten in die Industrie;
– die ungünstige Erwerbs- und Branchenstruktur mit dem Vorrang stagnierender Beschäftigungsbereiche: Schiffbau, Textilindustrie, Bekleidungsindustrie, Büromaschinenbau, Flugzeugbau, Elektroindustrie, Bauwirtschaft, Landwirtschaft, Hafenwirtschaft und See- und Binnenschiffahrt.

Dabei sehen die Entwicklungschancen in der Region Oldenburg mit differenzierterer Wirtschafts- und Branchenstruktur besser aus als in Ostfriesland und im Emsland mit ihrer Abhängigkeit von einer problematischen industriellen Monostruktur.

Industrielle Entwicklungspläne mit massiver staatlicher Unterstützung lassen sich im integrierten Bereich Energiewirtschaft-Hafen-Atomindustrie-Großchemie erkennen, und zwar in Emden (Dollarthafenprojekt, Erdgasterminal), Lingen (Atom-, Mineralöl- und Chemieindustrie), Wilhelmshaven (Mineralölhafen und -industrie, Großchemie), Nordenham (Großchemie, Atomkraftwerk Esenshamm). Die staatlichen und industriellen Betreiber dieser Pläne rechnen mit der Arbeitsplatzsorge der Bevölkerung und mit der Unterstützung der Gewerkschaften in den unterbeschäftigten Regionen.

Ihre Versprechen der Schaffung von Arbeitsplätzen und Entwicklungsimpulsen für die regionale Wirtschaft sind fragwürdig. Deutlich ist vielmehr, daß der unterentwickelte und dünn besiedelte Nordwestraum als Randregion der Ausbreitung der Atomindustrie und sonstiger ökologisch gefährlicher Industrie dienen soll, die anderswo größeren Widerstand hervorrufen. Inwieweit die Einschätzung geringeren regionalen Widerstandes gegen eine Entwicklung, die nur der Stabilisierung eines entfremdeten ökonomischen Systems dient und sich unmittelbar lebensbedrohend gegen die Existenzbedürfnisse der Menschen richtet, realistisch ist, ist fraglich. Zumindest im Extremfall der Planung einer atomaren Wiederaufbereitungs- und Müllanlage im Hümmling entwickelte die ländlich-konservative Bevölkerung fast einmütigen Widerstand, der letztlich zur Standortverlagerung dieser Pläne führte.[30]

4. Industriependler zur Stadt: Das Berufsschicksal von Arbeitern und Arbeiterinnen auf dem Lande

Im Jahre 1973 haben wir in den Gemeinden Bockhorn und Wardenburg im Verwaltungsbezirk Oldenburg 109 Einwohner interviewt, die den vorherrschenden Berufsgruppen der Industriearbeiter und Industriearbeiterinnen, Angestellten und Bauern angehörten.[31] Im Vordergrund der Gespräche standen Fragen der Berufssituation und der Berufs- und Bildungsorientierung. Daß hierbei Interviewmethoden angewandt wurden, ist nicht unproblematisch und bedarf der Selbstkritik, Begründung und Relativierung. Die neuere Kritik an der vorherrschenden Interviewpraxis und an Einstellungsforschung und Bewußtseinsanalyse, die hoffentlich eine wissenschaftliche und zugleich politisch-humane Sensibilisierung der empirischen Sozialforschung bewirkt, zielt insbesondere auf zwei zentrale Problempunkte:

- die theoretische Bestimmung des Verhältnisses von Bewußtsein bzw. Meinungen, Einstellungen, Wertvorstellungen, Verhaltensorientierungen etc. zur gesellschaftlichen Realität;
- die Frage der Ergiebigkeit von Interviews und ihrer Methoden und der Möglichkeit von alternativen Methoden und Zielsetzungen empirischer Sozialforschung.

Die Diskussion um die theoretische Bestimmung der Bewußtseinskonstitution vollzieht sich vor allem in der Ablehnung der in der empirischen Sozialforschung lange Zeit vorherrschenden positivistisch-sozialpsychologischen Einstellungsforschung einerseits, der politökonomischen „Ableitung" aus den „Oberflächenformen" des Kapitals sowie der Entgegensetzung von „falschem Bewußtsein" und „richtigem Klassenbewußtsein" andererseits. Ein bedeutsamer Versuch der Vermittlung objektiver mit subjektiven Strukturen stellt m. E. der Deutungsmusteransatz von Hartmut Neuendorff und Charles Sabel dar, der den Deutungsmustern der Individuen, obwohl strukturell durch die Wirklichkeit geprägt, eine relative Autonomie zugesteht und ihnen eigene Kritierien der Gültigkeit und Angemessenheit gegenüber der Wirklichkeit zubilligt.[32]

Die Diskussion der Methoden und Zielsetzungen einer empirischen Sozialforschung wird insbesondere um das Interview geführt, das bis in die 60er Jahre hinein als „Königsweg der empirischen Sozialforschung" verstanden wurde. In der Kritik am Interview werden Möglichkeiten „qualitativer" Verfahren diskutiert, unter denen die „sozio-biographische Methode" Göttinger Soziologen als besonders weiterführend bezeichnet werden kann.[33] Diese Methode besinnt sich auf die „erzählte Lebensgeschichte", nach Hans Paul Bahrdt eine typische und historisch bekannte Artikulationsweise in der Arbeiterschaft.[34] Weitergehende Ansätze fordern eine „emanzipatorisch" ausgerichtete empirische Sozialforschung, „die eine praktische Emanzipation der unterdrückten Klassen von spätkapitalistischer Herrschaft mit vorbereiten und fördern" soll, wie es z. B. Hartwig Berger formuliert.[35]

Die von uns im Jahre 1973 durchgeführten Interviews sind erst in einem geringen Maße von diesen Überlegungen beeinflußt worden. Daher treffen sie noch die meisten Einwände gegen Interviews. Andererseits sind in ihnen doch einige Vorteile gegenüber der herkömmlichen Verfahrensweise enthalten:

– der erkennbare Bezug zu den Arbeits- und Lebensbedingungen in Region, Gemeinde und Betrieb;
– die Möglichkeit, typische Lebensverhältnisse, Berufsverläufe und Reaktionsweisen in relativ homogenen ländlichen Bevölkerungsgruppen zu ermitteln;
– eine breit ansetzende, auf zentrale Lebensbereiche ausgerichtete Interviewanlage mit geringer Standardisierung der Fragen.

Unsere Absicht war es, nicht reduzierte Einstellungen von Einzelnen und ihre Korrelation mit Sozialmerkmalsdaten festzustellen, sondern im uns bekannten Kontext der lokalen Lebensverhältnisse die Lebenslage, das Berufsschicksal und die Reaktionsweisen und Orientierungen von Bauern, mittleren Angestellten, Industriearbeitern und Industriearbeiterinnen zu erkunden.

Sicher ist es sinnvoll, eine empirische Erforschung der Lebenslage und des gesellschaftlichen Bewußtseins z. B. ländlicher Klassen auch weiterhin zu betreiben, um einer kritisch-emanzipatorisch ausgerichteten Sozialwissenschaft eine bessere Wirklichkeitserkenntnis zu ermöglichen. Eine solche Sozialforschung sollte aber m. E. von der Lebensweise und der Denk- und Artikulationsweise der Betroffenen ausgehen, statt aus ihnen Befragungsobjekte in ihnen fremder, aufgezwungener Kommunikationsstruktur zu machen. Dazu gehört auch, daß Gespräche und Diskussionen nicht „neutral", abstrakt gegenüber ihren realen Fragen, Handlungen und Problemen erfolgen, sondern sich an diese anschließen und für die Betroffenen von Nutzen sind. Daher sind die Situationen, in denen eine solche Sozialforschung sinnvoll wird, von bestimmten Bedingungen abhängig, z. B. bei einer Bürgerinitiative, bei Entlassungen etc.

Die Arbeiter und Arbeiterinnen, mit denen wir sprechen konnten, arbeiteten überwiegend als Pendler außerhalb ihres Wohnorts. Von den interviewten Industriearbeiterinnen waren fünfzehn in der Oldenburger AEG-Fabrik, in der Kleinmotoren hergestellt werden, am Fließband oder an der Maschine tätig, drei weitere als Springerinnen bzw. als Unterweiserin; drei Arbeiterinnen aus Bockhorn arbeiteten in der Bekleidungsindustrie und in einer Porzellanfabrik. Nur zwei Arbeiterinnen hatten eine Lehre – und zwar im Einzelhandel – absolviert. Dagegen konnten die meisten Männer eine Lehre vorweisen, aber nur die Minderheit arbeitete noch im alten Beruf. Der von den meisten mindestens einmal vollzogene Berufswechsel war für jeden zweiten Arbeiter mit einer Dequalifikation verbunden. Während die meisten Frauen kurz angelernte Industriearbeit verrichteten, übten die Männer je zur Hälfte Facharbeitertätigkeiten und halbqualifizierte Angelerntentätigkeiten aus. Von den Arbeitern aus Wardenburg arbeiteten elf in der AEG-Fabrik, sechs andere in Handels-, Bau- und Handwerksbetrieben in Oldenburg. Von den elf Arbeitern aus Bockhorn arbeiteten drei in Bockhorner Ziegeleien, die anderen in Betrieben in Varel-Land (VFW-Fokker), Varel, Wilhelmshaven und Oldenburg. Vier Landwirte sind unter den Arbeitern, die von ihrem Hof nicht mehr leben können.

Trotz besserer Berufsausbildung sind die meisten Arbeiter mit ihrer Ausbildung und Berufsentwicklung ebensowenig zufrieden wie die Arbeiterinnen. Die eingeschränkten Möglichkeiten im Elternhaus und im Dorf, dazu bei vielen die Beeinträchtigungen durch Krieg und Nachkriegszeit erlaubten ihnen keinen anderen Berufsweg. Jeder zweite stammt aus einer Arbeiterfamilie, jeder vierte aus einer Bauernfamilie, die restlichen aus Familien ländlicher Handwerker und einfacher Angestellter. Ein Anstoß, etwa durch „Bildung" eine davon abweichende „Berufskarriere" zu entwickeln, war nicht gegeben. Die jungen Männer mußten bei verringerter Möglichkeit zur selbständigen bäuerlichen oder handwerklichen Existenz die Lehre und Facharbeitertätigkeit als das vernünftigerweise erreichbare Ziel ansehen, das sie aber zum Teil doch nicht erreichten oder im späteren Berufsverlauf wieder verloren. Für die Mädchen war Hausfrauenarbeit, Mitarbeit im elterlichen Betrieb und als vorübergehend angesehene Arbeit in Haushalten oder in der Industrie die durchschnittliche Möglichkeit und geltende Norm. Viel Schuld an der unbefriedigenden Berufsentwicklung wird der Schule und der Kriegs- und Nachkriegszeit gegeben, mitunter in übertreibender und rationalisierender Form. Die „Normalität" proletarischer Vergesellschaftung und Existenzmöglichkeit wird oft aus dem Bewußtsein verdrängt, indem die Enttäuschung auf ein scheinbar individuelles Berufsschicksal bezogen wird:

„Ich wollte eine Maschinenbauschule besuchen, wurde eingezogen. Nach dem Krieg war alles durcheinander, da habe ich keinen Anschluß gefunden."
(Ein Maschinenarbeiter bei der AEG)

„Ich wollte gern eine weiterführende Schule besuchen, aber es ging nicht. Meine Eltern konnten das nicht, finanziell. Mein Vater ist krank geworden, bekam wenig Rente. Wir waren fünf Geschwister, hatten eine kleine Landstelle, und da war das Geld nicht über. Ich mußte gleich Geld verdienen."
(Eine Maschinenarbeiterin bei der AEG)

„Man hätte nicht in der Fabrik arbeiten brauchen, hätte bessere Möglichkeiten gehabt."
(Eine AEG-Fließbandarbeiterin über die entgangenen Schulchancen).

Fehleinweisung in Berufe und Berufsausbildung oder unterbliebene Berufsausbildung, häufig erforderlicher Berufs- und Betriebswechsel kennzeichnen die Lage der ländlichen Arbeiter und Arbeiterinnen. Das vermeintliche „falsche" Handeln der Subjekte – der Betroffenen selbst oder ihrer Eltern – vollzog sich lediglich innerhalb der Zwänge der gegebenen Verhältnisse. Ihre Qualifikation und Nichtqualifikation, Dequalifikation und Berufsmobilität, gegenwärtig auch verschärft die Gefahr, nicht vom Kapital beschäftigt zu werden, sind das Resultat des Reproduktions- und Akkumulationsprozesses des Kapitals und der Durchsetzung der kapitalistischen Produktionsweise auf dem Lande. Das Überwechseln in den industriellen Großbetrieb (AEG) wird mit dem relativ höheren Lohn und dem vermeintlich sicheren Arbeitsplatz begründet; fragwürdige Vorteile, wenn man die Lohnhöhe betrachtet und die Arbeitsplatzunsicherheit bei der AEG, die bereits vier benachbarte Zweigwerke geschlossen hat und deren eingeschränkter Oldenburger Betrieb eine unsichere Zukunft hat. Fast alle möchten lieber in einem anderen Beruf arbeiten.

„In der AEG kann ich mehr verdienen, aber als Gärtner habe ich lieber gearbeitet. Ich bin in diesen Betrieb aus finanziellen Gründen gegangen. Hier hält mich vor allem das Weihnachtsgeld, die Betriebsrente, das Treuegeld und das Urlaubsgeld."
(Ein Maschinenarbeiter)

„Ich würde lieber in einem Büro arbeiten, aber der gute Verdienst bei der AEG hält mich von diesem Schritt ab."
(Eine Fließbandarbeiterin)

„Ich konnte nichts lernen, mußte Geld verdienen ... Auf alle Fälle weiter zur Schule, vielleicht Realschule. Auf alle Fälle weiterlernen und nicht so, im Haushalt für andere Leute Dreck wegmachen, für wenig Geld meistens noch. Nein, ich würde (heute) wieder zur Schule gehen, wenn ich irgendwie könnte, und mir nachher das Geeignete suchen, irgendwie Anwaltsgehilfin, oder so etwas ähnliches."
(Eine Maschinenarbeiterin)

Die Berufs- und Klassenerfahrung der Arbeiter, ihre eigene Zufriedenheit und Unzufriedenheit beeinflussen die Schul- und Berufsentwicklung ihrer Kinder – neben den gewandelten Berufsstrukturen, den allgemeinen gesellschaftlichen Ideologien sowie der staatlichen Bildungspolitik. Sind die Arbeitereltern weiterhin „bildungsfremd" oder von der kleinbürgerlichen Utopie der durch Bildungsaufstieg möglich gewordenen Berufskarriere ergriffen? Glauben sie dem Postulat der Chancengleichheit?

Die befragten Arbeiter haben insgesamt 95 Kinder, die älter als 10 Jahre sind. Von ihnen besuchte oder besucht immerhin ein Viertel eine weiterführende Schule, davon aber nur vier Kinder ein Gymnasium. Die Distanz zum Gymnasium ist immer noch groß, die Realschule dagegen wird schon als nahestehend empfunden. Immerhin ist bereits in jeder zweiten Arbeiterfamilie ein Kind zur weiterführenden Schule gelangt. 65 Kinder haben ihren Schulbesuch schon beendet. Ihre Berufsentwicklung verläuft noch weitgehend in den von den Eltern vorgelebten Bahnen: die Jungen absolvieren überwiegend eine Lehre im handwerklichen Bereich, die Mädchen im Handwerk oder als Verkäuferin oder sie bleiben ohne Berufsausbildung. Bei gleicher Klassenlage und vergleichbaren Arbeits- und Lebensverhältnissen verhalten sich die Arbeiter durchaus unterschiedlich. So ließen ein angelernter Arbeiter und seine als Reinemachefrau arbeitende Frau ihre drei Söhne studieren, während ein Maurer, dessen Frau in der Industrie arbeitete, seine drei Kinder gänzlich ohne Berufsausbildung ließ. Im Durchschnitt aber ergeben sich die klassenmäßig naheliegenden

Entscheidungen. Interessant ist, daß es gerade die mit ihrem Beruf unzufriedenen Arbeiter und die dequalifizierten Arbeiter sind, deren Kinder zur weiterführenden Schule gelangen. Vermutlich hat bei ihnen die eigene Erfahrung dazu beigetragen, durch Berufshoffnungen motivierte Schulanstrengungen ihrer Kinder zu unterstützen. Dequalifizierte Arbeiter, die trotz Lehre als Angelernte arbeiten, schicken ihre Kinder wesentlich häufiger zur Realschule oder zum Gymnasium als andere Arbeiter oder als Landwirte. Allerdings sind die Zahlen zu klein für weitreichende Verallgemeinerungen.

Tab. 9: Besuch weiterführender Schulen (Realschulen und Gymnasien)

Familien nach der Berufsstellung des Vaters*)	Zahl der Familien mit Kindern über 10 Jahren	davon Zahl u. Anteil der Familien mit mindestens einem Kind auf einer weiterführenden Schule	
Angestellte mit Berufsaufstieg	12	12	100 %
sonstige Angestellte	11	9	82 %
Facharbeiter	17	4	24 %
Dequalifizierte Angelernte	12	10	83 %
sonstige angelernte Arbeiter	7	–	–
Landwirte	22	10	45 %

*) befragte Arbeiter, Angestellte und Landwirte sowie Ehemänner der befragten Arbeiterinnen

Mehr als das reale Verhalten haben sich die Vorstellungen und Einstellungen der Arbeiter gegenüber Schule und Bildung gewandelt, und zwar in Richtung auf eine Übernahme der von der neuen Mittelklasse und der staatlichen „Bildungsreformpolitik“ geprägten Muster. Nicht mehr die Erziehung zu „Ordnung und Disziplin“ verlangen sie von der Schule, sonder eher die Erziehung zur „Fähigkeit sich weiterzubilden“, „persönlichen Selbständigkeit“ und „eigenen Urteilsfähigkeit“ sowie die Vermittlung von „Kenntnissen für den Beruf“.[36] Die Bedeutung der Schule für die Lebenschancen wird von den Arbeitern sehr hoch eingeschätzt; von höherer Schulbildung erwarten sie ganz pragmatisch bessere Berufsmöglichkeiten und „Vorteile insgesamt“, auch dann, wenn ihre eigenen Kinder „nur“ die Volksschule besuchen konnten. Der höhere Schulbesuch muß für sie schon erkennbaren Erfolg versprechen, sonst sind sie vorsichtig, außerdem geben sie dem Willen des Kindes in diesem Fall eher nach als die hier eher autoritären Mittelschichteltern. Die nach der Befragung eingeführte niedersächsische Orientierungsstufe hat ihnen die Unsicherheit der Entscheidung über den Schulbesuch ihrer Kinder nunmehr weitgehend abgenommen. Schule und Bildung haben an Bedeutung in den gesellschaftlichen Deutungs- und Orientierungsmustern der Arbeiter gewonnen und verstärken ihre gesellschaftliche Scheinintegration als atomisierte Einzelne im Wettlauf aller und schwächen die Kollektivmomente des Arbeiterbewußtseins. Darin schlägt sich die angewachsene Legitimationsfunktion der Schulapparate für die scheinbar gerechte Reproduktion sozialer Ungleichheit durch die Öffnung von Chancen in der Bildungskonkurrenz nieder.[37] Doch die Realität der Berufsstruktur setzt dieser Öffnung Schranken, die heute bei Krise und Arbeitslosigkeit allen deutlich werden. „Bildungsreform" als Möglichkeit zur Schaffung und Legitimierung der spätkapitalistischen Überlebensutopie einer Meritokratie (wie sie auch von den staatssozialistischen Ländern angestrebt wird) wird dann gebremst; mögliche neue soziale Konfliktpotentiale entstehen aus den geschaffenen Erwartungen. Ob die Chancengleichheit wirklich gegeben ist, darüber ist das Urteil der Arbeiter unsicher, schwankend und zwiespältig – wie sollte es anders sein bei so viel Widersprüchlichkeit der propagierten Ideologie und der Realität?

Die Arbeitssituation der männlichen Arbeiter ist recht unterschiedlich. Das gilt sowohl für die geforderten Qualifikationen als auch für Lohnformen, Arbeitstempo, körperliche und nervliche Belastungen, Selbständigkeit der Arbeitsausführung und Reichhaltigkeit der Arbeitsaufgabe. Auch nach Großbetrieb oder Kleinbetrieb unterscheidet sich ihre Arbeitssituation. Nur für die Maschinenarbeiter, nicht aber für die übrigen Angelernten und erst recht nicht für die Facharbeiter gilt das Bild der repetitiven, unqualifizierten Industriearbeit als Anhängsel der Maschinerie. Dennoch klagt jeder zweite Arbeiter über zu hohe Arbeitsbelastung. Diese hat ihren Grund vor allem in der häufigen Überstundenarbeit, die von der Mehrheit verrichtet wird, und im Arbeitstempo:

> „Ich muß mich jedem Tempo anpassen, denn es wird mir ja vorgeschrieben von der Stoppuhr. Ich glaube, jeder Arbeiter, der im Akkord steht, der sagt, das geht zu schnell, und die Meinung vertrete ich auch. Das ganze Akkordsystem, das stört mich. Ich bin der Meinung, das ganze Akkordsystem müßte von staatswegen verboten werden. Fließbandarbeit müßte es gar nicht geben, denn ich persönlich, ich bin kein Kommunist, aber ich sehe das als Menschenausbeutung an."
> (Maschinenarbeiter bei der AEG)

Sehr belastend ist die Arbeitssituation der ungelernten Fließband- und Maschinenarbeiterinnen, die häufiger als die Männer unter Leistungslohnbedingungen arbeiten und – bei geringem Lohn – den unerbittlichen Formen der Arbeitsorganisation und Maschinerie im durchrationalisierten Großbetrieb ausgesetzt sind. Zusammen mit ausländischen Arbeitern, ungelernten Jungarbeitern und proletarisierten Bauern bilden sie die untere Schicht der Arbeiterklasse mit niedrigem Lohn, bedrückender Arbeit und unsicherer Beschäftigung. In der AEG-Telefunken-Fabrik arbeiten die Frauen in großen, lauten Werkhallen am Fließband (Schichterei und Montage) und an Wickel- und Stanzmaschinen, während die Männer die Drehbänke, Hobel- und Fräsmaschinen bedienen, die gefertigten Motoren prüfen und im Werkzeugbau, als Handwerker oder in der Produktionsplanung tätig sind. Die meisten Arbeiterinnen klagen über starke nervliche und körperliche Belastungen, über das Arbeitstempo, über Lärm, stickige Luft und Zugluft. Dagegen nehmen sie resigniert die Arbeitsgestaltung als gegeben hin, ihre Ansprüche sind geringer als die der Männer.

„Ja, ich bin oft nervös. Zu Hause darf mich keiner ansprechen, dann bin ich schon sauer und weiß nicht warum. Da braucht mir keiner was zu tun und ich bin gereizt. Die Arbeit ist zu schnell. Man muß immer aufpassen und darf sich nicht ablenken lassen."
(Maschinenarbeiterin bei der AEG)

Es überrascht, daß sich die meisten Arbeiter und Arbeiterinnen als zufrieden mit ihrer derzeitigen beruflichen Stellung bezeichnen. Doch diese „Zufriedenheit" beinhaltet die für das Selbstbewußtsin der Individuen erforderliche Identifikation mit ihrer Situation; ohne die sie sich selbst in Frage stellen müßten. Zu erkennen ist häufig ein resigniertes Sichabfinden mit der vorgegebenen Situation und die Sorge, es könnte schlimmer werden. Offensichtlicher ist die Lohnunzufriedenheit, die sich häufig im Vergleich zwischen eigenem Lohn und anderen Löhnen herstellt. Insgesamt überwiegt bei allen eine instrumental-ökonomische Berufsorientierung[38], ein mehr oder minder großes Maß an Gleichgültigkeit gegenüber der Arbeit statt Ansprüche an die Art und Anerkennung der Arbeit und an die menschlichen Beziehungen bei der Arbeit.

„Was soll ich da machen, ich bin nun mal Arbeiter und muß das machen. Das nutzt ja nichts, wenn ich Landwirt geblieben wäre, ja, dann hätte ich selber entscheiden können."
(Sortierer in einer Ziegelei)

Welche berufliche Perspektive entwickeln die Arbeiter unter diesen Umständen? Erwarten sie Verschlechterungen oder hegen sie Aufstiegshoffnungen im Betrieb oder durch Betriebs- oder Berufswechsel? Nur eine kleine Gruppe von Arbeitern meint, im Betrieb beruflich aufsteigen zu können, etwa zum Vorarbeiter. Die Ungelernten und Angelernten sehen für sich überwiegend keine solche Möglichkeit. Die andere Möglichkeit, nämlich den jetzigen Arbeitsplatz aufzugeben und einen neuen zu suchen, wird von kaum einem Arbeiter ins Auge gefaßt. Sie halten sich an ihren erreichten Arbeitsplatz mit seinen überschaubaren Vorteilen und Nachteilen angesichts des Risikos der Beschäftigung anderswo, und zwar auch schon vor der Arbeitslosigkeit seit 1974. Der Argument des Alters als Beschäftigungsrisiko spielt dabei schon im vierten Lebensjahrzehnt eine große Rolle. Entsprechend schwach ist die Bedeutung von Weiterbildung, die in der Regel dem beruflichen Aufstieg dienen soll. Ein Teil der Arbeiter hat schon einmal an allgemeinbildender Erwachsenenbildung, etwa an Gewerkschaftskursen, teilgenommen, nur wenige an beruflicher Fortbildung. Von den Arbeiterinnen hat keine einzige jemals eine Weiterbildungsveranstaltung besucht, obwohl viele von ihnen daran ein Interesse zeigen. Nicht nur materielle, sondern auch soziokulturelle Zwänge hindern sie mehr als die Männer, solche Wünsche zu realisieren.

Sind die hier beschriebenen Berufsschicksale und Berufs- und Bildungsorientierungen besonders typisch für ländliche Arbeiter? Sicherlich – es spricht vieles dafür, daß wir sie häufig unter ländlichen Industriependlern zur Stadt vorfinden. Andererseits sind sie nicht unbedingt typisch in Abgrenzung zu städtischen Industriearbeitern. Auch ohne Vergleichsuntersuchung lassen das sowohl der Augenschein der Realität als auch vorliegende andere Untersuchungen zum „Arbeiterbewußtsein" vermuten. Allerdings sind hier aus Herkunft und Situation heraus einige Akzente besonders deutlich gesetzt, sowohl ältere als auch neuere. Ältere Akzente liegen in der häufigen Herkunft aus dem nicht-industriellen Milieu einschließlich der Fremdheit gegenüber der Arbeiterbewegung, neuere in der besonders ausgeprägten instrumental-ökonomischen Berufsorientierung, zumal zur Arbeit im Großbetrieb, in der strikten Trennung von Berufsarbeit und eigentlicher Lebenssphäre. Stärker als unter den städtischen Industriearbeitern sind unter den Pendlern ferner die unteren Arbeiterschichten der Ungelernten und Dequalifizierten vertreten. Ansonsten aber sind sicherlich die Abweichungen von städtischen Industriearbeitern der genannten Altersjahrgänge relativ gering – was ihre Arbeit angeht. Anders verhält es sich dagegen mit ihrem Wohnen auf dem Lande, das ebenfalls ihr Leben und ihr Bewußtsein prägt.

5. Vergesellschaftung auf dem Lande und Utopie

Das beschriebene Berufsleben und Berufsschicksal von Industriependlern hat exemplarische Bedeutung für das Leben vieler Menschen in heutigen Landgemeinden. Bei den beiden Gemeinden, in denen die befragten Industriependler wohnen, – Bockhorn und Wardenburg – handelt es sich um Großgemeinden „durchschnittlicher" und daher auch „typischer" Art im Verwaltungsbezirk Oldenburg. Beide bestehen aus einem Hauptort – Bockhorn bzw. Wardenburg – und mehreren kleineren Gemeinden ohne eigene Verwaltung, sogenannten Bauernschaften. In beiden Gemeinden stellten die beruflichen Auspendler im Jahre 1970 über 60% der dort wohnenden Arbeitnehmer. Aus ehemaligen Bauerndörfern sind Pendlerwohngemeinden geworden. Bockhorn hat gut 7000 Einwohner und eine sinkende Bevölkerungszahl; Wardenburg hat etwa 12 000 Einwohner und aufgrund der Arbeitsmöglichkeiten in Oldenburg eine wachsende Bevölkerungszahl. Bockhorn ist ein altes Siedlungsgebiet seit dem frühen Mittelalter und hat seit mehr als 200 Jahren eine Tradition der Ziegeleiindustrie. Auch Wardenburg besteht bereits seit dem Mittelalter; die Bevölkerung lebte von Landwirtschaft, Moorkolonisation und „Hollandgängerei" oder wanderte aus.

Die Landwirtschaft hat in beiden Gemeinden die ehemalige dominierende Stellung verloren und kann nur noch einer Minderheit der Bevölkerung einen Unterhalt sichern. Seit 1950 haben sich die Erwerbsstrukturen und die Sozialstruktur grundlegend gewandelt. Jeder zweite Bockhorner Erwerbstätige ist nunmehr in Industrie, Bauwirtschaft oder Handwerk tätig, überwiegend in Wilhelmshaven, Schortens und Varel. Drei Viertel aller Auspendler arbeiten in der Industrie. Im Gegensatz dazu arbeiten entsprechend der Arbeitsplatzstruktur Oldenburgs mehr als die Hälfte der Wardenburger Auspendler im tertiären Bereich, der Rest in der Industrie, vor allem auch in der AEG-Fabrik.

Die berufliche Sozialstruktur hat sich gleichfalls geändert. In Bockhorn besonders ausgeprägt, in Wardenburg weniger deutlich, bildet die Arbeiterschaft die größte Bevölkerungsgruppe. Dabei wurde die Landarbeiterschaft durch die Industriearbeiterschaft ersetzt.

Tab. 10: Erwerbstätigenstruktur in Bockhorn und Wardenburg

	Bockhorn		Wardenburg	
Wirtschaftssektoren	1950	1970	1950	1970
Landwirtschaft	43 %	18 %	54 %	24 %
produzierendes Gewerbe	38 %	50 %	26 %	36,5 %
Handel und Verkehr	9 %	14 %	9,5 %	18,5 %
Dienstleistungen	10 %	18 %	10,5 %	21 %
Stellung im Beruf				
Selbständige	15,5 %	14 %	17 %	14 %
mithelfende Familien-angehörige	22 %	14 %	30 %	16 %
Arbeiter	53 %	52 %	44 %	43 %
Angestellte, Beamte	9,5 %	20 %	9 %	27 %

Quelle: Statistik von Niedersachsen, Bd. 193;
Veröffl. d. Nied. Landesamtes für Landesplanung u. Statistik, Reihe F, Bd. 15, H. 5

Der dennoch geringe Einfluß der Arbeiterschaft zeigt sich darin, daß sie im Wardenburger Gemeinderat überhaupt nicht und im Bockhorner Gemeinderat mit sehr wenigen Vertretern repräsentiert ist. Typisch ist vielmehr, daß die Bürgermeister auch jetzt noch aus der Gruppe der Landwirte und Selbständigen kommen. Diese beiden Gruppen beteiligen sich auch am meisten am regen Gemeindeleben. Das spielt sich vor allem in vielen Vereinen ab, die wiederum in Arbeitsgemeinschaften als Dachorganisationen verbunden sind. Viele Einwohner, Männer mehr als Frauen, sind aktive oder passive Mitglieder in der Freiwilligen Feuerwehr und in zahlreichen Sportvereinen, Gesangvereinen, Heimatvereinen und Bürgervereinen, die ihre Basis in den einzelnen Dörfern haben.

Nachdem die kleineren Dörfer der beiden Großgemeinden schon seit längerer Zeit ihre Gemeindefunktionen an die beiden Hauptorte abgegeben haben, sind auch diese jetzt von zentralistischer Austrocknung bedroht. Das gilt auch für das Schulwesen. In Bockhorn gibt es neben zwei Grundschulen in kleineren Dörfern eine Mittelpunktschule, die in Zukunft durch ein Sekundarstufenzentrum in einer Nachbargemeinde ersetzt werden soll. In Wardenburg gab es vor zehn Jahren noch vierzehn Schulen, jetzt nur noch fünf Grundschulen in kleineren Dörfern und eine Mittelpunktschule im Hauptort.

Die Trennung von betrieblicher Arbeitsstätte und familiärem Wohnbereich setzt sich gerade für die zur Stadt pendelnden ländlichen Industriearbeiter konsequent durch. Damit verändert sich die Existenzweise des Dorfes bis hin zur möglichen Verödung in reinen Schlaf- und Wohngemeinden ohne gemeinsame Aktivitäten und Bezugspunkte der atomisierten Familien. Doch noch sind die sozialen Kontakte in den meisten Landgemeinden nicht in dieser Weise verkümmert. Familien- und Nachbarschaftskontakte, Reste dörflichen Gemeinschaftslebens, zahlreiche Vereine wirken der Isolierung entgegen. Auch ist die Trennung von der Produktion in der „Freizeit" keine vollkommene: Arbeiten in Haus und Garten, beim Hausbau, vielleicht in der Nebenlandwirtschaft bilden „produktive", aber nicht Mehrwert schaffende Tätigkeiten außerhalb der Lohnarbeit.

Die Industriependler leben ihr Leben außerhalb der Lohnarbeit im Dorf; die Arbeitsstätte wirkt auf die Vergesellschaftung im Dorf nicht direkt ein. Noch ausschließlicher als in der Stadt leben die Menschen in familiären Haushalten. Einpersonenhaushalte gibt es wenig; die unverheirateten jungen Leute wohnen in der Regel noch bei ihrer Familie, ältere Alleinstehende, Großväter oder Großmütter leben häufig im Haushalt ihrer Kinder oder wohnen im selben Haus. Nichtfamiliäre Wohngemeinschaften sind unbekannt. Das materielle Lebensniveau der Arbeiterfamilien ist unterschiedlich je nach der Zahl der verdienenden und der zu ernährenden Familienmitglieder. Die Lohnunterschiede zwischen Arbeitern und Arbeiterinnen, die auch bei unseren Gesprächspartner recht groß waren (die Männer verdienten im Durchschnitt um die Hälfte mehr als die Frauen), werden daher im Haushalt ausgeglichen. Obwohl bei 70 % der befragten Arbeiter die Ehefrau mitarbeitet, lagen ihre Haushaltseinkommen im Durchschnitt unter denen der Arbeiterinnen.[39]

Der Lohn des Mannes reicht in der Regel nicht für die Reproduktion der Familie aus. Daher leben manche Familien mit mehreren Kindern, in denen die Frau nicht berufstätig ist, an der Armutsgrenze, während berufstätige Paare ohne Kinder mitunter einen relativen Wohlstand vorweisen können. Die materiellen Unterschiede sind beachtlich groß. So mußten 1973 unter unseren Befragten zwei kinderreiche Familien pro Kopf mit 190 DM bzw. 170 DM auskommen, dagegen brachten es zwei berufstätige Paare auf 1300 DM pro Person. Die Berufstätigkeit der Ehefrau, teilweise auch der schulentlassenen Kinder sowie Nebeneinkünfte durch Renten älterer Haushaltsmitglieder, Schwarzarbeit, Nebenlandwirtschaft, andere Nebentätigkeiten, Pachtzinsen etc. sind für einen „normalen" Lebensstandard unerläßlich. Andererseits mindert „produktive" Arbeit zu Hause die Ausgaben für den Lebensunterhalt.

„Freizeit" ist daher im großen Umfang notwendige Arbeit, für die Arbeiterinnen insbesondere als alltägliche Hausarbeit, für die Arbeiter, die ferner mehrheitlich Überstunden machen, als Arbeiten am Haus und im Garten, als Nebenerwerbslandwirtschaft, Reparaturarbeiten, Hausbau oder Mithilfe beim Hausbau von Freunden und Verwandten.

Der Urlaub dient der Mehrzahl für solche Tätigkeit statt für eine Urlaubsfahrt. Als Freizeitbeschäftigungen werden vor allem solche genannt, die Regeneration und Nutzen zugleich enthalten: Handarbeit bei den Frauen, Gartenarbeit bei den Männern. Fast alle ländlichen Arbeiterfamilien besitzen ein eigenes Haus oder sparen auf einen Hausbesitz hin. Sparen für das Haus und Beteiligung am Hausbau prägen ganze Lebensabschnitte. Soziale Kontakte stellen sich im Dorf vor allem auch über die gegenseitige Hilfe beim Hausbau her, die für viele erst den Erwerb eines „Eigenheims" ermöglicht. Ständiges Arbeiten, nicht nur als Lohnarbeiter im Betrieb, sondern auch außerhalb in der sogenannten „Freizeit" prägt das Leben vieler ländlicher Arbeiter. Der Hausbesitz vermittelt nicht nur relative Sicherheit, freiere Entfaltung und Ansehen unter den Dorfbewohnern, er ist wegen der relativ geringen Bodenpreise – Grundstücke werden außerdem häufig geerbt – und der kollektiven Bauhilfe letztlich auch billiger als eine Mietwohnung; andererseits fördert er die Immobilität.

Die entfremdete Arbeit im Betrieb mit den in ihr hergestellten sozialen Kontakten wird von den meisten Arbeitern bewußt „draußen vor" gelassen. Man will vom Betrieb zu Hause, in der Familie und im Dorf, möglichst nichts mehr sehen. Das beeinträchtigt die Kontakte mit Kollegen und die Mitarbeit bei den Gewerkschaften. Kontakte pflegen die Arbeiter vor allem mit Freunden und Verwandten, im geringeren Umfang mit Nachbarn. Die Freunde kennt man häufig schon seit der Jugend. Die Familienkontakte über die Kleinfamilie hinaus sind intensiv und beinhalten auch materielle Solidarität, gegenseitige Unterstützung. Die durch die Lohnarbeit geschaffene Atomisierung der Einzelnen wirkt sich daher nicht so schwerwiegend aus wie etwa bei „zugezogenen" Familien in modernen Stadtrandsiedlungen. Auch nehmen viele Arbeiter, jedoch kaum die Frauen, am regen dörflichen Vereinsleben teil, wenn auch in der Regel nicht als „Aktivisten". Die Vereine leisten eine Integration der Gemeinde, die früher stärker von der Kirchengemeinde her erfolgte. An Vereins- und Dorffesten etwa nimmt fast jeder teil. Die soziale und psychische Verkümmerung durch Vereinzelung wird dadurch abgeschwächt. Nur eine Minderheit möchte lieber woanders wohnen, die Frauen eher als die Männer, da sie – ohne Wagen – über die Verkehrsverhältnisse für den Einkauf, für die Berufstätigkeit und für den Schulbesuch der Kinder klagen. Sonst fühlen sich die meisten wohl in der Gemeinde, in der nur eine Minderheit selbst geboren ist. Viele stammen aus Nachbardörfern, ein recht großer Teil als Flüchtling aus den Ostgebieten, aber nur wenige aus anderen weiter entfernten Gebieten.

Sicherlich gilt ganz allgemein die Aussage von Heiner Treinen:

> „Die Bezugskategorie der Gemeinde scheint nicht mehr die gleiche Bedeutung für die Sicherheit und soziale Zufriedenheit von Personen zu haben, wie dies vor Jahrhunderten noch in der deutschen Gesellschaft der Fall war."[40]

Dennoch hat auch heute die Gemeinde noch eine Bedeutung für die Vergesellschaftung der Individuen als Alternative zur Vereinzelung bzw. zum Rückgang in die Intimsphäre der Familie, die zunehmend nicht in der Lage ist, psychische Kompensation für die versachlichte, unpersönliche, markt-, bürokratie- und organisationsvermittelte Vergesellschaftung in der modernen Gesellschaft zu geben. Eine positive, die Menschen als Subjekte mit Bedürfnissen nach sozialen Beziehungen und sozialer Anerkennung integrierende Vergesellschaftung wird gerade für die ländlichen Industriependler durch den Betrieb als Stätte entfremdeter Lohnarbeit, auf den sie sich nur instrumental-ökonomisch beziehen, nicht geleistet. Die Industriependler vollziehen vielmehr einen scharfen Bruch zwischen entfremdeter Arbeit und dem Leben außerhalb. Umso wichtiger ist für die Vermeidung sozialer und psychischer Verkümmerung die Teilnahme an über die Familie hinausreichenden Sozialbeziehungen in der Wohngemeinde und die Gemeinsamkeit sowohl nützlicher als auch unterhaltsamer und soziale Anerkennung vermittelnder Aktivitäten.

In den ländlichen Gemeinden gibt es sicherlich heute sowohl Voraussetzungen für ein Mißlingen als auch für ein zumindest teilweises Gelingen solcherart „positiver" Vergesellschaftung, die gleichwohl nur kompensieren kann. Es kann sein, daß in den beiden Landgemeinden Bockhorn und Wardenburg noch ein teilweises Gelingen möglich ist. Andere Landgemeinden, etwa Umlandgemeinden großstädtischer Zentren mit geringer Tradition eines Gemeindelebens, geringer sozialer Stabilität und Homogenität, mit atomisierten „zugezogenen" Familien und erheblicher Mobilität, haben dafür schlechtere Voraussetzungen; sie veröden zu Schlafwohngemeinden ohne soziales Leben. Das Geflecht sozialer Kontakte zwischen Bekannten, Verwandten und Nachbarn in der Gemeinde fördert die soziale Integration und Ortsbezogenheit ebenso wie die Teilnahme am Vereinsleben. Das Gemeinde- und Vereinsleben erstreckt sich dabei eher auf die sogenannten „Bauernschaften", die tradierten Dörfer mit abgegrenztem Siedlungscharakter, als auf die zusammenfassende Großgemeinde, auch wenn sie keine Funktion als Verwaltungs- und Selbstverwaltungseinheiten mehr besitzen. Je tradierter das Gemeindeleben und Vereinsleben ist, je homogener die Sozialstruktur und Klassenstruktur einer Gemeinde, desto eher kann sie noch Vergesellschaftungsfunktionen wahrnehmen. Albrecht Lehmann hat das in einer ausgezeichneten empirischen Studie über „das Leben in einem Arbeiterdorf" anschaulich und genau dargestellt.[41]

Die Sozialstruktur und Klassenstruktur von Gemeinden wie Bockhorn und Wardenburg ist durch den Wandlungsprozeß seit 1950 eher homogener geworden und bietet die Möglichkeit zur relativ problemlosen Teilnahme aller an den sozialen Beziehungen in der Gemeinde. Das Bauerntum hat seine soziale Besserstellung weitgehend verloren, obwohl Reste sozialer Abgrenzung nach „unten" hin noch ebenso erkennbar sind wie umgekehrt ein tradiertes Mißtrauen der Arbeiter gegen die Bauern. Die Industriearbeiterschaft ist zur zahlenmäßig dominierenden Bevölkerungsgruppe geworden, allerdings nicht zur führenden im Gemeindeleben. Gemeinde- und Vereinsfunktionen werden immer noch eher den „Honorationen" unter den Bauern, kleinen Selbständigen, Lehrern und mittleren Angestellten übertragen, die aber immer weniger eine wirkliche soziale Oberschicht darstellen. Die wachsende Gruppe der Angestellten und Beamten, deren Anteil aber geringer ist als in den Städten, ist in ihrer Lebenslage überwiegend nicht weit von den Arbeitern entfernt; zwischen den Gruppen bestehen durchaus vielfältige soziale Kontakte. Fast gänzlich verschwunden ist die Landarbeiterschaft, die ehemals die Mehrheit der ländlichen Arbeiter bildete und von den Bauern als ihren Herren durch scharfe Klassenschranken getrennt war.

Obwohl die ländlichen Industriependler (soweit es sich nicht um katholische Gebiete handelt) überwiegend SPD wählen und der Gewerkschaft angehören, sind sie noch weniger von der Tradition der Arbeiterbewegung beeinflußt als städtische Industriearbeiter. Dabei haben sie durchaus ein Bewußtsein ihrer sozialen Lage und Stellung und egalitäre Idealvorstellungen einer Gesellschaft. Sie müssen sich aber mit ihrer Lohnarbeit abfinden und akzeptieren die Gesellschaft als „im großen und ganzen in Ordnung", solange ihre materielle Existenz nicht bedroht ist. Sie flüchten sich in die Privatsphäre, die teilweise durch soziale Beziehungen siehe [illegible] „Klassenlosigkeit des Dorfes“

in der Gemeinde und Ortsverbundenheit erweitert und geöffnet wird. In dieser „Gemeinschaft“ werden von ihnen Klassenunterschiede, politische Differenzen und Interessengegensätze möglichst nicht artikuliert.

Es bleibt die Frage, wie die Veränderungen auf dem Lande[42] mit der gegenwärtigen Entwicklung unserer Gesellschaft und den in ihr enthaltenen Möglichkeiten zu verbinden sind. Eine solche Fragestellung kann m. E. nicht bei dem Problem von Arbeitslosigkeit bzw. regionaler oder ländlicher Unterbeschäftigung stehen bleiben. Zu fragen ist vielmehr weitergehend, ob sich in den verschiedenen gegenwärtigen Krisenphänomenen ökonomischer, ökologischer, sozialer, psychischer und ideologischer Art nicht eine allgemeinere gesellschaftliche Krise andeutet, die dauerhaft nicht mehr mit den Mitteln, Institutionen und Wertvorstellungen des herrschenden Systems der Produktion und Vergesellschaftung „gelöst“ werden kann. Zu fragen ist, welchen Stand Naturaneignung und Vergesellschaftung durch das Kapital gegenwärtig erreicht haben und welche Zukunft sie zu bieten haben, aber auch, welche Alternativen (der Produktionsweise, Lebensformen und Wertvorstellungen) möglicherweise bereits im Ansatz erkennbar werden, wenn auch ohne angemessene Wahrnehmung durch die vorherrschenden Veränderungstheorien.

In den fortgeschrittensten westlichen Industriegesellschaften stößt die Dynamik der Produktionsweise an ihre Schranken, bewegt sich weiter als verselbständigte Ökonomie hin zu einem Punkt, an dem sie eine bedrohliche Gefahr für das Weiterleben der Menschen wird.[43] Der Begriff des „Fortschritts“ verliert dabei immer mehr seine verheißungsvollen Züge. Zerstörung der natürlichen Lebensumwelt, Verschleiß der Naturreichtümer, Schaffung lebens- und naturbedrohender Produkte und Abfallprodukte, Zerstörung von Zwischenmenschlichkeit in brutalen, destruktiven und pathologischen Formen signalisieren deutlich die Fehlentwicklung dieser Art Gesellschaft. Die Entfremdung der Individuen voneinander bei zugleich „dichter“ werdender Vergesellschaftung, von der Natur und von ihren eigenen Produkten steigert sich. Niemand trägt die Schuld an einem solchen Zustand, der aus dem System verselbständigter, entfesselter Ökonomie entspringt. Die Verstrickung in ein letztlich lebensfeindliches ökonomisches System wird durch Ideologie und Verhalten aller Beteiligten stets von neuem hergestellt. Trotz sozialer Ungleichheit nach wie vor haben die Klassen als bewußt handelnde Personengruppen mit gegensätzlichen Interessen an Bedeutung verloren.[44]

Zentralistische unpersönliche bürokratische Herrschaft entwickelt sich aus der ökonomischen Basis und dem politischen Überbau mit Zwangsläufigkeit und erzeugt neue soziale Konflikte. „Richtige“, „einfache“, für jeden „einsichtige“ Lösungen des Zusammenlebens und der Produktion entsprechen nicht der Logik und den Möglichkeiten des Systems; Reformversuche, Krisenlösungen nehmen daher noch einmal den verzerrt-entfremdet-komplizierten Charakter an, der bereits das System kennzeichnet. Erst jenseits des entfremdeten Funktionszusammenhangs findet das utopische Denken, findet die soziale Phantasie Vorstellungsmöglichkeiten „richtiger“ Lebens-, Produktions- und Naturzusammenhänge.

Die Notwendigkeit, die ökonomische und sonstige Krisenhaftigkeit zu bewältigen, verstärkt den allgemeinen Trend politisch-staatlicher Funktionsausdehnung.

Zunehmende „Verstaatlichung" scheint die notwendige Konsequenz der Entwicklung hin zum „nachindustriellen" Kapitalismus zu sein.[45] Die Staatsallmacht der östlichen Industriegesellschaften, ihre fast lückenlose Beseitigung aller autonomen individuellen und kollektiven Entfaltungsmöglichkeiten bietet dazu keine erstrebenswerte Alternative.

Nicht nur die – gefährliche – Fortexistenz des Kapitalismus, sondern auch seine Fortsetzung im autoritär-sozialen Machtstaat kann den Wünschen der Menschen nach mehr Autonomie und sinnvollen Lebens- und Produktionszusammenhängen nicht gerecht werden. Es wird immer deutlicher, daß ohne eine Abwendung vom Zentralismus und von der bürokratischen Organisation des großen Kapitals und des Staates die Entfremdung nicht zu überwinden ist, vielmehr ohne Ende fortschreitet. Daher besteht die Notwendigkeit zur Rückbesinnung auf verdrängte sozialgeschichtliche und theoriegeschichtliche Ansätze staatsfreier Vergesellschaftung in kleinen Gemeinschaften und ein Recht des Widerstandes unterdrückter, gleichgeschalteter Kulturen und zentralistisch ausgetrockneter und verplanter Regionen und der Praxis alternativer Lebens- und Produktionsformen, zunächst auch ohne die Möglichkeit, die Gesellschaft als „Ganzes" zu verändern.[46] Ob solche Traditionen, Wiederbelebungsversuche und kommunitären Praxisversuche eine lebensfähige Zukunft repräsentieren, kann nur praktisch und langfristig beantwortet werden.

Die Krise der Gegenwart ist mehr als eine nur ökonomische Krise; eine humane Zukunft braucht mehr als eine bloße Reform des ökonomischen Entscheidungssystems – nämlich neue dezentral-gemeinschaftliche Lebens- und Produktionsformen mit der Chance der Autonomie der Individuen, mit einem neuen Gleichgewicht im Verhältnis zur Natur und einem Wertsystem der „Fraternität". Eine humane Zukunft kann heute nicht mehr mit fortgesetzter Produktivkraftentwicklung und Naturunterwerfung gleichgesetzt werden. Die Bewegungen sozialer Utopie beinhalten vielmehr eine „schöpferische Primitivierung", eine „dialektische Einheit von Progression und Regression".[47] Sie zielen ab auf die „Wiederherstellung eines überschaubaren, erlebbaren, veränderlichen Lebensverbandes",[48] die Vereinfachung der politisch-sozialen Verhältnisse und Verkleinerung der Selbstbestimmungseinheiten als Voraussetzungen individueller und gemeinschaftlicher Selbstbestimmung.

Ländliche Lebensverhältnisse, zumal in „unterentwickelten" Randregionen, bieten dafür widersprüchliche Ansatzpunkte: Reste nichtkapitalistisch-gemeinschaftlicher Produktion (häufig neben industrieller Lohnarbeit) sind vorhanden, ebenso Reste dörflicher Gemeinschaft und Tradition, andererseits aber auch der Wunsch zur Anpassung ans „Moderne" und Vorurteile gegenüber Nichtkonformen, auch wenn es an Altem anzuknüpfen versucht. Aufbegehren gegen zentralistische Verplanung und Austrocknung und gegen die Gefahr der Atomindustrie ist teilweise da und entwickelt sich, andererseits aber auch konservativ-obrigkeitsstaatliches Denken und Sichgefallenlassen. Das Verhältnis zur Natur ist noch unentfremdeter, in der agrarischen Produktion noch sinnfällig, andererseits treibt hier der Zwang der Konkurrenz zur Industrialisierung und Kapitalisierung, so daß der

Naturbezug zerstört wird und ökologische Probleme entstehen. Alternative Praxisversuche, sowohl in agrarischer Produktion und Eigenversorgung und dezentral-regenerativer Energieherstellung als auch in Experimenten gemeinschaftlichen und naturzugewandten Lebens, finden hier Möglichkeiten der „Siedlung", die gerade auch der drohenden kulturellen und sozialen Auszerrung und Entmündigung des Landes entgegenzuwirken vermag.

Der Regionalismus hat für die Utopie einer humanen „nachmodernen" Gesellschaft eine große Bedeutung gewonnen.[49] Die Beziehung zwischen „Provinz" und sozialer Utopie ist heute notwendig, aber zugleich widersprüchlich. Verkrustung und Verrohung sozialen Bewußtseins und Handelns sind kein Privileg der Städte, sondern finden sich in spezifischen Formen auch in ländlichen Lebensverhältnissen. Zudem ist ländliche Vergesellschaftung heute mehr denn je der Verdünnung und Gleichschaltung im Prozeß der Industrialisierung und Proletarisierung ausgesetzt. Stärkere gewerkschaftliche „Orientierung" und Solidarität der ländlichen Arbeiter ist erforderlich für die Abwehr besonders schlechter Arbeits- und Lohnbedingungen, verhindert aber nicht das Problem regionaler Unterbeschäftigung und einer ländlichen industriellen Reservearmee. Soziale Kräfte wie die Frauenbewegung, Ansätze veränderter Orientierungen unter Jugendlichen und alternativer Lebens- und Produktionsformen treffen gerade auf dem Lande zunächst auf Nichtverständnis, Ängste und Abwehr. Leichter finden Bewegungen gegen Umweltbedrohung und Forderungen regionaler und lokaler Autonomie eine Unterstützung, solange sie an vorhandene Probleme und Erfahrungen anknüpfen und nicht von außen aufgestülpt werden. Eine Vereinheitlichung der Tendenzen und Kräfte in der Provinz in Richtung auf die soziale Utopie nachmoderner Lebens- und Produktionsformen kann nicht angenommen oder angestrebt werden. Wohl aber ist ein langfristiger status quo zwischen solchen auf das Land ausgerichteten Ansätzen und den dominanten Verhältnissen und Entwicklungen auf dem Lande denkbar mit der Chance eines zunehmenden gegenseitigen Verständnisses und einer zunehmenden, gleichwohl nur partiellen Verknüpfung, bei der beide Seiten lernen können, sowohl praktisch zu sein als auch phantasievoll – zukunftsoffen. Überhaupt können die gegenwärtigen Bewegungen sozialer Utopie m. E. nicht die bisherigen Vorstellungen einer „Transformation" des Gesellschaftssystems über den Weg politischer Machtergreifung und vollständiger Verantwortung für die gesellschaftliche Entwicklung übernehmen. Sie müssen vermutlich über lange Zeit Nischen innerhalb der dominanten kapitalistisch-staatlichen Entwicklung suchen und subkulturell für die Verbreitung alternativer dezentral-gemeinschaftlicher Produktions- und Lebensformen nutzen. Dabei haben sie den Vorteil direkter Praxis im eigenen Lebensbereich statt einer abgehobenen Aktivität im politischen „Überbau". Wenn die soziale Utopie eine geschichtliche Chance erhalten soll, dann muß sie bereits jetzt in Ansätzen erkennbar werden. Es wird für uns ein Satz wieder aktuell, den Martin Buber vor fünfzig Jahren aussprach:

> „Wir müssen ganz unromantisch, ganz heute lebend, mit dem widerstrebenden Material unseres Geschichtstags echte Gemeinschaft aufbauen."[50]

Dafür bieten die Lebensverhältnisse in ländlichen Regionen einige Voraussetzungen, sowohl in ihrer widersprüchlichen Realität als auch in ihren Möglichkeiten.

Anmerkungen

1 „Primitive" Gesellschaften, die den Staat und damit die Herrschaft ablehnen, bilden keine Städte. Der in Stadt und Land geteilte Lebensraum ist bereits ein hierarchisierter und autoritärer Lebensraum. Siehe dazu Pierre Clastres: Über die Entstehung von Herrschaft – ein Interview. In: Unter dem Pflaster liegt der Strand, Bd. 4. Hrsg. von Hans Peter Duerr. Berlin 1977.

2 Max Weber: Wirtschaft und Gesellschaft. Köln 1964.

3 Erinnert sei an den berühmten Abschnitt über den „Fetischcharakter der Ware und sein Geheimnis" in der Marxschen Warenanalyse. Karl Marx: Das Kapital, Bd. I (Marx-Engels-Werke, Bd. 23). Berlin 1972.

4 Hans-Paul Bahrdt: Die moderne Großstadt, Reinbek bei Hamburg 1961.

5 In einem vor wenigen Jahren geführten Interview hat Ernst Bloch seine damalige Ansicht noch einmal bekräftigt. Ernst Bloch: Gespräch der Ungleichzeitigkeit. In: Kursbuch 39, April 1975.

6 Als Vertreter einer solchen Position vgl. Wolfgang Schulenberg: Das Ende der Verstädterung. In: Neue Sammlung, H. 4/1967. – Rolf-Richard Grauhan/Wolf Linder: Politik der Verstädterung. Frankfurt 1974.

7 Über die ungleichmäßige, phasenverschobene und immer wieder auf neuer Stufe regionale Ungleichheiten produzierende Entwicklung der kapitalistischen Produktionsweise in einem Land vgl. D. Bellmann, u. a.: „Provinz" als politisches Leben. In: Kursbuch 39, April 1975. – Adalbert Evers: Agglomerationsprozeß und Staatsfunktionen. In: Rolf-Richard Grauhan (Hrsg.): Lokale Politikforschung. Bd. 1, Frankfurt/New York 1975. – Albrecht Funk: Abschied von der Provinz? Strukturwandel des ländlichen Raumes und staatliche Politik. Offenbach 1977. – Wolfgang Hein: Ungleiche regionale Entwicklung als Folge ökonomischer Integration seit der „industriellen Revolution". Magisterarbeit Universität Konstanz, 1974.

8 Rolf-Richard Grauhan/Wolf Linder: a.a.O., S. 27.

9 Vgl. dazu etwa die radikale Kritik, die von Vertretern der zu neuem Selbstbewußtsein vordringenden Indianerbewegung am „künstlichen Universum" verstädterter Lebensformen der US-Gesellschaft geübt wird, z. B. von Vine Deloria jr.: Nur Stämme werden überleben. München 1976.

10 Siehe dazu z. B. Albrecht Funk: Abschied von der Provinz? a.a.O. – Onno Poppinga: Bauern und Politik. Frankfurt 1975.

11 Vgl. Albrecht Funk: Abschied von der Provinz? a.a.O. – Rolf G. Heinze/H.-Willy Horn: Arbeitsmarkt und Politik in strukturschwachen ländlichen Regionen. In: Claus Offe (Hrsg.): Opfer des Arbeitsmarktes. Darmstadt – Neuwied 1977.

12 Die Lebensferne von Planerdefinitionen kennzeichnet Robert Jungk trefflich: „ ‚Kernobst'. Wie schmeckt das eigentlich? Wie fühlt es sich an? Wie riecht es? Das schert den Statistiker wenig. Er hangelt sich von Abstraktion zu Abstraktion, bis er die Wirklichkeit allmählich ganz aus dem Auge verliert. Dafür kann er nun die Symbole einer Scheinwirklichkeit beliebig manipulieren. So entstehen Kurven und Projektionen, die menschliche Produktivität (und darüber hinaus menschliches Schicksal) darzustellen vorgeben, indem sie die zuerst verflachte, dann vergewaltigte Vielfalt der Vereinfachung opfern." Robert Jungk: Fünf Thesen über eine mögliche Wende. In: Lars Gustafsson (Hrsg.): Thema: Regionalismus (Tintenfisch 10). Berlin 1976, S. 12.

13 Georg Simmel: Soziologie. Untersuchungen über die Formen der Vergesellschaftung. Leipzig 1908, S. 615, 623.

14 V. Lück, u. a.: Industrieller Ballungsraum. Zur sozial- und politikwissenschaftlichen Problematisierung. In: Zeitschrift für Soziologie, H. 4/1976.

15 Raumordnungsbericht 1966 der Bundesregierung. Deutscher Bundestag V/1155, S. 61.

16 Siehe dazu: Franziska Wiethold: Probleme bei der Industrialisierung einer ländlichen Region – Die Arbeitsmarktentwicklung in Ostfriesland nach dem 2. Weltkrieg. Diss. Marburg (1972).

17 Die neuere Zunahme des Bevölkerungsanteils der Städte bedeutet kein wirkliches Wachstum der Städte, sondern nur ein „statistisches" aufgrund der inzwischen erfolgten Eingemeindungen. Vor allem im Bezirk Oldenburg, in dem es schon seit 1908 ländliche Großgemeinden – Zusammenfassungen mehrerer Gemeinden zu einer Verwaltungseinheit – gibt, sagt die Einwohnerzahl der „addierten" Gemeinden ferner häufig wenig über ihre Siedlungsstruktur und ihren „städtischen" Charakter aus.

18 Über die „Arbeitsmarktentwicklung und Arbeitsmarktpolitik im Nordwestraum" wird derzeit von Alexander Krafft, Alfred Tacke und mir zusammen mit Studenten eines Projekts der Universität Oldenburg eine Untersuchung durchgeführt.

19 Die in diesem Abschnitt genannten Daten zur Arbeitslosigkeit entstammen den Berichten der Bundesanstalt für Arbeit, des Landesarbeitsamtes und der regionalen Arbeitsämter.

20 Landesentwicklungsprogramm Niedersachsen 1985. Stand 1973, S. 51.

21 Statistisches Bundesamt: Wirtschaft und Statistik, H. 4/1977, S. 247 ff. (Entwicklung der Erwerbstätigkeit 1976). dasselbe: Bevölkerungsstruktur und Wirtschaftskraft der Bundesländer 1976.

22 Wirtschaft und Statistik, H. 4/1977, S. 251 ff. (Arbeitsproduktivität in der Industrie).

23 Statistische Monatshefte von Niedersachsen.

24 Statistisches Bundesamt: Fachserie D (Industrie und Handwerk), Reihe 1, Heft I; Fachserie 4 (Produzierendes Gewerbe), Reihe 4, Heft 1.

25 Horst Billing: Die Halbleitertechnologie und ihre Auswirkungen auf dem Arbeitsmarkt. In: arbeit und beruf, H. 4/1978. – „Uns steht eine Katastrophe bevor". In: Der Spiegel, Nr. 16/1978. – Werner Dostal/Klaus Köstner: Mikroprozessoren – Auswirkungen auf Arbeitsplätze? In: Mitteilungen aus der Arbeitsmarkt- und Berufsforschung, H. 2/1977. – Mario Helfert: Beschäftigung und Produktivitätsfortschritt. In: WSI-Mitteilungen, H. 5/1977. – Jürgen Vahlberg/Bernd Wiemann: Mikroprozessoren und Mikrocomputer – Entwicklungstrends, Einsatzmöglichkeiten, Auswirkungen auf Arbeitsplätze. Hrsg. vom RKW. Frankfurt 1977.

26 Über die allgemeine und regionale Entwicklung der Textilindustrie wurden von uns Gespräche mit den Geschäftsleitungen der Nordhorner Firman NINO AG, Povel u. Co. und Raw u. Co., sowie der Kammgarnspinnerei in Delmenhorst und Wilhelmshaven, mit Vertretern der Gewerkschaft Textil/Bekleidung und der Forschungsstelle für allgemeine und textile Marktwirtschaft an der Universität Münster geführt. Siehe dazu auch: International Labour Organisation. Textiles Committee Tenth Session: Report I, II, III. Geneva 1978. – Folker Fröbel, u. a.: Die neue, internationale Arbeitsteilung. Reinbeck bei Hamburg 1977. – Ernst Helmstädter: Auswirkungen der Industrialisierungsstrategie für Entwicklungsländer auf die europäische Textilindustrie. In: Zeitschrift für allgemeine und textile Marktwirtschaft, H. 2&1974. – Michael Breitenacher: Textilindustrie. Berlin–München, 2. Aufl. 1971. – Raimund Maurer: Technischer Fortschritt und Wachstumsprobleme der Textilindustrie. Opladen 1973. – Gesamttextil (Hrsg.): Die Textilindustrie in der BRD im Jahr 1977. – Aloys Schwietert (Prognos AG): Die deutsche Textilindustrie bis 1990. In: chemiefasern/textilindustrie, Oktober 1976.

27 Quasi „offizielle" Ursachenerklärungen und Lösungsvorschläge bieten die Jahresgutachten des Sachverständigenrates zur Begutachtung der gesamtwirtschaftlichen Entwicklung; vgl. dazu die Kritik im „Memorandum für eine wirksame und soziale Wirtschaftspolitik" (In: Blätter für deutsche und internationale Politik, H. 11/1975) und im „‚Memorandum' 78 – Für eine alternative Wirtschaftspolitik" (In: Blätter für deutsche und internationale Politik, H. 5/1978), sowie H. Baisch, u. a.: Die Wirtschaftskrise in der BRD. In: Leviathan, H. 2/1977. – Gunda Jortzig/Marianne Weg: Zur Diskussion von Krise und Krisenpolitik in der herrschenden ökonomischen Theorie. In: WSI-Mitteil., H. 3/1978. Weitere kontroverse Ansätze siehe z. B. bei Jürgen Hoffmann/Willi Semmler: Kapitalistische Krise und Arbeitslosigkeit in der Bundesrepublik. In: Probleme des Klassenkampfs, Nr.19/20/21 (Oktober 1975). – Rüdiger Soltwedel: Konjunkturelle oder strukturelle Arbeitslosigkeit – ein ungelöstes Zuordnungsproblem. In: WSI-Mitteilungen, H. 5/1977. – Gerhard Fels: Innovation und internationale Wettbewerbsfähigkeit. In: Rationalisierung, H. 7-8/ 1976. – Wege zur Überwindung der Arbeitslosigkeit. Kieler Diskussionsbeiträge Nr. 49.

Kiel 1977. – Mario Helfert: Beschäftigung und Produktivitätsfortschritt. In: WSI-Mitteilungen, H. 4 u. 5/1977. – Thea Dückert/Alexander Krafft: Gewerkschaftliche Strategien gegen Arbeitslosigkeit. In: Otto Jacobi, u. a. (Hrsg.): Gewerkschaftspolitik in der Krise. Kritisches Gewerkschaftsjahrbuch 1977/78. Berlin 1978. Interessant und anregend sind die „alternativen" Vorstellungen zur Vollbeschäftigungspolitik des Schweden Gunnar Adler-Karlsson: Nej til fuld beskaeftigelse – Ja til materiel grundtryghed. K/ benhavn 1977.

28 vgl. Peter Peschel/Ingrid Scheibe-Lange: Zu den Beschäftigungsperspektiven des Dienstleistungssektors. In: WSI-Mitteilungen, H. 5/1977.

29 Siehe dazu: Karl-Werner Schatz: Zum sektoralen und regionalen Strukturwandel in der BRD. In: WSI-Mitteilungen, H. 11/1976. – Hugo Dicke, u. a.: Beschäftigungswirkungen einer verstärkten Arbeitsteilung zwischen der Bundesrepublik und den Entwicklungsländern. Tübingen 1976.

30 Gunther Dreyer/Hans Vinke: Absolute Sicherheit oder Verbrannte Erde. Der Kampf gegen das Atommüll-Zentrum im Emsland. Hamburg 1977. – Magdalena Heins: Der Widerstand gegen die Errichtung einer Atommülldeponie und Kernbrennstoff-Wiederaufbereitungsanlage im Hümmling. In: Anna Dorothea Brockmann (Hrsg.): Landleben. Reinbek bei Hamburg 1977. – Joachim Schritt: Bauern gegen Atomanlagen oder Wi wüllt den Schiet nich hebben. Offenbach 1977. – Gerd Vonderach: Randregion und Atomindustrie. Manuskript, Oldenburg 1977.

31 Die Interviews waren Teil der Untersuchung „Bockhorn/Wardenburg – Das Verhältnis der ländlichen Bevölkerung zu Bildung und Beruf", die 1973 bis 1975 vom Verfasser zusammen mit Studenten durchgeführt wurde. Befragt wurden 28 Industriearbeiter, 21 ungelernte Industriearbeiterinnen, 33 Angestellte in „mittleren" Berufspositionen, 27 Landwirte; in der Regel Verheiratete mit Kindern und überwiegend im Alter von 30 bis 50 Jahren. Die Interviewpartner bilden keine Stichprobe im strikten statistischen Sinne, sind aber durchaus als repräsentativ für die jeweilige Bevölkerungsgruppe anzusehen, der sie angehören. Sie wurden aus unterschiedlichen Grundgesamtheiten zusammengestellt: Einwohnerschaft (Meldekarteien), Elternschaft der Mittelpunktschulen, Pendlergruppe des Oldenburger AEG-Betriebes.

32 Hartmut Neuendorff/Charles Sabel: Zur relativen Autonomie der Deutungsmuster. Manuskript zum Bielefelder Soziologentag 1976. – Hartmut Neuendorff: Zu einigen theoretischen und methodologischen Problemen der Bewußtseinsanalyse. Diskussionspapier zur Sektionssitzung Industrie- u. Betriebssoziologie am 3./4. Juni 1977 in Kassel.

33 Martin Osterland: Lebensgeschichtliche Erfahrung und gesellschaftliches Bewußtsein. In: Soziale Welt, H. 4/1973. Vgl. auch Arbeitsgruppe Bielefelder Soziologen: Kommunikative Sozialforschung. München 1976.

34 Hans-Paul Bahrdt: Erzählte Lebensgeschichte von Arbeitern. In: Martin Osterland (Hrsg.): Arbeitssituation, Lebenslage und Konfliktpotential. Festschrift für Max. E. Graf zu Solms-Roedelheim. Frankfurt 1975. Vgl. auch Wolfram Fischer: Struktur und Funktion erzählter Lebensgeschichten. In: Martin Kohli (Hrsg.): Soziologie des Lebenslaufs. Darmstatt–Neuwied 1978.

35 Hartwig Berger: Untersuchungsmethode und soziale Wirklichkeit. Frankfurt 1974, S. 163. – Siehe dazu auch: Romano Alquati: Klassenanalyse als Klassenkampf. Arbeiteruntersuchungen bei Fiat und Olivetti, Frankfurt 1974. – Werner Fuchs: Empirische Sozialforschung als politische Aktion. In: Soziale Welt, H. 1/1970.

36 1958 verlangten die Arbeiter von der Schule vor allem: Ordnung und Disziplin, vielseitiges Wissen, Achtung vor den Mitmenschen. Willy Strzelewicz, Hans-Dietrich Raapke, Wolfgang Schulenberg: Bildung und gesellschaftliches Bewußtsein. Stuttgart 1966, S. 74 ff.

37 Vgl. Pierre Bourdieu/Jean Claude Passeron: Die Illusion der Chancengleichheit. Stuttgart 1971. – Richard J. Herrnstein: Chancengleichheit – eine Utopie? Stuttgart 1974. – Susanne Keller/Richard Vahrenkamp: Die Illusion des Spätkapitalismus – Bildungsboom und Produktion. In: Neues Forum, H. 1/2 und 3/1974. – Günther Steinkamp: Analyse und Kritik des Leistungsprinzips im Ausbildungs- und Berufssystem industrieller Gesellschaften. In: Klaus Hurrelmann (Hrsg.): Soziologie der Erziehung. Weinheim-Basel 1974.

38 Vgl. John H. Goldthorpe, u. a.: Der „wohlhabende" Arbeiter in England, 3 Bd., München 1970/71.

39 Im Jahre 1966 waren dagegen insgesamt in der BRD nur in 31 % der Arbeiterfamilien mit Kindern die Frauen berufstätig: Martin Osterland, u. a.: Materialien zur Lebens- und Arbeitssituation der Industriearbeiter in der BRD. Frankfurt 1973, S. 194.

40 Heiner Treinen: Symbolische Ortsbezogenheit. In: Kölner Zeitschrift für Soziologie u. Sozialpsychologie, 1965, S. 292.

41 Albrecht Lehmann: Das Leben in einem Arbeiterdorf, Stuttgart 1976.

42 Einer eingehenden Kritik bedarf dabei die mit großem Aufwand durchgeführte Untersuchung der Forschungsgesellschaft für Agrarpolitik und Agrarsoziologie: Lebensverhältnisse in kleinbäuerlichen Dörfern 1952 und 1972. Münster-Hiltrup o.J.
Als ältere Darstellung des Wandels ländlicher Lebensverhältnisse ist insbesondere zu nennen: Herbert Kötter: Landbevölkerung im sozialen Wandel. Düsseldorf-Köln 1958.

43 Vgl. Alain Tourraine: Krise oder Mutation? In: Touraine, Dreitzel, u. a.: Jenseits der Krise. Wider das politische Defizit der Krise. Frankfurt 1976. – André Gorz: Ökologie und Politik. Reinbek bei Hamburg 1977. – Johanno Strasser: Die Zukunft der Demokratie. Reinbek bei Hamburg 1977. – Herbert Gruhl: Ein Planet wird geplündert. Frankfurt 1975.

44 Vgl. Alain Touraine: Krise oder Mutation? a.a.O. – Alfred Tacke: Arbeiterbewußtsein in der Krise. In: Mehrwert, Nr. 15/16 (April 1978).

45 Vgl. Robert L. Heilbroner: Der Niedergang des Kapitalismus. Frankfurt-New York 1977.

46 Siehe dazu u. a.: Gustav Landauer: Beginnen. Aufsätze über Sozialismus. Hrsg. von Martin Buber. 1924 (Neuauflage 1977). – Martin Buber: Pfade in Utopie. Heidelberg 1950 (Neuauflage unter dem Titel: Der utopische Sozialismus. Köln 1976). – Horst von Gizycki: Aufbruch aus dem Neandertal. Entwurf einer neuen Kommune. Darmstadt-Neuwied 1974. – Brad Steiger: Neue Stämme für ein neues Zeitalter. In: Zero, Nr. 12 (1977). – Walter-Archeion Moritz: Utopias einer friedlichen Zukunft. In: Zero, Nr. 12 (1977). – Thomas Schmid: Kuh und Computer. In: Autonomie, Nr. 3 (1976). – Bernd Leineweber/Karl-Ludwig Schibel: Die Revolution ist vorbei – wir haben gesiegt. Berlin 1975. – Alain Touraine: Krise oder Mutation? a.a.O. – Helmut Ostermeyer: Die Revolution der Vernunft. Frankfurt 1977. – Vine Deloria jr.: Nur Stämme werden überleben. München 1976. – Hans Ekkehard Bahr/Reimer Gronemeyer (Hrsg.): Anders leben – überleben. Frankfurt 1977. – Murray Bockchin: Für eine befreiende Technologie. In: Unter dem Pflaster liegt der Strand, Band 2, Hrsg. von Hans-Peter Duerr. Berlin 1976. Siehe dazu ferner die Aufsätze von Horst von Gizycki, David G. Gil und Karl H. Schlesier zum Thema „Alternative Lebensformen" in den Frankfurter Heften, H. 11/1973, 10/1975, 12/1975, 3/1976, 6/1976, 10/1976, 5/1977, und 4/1978.

47 Horst von Gizycki: Fraternität, Notizen zur Sozialpsychologie alternativer Lebensformen. In: Gesamthochschule Kassel-Prisma, N. 14 (1977).

48 Hartmut von Hentig: Die Wiederherstellung der Politik. Stuttgart-München 1973, S. 13.

49 Siehe dazu: Hans-Ekkehard Bahr: Neue Friedensbewegungen in der Provinz? In: Frankfurter Hefte, H. 1/1977. – Manfred Bosch: Gegen die Erosion der Kultur: Regionalismus als Bildungs-Aussicht. In: Frankfurter Hefte, H. 7/1977. – Lars Gustafsson (Hrsg.): Thema: Regionalismus (Tintenfisch 10). Berlin 1976. – Etienne de Saint Laureint: Für eine revolutionäre Ideologie der Region. In: Autonomie, Nr. 3 (1976). – Peter Jirak: Zukunft als Provinz, In: Frankfurter Hefte, H. 4/1978 (Sonderheft Zukunft konkret). – Jürgen Klein: Regionalismus in Deutschland. In: Autonomie, Nr. 12 (1978).

50 Zit. in: Martin Buber: Der utopische Sozialismus. Köln 1976, S. 32.

Bäuerinnenprojekt Erlangen

Zur Lage der Bäuerin im landwirtschaftlichen Kleinbetrieb

Vorbemerkung

Am Soziologischen Institut der Universität Erlangen-Nürnberg wird zur Zeit eine empirische Untersuchung zur Lage der Bäuerin in landwirtschaftlichen Voll- und Nebenerwerbsbetrieben durchgeführt. Die Untersuchung wird von der Deutschen Forschungsgemeinschaft im Rahmen des Schwerpunktprogramms „Integration der Frau in die Berufswelt" gefördert. Das Projekt hat sich zum Ziel gesetzt, die Arbeits- und Lebensbedingungen sowie die Perspektiven von Voll- und Nebenerwerbsbäuerinnen in kleineren landwirtschaftlichen Betrieben zu untersuchen und beschränkt sich geograpisch auf den fränkischen Raum, der freilich nach unseren Einschätzungen exemplarisch für kleinbäuerlich strukturierte, durch Klima, Bodenverhältnisse, Marktlage und andere natürliche und ökonomische Bedingungen benachteiligte landwirtschaftliche Regionen in der BRD stehen kann. Wir müssen ausdrücklich betonen, daß in unsere Untersuchung nur Kleinbetriebe (Größenordnung: 1 bis 20 ha) einbezogen wurden. Unser vorrangiges Interesse gilt den Bäuerinnen in solchen Betrieben, die als sog. Grenzbetriebe immer wieder vor schwierigen materiellen Problemen stehen und sich oft mit massiven Existenzschwierigkeiten auseinandersetzen müssen. Wir befragten die Bäuerinnen mit Hilfe eines weitgehend nichtstandardisierten Fragebogens hinsichtlich ihrer Betriebs- und Berufsbiographie, ihrer Einstellung zu den natürlichen und produzierten Produktionsbedingungen ihren Belastungen, Präferenzen und Orientierungen in der Produktionssphäre, ihres Arbeitsalltages und ihrer Probleme im familiären Bereich sowie hinsichtlich ihrer Perspektiven für den Hof, um nur grob einige zentrale Fragebogenkomplexe zu benennen. Die Feldforschungsphase wurde im Frühjahr 1977 abgeschlossen; wir haben 134 Bäuerinnen interviewt, davon je zur Hälfte Voll- und Nebenerwerbsbäuerinnen, die wir nochmals je zur Hälfte in einer zentrumsnahen bzw. zentrumsfernen Region (Zentrum: Städteachse Nürnberg-Fürth-Erlangen) ausgewählt haben. Zur Zeit der Abfassung dieses Aufsatzes haben wir mit der Auswertung gerade erst begonnen. Wir können deshalb noch keinerlei abschließende Ergebnisse vorlegen, sondern nur fragmentarisch und vorläufig über unser Projekt berichten. Dies soll hier in der Form geschehen, daß wir anhand von mehr oder weniger repräsentativen Selbstzeugnissen der Bäuerinnen ihre ambivalente Einschätzung dessen, was sie als sozioökonomischen Wandel und technische Veränderung erleben, an einigen ausgewählten Dimensionen herausarbeiten.

Sozioökonomischer Wandel und Frauenarbeit im Agrarsektor

„Wenn's Weiber gibt, kann's weitergehen. Wenn's keine gibt, ist's aus."
(Bäuerin, Mutter heiratsfähiger Söhne, auf die Frage nach der Zukunft des Hofes)

Der forcierte sozioökonomische Wandel im Agrarsektor seit dem 2. Weltkrieg hat neben vielen anderen Folgen ein in der Literatur häufig belegtes und diskutiertes Phänomen erzeugt: die Disparität zwischen den landwirtschaftlichen Klein- bzw. Grenzbetrieben und den existenzfähigen größeren Höfen. Der ökonomische Prozeß und die agrarpolitische Planung konvergieren dahingehend, daß sich die bäuerliche Bevölkerung zunehmend differenziert. Auf der einen Seite finden sich die sog. entwicklungsfähigen Betriebe, die, auf der Basis günstiger Produktionsbedingungen und gefördert durch staatliche Maßnahmen, erweitert reproduzieren, expandieren und ihren Konkurrenzvorsprung ausbauen können. Auf der anderen Seite steht die große Zahl der Klein- und Zwergbetriebe, die sich durch Überarbeit und Unterkonsum („Pauperisierung") oder aber durch den Verkauf der Arbeitskraft und Übergang zum Arbeiter-Bauern-Betrieb („Proletarisierung") über Wasser zu halten versuchen, bis sie schließlich – oft bei Generationenwechsel – ganz aufgegeben werden.

Von diesem Prozeß ist das Arbeits- und Lebensschicksal der Frauen in der Landwirtschaft unmittelbar betroffen. Während die Frauen in gutsituierten groß- und mittelbäuerlichen Betrieben ihren Lebenszuschnitt an dem der bürgerlich-städtischen Nur-Hausfrauen orientieren,[1] wird besonders in den kleineren Höfen die betriebliche Arbeit zum großen Teil von den Frauen geleistet. Als ein grober Beleg hierfür kann die Tatsache gewertet werden, daß die Neben- und Zuerwerbsbetriebe, zumeist Kleinbetriebe, in denen die Frauen, unterstützt von den Altenteilern und den Kindern, sicherlich die Hauptlast tragen, immerhin 54 % aller landwirtschaftlichen Betriebe in der BRD ausmachen.

Aber auch genauere statistische Daten belegen diesen Sachverhalt. So ist der Anteil der im landwirtschaftlichen Betrieb vollbeschäftigten Frauen in den kleineren Höfen besonders hoch:

Landwirtschaftliche Arbeitskräfte nach Größenklassen im Jahr 1974/75

vollbeschäftigte Familienarbeitskräfte (in 1000)	Betriebsgröße in ha LF 1–2	2–5	5–10	10–20	20–50	50 u. mehr	insgesamt
Summe	76	171	230	399	404	55	1.335
davon Frauen	66	144	168	225	197	26	826
Frauen in % (gerundet)	87	84	73	59	49	47	62

Quelle: Materialband zum Agrarbericht 1977, Bundestagsdrucksache 8/81 Tab. 4, S. 12

Ähnliches gilt auch vom Anteil der Frauen an den betrieblichen Vollarbeitskräften:[2] In den Betrieben zwischen 1 und 20 ha stellen die Frauen rd. 45 % der betrieblichen Vollarbeitskräfte (gegenüber 21 % in den Betrieben über 50 ha).[3] Im agrarpolitischen Bericht der Bundesregierung 1977 wird der Arbeitseinsatz der Frau im Kleinbetrieb auf bis zu 50 % geschätzt.[4]

Nun ist jedoch die Kleinbäuerin nicht nur landwirtschaftliche Produzentin, sondern zugleich auch Hausfrau, Ehefrau und Mutter. Und in keiner dieser Funktionen bleibt sie vom sozioökonomischen Wandel verschont. Die Folge ist, daß die Bäuerin nicht nur, wie bisher, sich darum bemühen muß, die um ihre Zeit und ihre Kräfte konkurrierenden Aufgabenbereiche geschickt zu synthetisieren; vielmehr ist sie dazu aufgefordert, in jedem einzelnen Bereich umzulernen, traditionelle Vorstellungen und Handlungsweisen zu reflektieren und zu revidieren, neue Ungleichgewichte ins Lot zu bringen. In diesem Sinne ist es insbesondere die Bäuerin, die die Spannung zwischen der traditionellen bäuerlich-ländlichen Existenzweise und den „modernen" industriellen Arbeitsformen und bürgerlich-städtischen Lebensnormen unmittelbar auszuhalten bzw. abzumildern hat.[5]

Will man sich also ein umfassendes Bild davon machen, wie sich der Wandel agrarisch-peripherer Regionen auf die Arbeits- und Lebenssituation der betroffenen Menschen auswirkt, so ist dafür die Situation der Kleinbäuerin besonders geeignet.

Unser Projekt entstand freilich nicht nur aus einem wissenschaftlichen Interesse an einer möglichst umfassenden und genauen Deskription gesellschaftlicher Verhältnisse; vielmehr versprachen wir uns vom Studium bäuerlicher Lebensumstände auch eine kritische Auseinandersetzung mit den besonderen Qualitäten naturbezogenen und kollektiven Lebens und Arbeitens einerseits und mit den bornierten, da restringierenden Produktionsverhältnissen und Eigentumsformen entspringenden Einstellungen und Verhaltensweisen andererseits. Wir erwarteten, daß der Umgang mit der bäuerlichen Lebenswelt, ihren Besonderheiten, traditionellen Bornierungen und den neuen Bedrohungen durch die industriell-kapitalistische „Kolonisation" des Landes unser Bewußtsein von der Möglichkeit und den Realisierungsschwierigkeiten anderer Produktions- und Lebensweisen wachhält und schärft.

Allgemeine Bestimmungen der Situation der Kleinbäuerin

Die Arbeits- und Lebenslage der Bäuerin weist folgende charakteristische Merkmale auf:

1. Da die kleinbäuerliche Produktion nach wie vor „kleine Warenproduktion" ist, ist die Bäuerin „kleine Warenproduzentin", d.h. sie arbeitet mit den eigenen Produktionsmitteln auf eigenem Grund und Boden und produziert dabei Waren für den Markt und die allgemeine Warenzirkulation, bzw. Produkte für den Verkauf „über den Hof", also an bekannte Kunden, für die eigene Familie und die Verwandtschaft. Sie verfügt selbst über ihre Arbeitskraft.

Als kleine Warenproduzentin ist die Bäuerin selbständig in folgendem Sinn: Sie wirtschaftet eigenverantwortlich und gestaltet den Ablauf und den Inhalt des Arbeitstages wenigstens innerhalb der Grenzen, die Brauchtum, Natur oder die spezifische ökonomische Lage des Hofes setzen. Sie ist quasi ihr eigener „Unternehmer" und „Arbeiter" in einer Person.

Die Bäuerinnen empfinden diese Freiheit im Vergleich zu bestimmten Formen von Lohnabhängigkeit, v.a. der Fabrikarbeit, als einen außerordentlichen Vorzug bäuerlicher Lebensweise. Sie bringen dies so zum Ausdruck:

„Man ist sein eigener Herr."
„Es steht niemand hinter mir."
„Man kann sein Gelingen selber bestimmen dabei."
„Man ist mehr interessiert an der Sache als ein Arbeiter."
„Wir können doch die Arbeit einteilen, wie wir wollen. Wir stehen nicht so unter Druck. Wir müssen nicht auf Kommando arbeiten und wenn wir mehr arbeiten, das geht auch niemand was an."
„Ich tät kein Handstrich mehr, wenn mir die Landwirtschaft genommen würde und ich tun sollte, was die einem sagen. Sollen die arbeiten, die es haben und angeben."

Freilich sind dieser Freiheit Grenzen gesetzt. Die Integration der Landwirtschaft in das kapitalistisch-industrielle System wirft ihre Schatten auch auf den bäuerlichen Kleinbetrieb: Die Abhängigkeit von der Landmaschinenindustrie und der agrochemischen Industrie einerseits, den verarbeitenden Industrien andererseits, schließlich die mangelnde Konkurrenzfähigkeit gegenüber größeren, unter besseren Bedingungen produzierenden Betrieben bringen die schwächeren Betriebe an die Grenze der Existenzfähigkeit.

Diese Situation zwingt den Bauern und die Bäuerin, ihre Arbeitskraft ohne Rücksicht auf langfristigen Verschleiß im Übermaß zu verausgaben, in den Nebenerwerb überzugehen oder aber ganz aufzugeben.

Dazu eine Nebenerwerbsbäuerin:

„Also einen Vollerwerbsbetrieb möcht ich heute nicht machen. Das wär mir wirklich zu riskant. Weil die Zahlungen laufen und die vielen, vielen Versicherungen, die sie heut haben. Ist ja alles um das x-, x-fache gestiegen.... Deswegen man muß wirklich schauen, daß man über Wasser bleibt ohne Land zu verkaufen..... Landverkauf bedeutet Abbau."

Eine Frau, die erst vor kurzem ihren seit 1966 im Nebenerwerb bewirtschafteten Hof ganz aufgegeben hat, erklärt diese Entscheidung:

„Er ist zu klein. Die Gebäude sind veraltet, zu umständlich wird dadurch die Arbeit. Man hätte zu viel investieren und modernisieren müssen. Das wird mit den Maschinen schon so hingetrieben, daß die Kleinen aufgeben. Die brauchen Maschinen, die sich nicht rentieren.... Ein großer Hof wie ein Unternehmen, rentiert sich doch viel mehr...."

2. Die Bäuerin ist – zusätzlich zu ihrer produktiven betrieblichen Funktion und im Unterschied zum Bauern – auch für die materielle und psychosoziale Versorgung der Bauernfamilie zuständig. Diese reproduktive Tätigkeit wird von den

männlichen Familienmitgliedern in der Regel kaum anerkannt. Sie wird nicht für die abstrakten Erfordernisse und Standards des anonymen Marktes verrichtet. Die Bäuerin ist darauf bedacht, die konkret an sie herangetragenen leiblichen und seelischen Bedürfnisse der Familienmitglieder zu befriedigen, den häuslichen Frieden zu wahren, Haus und Hof „zusammenzuhalten."

Der Selbstversorgungsgrad an Grundnahrungsmitteln ist in kleinen Betrieben noch relativ hoch,[6] was sich stark auf den Umfang der Hausarbeit auswirkt. Dabei scheint trotz der zunehmenden Technisierung des Haushalts das Quantum an Hausarbeit gleichgeblieben zu sein:

„Heute müssen die Kinder viel sauberer sein, es fällt mehr Wäsche an."
„Ich weiß, die Oma, die hat halt die Woche einmal durchgeputzt und dann war's in Ordnung und wenn's keine Zeit g'habt hat, dann ließ sie's gehen. Das geht heut' praktisch nimmer. Ich, wenn ich sagen würde, ich mache die Woche nur einmal den Hausplatz da..... Das ist einfach unmöglich. Aber dadurch kommt nur mehr Arbeit, net? Das ist vielleicht heut' schneller gemacht, als wenn die früher ihren Boden geschrubbt haben. Aber trotzdem, zeitmäßig ist's heut' nicht besser. Zeit bleibt heut nicht übrig!"

Die psychische und emotionale „Arbeit", die die Bäuerin für die verschiedenen Familienmitglieder zu leisten hat, ist beträchtlich; sie scheint in der Gegenwart schwieriger und umfangreicher zu werden: Schulstreß und Pendlerdasein der Kinder erfordern kompensatorische und unterstützende Leistungen der Mütter:

„Die Schule ist nicht leichter geworden. Die Grundschüler werden mit so vielem belastet, was sie nicht brauchen. Der Schulweg ist sehr lange, die Kinder werden gezwungen in andere Orte zu fahren. Die Eltern werden als Hilfslehrer gefordert. Nachschauen der Hausaufgaben ist unumgänglich."

Konfliktpotential enthält das Faktum, daß Bauernkinder infolge der Zentralisierung im Bildungsbereich nicht mehr in kleinen Dorfschulen in bäuerliche Lebensformen hineinsozialisiert werden. Zudem sehen sich die Mütter einem allgemein „freieren" Lebensstil konfrontiert:

„Kinder werden heute gefragt, was sie lieber haben, sie können eine eigene Meinung haben."

Der Arbeiterbauer bringt aus seinen neuen, von fremden Gesetzen beherrschten Arbeitsverhältnissen Konflikte, Anpassungsprobleme und Beziehungswünsche ein:

„Wenn mein Mann am Abend heimkommt, soll ich mit der Hausarbeit und allem fertig sein. Ich soll mich zu ihm hinsetzen und mich unterhalten..... Das merk ich richtig, wenn er was loswerden will."

Es ist für die Bäuerin sicher nicht leicht, auf diese Konflikte einzugehen, da sie deren Entstehung und Umstände häufig nicht kennt.

Die Generationenkonflikte nehmen an Schärfe zu. Schrumpfen der bäuerlichen Familien und damit einhergehende Individualisierungstendenzen und von den Vorstellungen der „Alten" differierende Zukunftspläne der „Jungen" bezüglich des Hofs bedingen dies:

„Es ist nimmer so wie die Großfamilien früher waren, daß man drei Generationen zusammengehabt hat und es ist gegangen."
„Es ist ja schön, wenn man einander hilft, aber manchmal hätte man auch ein Verlangen gehabt, allein zu sein mit den Kindern und dem Mann."

3. Den sozialen Rahmen, in dem die Bäuerin lebt, bezeichnen wir als bäuerliches Haus.[7] In ihm lebt die bäuerliche Familie als Besitz-, Arbeits- und Lebensgemeinschaft.

Das Zusammenleben und -arbeiten wird von den meisten Bäuerinnen als großer Vorzug der bäuerlichen Lebensform angesehen:

„Das (Zusammenarbeiten) ist doch das Schönste am Bauernberuf!"
„Wir leben zusammen, wir reden den ganzen Tag miteinander. Wir brauchen nicht erst nachts mit dem Mann ein paar Stunden zusammensitzen, um uns auszusprechen."
„Als mein Mann noch nicht arbeiten ging, – das war schön, wenn man früh zusammen aufs Feld zum Hacken gegangen ist. Man konnte miteinander reden."

Zwar treten auch häufiger Reibungsflächen auf:

„Wenn man den ganzen Tag beisammen ist, kann man sich öfter mal über was streiten, besonders wenn Mann und Frau immer zusammen sind...",

aber der Zwang zur gemeinsamen Arbeit läßt so manchen Streit gar nicht erst ausbrechen:

„Wir können gar nicht streiten, weil man in den nächsten fünf Minuten den anderen schon wieder für die Arbeit bracht."

Hinzu kommt, daß es im bäuerlichen Haus (noch) unüblich ist, Meinungsverschiedenheiten und Beziehungskonflikte zu verbalisieren und differenziert abzuklären. Sie werden entweder an Ort und Stelle eruptiv-aggressiv ausgetragen:

„...das muß rausgeschrien werden!"

oder durch demonstratives Schweigen zum Ausdruck gebracht:

„Man muß halt schweigen können, bis man es selber vergessen hat!"

oder aber einfach nicht beachtet:

„... den (Mann) laß ich reden und ich mach dann doch immer, was ich will."

Das bäuerliche Haus „bröckelt" in der Gegenwart. Zwar leben auch heute noch mehrere Generationen im bäuerlichen Haushalt zusammen,[8] doch ist die Anzahl der Familienmitglieder zurückgegangen. Vor allem aber schreitet der Zerfallsprozeß voran, wenn der Vollerwerbsbetrieb in einen Nebenerwerbsbetrieb umgewandelt wird, da dann die Arbeits- und Lebensgemeinschaft der bäuerlichen Familie weitgehend zerbricht. Es bildet sich dann ein Mischtypus der Sozialform des bäuerlichen Hauses und der Arbeiterfamilie mit entsprechenden materiellen und psychosozialen Problemen heraus.

4. Der Hof als eine bewußtseinsorientierende und handlungsstrukturierende Größe

Im traditionellen Verständnis der bäuerlichen Produzenten ist der Hof der Inbegriff der Einheit von Arbeit und Leben, die materielle Grundlage der bäuerlichen Produktion und Reproduktion. Das Hofeigentum von den Vorfahren zu übernehmen und für die Nachkommen zu erhalten, gilt als selbstverständlich und stellt geradezu eine moralische Verpflichtung dar.

„Wenn ich weiß, das gehört mir, da bin ich darauf, was zu schaffen... und das erhalten wir, und die nach uns kommen, sollen's auch erhalten für die nächsten... und die sollen sich darauf ernähren können und ihr Drauskommen haben..."

In ökonomischen Krisenzeiten sichert der Hof wenigstens die unmittelbare Subsistenz. Ein gut geführter Hof kann sogar die Quelle von Wohlstand werden. Der Hof ist außerdem die Basis sozialer Anerkennung im Selbstverständnis vieler Bauern:

„Bauer zu sein, einen Hof zu haben, das ist doch was!"

Den Hoferfordernissen sind die individuellen Interessen und Bedürfnisse der Bauersfamilie unterzuordnen:

„In der schönsten Zeit, da ist's bei uns am notwendigsten... da hat man schon als Kind nicht einfach ins Bad gehen dürfen."

Die Fixierung auf den eigenen Hof als der kleinsten bäuerlichen Arbeits- und Vergesellschaftungseinheit bewirkt eine gewisse Hofbornierung im bäuerlichen Denken. Der Existenzkampf, in dem sich viele bäuerlichen Kleinbetriebe befinden, stellt sich für den Bauern daher oft als Konkurrenz (z.B. um den verfügbaren Boden) zwischen den Höfen dar. Diese Vorstellung verfestigt das Mißtrauen und die Isolation der bäuerlichen Produzenten untereinander, die auch durch die residualen Formen von gegenseitiger Hilfe im täglichen Arbeitsvollzug nur schwer aufzubrechen sind. Als besonders bedrohlich wird in diesem Zusammenhang vom Vollerwerbsbauern die Zwitterform des Nebenerwerb empfunden, der „kein richtiger Hof", aber mitunter durch den außerlandwirtschaftlichen Verdienst ökonomisch recht potent und überlebensfähig ist.

Das traditionelle Hofdenken wird nun gerade in den kleinbäuerlichen Betrieben mit arbeitswirtschaftlicher Dominanz der Frau sehr engagiert vertreten:

„Das Sich-Abmühen der Frau um die Erhaltung der Lebensgrundlagen und um die Sicherheit der Familie übertrifft das des Mannes; sie verkörpert in höherem Maße als der Mann nicht nur das Hofdenken, sondern das traditionsbewußte Bauerntum überhaupt.“[9]

Die Umwälzungen im Agrarsektor scheinen freilich einer traditionell-identifikatorischen Hoforientierung die Grundlage mehr und mehr zu entziehen. An ihre Stelle schiebt sich, propagiert durch die offizielle Agrarpolitik, ein eher instrumentell-funktionales Verhältnis zum Hof:

Der Hof wird Mittel zum Zweck. Er wird als betriebliches Unternehmen betrachtet, das Erträge und Gewinn abwerfen soll, damit investiert und auf immer höherer Stufenleiter reproduziert werden kann. Die bäuerliche Familie soll sich einen angemessenen Lebensstandard leisten können. Die Arbeitsplätze, die der Betrieb den Familienmitgliedern bietet, sollen im Hinblick auf den Lohn, Arbeitszeitregelungen, Urlaub, Altersversorgung, etc. den Arbeitsplätzen anderer gewerblicher Bereiche angepaßt sein.

Genügt das bäuerliche Unternehmen aber dem ökonomischen Rentabilitätskalkül nicht, dann sollen sich die bäuerlichen Produzenten mit dem Gedanken vertraut machen, es aufzugeben und andere Möglichkeiten der Existenzsicherung zu ergreifen.

Freilich finden sich diese beiden Orientierungen selten in reiner Form bei den Bäuerinnen wieder. Die traditionellen Orientierungen sind nicht mehr ohne weiteres möglich, da der kleine Hof im Verlauf der letzten Jahrzehnte immer weniger das leisten konnte, was man ehedem von ihm erwartete und auch – zumindest partiell – erhielt. Der „modernen“ Einstellung fehlt aber auch zumeist die objektive Basis, vor allem, wenn die geringen Chancen des Kleinbetriebes, in der oben beschriebenen Weise mitzuhalten, allzu offen auf der Hand liegen. Die „ökonomisch-rationale“ Konsequenz zu ziehen und den nicht recht entwicklungsfähigen Betrieb aufzugeben, – mit dieser Vorstellung kann sich kaum eine Bäuerin vertraut machen (s.u.).

Im Bewußtsein der Bäuerinnen vermengen sich Aspekte der einen und der anderen Orientierung in vielfältiger, auch von ihrer jeweils besonderen Biographie geprägten Weise. Manchem stehen sie hilflos und desorientiert gegenüber; selten haben sie ganz resigniert oder Zuflucht in Ersatzorientierungen (z. B. Religion) gesucht.

Zum konkreten Charakter der Bäuerinnenarbeit

1. Die Naturwüchsigkeit des Produktionsgegenstandes und der Produktionsbedingungen

Die Charakteristika der Bäuerinnenarbeit sind eng mit der Naturnähe des bäuerlichen Produktionsgegenstandes und den Randbedingungen bäuerlicher Arbeit, aber auch der Hausarbeit verknüpft.

Entsprechend dem Zweck der betrieblichen Arbeit, Optimalbedingungen für tierisches und pflanzliches Wachstum unter Berücksichtigung (auch langfristiger) ökonomischer Gesichtspunkte herzustellen, muß die Bäuerin regelmäßig und zuverlässig den sich zyklisch äußernden Bedürfnissen der ihr anvertrauten Lebewesen gerecht werden und ebenso prompt auf Unvorhergesehenes reagieren können.

Insbesondere das Vieh will „seine Pflege" haben und fordert die Bäuerin ganz, darin durchaus vergleichbar den Kindern:[10]

„... mit dem Vieh ist's ein Umgang wie mit den Menschen. Wer mit Menschen nicht umgehen will, kann's auch nicht mit dem Vieh."

Die Bäuerin ist an das Vieh „angehängt wie an einer Kette", findet sich damit aber zumeist ab:

„Angehängt sein ist ja unser Brot, wir leben ja davon."

Jenseits aller ökonomischen Rationalität:

„... das ist eben so, das Vieh muß auch geschlachtet werden, das ist unser Erwerbszweig..."

ist der Kontakt zwischen Bäuerin und dem Vieh, insbesondere den Milchkühen und den Zuchtschweinen, oft recht eng:

„Wenn die Kuh nicht frißt, brauch ich auch nichts zu essen; wenn das Vieh krank ist, fühle ich mich auch nicht wohl... die Männer erleben das nicht so!"
„Kühe, die man dauernd unter sich hat, an denen hängt man so, und das Verkaufen tut weh."
„... und ich denk schon mit Schrecken dran, daß im nächsten Sommer eine Kuh verkauft werden soll... aber: die kann ja nicht bleiben, bis sie von selber umfällt!"

Auch im häuslichen Bereich wird von der Bäuerin absolute Zuverlässigkeit und Regelmäßigkeit, Einfühlungsvermögen und Aufmerksamkeit bei der materiellen und psychoemotionalen Versorgung der Familie erwartet. Und die Garten- und Feldarbeit zeigt der Bäuerin, wie das Wachstum und Gedeihen der Pflanzen auch von ihrer Sorgfalt, ihrem Geschick und ihrer Ausdauer, allgemein: ihrem Hege- und Pflegeverhalten abhängen.

Hinzu kommt die Naturwüchsigkeit zahlreicher Rahmenbedingungen der bäuerlichen Produktion, d.h. die Abhängigkeit der Wachstumsprozesse von naturbedingten Faktoren wie Klima, Wetter, Wechsel von Tag und Nacht, Jahreszeiten, geophysikalische Lage. Bodenqualität, usw.

Diese Abhängigkeit wird zwar oft als Berufsrisiko oder als (in frommen Gegenden: gottgewolltes) Verhängnis hingenommen:

„Das ist der einzige Nachteil, den die Landwirtschaft hat, daß die Werkstatt offen ist. Es regnet Ihnen immer rein, aufs Getreide und so, es ist schon manchmal lästig..."

„(Die Arbeit) ist immer mit gewissen Sorgen verbunden, aber das muß man auch überwinden, da sagt man: da kann man nicht helfen, das sind 'Hauskreuze'...“

Im konkreten Notfall wird sie jedoch als recht drückend empfunden, vor allem wenn langfristige Auswirkungen zu befürchten sind, wie etwa im Dürrejahr 1976:

„... wenn man die Wiesen welken sieht und an das Futter denkt, das nicht reichen wird,... hört man schon die Kühe vor Hunger brüllen...“

Der Bauer hat versucht, sich von den vielfältigen Abhängigkeiten frei zu machen, indem er für sich selbst neue Wege erprobte:

„Wir haben uns selber frei gemacht. Wir füttern einfach früh manchmal doppelt so viel und abends nicht.“

und indem er den technischen Aufwand vergrößerte. Gerade in den letzten 30 Jahren haben sich die Produktivkräfte in der Landwirtschaft enorm entwickelt, und das so schnell, daß den Produzenten die Umstellung oft schwer gefallen ist:

„... und vor allen Dingen ist die Technik für uns zu schnell gelaufen. Wir kommen da nicht so schnell mit. Wir haben fast keine Technik gekannt, außer dem Fahrrad und der Nähmaschine... Stellen Sie sich mal vor, was in den dreißig Jahren herkommen ist auf uns. Wir können uns mit demselben gar net befreunden, während die Jungen damit gewachsen sind; die sind reingewachsen in das Ganze, die spielen mit dem Zeug.“

Auf der einen Seite wurden durch die aufwendige Maschinerie und die neuartigen Anbaumethoden die Eigenständigkeit und Eigendynamik der Natur partiell gebrochen; auf der anderen Seite wurden dabei neue bedrohliche Abhängigkeiten geschaffen, nicht nur vom Markt, der die nun notwendigen Produktionsmittel liefert und die Produkte aufnimmt, sondern auch von der äußeren Natur, die mit unerwarteten Erscheinungen auf die Eingriffe reagiert, und von der subjektiven Natur des Produzenten, deren Beschädigung gegenüber früher nicht geringer, nur anders geworden zu sein scheint. Vor- und Nachteile des technischen Wandels rechnen die Bäuerinnen vor allem am Beispiel der Mechanisierung der Landwirtschaft auf:

„Ohne Maschinen kämen wir gar nimmer nach.“
„Viele Arbeiten gehen leichter und schneller mit den Maschinen.“
„Die Maschine kann ich einsetzen, wann ich mag.“
„Maschinen sind teuer und halten nicht lang.“
„Wir haben früher zwar sehr viel arbeiten müssen mit der Hand, aber es war schöner wie jetzt, ruhiger und nicht so hektisch.“
„Wenn ich den ganzen Tag da steh und nix wie Maschinengebrumm um mich, und tu Heu runter oder Stroh abladen, von mittags 12 bis abends um 6, da reicht's mir... das ist auch so eintönig, da kannst dich mit niemand unterhalten, weil du dich selber nicht verstehst.“
„Früher war's gemütlicher... hübsch gemütlich. Ach, ich weiß noch, wir haben kein Pferd gehabt, wir haben mit den Kühen gearbeitet, und Flurbereinigung hat's auch noch nicht gegeben. Da haben sie nur so kleine Äcker gehabt, der Nachbar war neben dran. Da haben sie ein paar Mal hin und her geackert, dann haben's die Kühe wieder stehen lassen, haben sich auf

den Pflug gesetzt, die Pfeife geraucht, ein wenig unterhalten miteinander und dann haben's weiter gemacht. Heut sitzt jeder auf dem Bulldog, rennt stur am andern vorbei, grad daß mit dem Kopf noch genickt wird, sagen kann man ja nix, weil's der nächste nicht einmal versteht, mit dem Geratter."

„Die Maschine arbeitet nicht so sauber und nicht so sparsam."

„Durch die Maschine wird alles toter ... im Vergleich dazu, wenn man mit der Hand arbeitet und von Hand zu Hand, das ist lebendiger..."

„Im großen und ganzen ist's heut auch nicht besser. Wie z.B. Schlepper fahren, ewig auf dem Schlepper sitzen, das Rütteln, das geht auf die Bandscheiben... Mein Mann sagt immer: Freilich, es war ermüdender früher mit den Pferden, aber die Ermüdung war viel natürlicher."

„Für den Körper ist es heute mit den Maschinen vielleicht doch schlechter als früher mit den Pferden."

„Man hat auch nicht mehr das Augenmerk, was auf den Feldern und in den Pflanzen vor sich geht ... Wenn man früher so durchgegangen ist, hat man gesehen, ob eine Pflanze kümmert oder befallen ist von Blattläusen oder so was ... das sieht man von der Maschine aus nicht und dann greift man zu spät ein..."

Nur wenige der von uns befragten Bäuerinnen haben sich freiwillig und interessiert mit den neuen Maschinen vertraut gemacht; die allerwenigsten sind in der Lage, die Maschinen zu warten oder gar zu reparieren. Neben der ansozialisierten Technikfeindlichkeit und der begründeten (s.o.) Abneigung gegen Maschinenarbeit spielt dabei auch die Sorge vor zusätzlicher Arbeitslast eine Rolle:

„Wenn ich's könnt, müßt ich's auch immer machen!"

Ähnliches gilt für die Chemisierung der Landwirtschaft. Die Bäuerinnen betonen den arbeitswirtschaftlichen und den ökonomischen Zwang, immer mehr Kunstdünger und Biozide zu verwenden, beklagen dabei die hohen Kosten des industriemäßigen Landbaus und äußern schließlich immer wieder ihr Unbehagen mit den neuen Methoden, das ihnen aufgrund vieler Einzelbeobachtungen auch durchaus berechtigt erscheint (Ausmergeln der Böden; vergiftete Feldraine; Aussterben von Singvögeln; Bienensterben; hohe Anfälligkeit und neuartige Krankheiten von Tieren und Pflanzen, usw.). Aus diesem Dilema suchen viele Bäuerinnen den gleichen individuellen Ausweg:

„In unserem eigenen Garten spritzen wir nicht, da kommt nichts hin!"

„Das Gemüse auf dem Feld deck ich zu, wenn wir auf dem Feld spritzen müssen."

Qualitätsdenken und Gebrauchswertorientierung der Bäuerin reichen manchmal so weit, daß sie die anonymen Konsumenten, die das „giftige Zeug" essen werden, bedauert:

„Und was da noch ist: Die Kirschen werden das letzte Mal gespritzt, wenn's anfangen, rot zu werden, und dann müssen's noch 14 Tage hängen, bis sie geerntet werden. Und da hab ich schon beobachtet, daß die Leut da keine 14 Tag mehr warten, nach 2, 3 Tagen wird da schon geerntet, und das ist doch wirklich schad, die Kinder in der Stadt, die das dann essen müssen, traurig ist das!"

Abschließend sei darauf hingewiesen, daß die Bäuerinnen die Natur als Arbeitskulisse außerordentlich schätzen. Sind ihnen schon die „vier Wände", in denen die Hausarbeit getan werden muß, auf die Dauer unerträglich, so wäre ihnen die Enge des Fabriksaales gleichbedeutend mit ihrem Untergang:

„Wenn einmal eine Schwiegertochter da ist, die laß ich im Haus. Bin gern an der Luft... Draußen ist's schon sehr, sehr schön. Sie glauben gar nicht, wie schön das draußen ist. Ich geh jeden Tag raus, auch im Winter. Ich such mir immer was draußen zu tun. Ich könnt's nicht aushalten, den ganzen Tag im Haus!"
„So eingeschlossen (in der Fabrik), das wär nichts. Da würd ich eingehen. Vier Wände, unter mir was, neben mir was, zum Fenster nur rausschauen, Häuserblöcke, das brächte mich um."

Über ihren produktiven Arbeitsbezug hinaus entwickeln die meisten Bäuerinnen auch eine große Naturliebe, der jene Aspekte von kontemplativer Distanz und Sentimentalität, die den Naturkontakt des Städters charakterisieren, abgehen:

„Man geht ja nicht bloß zum Arbeiten raus oder um nach den Feldern zu schauen... Ich freu mich auch, daß die Natur ständig ihr Gesicht wechselt."
„(Die Natur ist) auch ein Ort der Beschaulichkeit. Im Mai ist's draußen doch so schön. Da stell ich mich auf die Felder und schau rum. Am liebsten würd ich gar nicht mehr heimgehen."

2. Naturgebundener Arbeitsrhythmus vs. Zeitökonomie

Viele bäuerliche Arbeiten fallen nicht stetig-fließend an, wie etwa im industriellen Fertigungsprozeß (v.a. in seiner entwickeltesten Form, am Fließband), sondern in bestimmten, nur in engen Grenzen variablen Rhythmen. Die Bedürfnisse der zu versorgenden Lebewesen, und das läßt sich bei der Bäuerin auch auf ihre Arbeit für Haus und Familie beziehen, äußern sich in regelmäßigen Zeitabständen:

„... die Küh brauchen ihr Futter und die Säu brauchen ihr Futter und da muß man schon zur selben Zeit dasein ..."

Viele Randbedingungen der bäuerlichen Arbeit setzen ein zyklisches Regelmaß für bestimmte Arbeitsabläufe fest (Tageslängen, Vegetationsperioden, Fruchtbarkeitszyklen, etc.).[11] Die Arbeit verteilt sich dementsprechend nicht linear über den Tag und das Jahr, sondern weist Berge und Täler auf, in denen die Bäuerin komplementär die zeitpunktinvarianten Tätigkeiten, z.B. manche Hausarbeiten, einschieben muß, aber auch ihre Rekreationsbedürfnisse organisieren kann.

Doch nicht nur die natürliche Zyklizität des Arbeitsablaufes kennzeichnet den Naturbezug bäuerlicher Zeit; Unregelmäßigkeiten und Zwischenfälle begleiten immer natürliches Wachstum und verlangen menschliche Aufmerksamkeit und Arbeit zu unvorhergesehenen, den subjektiven Arbeitsrhythmus der Arbeitskraft ignorierenden Zeitpunkten (Krankheiten der Kinder, des Viehs; Unwetter; etc.). Die Individualität der Lebewesen, die der Bäuerin anvertraut sind, bedingt, daß sie sich unterschiedlich lange und intensiv mit ihnen abgeben muß. Daher sind dem Plan enge Grenzen gesetzt:

„... es teilt sich von selbst ein..."

Freizeit kann nicht einfach nach der Uhr abgerufen werden. Gleichwohl ist die Arbeitszeit der Bäuerin zumindest außerhalb der Arbeitsspitzen mit disponibler Zeit gepuffert, in der sie sich auch entspannen kann:

„... meine Kaffeepause muß ich haben... da setz' ich mich auch allein hin... und hinterher bin ich ein ganz anderer Mensch... spür' die Arbeit gar nicht mehr als Arbeit... die geht dann ganz einfach von der Hand..."

Hinzu kommt, daß die Bäuerin gerade auch in solchen naturbezogenen Arbeiten Qualitäten von Selbstbestätigung, Freude und Befriedigung finden kann, die aus anderen Arbeitsprozessen längst verschwunden sind und dann durch kompensatorische Surrogate in der sog. Freizeit eingeholt werden sollen.

Obwohl die Technisierung der Landwirtschaft auch die bäuerliche Zeit umzustrukturieren beginnt, Maschinen zunehmend den Arbeitsrhythmus diktieren und für die kleinen vom Zufall oder Bedürfnis bestimmten Pausen kaum mehr Zeit lassen,

„Hat man heut noch Zeit zum Brotzeitmachen? Das gibt's doch nimmer... heut der Bulldog: da rennt man und rennt man, immer im Trab den ganzen Tag..."

verfügt die Bäuerin noch anders über die Zeit als etwa die Produzenten im industriellen Arbeitsprozess, wo die Zeit zum Maßstab des Wertes der produzierten Waren geworden ist. Sie strukturiert ihre Zeit nicht nach Kriterien der puren Zeitökonomie im Sinne eines scharfen Kalküls des Zeitaufwandes pro Produkteinheit:

„Das wenn wir uns überlegen wollten, dann dürften wir aufhören. Über den Stundenlohn hab ich mir noch gar keine Gedanken gemacht, das kann ich nicht sagen, ich glaub, der wär schlecht."

Die Zeit ist für die Bäuerin ein Reservoir, aus dem sie schöpft, so lange es ihr (z.B. physisch) möglich ist:

„... und wenn ich am Abend noch einmal rausgeh aufs Feld, dann geht das auch niemand was an..."

Ihre Zeit ist „dehnbar" und „geduldig". Weder läßt sich klar zwischen Arbeits- und Freizeit unterscheiden, noch ist ihre Arbeitszeit mit der Arbeitszeit der Lohnarbeiterin vergleichbar.[12] Entsprechend schwer stellt sich die Bäuerin auf die industriellen Arbeitszeitnormen um. So berichtete eine Nebenerwerbsbäuerin, die im Winter manchmal in einem kleinen Provinzbetrieb gearbeitet hatte:

„... und wenn da Vesper war, das hab ich gar nicht begriffen, daß man da bis auf die letzte Minute sitzen bleibt und da nichts macht. Wenn ich halt das bissel Zeug runtergegessen hab, dann war ich schon wieder an meinem Arbeitsplatz gestanden..."

3. Vielfalt vs. Hetze

Wenn auch ein historischer Vergleich der heutigen Arbeitsaufgaben der Bäuerin mit denen vor 200 Jahren[13] zeigt, daß viele Tätigkeiten aus dem Bauerhof ausgelagert und zu eigenständigen Berufen gebündelt worden sind, so erstaunt doch immer noch die Vielfalt ihres Arbeitsalltages. Im Vergleich zur Arbeit der Nur-Hausfrau, aber auch zur Arbeit der anderen berufstätigen Frauen bewältigt die Bäuerin eine große Fülle verschiedener Tätigkeiten und wechselnder Arbeitsvollzüge. Dies hat verschiedene Gründe:

Die Kleinbetriebe sind in der Regel gar nicht oder wenig spezialisiert; infolgedessen ist die Betriebsarbeit entsprechend vielfältig. Zwar werden manche Momente der früher üblichen geschlechts- und altersspezifischen Arbeitsteilung noch aufrechterhalten, was jedoch angesichts des geschrumpften Arbeitskräftebesatzes zunehmend weniger möglich ist. Im Gegenteil: die Bäuerin muß heute in den meisten Betriebszweigen mitarbeiten, häufig neue Tätigkeitsfelder übernehmen (z.B. den Umgang mit Maschinen) und besonders im Nebenerwerbsbetrieb oft sogar allein „ihren Mann stehen".

Als ausgesprochene Frauendomänen können neben der Hauswirtschaft und der Kindererziehung die Gartenwirtschaft, die Kleinviehhaltung und die Stallarbeiten (hier besonders das Melken und die Schweinehaltung) gelten. Relativ gleichverteilt zwischen Mann und Frau ist dabei die Feldarbeit, wobei allerdings die Frauen bevorzugt bei der Pflege und Ernte der Feldfrüchte mitwirken und die weniger mechanisierten Arbeiten im Hackfruchtbau ihnen überlassen bleiben.[14]

Infolge der Subsistenzorientierung, die in den Kleinbetrieben auch heute noch besonders ausgeprägt ist, erfordert zumal die Garten- und Hausarbeit eine Vielzahl von Arbeitsprozessen, um die für die Selbstversorgung bestimmten Produkte vom Anbau über die Vorratshaltung bis zur Konsumreife bereitzustellen. Darüber hinaus verlangt jede tägliche Routinearbeit und jeder einzelne Arbeitsvollzug keinesfalls immer die gleichen Handgriffe und Verhaltensweisen: die konkrete Realisierung jeder Arbeitsaufgabe variiert entsprechend den sich jeweils neu und anders äußernden individuellen Bedingungen von Mensch und Tier, den jeweiligen Spezifika von Wachstumsprozessen und den wechselnden natürlichen Rahmenbedingungen.

„Es ist immer was los, es ist nicht immer gleich, es ist immer was anders. Und es passiert ja allerhand mit lebendigem Vieh. Wenn Sie meinen, wenn jetzt der Tierarzt da war: da denk' ich jetzt, das merkst dir jetzt bis nächstes Mal, – das ist wieder ganz anders. Es wiederholt sich nichts, vielleicht in zwanzig Jahren ein Mal."

Diese Vielseitigkeit der Arbeitsaufgaben wird von der Bäuerin häufig positiv erfahren und der Monotonie anderer Arbeitsplätze gegenübergestellt:

„An der Maschine arbeiten, bis ich umfall, –
immer auf einem Eckele stehen, –
immer auf die gleiche Stelle schauen, –
das muß man gewohnt sein!"

Andererseits kann sich die bunte Vielfalt von Arbeitsaufgaben, der dauernde Wechsel von Tätigkeiten zur puren Hektik, Unruhe und Zerrissenheit steigern. In den vielen kleinen, am Existenzminimum sich befindenden Höfen, in denen die Frau auch noch die Hauptlast der Arbeit trägt, kann – insbesondere in saisonbedingten Arbeitsspitzen – der pausenlose Einsatz der Bäuerin zu Überlastungen und Überanstrengungen führen:[15]

„Oft haben wir keine Zeit zum Hinsetzen, zum Essen."
„Manchmal ist man schon fertig, manchmal ist man schon erledigt. Da ist man froh, wenn's Abend ist. Da ist man dann froh, wenn Sonntag ist. Sonntag können wir dann ausruhen, mittags. Wenn die Ernten sind, da ist eine große Hetz'. Da geht's den ganzen Tag, trapp, trapp! Und dann ist's wieder ein bissel ruhiger."

Angesichts dieser Situation wird verständlich, warum sozialmedizinische Untersuchungen gerade den Kleinbäuerinnen einen relativ verheerenden physischen und psychischen Gesundheitszustand attestiert haben. In der Rangfolge der medizinischen Statistik stehen Schäden des Bewegungs- und Stützapparates (Bandscheiben, Kreuzschmerzen, Senkfüße, Rheuma, Kribbeln und Taubheitsgefühle in den Händen) und funktionelle Herzbeschwerden (Bluthochdruck, Venenerkrankungen, Durchblutungsstörungen) ganz oben,[16] während ausgesprochen depressive Krankheitsbilder weniger häufig auftreten.[17]

Psychische und psychosomatische Krankheiten treten in der Regel in Verbindung mit schwierigen familiären Verhältnissen auf und liegen vor allem in den Nebenerwerbsbetrieben signifikant höher (z.B. ist der Anteil von Magen-Darm-Erkrankungen auffallend). Beim Nebenerwerb können derartige Symptome auch dadurch verursacht sein, daß

„der Mann sich auf einen bequemeren Beruf zurückgezogen hat und er auch kaum noch landwirtschaftliche Nebenarbeit leistet."[18]

Zukunftsperspektiven der Kleinbäuerin (oder: „Wir machen trotzdem weiter!")

Trotz der Nachteile für ihre Gesundheit wollen die Frauen die Arbeit nicht einschränken. Im Gegenteil: sie setzen es sich häufig selber zur Norm, bis an die Grenze ihrer Leistungsfähigkeit zu gehen.[18] Das äußerte sich in unseren Interviews beispielsweise an den Wünschen, die die Bäuerinnen für sich und ihre Zukunft hatten:

„Bloß arbeiten können, bis ich sterbe, ist mein einziger Wunsch. Nicht alt und gebrechlich werden und unnütz rumsitzen. Das würde mich belasten. Lieber im Wert sterben und einen schnellen Tod haben."

Die meisten Bäuerinnen wollen ihren Hof fortführen. Viele meinen aber zu wissen, daß sie die letzte Generation sind, die die Mühen und Einschränkungen einer kleinbäuerlichen Existenz auf sich nehmen.

„Ich sag' immer, wir sind die letzte Generation, die soviel ackern. Die Jungen werden's nicht mehr tun."

Viele zweifeln allerdings zugleich daran, daß in Zukunft noch genügend außerlandwirtschaftliche Arbeitsplätze zur Verfügung stehen werden, um alle abwandernden Arbeitskräfte aufzunehmen. Der von den Agrarpolitikern geplante und propagierte Schrumpfungsprozess scheint ihnen angesichts der krisenhaften Entwicklung in der Industrie kaum noch realisierbar zu sein:

„Die Industrie hat doch gar nicht so viele Arbeitsplätze, daß alle unterkommen, die aufgeben."

Teils aus solch resignativen Gründen, vorrangig aber aus bewußt und explizit geäußerter Identifikation mit ihrer jetzigen Arbeit wollen die Bäuerinnen in der Regel weitermachen. Gegen alle Widerstände äußern sie diesen Wunsch manchmal sehr apodiktisch:

„Ich hab' schon oft gedacht, die machen so weiter: werden uns Kleine schon gar kaputt machen. Aber wir haben trozdem weitergemacht. Ich hab' gedacht, ihr könnt machen, was ihr wollt."

Und über ihre individuellen Wünsche und Präferenzen hinaus empfinden die Bäuerinnen nicht selten eine Verpflichtung, Hof, Land und Landschaft zu pflegen und zu kultivieren:

„Das muß ich schon machen. Was da ist, das muß versorgt werden. Das kann man nicht liegenlassen."
„Wie sieht denn da die Landschaft aus? Irgendwie ist's notwendig, daß es weitergeht... Einen Hof verschlampen, ist doch auch keine Perspektive. Da ist's besser, man hat seine Arbeit und weiß, man macht so weiter."

Anmerkungen

1 Vgl. hierzu z.B. Freudenthal 1934; Pinchbeck 1974 (Hier wird allerdings die Entwicklung in England nachgezeichnet); Weber-Kellermann 1974, S. 147 ff. Wir können in unserem Kontext nicht weiter darauf eingehen, in welcher Weise diese Aussage für die gegenwärtige Situation und entsprechend den lokalen und regionalen Besonderheiten präzisiert bzw. modifiziert werden muß.

2 Der quantitative Anteil der Frauen an den landwirtschaftlichen Arbeitskräften ist nicht identisch mit ihrem Anteil am Arbeitsaufwand in der Landwirtschaft. Die Statistik unterscheidet zwischen (mit betrieblichen Arbeiten) vollbeschäftigten Arbeitskräften und Vollarbeitskräften. Die Arbeitsleistung einer vollbeschäftigten Arbeitskraft von 16 bis unter 65 J. wird mit 1 Vollarbeitskraft, von 14 bis unter 16 J. mit 0,5 Arbeitskrafteinheiten und von 65 und mehr Jahren mit 0,3 Arbeitskrafteinheiten bewertet. Teilbeschäftigungen

im Betrieb werden entsprechend gewichtet und in Vollarbeitskräften umgerechnet. Die Vollarbeitskraft ist also ein Indikator für die Arbeitsleistung eines „normalen" intakten Arbeitsvermögens. Natürlich werden solche Altersgewichtungen der faktischen Bedeutung der Arbeit des einzelnen für den Gesamtkontext der betrieblichen Arbeit, für ihren reibungslosen Ablauf, für die gegenseitige Entlastung, usw. nicht gerecht.

3 Der Durchschnitt über alle Größenklassen liegt bei 36 %; berechnet nach: Materialband zum Argarbericht 1977, Bundestagsdrucksache 8/81, Tab. 5, S. 13.

4 Vgl. Agrarbericht 1977, Bundestagsdrucksache 8/80, S. 16.

5 In diesem Zusammenhang ist das Phänomen zu erwähnen, daß in Krisen- und Notzeiten die Frauen nicht nur objektiv härter betroffen sind, sondern sich auch subjektiv besonders herausgefordert fühlen, durch den Einsatz aller Kräfte die Versorgung der Familie zu gewährleisten; vgl. Ostner 1978, S. 106 f. Wir vermuten, daß die Zählebigkeit der Kleinbetriebe, ein Dorn im Auge vieler Agrarpolitiker, ein Resultat der Verbissenheit, Energie und Phantasie ist, womit die Kleinbäuerin um die Existenz des Hofes kämpft.

6 Der Anteil an Selbstversorgungshaushalten ist in agrarisch strukturierten Gebieten wesentlich höher als in Industriegebieten: vgl. Tab. 2 und 4 in v. Schweitzer, Pross 1976. Auf den Zusammenhang von Betriebsgröße und Selbstversorgungsgrad haben auch Dietze, u.a. 1953 aufmerksam gemacht. Sie ermittelten für die kleinsten Größenklassen einen Selbstversorgungsgrad von 44 %, bei den Betrieben zwischen 10 und 15 ha von 22 % (S. 88 ff.)

7 Wir haben diesen Begriff in Anlehnung an den Terminus „Ganzes Haus" (Riehl) geprägt. Er soll einerseits die Identität von Leben und Arbeit unter einem Dach andeuten („Haus"), aber andererseits ideologische Überfrachtung vermeiden („ganz"=„heil"). – Da wir über den Pariarchalismus im bäuerlichen Haus aufgrund unserer Untersuchung noch keine hinreichenden Aussagen machen können und auch in der Literatur keine diesem komplexen Gegenstand angemessene Darstellung gefunden haben, verzichteten wir (vorerst) darauf, vom „bäuerlich-patriarchalischen Haus" zu sprechen.

8 Dies gilt insbesondere für unsere fränkischen Untersuchungsgebiete; vgl. dazu auch Lebensverhältnisse ... o.J., S. 384

9 v. Dietze, u.a. 1954, S. 158

10 Manchmal fühlen sich die Kinder der Bäuerin geradezu in Konkurrenz mit dem Vieh: „Meine Kinder haben gesagt: Also, bei der Mutter kommt erst das Vieh und dann die Familie."

11 Auch am Bauernkalender läßt sich der Naturbezug der Bauernzeit ablesen. Nicht die lineare Datierung, sondern Vegetationsperioden, insbesondere Erntephasen und Arbeitsvollzüge liefern tägliche und jährliche Fixpunkte: „Fütterzeit", „Spargelzeit", „Kirschenzeit", „Heuernte", usw.

12 Dies ist einer der Gründe, warum die Empirie so große Probleme hat, die Arbeitszeit der Bäuerin zu ermitteln. Übereinstimmungen ergeben sich in den verschiedenen Untersuchungen nur in qualitativ-vergleichenden Aussagen, wie z.B.: Die Bäuerin arbeitet im Durchschnitt länger als der Bauer; die Bäuerin übernimmt den größten Anteil der gesamten Frauenarbeit im bäuerlichen Haus; der Arbeitsalltag der Bäuerin ist sonntags wie werktags länger als der der übrigen männlichen und weiblichen Arbeitskräfte.

13 vgl. den Kalender von Wundsch 1669, abgedruckt bei Schmidlin 1941, S. 88 oder den Arbeitskalender, den H. Schmidlin aus den Angaben in der Hausväterliteratur zusammengetragen hat (S. 91 ff).

14 Iffland 1956; v. Deenen u.a. 1964; Thiede 1966

15 In welchem Ausmaß die Arbeitslast der Kleinbäuerin in der jüngsten Gegenwart sogar gestiegen ist, illustrieren Ergebnisse aus dem Mikrozensus: die selbständige Bäuerin arbeitete wöchentlich im Jahr 1975 durchschnittlich 5,7 Stdn mehr als 1970. Ferner ist bekannt, daß Bäuerinnen äußerst selten sich einen Urlaub leisten (können): 85 % der von Prill befragten Bäuerinnen waren noch nie in Urlaub. (Prill 1970, S. 98)

16 vgl. Prill 1970, medizinische Befunde, S. 104–124 und Brockmann (Hg.) 1977, Landleben, S. 199/200

17 Prill 1970, S. 36

18 Prill 1970, S. 40

19 Prill 1970, S. 46

Explizit verwendete Literatur:

Agrarbericht 1977, Agrar- und ernährungspolitischer Bericht der Bundesregierung, Drucksache 8/80, Materialband Drucksache 8/81

A. D. Brockmann (Hg.) 1977, Landleben, Reinbeck

B. v. Deenen, u.a. 1964, Materialien zur Arbeitswirtschaft: Ergebnisse arbeitswirtschaftlicher Erhebungen in 755 landwirtschaftlichen Betrieben des Bundesgebietes, Bonn

Die Frau in Familie, Beruf und Gesellschaft, Ausgabe 1975, hgg. v. Stat. Bundesamt; Stuttgart und Mainz

C. v. Dietze, u.a. 1953, Lebensverhältnisse in kleinbäuerlichen Dörfern, Vorträge und Verhandlungen der Forschungsgesellschaft f. Agrarpolitik und Agrarsoziologie e.V. in Bad Ems v. 14.–16. Okt. 1953, Hamburg und Berlin 1954

C. v. Dietze, u.a. 1954, Lebensverhältnisse in kleinbäuerlichen Dörfern, Hamburg u. Berlin

M. Freudenthal 1934, Gestaltwandel der städtischen bürgerlichen und proletarischen Haushalte, Frankfurt/M.

Th. Iffland 1956, Die Arbeit der Bäuerin und die Frauenarbeit in bäuerlichen Familienbetrieben Niedersachsens, Berichte üb. Landwirtschaft 1956 (H. 4)

Lebensverhältnisse in kleinbäuerlichen Dörfern 1952 und 1972, o.J., hgg. v. B. v. Deenen, u.a., Münster-Hiltrup

I. Ostner 1978, Beruf und Hausarbeit. Die Arbeit der Frau in unserer Gesellschaft, Frankfurt/New York

I. Pinchbeck 1974, Der Einfluß der 'agrarian revolution' auf Art und Umfang der produktiven Tätigkeit von Frauen verschiedener Bevölkerungsgruppen in der englischen Landwirtschaft zwi. 1750 und 1850; in: H. Rosenbaum (Hg.) 1974, Familie und Gesellschaftstruktur, Frankfurt/M.

I. v. Poser 1960, Vergleichende Untersuchungen über die sozialen und wirtschaftlichen Verhältnisse in ausgewählten Stadt- und Landfamilien, Stuttgart-Hohenheim

H. J. Prill 1970, Frauen nach der Lebensmitte. Eine sozialmedizinische Untersuchung..., Frankfurt/M.

R. v. Schweitzer, H. Pross 1976, Die Familienhaushalte im wirtschaftlichen und sozialen Wandel, Göttingen

H. Schmidlin 1941, Arbeit und Stellung der Frau in der Landgutswirtschaft der Hausväter, Heidelberg

S. Tiede 1966, Arbeits- und geldwirtschaftliche Erhebung in 7 landwirtschaftlichen Betrieben, Stuttgart-Hohenheim

I. Weber-Kellermann 1974, Die deutsche Familie, Frankfurt/M.

Rolf G. Heinze

Soziale Lage und Deutungsmuster von Arbeiterbauern

1. Umfang und Differenzierung der Gruppe

Die Arbeiterbauern werden in den offiziellen sozialökonomischen Klassifikationen[1] neben den Voll- und Zu- als Nebenerwerbslandwirte definiert. Nach dieser formalen Abgrenzung der Betriebe wurden 1976 45,9 % der Betriebe im Vollerwerb, 14,8 % im Zuerwerb und 39,3 % im Nebenerwerb bewirtschaftet. Die 349.700 Nebenerwerbsbetriebe verfügen über 13,9 % der landwirtschaftlichen Fläche (Agrarbericht 1977). Die Bedeutung der Nebenerwerbslandwirtschaft schwankt regional. Die meisten Nebenerwerbsbetriebe gibt es in Bayern, den höchsten Anteil an der Gesamtzahl der landwirtschaftlichen Betriebe hat diese Betriebsform im Saarland, wo über 2/3 der Betriebe im Nebenerwerb bewirtschaftet werden, und in Baden-Württemberg. Geringere Bedeutung kommt den Nebenerwerbslandwirten in Schleswig-Holstein und zum Teil in Niedersachsen zu (vgl. Bohn 1976, 114 und Poppinga 1975, 113 ff.).

Die offizielle sozialökonomische Klassifizierung der Betriebe ist nicht hinreichend für eine konkrete Analyse der sozialen Lage und Deutungsmuster der Inhaber von Nebenerwerbsbetrieben, da von der internen Differenzierung dieses Bereichs weitgehend abstrahiert wird und so eine nichtvorhandene Homogenität supponiert werden könnte. Dies gilt auch für die anderen klassifizierten Gruppierungen (Voll- und Zuerwerbsbetriebe), so daß ergänzende Kriterien für eine Differenzierung des landwirtschaftlichen Sektors in sozioökonomische Schichten eingebracht werden müssen (vgl. Bergmann 1975, 115 ff.).

Die Gruppe der Nebenerwerbsbetriebe unterscheidet sich sowohl bezüglich des Hauptberufes der Inhaber als auch in der kontinuierlich anwachsenden Größe und Organisation der Betriebe.

Eine weitergehende Differenzierung läßt sich anhand der beruflichen Stellung der Nebenerwerbslandwirte skizzieren. Nach allen vorliegenden Ergebnissen und Schätzungen hat die Mehrzahl dieser Gruppe einen lohnabhängigen Hauptberuf. Unterteilt man die Hauptberufe in Arbeiter (an- und ungelernt), Facharbeiter, Angestellte/Beamte, Rentner und Selbständige, dann sind nach empirischen Untersuchungen von 1970 aus Baden-Württemberg von allen Nebenerwerbslandwirten 49,2 % Arbeiter, 13,8 % Facharbeiter, 5,4 % Angestellte/Beamte, 10,8 % Selbständige und 20,8 % Rentner (vgl. Poppinga 1975, 120; vgl. auch Werschnitzky 1975, 240 ff., der den Anteil der Arbeiter mit 60 % bis 80 % angibt). Neuere, wenngleich auf weitaus niedrigerer Datenbasis operierende empirische Untersuchungen aus

Baden-Württemberg bestätigen mit einigen Abweichungen diese Aufteilung: 55,7 % der Nebenerwerbsbauern sind demnach Arbeiter, 22,4 % Facharbeiter, 8 % Angestellte/Beamte und 12,1 % Selbständige (Bohn 1976, 118; vgl. auch Heumann et.al. 1976, 56 ff.).

Die Untersuchungen des BMELF im Testbetriebsnetz „Nebenerwerbslandwirtschaft" bestätigen die überproportional starke Tätigkeit als an- und ungelernte Arbeiter; 44 % der untersuchten Nebenerwerbslandwirte gehören zu dieser Gruppe (vgl. Agrarbericht 1977, 33). In einer gerade veröffentlichten Studie von Hülsen und Bade (1977, 59 und 186) wird festgestellt, daß über die Hälfte (56 %) der abhängig beschäftigten Nebenerwerbslandwirte als Hilfsarbeiter oder Angelernte tätig sind.

Trotz der spärlichen Datenlage und den regionalen Differenzierungen läßt sich sagen, daß mindestens 2/3 der Nebenerwerbsbauern als Lohn- oder Gehaltsabhängige tätig sind, davon die meisten (über 50 % aller) als un- und angelernte Arbeiter. Andere traditionelle „alte" Formen des Nebenerwerbs, bei dem die Nebenerwerbsbauern im Hauptberuf selbständig waren, z. B. dörfliche Handwerker, Gastwirte, Händler etc. haben in den letzten Jahren irreversibel an Bedeutung verloren. Dies zeigt sich exemplarisch bei einem Vergleich zwischen den eben skizzierten Haupttypen von Berufsgruppen bei Nebenerwerbslandwirten und der ersten in der Bundesrepublik veröffentlichten Studie über Nebenerwerbslandwirte von Teiwes, der noch folgende Haupttypen unterscheidet: Land- und Forstarbeiter, dörfliche Gewerbetreibende und Pendelwanderer (Teiwes 1952, 76 ff.).

Im folgenden geht es um diejenigen Nebenerwerbsbauern, die im Hauptberuf Lohnabhängige sind, sei es in gewerblichen oder staatlichen Einrichtungen. Diese Gruppe wird definiert als *Arbeiterbauern*, wobei eine exakte statistische Abgrenzung nicht möglich ist und sicherlich die Stellung einiger Personen aus der Kategorie Beamte/Angestellte nicht adäquat getroffen werden. Ein empirischer Beleg für diese definitorische Abgrenzung findet sich in der schon zitierten Untersuchung von Bohn, nach der sich fast 90 % der untersuchten Nebenerwerbsbauern in ihrer Selbsteinschätzung der außerlandwirtschaftlichen Tätigkeit als Arbeiter bezeichnen (118). Der eigentliche Kern sind die un- und angelernten Arbeiter, sie spüren am deutlichsten den Zwang, Arbeitskraft gegen Lohn zu verkaufen. Durch ihre frühere selbständige und momentan noch andauernde Tätigkeit im landwirtschaftlichen Betrieb haben die Arbeiterbauern bestimmte Einstellungs- und Verhaltensmuster, die sie von anderen Gruppen abgrenzen. Wie noch zu zeigen sein wird, kennzeichnet diese Gruppe eine hohe Statusinkonsistenz, die in der Differenz zwischen den Normen des dörflichen Milieus und ihrer vorwiegend industriellen Tätigkeit begründet liegt.

Genaue quantitative Angaben über Zahl und regionale Verteilung der Arbeiterbauern sind aufgrund der unvollständigen Datenlage momentan nicht möglich. Betrachtet man Angaben über die Berufsstruktur von Nebenerwerbsbauern im Hinblick auf die Anzahl von Arbeiterbauern, dann gibt es in der BRD mindestens 250.000 Nebenerwerbsbetriebe (ca. 70 %), die von Arbeiterbauern bewirtschaftet werden. Von ähnlichen Schätzungen (200.–250.000 Arbeiterbauern) gehen auch

Osterland et.a. (1973, 240) aus. Hinzu müßte auch ein Großteil der Zuerwerbsbauern gezählt werden, so daß die Zahl der Arbeiterbauern noch größer sein dürfte (vgl. Werschnitzky 1973, 349). Verschiedenen Prognosen zufolge soll der Anteil der Nebenerwerbsbetriebe in den nächsten Jahren weiter ansteigen, obwohl ihre Anzahl seit Jahren abnimmt.

2. *Soziale Lage*

Die materiellen Lebensbedingungen der Arbeiterbauern werden durch ihre Doppelbelastung im Hauptberuf und in der landwirtschaftlichen Tätigkeit geprägt. Der Übergang in die hauptberufliche außerlandwirtschaftliche Tätigkeit ergibt sich in den meisten Fällen nicht von einem Tag zum anderen, sondern ist ein langfristiger Prozeß, vor dem Hintergrund einer unbefriedigenden und verunsichernden wirtschaftlichen Situation des eigenen Betriebes, die oft als persönliches Scheitern erlebt wird, da die Gründe für die schlechte Einkommenslage des Betriebes und das damit notwendig werdende Ausscheiden aus der Landwirtschaft individualisiert werden.

Wesentlichen Anteil an dieser Haltung haben der Deutsche Bauernverband (DBV) und die politischen Parteien, die den umfassenden Strukturwandel kaschiert haben, anstatt die Bauern auf die hiermit verknüpften Veränderungen ihrer Lage vorzubereiten.

Unmittelbare Anstöße für einen Berufswechsel sind nachhaltige Situationsveränderungen, die auf drei Ebenen dargestellt werden können:

a) Familienentwicklung (Generationswechsel, Krankheit etc.)
b) Betriebsentwicklung (schlechte Einkommenslage, Verschuldung etc.)
c) Entwicklung im gesellschaftlichen Umfeld (vor allem die Situation auf dem regionalen Arbeitsmarkt, Verlust oder Zugewinn von Pachtland etc.); (vgl. Albrecht und Grabowski-Pawlitschka 1976, 170 ff.).

Obwohl die prekäre wirtschaftliche Situation, die die weitere Existenz als Voll- oder Zuerwerbsbauer infrage stellt, nicht kurzfristig entstand, ist erstaunlich, wie unvorbereitet die ausscheidenden Bauern in ihre Situation als Arbeiterbauern geraten. In einer in Süddeutschland 1970/71 durchgeführten Untersuchung kamen die Autoren zu dem für das Verhalten der zuständigen Institutionen der Bauern (Verbände, Beratungsstellen etc.) aufschlußreichen Ergebnis, daß keiner der Betriebsleiter die Betriebsaufgabe plant und nur 2 % die Aufnahme außerlandwirtschaftlicher Tätigkeit bewußt ins Auge fassen (vgl. Albrecht und Hruschka 1972, 113). Die unzureichende Vorbereitung auf den späteren Hauptberuf wird ferner durch die schlechte Informationslage der untersuchten Landwirte deutlich; ihre Informationen bekommen sie „fast vollständig abseits der zuständigen Institutionen" (Arbeitsamt, Landwirtschaftsamt und Bauernverband) (116). So verwundert denn nicht, daß 83 % der Betriebsleiter keine konkreten Angaben über Umschulungsbeihilfen machen können und 66 % den Begriff „Förderschwelle" nicht kennen (116; vgl. auch Haug 1976 und Lienau 1973, 7 ff.).

Neben der mangelnden Information über Alternativen wird der Berufswechsel direkt tangiert von dem Angebot an Arbeitsplätzen in der betroffenen Region, sowie den Anforderungen der industriellen Tätigkeiten an die Arbeiterbauern. Diese „objektiven“ Bedingungen dürften in wirtschaftlichen Krisenzeiten (wie seit 1974) oft ausschlaggebend für mangelnde berufliche Mobilität sein. Hinzu kommen andere, durch die wirtschaftliche Situation des Betriebes und die noch zu analysierenden agrarischen Deutungsmuster bestimmte Hemmnisse. Der oft zu lange hinausgezögerte berufliche Wechsel und die unmittelbare Notwendigkeit der beruflichen Mobilität zeigt sich ex post in der oft zu beobachtenden relativ raschen Erweiterung der außerlandwirtschaftlichen Tätigkeit nach dem intersektoralen Wechsel. Von derartigen Übergangsproblemen, die oft eine Entwicklung vom Vollerwerbs- über den Zuerwerbs- und Arbeiterbauern bis zur völligen Aufgabe des Betriebes umfaßt, wurden seit Bestehen der Bundesrepublik mehrere 100.000 Personen betroffen (von 1949 zu 1975 gaben 719.000 Landwirte mit mehr als 1 ha LF ihren Betrieb auf oder stellten ihn um, vgl. Bergmann 1975, 116). Die hiermit verbundene völlige Umstrukturierung des Agrarsektors führte abgesehen von partiellen Loyalitätskonflikten, zu keinerlei ernsthaften politischen Konflikten.

Die materielle Situation der Arbeiterbauern stellt sich regional unterschiedlich dar aufgrund der disparitären räumlichen Entwicklung in der BRD, die sich u. a. im unterschiedlichen Industrialisierungsgrad der Regionen zeigt. Größere Probleme als in industrienahen ergeben sich für die Arbeiterbauern in industriefernen Regionen (Ostfriesland, Bayerischer Wald, Oberpfalz; vgl. u. a. Baethge et al. 1976).

Die meisten versorgen sich und die Familie mit selbst erzeugten Grundnahrungsmitteln und senken so die Reproduktionskosten, einige engagieren sich besonders bei „Sonderkulturen“, andere führen „Gemischtbetriebe“. Durch das zweifache Einkommen haben die Arbeiterbauern z. T. einen höheren Lebensstandard; nach den Testergebnissen des BMELF, die allerdings nicht repräsentativ für alle Nebenerwerbsbetriebe gelten, haben diese Betriebe im Vergleich zu den Zu- und den kleinen Vollerwerbsbetrieben bessere Ergebnisse zu verzeichnen (Agrarbericht 1977, 32).

Die berufliche Doppelbelastung bringt in der Regel eine stärkere Einbindung der Familienmitglieder, insbesondere der Ehefrauen, in die landwirtschaftlichen Tätigkeiten mit sich. Daß diese Einbindung nicht für alle Nebenerwerbsbetriebe mit einer hohen Belastung für die Familienmitglieder verbunden sein muß, darauf verweist die „Musteruntersuchung“ des BMELF (vgl. Agrarbericht 1977, 33).

Die besondere zeitliche Belastung von Arbeiterbauern zeigen empirische Studien. In der Untersuchung von Poppinga (1975, 114 f.) arbeiteten 39 % der Arbeiterbauern durchschnittlich wöchentlich zwischen 60–69 Stunden, weitere 39 % sogar mehr als 70 Stunden (vgl. auch Vohrer, 1972, 135 ff.). Die überwiegende Zahl hatte noch nie in den Betriebsferien Urlaub gemacht, sondern im Urlaub im landwirtschaftlichen Betrieb gearbeitet. Nur 5 % machen während der gesamten Urlaubszeit eine Reise und lediglich 9 % verreisen einen Teil des Urlaubes oder erholen sich zu Hause, wurde in einer anderen empirischen Studie festgestellt (vgl. Hülsen und Bade 1977, 76 ff.).

Die besondere Lage der Arbeiterbauern im Betrieb läßt sich erst in Kenntnis der Arbeitsmarktstrukturen in strukturschwachen ländlichen Regionen und des Arbeitsmarktsegments für Arbeiterbauern genauer analysieren.

3. Arbeitsmarktprobleme

Die Arbeitsmarktstatistiken weisen für die strukturschwachen ländlichen Regionen in der BRD sowohl in Rezessions- als auch in Prosperitätsphasen hohe Arbeitslosenquoten aus. In der wirtschaftlichen Krise seit 1974 hat diese Quote für einige ländlich geprägte Arbeitsamtsbezirke – wie schon in der Rezession 1966/67 – drastische Ausmaße angenommen; in Emden betrug z. B. die Arbeitslosenquote am 31.1.1976 11,8, in Leer 13,9, Weiden 13,1 und Passau 20,5 bei einem Bundesdurchschnitt von 5,9 % (vgl. Ehrenberg 1976, 663). Hierbei ist jedoch zu berücksichtigen, daß insbesondere in ländlichen Regionen eine hohe Dunkelziffer in Rechnung gestellt werden muß. Der hohe Anteil „versteckter" Arbeitslosigkeit erklärt sich aus der Möglichkeit – trotz materieller Einbußen – für einige Zeit im landwirtschaftlichen Betrieb zu verbleiben.

Die in Phasen der wirtschaftlichen Rezession stark zurückgehende Mobilitätsbereitschaft der Landwirte steht in direktem Einfluß zum Abwanderungsniveau. In den Wirtschaftsjahren 1975/76 und 1976/77 verlangsamte sich der Rückgang der landwirtschaftlichen Arbeitskräfte: die Zahl der Vollarbeitskräfte verringerte sich jeweils gegenüber dem Vorjahr nur um 0,8 %. (Durchschnitt der letzten 10 Jahre 4,1 %) (Agrarbericht 1978, 7 f.).

Dies bedeutet eine Schwächung des Strukturwandels im Agrarsektor, der sich momentan nur noch durch das altersbedingte Ausscheiden steuert. Da bei günstigeren außerlandwirtschaftlichen Beschäftigungsmöglichkeiten eine verstärkte Abwanderung erwartet werden kann, dürfte diese Entwicklung negative Folgewirkungen zeitigen. Deshalb ist es für große Teile der landwirtschaftlichen Bevölkerung irreführend, wenn im Agrarbericht von sicheren Arbeitsplätzen in der Landwirtschaft gesprochen wird: „Auch dürfte die relativ größere Sicherheit des Arbeitsplatzes in der Landwirtschaft die Bereitschaft zu einem Wechsel in eine außerlandwirtschaftliche Tätigkeit mindern. So hat z. B. die Neigung, einen landwirtschaftlichen Beruf zu erlernen bzw. einen landwirtschaftlichen Betrieb zu übernehmen, wieder zugenommen." (Agrarbericht 1977, 17). Die Zunahme der Ausbildungsverhältnisse in Berufen aus der Land- und Forstwirtschaft um 20 % im Jahre 1975 gegenüber 1974 kann nicht durch die Sicherheit der landwirtschaftlichen Arbeitsplätze erklärt werden, sondern stellt eher eine Folge des mangelnden Lehrstellenangebots auch im ländlichen Raum dar.

Durch die nicht ausreichende Zahl und Qualität von außerlandwirtschaftlichen Arbeitsplätzen ist es für einige Betriebsinhaber kurzfristig sinnvoller, den landwirtschaftlichen Betrieb weiterzuführen. Zudem werden sie in dieser Hinsicht noch durch ihre Verbandsvertreter und die eigenen Vorbehalte gegenüber industriellen Tätigkeiten unterstützt. Langfristig wird sich diese traditionelle Rollenorientierung vieler, am Rande der wirtschaftlichen Existenz lebenden Bauern jedoch nicht durchhalten lassen, da sich ihre Marktsituation zunehmend verschlechtert und sie doch „freigesetzt" („proletarisiert") werden (vgl. Offe/Hinrichs 1977, 10ff.). Prognosen für das Jahr 1980 zufolge sind die Landwirte „Problemgruppe Nr. 1" der Berufe mit einem zu hohen Arbeitskräfteangebot (FR v. 15.1.77). Die unzureichende Beschreibung der Gründe für den Verbleib im Agrarbericht kann damit begründet werden, daß dieses Festhalten an der „zweitbesten" Lösung kurzfristig funktional für die Arbeitsmarktsituation in den betroffenen ländlichen Regionen ist, da hierdurch eine radikale Zuspitzung des Arbeitslosenproblems momentan verhindert wird. Zudem könnte die Thematisierung des Problems Loyalitätskonflikte entstehen lassen, weil die Nichterfüllung der Ziele der regionalen Struktur- und Raumordnungspolitik (vor allem das Postulat der „Gleichrangigkeit der Lebensverhältnisse") Anlaß politischer Auseinandersetzungen werden könnte (vgl. Funk et al. 1976).

Die Arbeitsmarktprobleme in ländlichen Regionen sind zu analysieren vor dem Hintergrund der Segmentierung von Arbeitsmärkten in ihrer räumlichen Dimension.

Aus Untersuchungen über Standortentscheidungen von Industriebetrieben ist bekannt, daß sich in peripheren Regionen überwiegend Zweigbetriebe wegen des ausreichenden Angebots an ungelernten Arbeitskräften ansiedeln.

„Die regionalen Multiplikatorwirkungen sind sehr klein, da die Wertschöpfung gering ist, die Einkommen der Arbeitskräfte der geringen Qualifikationsanforderungen wegen im interregionalen Vergleich nicht besonders hoch sind und die Gewinneinkommen den Hauptbetrieben zur Verfügung stehen." (Buttler et al. 1977, 146). Bei den Zweigbetrieben handelt es sich entweder um kurzfristige Erweiterungen von expandierenden Hauptbetrieben („verlängerte Werkbänke") oder um Betriebsverlegungen und Zweigbetriebsgründungen aus gefährdeten Branchen (z. B. Textilindustrie.).

Die regionale Wirtschaftspolitik unterstützt seit Anfang der 70er Jahre durch die Gemeinschaftsaufgabe „Verbesserung der regionalen Wirtschaftsstruktur" systematisch die Ansiedlung von Betrieben im ländlichen Raum bzw. in den ausgewählten Schwerpunktorten. Neben der direkten Förderung von vor allem privaten Unternehmen wurden wirtschaftsnahe Infrastrukturmaßnahmen gefördert. Betrachtet man die vorliegenden Ergebnisse dieser sich selbst als „aktiv" definierenden Politik, so wird deutlich, daß sie eine quantitative Ausweitung des Arbeitskräftepotentials anregen konnte, obwohl nicht alle neu entstandenen Arbeitsplätze durch die regionale Strukturpolitik induziert wurden und die den Einzelbetrieb favorisierende Politik auch „Arbeitsplatzvernichtungsinvestitionen" (Naschold und Väth 1976, 462) gefördert hat. Deutlich wird die nur partielle politisch-administrative Steuerungskapazität bei der Analyse der Qualität der neugeschaffenen Arbeitsplätze, deren Merkmale so skizziert werden können (siehe zusammenfassend Buttler et al. 1977, 149ff. und Heinze und Hohn 1977, 170ff.):

- Hohe Zahl von Zweigbetrieben („verlängerte Werkbänke"); keine Verbesserung der Branchenstruktur, vor allem schrumpfende Branchen
- Große Konjunkturanfälligkeit und kurzfristiger Zeithorizont der Betriebe

– Hohe Zahl von Betrieben mit niedrigen Qualifikationen, Durchschnittsqualifikation liegt niedriger als in den Stammbetrieben
– Abstände des Arbeitnehmereinkommens zu den Einkommen in Zentralregionen weiter gewachsen
– Abwanderung aus den strukturschwachen ländlichen Regionen hält weiter an bzw. vergrößert sich; vor allem jüngere Erwerbstätige (20–30 J.) wandern stark ab (vgl. Bundesministerium f. Raumordnung 1977, 28)
– Vermögenszuwachs bei den privaten Unternehmen, dadurch z. T. indirekter Zuwachs für die Großunternehmen in den Zentralregionen
– konzentrationsfördernde Wirkung, da vor allem Großunternehmen gefördert werden.

Schon dieser kurze Überblick macht deutlich, daß die geschaffenen Arbeitsplätze alle Merkmale des „sekundären" Arbeitsmarktsegments, wie z. B. hohe Fluktuation, geringe Löhne und Aufstiegsmöglichkeiten tragen (vgl. u. a. Freiburghaus und Schmid 1975, 436 f.). Die unzureichende Steuerungskapazität des politisch-administrativen Systems, die in der Regionalpolitik – wie auch in anderen Politikbereichen – die Autonomie der Einzelunternehmen nicht berührt und somit die Standortentscheidungen der Industriebetriebe nur in geringem Umfang beeinflussen kann, fördert damit indirekt die Stabilisierung der regionalen Segmentierung des Arbeitsmarktes, anstatt die räumlichen Disparitäten, gemäß den proklamierten Zielen der Politik, abzubauen.

Für die meisten Arbeiterbauern drückt sich diese vorgegebene Arbeitsmarktsegmentierung in einer hohen Krisenanfälligkeit ihres Arbeitsplatzes und schlechten Bedingungen am Arbeitsplatz aus. Da die Arbeiterbauern überproportional häufig im Baugewerbe und in anderen landwirtschaftsverwandten Wirtschaftszweigen und nur unterdurchschnittlich im Dienstleistungssektor beschäftigt sind, verrichten sie oft wenig qualifizierte Tätigkeiten und sind zudem noch stärker von Arbeitslosigkeit bedroht (vgl. Hülsen und Bade 1977, 62 ff.). Untersuchungen bestätigen auch, daß die schlechten Arbeitsbedingungen häufigster Grund zur Klage sind (Bohn 1976, 121). Zusätzliche Probleme ergeben sich für einige Arbeiterbauern in extrem benachteiligten industriefernen Regionen (u. a. im Bayerischen Wald), insofern als sie entweder täglich z. T. mehr als eine halbe Stunde für den einfachen Weg zum Arbeitsplatz auf sich nehmen müssen oder sogar nur am Wochenende nach Hause zurückkehren können (vgl. Engelen-Kefer 1976, 110 ff.). Durch ihre starke Bindung an den landwirtschaftlichen Betrieb, den hauptsächlich die Ehefrauen bewirtschaften und das dörfliche Milieu kommt für die meisten ein Wohnortwechsel nicht infrage. Die Konsequenz ist neben der zeitlichen Überbelastung eine Separierung im Betrieb, die in Auseinandersetzungen zu Konflikten mit gewerkschaftlichen Strategien führen kann.

Die Arbeiterbauern haben durch ihre agrarisch geprägte Arbeitsauffassung extrafunktionale Qualitäten, die sich die ansiedelnden Industriebetriebe im gewissen Umfang auch zunutze machen. Besondere Merkmale dieser Qualitäten sind:
– relativ hohes Verantwortungs- und Leitungsbewußtsein durch ihre frühere und z. T. andauernde selbständige Tätigkeit im landwirtschaftlichen Betrieb

– vor allem geeignet für grobe Arbeiten und Maschinenarbeiten
– große Zuverlässigkeit und gute Arbeitsmoral
– besondere „Betriebstreue“
– Wunsch nach Schichtarbeit (besonders funktional für arbeitsteilige Produktion), um den Hof weiter bewirtschaften zu können
– aus Erfahrungen der selbständigen Arbeit herrührendes Krankheitsverhalten
– positive Einstellung zu den Produktionsmitteln (besondere Pflege und Erhaltung der Maschinen), (vgl. Poppinga 1975, 283 f. und Hülsen und Bade 1977, 36 ff. u. 79 ff.)

Diesen für den Industriebetrieb positiven Fähigkeiten stehen andere Verhaltensmuster bezüglich der Industriearbeit gegenüber, die nicht immer für den Betrieb funktional sind. Wie noch in der Analyse der Deutungsmuster genauer expliziert wird, läßt sich die Einstellung der Arbeiterbauern zur Industriearbeit auf allgemeiner Ebene als „instrumentelle Orientierung“ begreifen, dessen Charakteristikum darin besteht, kein inhaltliches Interesse am Produktionsablauf zu entwickeln. Besondere Nachteile bringt dies in großen Betrieben mit einer hohen Technisierung und Standardisierung der Arbeitsvorgänge mit sich, wo die vorhandenen extrafunktionalen Qualifikationen der Arbeiterbauern nicht gebraucht werden und sie so automatisch die schlechten Arbeitsplätze bekommen (vgl. Wiethold 1972, 134 ff.). In derartig arbeitsteilig produzierenden Großbetrieben haben die Arbeiterbauern denn auch häufig Schwierigkeiten mit der strengen Betriebsordnung (z. B. kurzfristige Urlaubswünsche aufgrund saisonal anfallender Arbeiten in der Landwirtschaft, Wechsel des Arbeitsplatzes bei Nichterfüllung der Tagesnorm ohne dabei die Folgen für den gesamten Produktionsablauf zu reflektieren), der räumlichen Umgebung (oft Abneigung gegen geschlossene Räume) oder auf Signal die Arbeit zu beenden oder zu beginnen (vgl. Poppinga 1975, 284 f. und Sabel 1976, 79).

Die empirischen Ergebnisse zeigen die Funktionalität gewisser Qualifikationen, die in den Ansiedlunsstrategien der Einzelkapitale mit berücksichtigt werden können (vgl. Dierkes 1970), aber auch die Disfunktionalität gewisser Verhaltensweisen. Gemeinsam ist diesen Einstellungen und Verhaltensweisen, daß sie die Situation im Industriebetrieb im Kontext ihrer agrarischen Deutungsmuster und Normen interpretieren. Die außerbetriebliche Wertorientierung der Arbeiterbauern, ihre Verankerung in der bäuerlichen Lebenswelt und ihr überwiegend geringes Interesse am innerbetrieblichen Aufstieg ermöglicht ihre relativ konfliktfreie Zuordnung zum Arbeitsmarktsegment der Unqualifizierten (vgl. Sabel 1976, 76 ff.). Die große Relevanz der Deutungsmuster für die Existenz des Arbeitsmarktsegments und die soziale Lage der Arbeiterbauern sowohl am Arbeitsplatz als auch in anderen gesellschaftlichen Bezügen verweist auf eine Erörterung dieser Deutungsmuster.

4. *Deutungsmuster*

Eine umfassende soziologische Analyse der subkulturellen agrarischen Deutungsmuster von Arbeiterbauern in der BRD steht bislang aus. Ein Grund dafür ist die weitgehende Ausblendung ländlicher Problembereiche aus der allgemeinen Soziologie und die mangelnde theoretische Reichweite der „etablierten“ Agrarsoziologie (vgl. auch Benvenuti et al. 1974), die meist entfernt von neueren soziologischen Diskussionen an den agrarwissenschaftlichen Fakultäten ein theoretisch relativ fruchtloses Dasein führt.

Zudem kann eine Analyse der Deutungsmuster nur sehr begrenzt mit den traditionellen quantitativen Erhebungsmethoden der empirischen Sozialforschung (z. B. Einstellungsmessung) operieren (vgl. auch Redclift 1974), sondern muß qualitative Methoden entwickeln (z. B. narrative Interviews), bei „denen die Individuen ihre Deutungsmuster in Gestalt von Argumentationsketten explizieren können“ (Thomssen 1977, 6). Da solcherart durchgeführte Untersuchungen fehlen, greife ich im folgenden auf einige Ergebnisse der „herrschenden“ Agrarsoziologie zurück. In diesen holzschnittartigen Ausführungen soll versucht werden, den Zusammenhang mit allgemeinen soziologischen Konzepten zu rekonstruieren.

Die kurzen Ausführungen über das Verhalten im Industriebetrieb machten deutlich, daß die allgemeine Kategorie „instrumentelle Einstellung“ das Bewußtsein der Arbeiterbauern kennzeichnet. Derartige Einstellungsmuster gelten nicht nur für diese spezielle Gruppe, sondern sind konstitutiver Bestandteil des Arbeiterbewußtseins (vgl. Eckart et al. 1975). Mit der Betonung der instrumentellen Einstellung zur Arbeit, die bei dieser Gruppe (Fraktion) durch die zentrale Bedeutung der bäuerlichen Deutungsmuster konstitutiert wird, sind grundlegende Streitpunkte der gegenwärtigen Industrie- und Betriebssoziologie angesprochen.

Die Deutungsmuster der Arbeiterbauern lassen sich nicht adäquat mit den theoretischen Konzepten analysieren, die das Arbeiterbewußtsein aus den objektiven ökonomischen Verhältnissen deduzieren oder über die Situation am Arbeitsplatz allein fassen wollen, sondern über die theoretischen Ansätze, die die relative Autonomie von Deutungsmustern hervorheben: „Der Verweis auf die epistomologische Eigenständigkeit von Deutungsmustern richtet sich auf kategorialer Ebene gegen alle Varianten von Theorien, die letztlich Bewußtsein auf Formen der Widerspiegelung der Realität reduzieren. Soziologisch ist jedoch die Autonomie der Deutungsmuster lediglich eine „relative“, weil sie strukturell durch die Wirklichkeit geprägt sind, der sie aber erst eine bestimmte Relevanzstruktur geben bzw. genauer ausgedrückt, weil die Wirklichkeit den Variationsbereich absteckt, innerhalb dessen sich Deutungsmuster gegenüber der Wirklichkeit verselbständigen und diese gemäß ihrer Eigenlogik verschieden ausdeuten können.“ (Neuendorff und Sabel 1976, 1; vgl. auch Oevermann 1973 und Allert 1976, 234 ff.). Die durch einen engen Handlungsbezug charakterisierten Deutungsmuster enthalten sowohl eine Ordnung der individuellen und gruppenbezogenen sozialen Position innerhalb einer Gesellschaft als auch Normen für sinnvolles Handeln. Trotz raschen sozialen Wandels – wie im Agrarsektor – und damit entstehender Widersprüche können sie sich als handlungsleitend erhalten. „Solange die entwickelten Selbstgewißheiten sich „bewähren“, jedenfalls keine unlösbaren Handlungsprobleme oder -folgen entstehen, ergeben sich auch keine Differenzierungen“ (Thomssen 1977, 8).

Die Bedingungen für einen Wandel der Deutungsmuster werden von den objektiven Strukturbedingungen, deren Wandel eine Differenzierung induzieren kann, beeinflußt. Es bleibt dem Einzelnen oder einer Gruppe jedoch die Möglichkeit, bestehende widersprüchliche Situationen, sei es in Form von Rechtfertigungsstrategien oder Relevanzverschiebungen umzudeuten. Die relativ autonome Realitätsdimension zeigt sich bei der Analyse der Deutungsmuster der Arbeiterbauern. Für sie ist ihre berufliche Doppelbelastung real, wobei der Existenz als Industriearbeiter von ihrer Lebenslage her eindeutig das Primat zukommt, dennoch entwickeln sie kein großes Interesse an der industriellen Tätigkeit und an beruflicher Weiterbildung, sondern orientieren sich an subkulturellen normativen Orientierungen, die im agrarischen Milieu wurzeln. Ihre durch die Industrietätigkeit nur geringfügig geänderte Integration in das dörfliche Milieu (vgl. Heidtmann und Plewka 1973, 70ff. und Jurecka 1975), – bei einer empirischen Analyse wäre noch zu unterscheiden in typische Agrargemeinden und in Gewerbegemeinden –, zeigt sich deutlich in ihrer Selbstinterpretation, bei der sich viele noch nach Jahren industrieller Tätigkeit als Bauer oder Landwirt verstehen (vgl. Mrohs 1976, 23). Die Arbeiterbauern sehen ihre hauptberufliche Tätigkeit als marginal an, obwohl sie den größten Teil des Einkommens ausmacht und stehen ihr weitgehend gleichgültig gegenüber.

„Sie betrachten ihre außerlandwirtschaftliche Tätigkeit häufig nur als notwendiges Übel und wollen ihre Hauptarbeit möglichst weitgehend auf den Rhythmus der landwirtschaftlichen Produktion zugeschnitten wissen" (Bohn 1976, 144; vgl. auch Winnemöller 1977).

Zugleich wird der Verlust der „Freiheit" als starke Einschränkung erlebt; in der Untersuchung von Bohn ist die Feststellung „kein freier Mensch" mehr zu sein gleich hinter den schlechten Arbeitsbedingungen als Negativum der industriellen Tätigkeit genannt worden (Bohn 1976, 127; vgl. auch Albrecht und Hruschka 1972, 118). Für manche Arbeiterbauern scheint die industrielle Tätigkeit noch nicht als irreversibel angenommen zu werden. Obwohl eine Rückkehr als Vollerwerbsbauer langfristig aussichtslos ist, betrachtet der überwiegende Teil diese Tätigkeit als vorübergehend. Abgesichert wird diese Annahme durch die historischen Erfahrungen, die deutlich gezeigt haben, daß es sich in längeren Krisenzeiten (z. B. nach dem 2. Weltkrieg) durch eine intensive Bewirtschaftung des Hofes besser überleben läßt; „insofern unterliegt er keinem realen Zwang, seine alte Identität preiszugeben und sich als Industriearbeiter zu definieren" (Sabel 1976, 93).

Die Dominanz der agrarischen Deutungsmuster ist vor allem aus den Forschungen zur beruflichen Mobilität bzw. aufgrund der mangelnden beruflichen Mobilität über „Hemmfaktoren" bei der Abwanderung aus der Landwirtschaft hinreichend bekannt[2].

Diejenigen, die ihre hauptberufliche landwirtschaftliche Tätigkeit aufgeben, wechseln nur selten ihren Wohnort, berufliche Mobilität schlägt sich somit kaum in interregionaler Mobilität nieder, auch wenn dies mit ökonomischen Vorteilen verbunden wäre. Als „Hemmfaktoren" für eine berufliche Mobilität werden neben den schon an anderer Stelle angesprochenen „objektiven" Tatbeständen (z. B. nur unzureichend vorhandene Arbeitsplätze und nur gering qualifizierte Tätigkeiten) in den Untersuchungen vor allem die Zufriedenheit mit der landwirtschaftlichen Tätigkeit, die mangelnde Informiertheit, die persönliche Unsicherheit und die Bindung an den

Betrieb durch festgelegte Investitionen hervorgehoben. Die berufliche und regionale Mobilität liegt insbesondere bei jüngeren Landwirten höher und steigt mit dem Qualifikationsniveau.Das Alter wirkt schon relativ früh als entscheidender „Hemmfaktor", die kritische Grenze liegt schon bei Vierzigjährigen (vgl. zusammenfassend Albrecht und Grabowski-Pawlitschka 1976, 176 ff. und Haug 1976).

Nur durch die hier skizzierte Orientierung an relativ autonomen agrarischen Deutungsmustern, die sich auch über Jahre außerlandwirtschaftlicher Tätigkeit als resistent erweisen und deren Erosion über Jahrzehnte, vielleicht erst in der zweiten Generation möglich zu sein scheint, können sich die Arbeiterbauern gegenüber ihren schlechten Arbeitsbedingungen, der stärkeren Bedrohung von Arbeitslosigkeit und den oft langen Pendelwegen immunisieren. Neue Orientierungen sind nur zu erwarten bei systematischen Konflikten und damit implizierten Lernprozessen in der industriellen Tätigkeit, die die „alten" Deutungsmuster überlagern können. Die Resistenz der normativen Orientierungen darf nicht unterschätzt werden, weshalb es eine verkürzte Argumentation wäre, die Arbeiterbauern als „Durchgangsschicht" zu definieren und mögliche Lernprozesse nur in der Zukunft zu sehen. „Arbeiterbauern sind keine sich selbst reproduzierende Klasse, sondern in aller Regel eine von oben (Bauern) und nach unten (Arbeiter) weitergebende Durchgangsschicht. Lernprozesse als Schicht sind kaum möglich" (Poppinga 1975, 157).

In diese Klassendefinition gehen nur die objektiven ökonomischen Bestimmungen der Klassenlage (Produktionsverhältnisse) ein, nicht aber die erörterten subkulturellen Deutungsmuster, die sich auf die gesellschaftliche Stellung der Arbeiterbauern beziehen und sich nicht aus Klassenlagen ableiten lassen brauchen (vgl. Bourdieu 1974, 42 ff.). Die Bezeichnung „Durchgangsschicht" birgt die Gefahr in sich, die Spezifika der Interaktionsverhältnisse zu vernachlässigen, die jedoch von Poppinga, trotz der verkürzten Definition, durch eine ausführliche Erörterung der Bewußtseinsformen von Arbeiterbauern aufgelöst wird.

5. *Bauernverband und Gewerkschaften*

Mit über eine Million Mitgliedern ist der Deutsche Bauernverband (DBV) die einflußreichste Organisation der Bauern in der BRD. Durch den hohen Organisationsgrad der Bauern, vor allem der Inhaber von mittleren und großen Betrieben, und aufgrund mangelnder Konkurrenzorganisationen auf nationaler Ebene genießt der DBV quasi eine monopolartige Stellung im landwirtschaftlichen Organisationswesen. Die Politik des DBV wird aufgrund der unzureichenden innerverbandlichen Demokratie und der nur geringen Zahl aktiver Mitglieder durch eine Verbandsoligarchie, die sich aus Großbauern zusammensetzt, bestimmt. Man unterhält enge personelle Verflechtungen mit den Landwirtschaftskammern und den Genossenschaften, sowie parteipolitisch mit der CDU/CSU, und kooperiert verbandspolitisch mit dem Zentralverband des Deutschen Handwerks und in Grundsatzpositionen mit dem BDI/BDA (vgl. Ackermann 1970 und Heinze 1976, 79 ff.).

Nebenerwerbsbauern werden durch die an den Interessen der Großbauern orientierte Politik des DBV nicht adäquat repräsentiert, dennoch sind noch viele von ihnen Mitglied dieser Organisation. In einer 1970 im Bundesgebiet durchgeführten Untersuchung wurde ermittelt, daß 29,5 % der Nebenerwerbsbauern im DBV und nur 21,1 in der zuständigen Industriegewerkschaft Mitglied sind. Die Mitgliedszahlen differieren regional sehr stark; so sind z. B. in Bayern 51,1 % im DBV und nur 17 % in der Gewerkschaft (vgl. Schulze 1970, 51; vgl. auch Hülsen und Bade 1977, 215, die feststellten, daß 30,2 % in der Gewerkschaft und 57,2 % im Bauernverband sind). Als Reaktion auf die großbäuerliche Politik des DBV wurde 1965 im Saarland ein Verband der Landwirte im Nebenberuf gegründet, der sich auch in Baden-Württemberg und Bayern ausbreitete und 1972 als „Bundesverband der Landwirte im Nebenberuf" konstituiert wurde. Der Verband empfiehlt, der Gewerkschaft beizutreten, sich also doppelt zu organisieren (vgl. Heinze 1977, 330). Sein politischer Kurs ist nicht aggressiv, sondern partnerschaftliche Argumentationen überwiegen.

Die mangelnde Repräsentation in den Gewerkschaften liegt neben der durch die alternativen Deutungsmuster der Arbeiterbauern und durch die oft nicht gegebene Identität zwischen Wohn- und Arbeitsstätte hervorgerufenen Distanz zu den Gewerkschaften (vgl. Streeck 1977, 15 ff.), die nach längerer betrieblicher Zugehörigkeit abgebaut werden kann (vgl. Poppinga 1975, 154f. und 285 ff.), an der unzureichenden Berücksichtigung der „Doppelexistenz" dieser Gruppe in der gewerkschaftlichen Politik[3]. Unterstützt wird dieses passive Verhalten durch die Kontakte der Gewerkschaftsführungen mit dem DBV auf Bundes- und Landesebene, wo die Organisationsziele und -bereiche abgeklärt werden und die Gewerkschaften auf eine offensive Strategie zur Einbeziehung der Arbeiterbauern in die gewerkschaftlichen Organisationen und eine damit verbundene Abkehr vom DBV weitgehend verzichten. Die schon bestehenden Schwierigkeiten mit den Arbeiterbauern (z. B. bei Streiks) werden aber auch einige gewerkschaftliche Organisationen dazu bringen. die notwendige Vereinheitlichung der gruppenspezifischen Deutungsmuster zu thematisieren.

Nicht unbedingt auf die Situation in der BRD zu übertragende Beispiele für eine Auflösung gruppenspezifischer Deutungsmuster zeigen sich in norditalienischen Arbeitskämpfen, wo viele aus dem agrarischen und nur wenig industrialisierten Milieu Süditaliens (vgl. Donolo 1974) in den hochindustrialisierten Norden abgewanderte Bauern durch die Diskrepanz zwischen ihren agrarischen Wertvorstellungen und ihrer irreversiblen industriellen Tätigkeit alternative Deutungsmuster entwickelten.

„Diese Erfahrungen kollidieren in extremer Weise mit den überkommenen Wertvorstellungen und diese Kollision präkapitalistischer Normen mit kapitalistischen Verhaltenszumutungen erklärt den Umfang von Kritik und Abwehr, mit denen große Teile der italienischen Arbeiterschaft auf die Politik des Kapitals reagieren". (Kern/Schumann 1973, 146; vgl. auch Sabel 1976, 138 ff. u. Castellina 1970, 81 ff.).

6. *Entwicklungstendenzen – regionale Krisen?*

In den nächsten Jahren wird der relative Anteil der Nebenerwerbsbetriebe an der Gesamtzahl der landwirtschaftlichen Betriebe ansteigen. Durch die seit 1974 anhaltende Wirtschaftskrise hat sich neben der offiziell registrierten hohen Zahl von Arbeitslosen in strukturschwachen ländlichen Regionen eine „versteckte" Arbeitslosigkeit unter vielen Bauern und mithelfenden Familienangehörigen verbreitet, die die Folgen der gegenwärtig konjunkturell wie strukturell induzierten Arbeitslosigkeit (vgl. Schmid 1977) weitgehend individualisieren. Dieser tendenzielle Rückzug in die Alternativrolle als „zweitbeste" Lösung (vgl. Offe und Hinrichs 1977, 34 ff.) kann aber aufgrund der unzureichenden Einkommenslage nicht auf Dauer durchgehalten werden, so daß Teile der ländlichen Bevölkerung in die industriellen Agglomerationen abwandern werden oder hohe Pendelbelastungen in Kauf nehmen müssen. Für die Arbeitskräfte, die eine Migration ablehnen, ergibt sich als Alternative nur die Möglichkeit, unqualifizierte Tätigkeiten in Betrieben mit gering differenzierten Arbeitsplatzanforderungen anzunehmen.

Nach offiziellen Raumordnungsprognosen weisen denn auch strukturschwache ländliche Gebiete in der BRD die höchsten Abwanderungsraten auf[4] und verschärfen so die räumlichen Disparitäten[5]. Diese Passivsanierung ländlicher Regionen wird zwar nicht dieselben Ausmaße annehmen wie in anderen westeuropäischen Ländern (z. B. Italien, Frankreich), „dennoch bleiben die Verminderung der Lebenschancen nicht-mobiler Bevölkerungsgruppen und die Entwertung privater und öffentlicher Investitionen in den sich entleerenden Gebieten gravierende menschliche und ökonomische Kosten des Konzentrationsprozesses" (Scharpf 1977, 40).[6]

Politische Krisen über spektakuläre Protestaktionen hinaus (z. B. beim Bau von Kernkraftwerken, Gebietsreformen) sind in diesen Regionen kurzfristig nicht zu erwarten (vgl. auch Funk 1976, 274 ff.). Entsprechend spezifischer Elemente ihrer agrarischen Deutungsmuster zieht sich die Gruppe der Arbeiterbauern wie auch andere Teile der ländlichen Bevölkerung eher auf den persönlichen Lebensbereich zurück. Dies verhindert eine politische Artikulation der Interessen der ländlichen Bevölkerung, die ohnehin als „räumliche" Interessen nur schwer zu organisieren sind (vgl. Arbeitsgruppe 1976 und Heinze 1977 b) und zudem auch kaum über Sanktionspotentiale gegenüber dem politischen System verfügen.

Dieser sich noch zuspitzende gesellschaftliche Problembereich wird ein „latenter" Konfliktherd bleiben, da die bestehenden politischen Organisationen (Parteien, Verbände), mehr aber noch sich entwickelnde Bürgerinitiativen die Probleme thematisieren können und die verantwortlichen Politiker und Bürokraten nicht umhin kommen werden, ehemals populäre Formeln, wie Gleichrangigkeit der Lebensverhältnisse oder Lebensqualität aufzugeben oder deren Scheitern zu problematisieren und damit einer öffentlichen Diskussion zugänglich zu machen.

Anmerkungen

1 In den Agrarberichten der Bundesregierung wird folgende Definition zugrundegelegt. „Vollerwerbsbetriebe sind diejenigen Haupterwerbsbetriebe, in denen der Anteil des ausserbetrieblichen Erwerbseinkommens des Betriebsinhaberehepaares am Erwerbseinkommen insgesamt weniger als 10 % beträgt. Alle übrigen Haupterwerbsbetriebe sind Zuerwerbsbetriebe. In diesen Betrieben beträgt der Anteil des außerbetrieblichen Erwerbseinkommens des Betriebsinhaberehepaares mindestens 10 %, aber weniger als 50 % des Erwerbseinkommens insgesamt. Nebenerwerbsbetriebe sind Betriebe, in denen die betriebliche Arbeitszeit des Betriebsinhaberehepaares weniger als 0,5 AK oder der Anteil des außerbetrieblichen Erwerbseinkommens des Betriebsinhaberehepaares am Erwerbseinkommen insgesamt mindestens 50 % beträgt." (Agrarbericht 1977/Materialband 56; vgl. auch Hogeforster/Leiber 1973).

2 Vgl. zum Stand der empirischen Forschung über berufliche Mobilität von Landwirten in der Bundesrepublik und in anderen kapitalistischen Industriegesellschaften Himmighofen 1976, 122 ff.; zur allgemeinen Mobilitäts- und Wanderungsforschung Albrecht 1972. 1972.

3 Zuständige bayerische Gewerkschaften kannten weder den Organisationsgrad noch war ihnen die spezielle Situation der Arbeiterbauern vertraut, bekannt war nur, daß diese Gruppe ein „besonderes" Problem darstellt (vgl. Zängl 1976, 130).

4 „Insgesamt ist der Bevölkerungsrückgang in ländlich geprägten Gebietseinheiten, in denen kein Verdichtungsraum liegt, mit 11,3 % bedeutend größer als im übrigen Bundesgebiet" (z. B. die Gebietseinheiten Schleswig, Lüneburger Heide, Ems, Trier, Mittel-Ost-Hessen, Landshut-Passau), Raumordnungsprognose 1990, 35 (Hg.: Bundesministerium für Raumordnung 1977).

5 Vgl. zur Stadt-Land-Entwicklung u. a. Kötter und Krekeler 1977; zur theoretischen Fassung ungleichmäßiger räumlicher Entwicklung erste Ansätze bei Tjaden 1977, bezogen auf „Provinz" einige Hinweise in Kursbuch 39, 1975.

6 In der Hamburger Morgenpost wurde am 10.6.77 (S. 4) in Großaufmachung mit der Überschrift „Eine Stadt stirbt" auf einer Seite von den Schwierigkeiten der im östlichsten Zipfel der BRD liegenden Kleinstadt Schnackenburg berichtet. Die zwar verkürzte und zu sehr an individuellen Handlungen orientierte Berichterstattung, die zudem keinerlei Analysen oder Alternativen anbot, verdeutlichte exemplarisch die umfassenden Probleme in einigen strukturschwachen ländlichen Regionen und die hohen Kosten dieser Passivsanierung. Der Bericht zeigt, daß man nicht mehr ins Ausland fahren muß, um „Verelendungsgebiete" kennenzulernen.

Literatur

Ackermann, P., 1970: Der Deutsche Bauernverband im politischen Kräftespiel der Bundesrepublik. Tübingen: Mohr

Albrecht, G., 1972: Soziologie der geographischen Mobilität. Suttgart: Enke

Albrecht, H. und S. Grabowski-Pawlitschka, 1976: Widerstände und Hemmfaktoren bei Berufswechsel und Umschulung von Landwirten – ihre Berücksichtigung in der sozioökonomischen Beratung. Stuttgart-Hohenheim: Manuskript

Albrecht, H. und E. Hruschka et al., 1972: Motivanalyse zur Feststellung der Hemmfaktoren, die einer beruflichen Anpassung der Landwirte im Wege stehen. Stuttgart-Hohenheim: Manuskript

Allert, T., 1976: Legitimation und gesellschaftliche Deutungsmuster: Zur Kritik der politischen Krisentheorie. In: R. Ebbinghausen (Hg.): Bürgerlicher Staat und politische Legitimation. Frankfurt/M.: Suhrkamp; S. 217–244

Arbeitsgruppe „Industrieller Ballungsraum" (V. Lück et al.), 1976: Industrieller Ballungsraum. Zur sozial- und politikwissenschaftlichen Problematisierung. Zeitschrift für Soziologie 4/1976; S. 309–318

Baethge, M. et al., 1976: Sozialpolitik und Arbeitnehmerinteresse, Frankfurt: Aspekte

Benvenuti, B. et al., 1975: The Current Status of Rural Sociology. Sociologia Ruralis 1/2 1975; S. 3–21

Bergmann, Th., 1975: Betrieb oder Scholle? In: M. Greiffenhagen und H. Scheer (Hg.): Die Gegenreform. Reinbek: Rowohlt; S. 112–131

Bohn, E., 1976: Empirische Untersuchung in zwei Landkreisen Baden-Württembergs mit unterschiedlicher Wirtschaftsstruktur. Stuttgart-Hohenheim. Manuskript

Bourdieu, P., 1974: Zur Soziologie der symbolischen Formen. Frankfurt/M.: Suhrkamp

Bundesministerium für Raumordnung, Bauwesen und Städtebau (Hg.), 1977: Raumordnungsprognose 1990. Bonn-Bad Godesberg

Bundesregierung (Hg.), 1977 u. 1978: Agrarberichte 1977 und 1978 (incl. Materialbände). Bonn.

Buttler, F. et al., 1977: Grundlagen der Regkonalökonomie. Reinbek: Rowohlt

Castellina, L., 1970: Bericht über Fiat. In: W. Dreßen (Hg.): Gegen den Dogmatismus in der Arbeiterbewegung. Berlin: Wagenbach; S. 81–105

Dierkes, A., 1970: Der Nebenerwerbslandwirt am gewerblichen Arbeitsplatz – Erfahrungen eines Industriebetriebes. In: DLA Fredeburg (Hg.): Nebenberufliche Landbewirtschaftung im Widerstreit. Fredeburg; S. 58–60

Donolo, C., 1974: Ungleichmäßige Entwicklung und Auflösung gesellschaftlicher Strukturen. Berlin: Merve

Eckart, C., et al., 1975: Arbeiterbewußtsein, Klassenzusammensetzung und ökonomische Entwicklung. Empirische Thesen zum „industriellem Bewußtsein". In: Gesellschaft. Beiträge zur Marxschen Theorie 4. Frankfurt/M.: Suhrkamp; S. 7–64

Ehrenberg, H.; 1976: Strukturpolitik – zentrale wirtschaftspolitische Aufgabe der neuen Legislaturperiode. WSI-Mitteilungen 11/1976; S. 660–667

Engelen-Kefer, U., 1976: Beschäftigungspolitik. Köln: Bund

Freiburghaus, D. und G. Schmid, 1975: Theorie der Segmentierung von Arbeitsmärkten. Darstellung und Kritik neuerer Ansätze mit besonderer Berücksichtigung arbeitsmarktpolitischer Konsequenzen. Leviathan 3/1975; S. 417–448

Funk, A., 1976: Landwirtschaftspolitik in der Bundesrepublik: Kontinuität und Wandel eines Politikbereiches. Leviathan 2/1976; S. 256–276

Funk, A. et al., 1976: Staatsapparat und Regionalpolitik. In: R. Ebbighausen (Hg.): Bürgerlicher Staat und politische Legitimation. Frankfurt/M.: Suhrkamp; S. 281–308

Haug, H., 1976: Das Verhalten von Landwirten bei der Anpassung an Erfordernisse des Strukturwandels. Universität Stuttgart-Hohenheim: Dissertation

Heinze, R.G., 1976: Zur politisch-sozialen Funktion des Deutschen Bauernverbandes (DBV). Diplomarbeit an der Fakultät für Soziologie der Universität Bielefeld: vervielf. Manuskript

ders., 1977: Struktur und Politik des Deutschen Bauernverbandes. In: A. D. Brockmann (Hg.): Landleben. Reinbek: Rowohlt; S. 322–340 (1977 a)

ders., 1977: Asymmetrischer Pluralismus und institutionalisierte Macht der Verbände. Bonn – Hamburg: Manuskript (1977 b)

ders. und H. W. Hohn, 1977: Arbeitsmarkt und Politik in strukturschwachen ländlichen Regionen. In: Projektgruppe Arbeitsmarktpolitik/C. Offe (Hg.): Opfer des Arbeitsmarktes. Neuwied und Darmstadt: Luchterhand; S. 151–184

Heidtmann, W. und U. Plewka, 1973: Bäuerliche Familien im Strukturwandel. Göttingen: Materialsammlung der ASG Nr. 114

Heumann, H.-J. et al., 1976: Die Einflüsse der außerlandwirtschaftlichen Arbeitswelt auf die Stabilität der nebenberuflichen Landbewirtschaftung. Münster-Hiltrup

Himmighofen, H., 1976: Landwirtschaftliche Übergangsbetriebe in NRW: Sozialökonomische Lage und beruflich-soziale Mobilität ihrer Bewirtschafter. Universität Bonn: Dissertation

Hogeforster, J. und F. Leiber, 1973: Zukünftige Formen der Nebenerwerbslandwirtschaft im Rahmen der gesamtwirtschaftlichen Entwicklung. In: G. Weinschenck (Hg.), Die künftige Entwicklung der europäischen Landwirtschaft. München: BLV; S. 327–346

Hülsen, R. und R. Bade, 1977: Situation abhängig beschäftigter Nebenerwerbslandwirte. Göttingen: Materialsammlung der ASG Nr. 136

Jurecka, P., 1975: Soziale und psychologische Integration und Position von Pendlern in ländlichen Gemeinden. Universität Köln: Dissertation

Kern, H. und M. Schumann, 1973: Zum politischen Verhaltenspotential der Arbeiterklasse. In: K. Meschkat und O. Negt (Hg.): Gesellschaftsstrukturen. Frankfurt/M.: Suhrkamp; S. 130–160

Kötter, H. und H.-J. Krekeler, 1977: Zur Soziologie der Stadt-Land-Beziehungen. In: R. König (Hg.): Handbuch der empirischen Sozialforschung (Bd. 10). Stuttgart: Enke (2. Aufl); S. 1–41

Kursbuch 39, 1975: Provinz. Berlin: Kursbuch/Rotbuch

Lienau, E., 1973: Erkennen von Hemmfaktoren beim Berufswechsel selbständiger Landwirte. Göttingen: Materialsammlung der ASG Nr. 115

Mrohs, E., 1976: Landaufgabe in der Bundesrepublik Deutschland. Bonn: Schriftenreihe der FAA 241

Naschold, F. und W. Väth, 1976: Raumstrukturelle Entwicklungspolitik als Strategie langfristiger Arbeitsplatzsicherung. Die Neue Gesellschaft 6/1976; S. 460–467

Neuendorff, H. und Ch. Sabel, 1976: Zur relativen Autonomie der Deutungsmuster. Bielefeld: Manuskript für den 18. Dtsch. Soziologentag

Overmann, U., 1973: Zur Analyse der Struktur von sozialen Deutungsmustern. Manuskript

Offe, C. und K. Hinrichs, 1977: Sozialökonomie des Arbeitsmarktes und die Lage „benachteiligter" Gruppen von Arbeitnehmern. In: Projektgruppe Arbeitsmarktspolitik/C. Offe (Hg.): Opfer des Arbeitsmarktes. Neuwied und Darmstadt: Luchterhand; S. 3–61

Osterland, M. et al., 1973: Materialien zur Lebens- und Arbeitssituation der Industriearbeiter in der BRD. Frankfurt/M.: EVA

Poppinga, O., 1975: Bauern und Politik. Frankfurt/M.-Köln: EVA

Redclift, M. R., 1975: Interpretative research and structural change in Rural Sociology. Sociologia Ruralis 1/2/1975; S. 22–33

Riemann, F. et al., 1970: Absichten, Ansichten, Aussichten der Landwirte in Klein- und Nebenerwerbsbetrieben. Göttingen: Materialsammlung der ASG Nr. 91

Sabel, Ch., 1976: Arbeitsmarktstrukturen und Konfliktpotentiale. MPIL Starnberg: Manuskript

Scharpf, F. W., 1977: Politische Bedingungen der Wirksamkeit raumordnerischer Steuerungsinstrumente. In: F. W. Scharpf, Politischer Immobilismus und ökonomische Krise. Kronberg/Ts: Scriptor; S. 39–56

Schmid, G., 1977: Strukturelle Arbeitslosigkeit in der BRD. Berlin: IIM/77 – 6

Schulze, E. U., 1970: Aus Untersuchungsergebnissen der Agrarsozialen Gesellschaft zur Frage der nebenberuflichen Landbewirtschaftung. In: DLA Fredeburg (Hg.): Nebenberufliche Landbewirtschaftung im Widerstreit. Fredeburg; S. 47–53

Streeck, W., 1977: Gewerkschaften und Mitglieder. Zur Soziologie gewerkschaftlicher Mitgliederrekrutierung. Berlin: IIMV dp/77 – 65

Teiwes, G., 1952: Der Nebenerwerbslandwirt und seine Familie im Schnittpunkt ländlicher und städtischer Lebensform. Darmstadt: Roether

Thomssen, W., 1977: Einige Aspekte der Analyse von Deutungsmustern. Manuskript

Tjaden, K.-H., 1977: Die räumliche Ungleichmäßigkeit gesellschaftlicher Entwicklung als theoretisches Problem. Arch + 32; S. 49–51

Vohrer, M., 1972: Die Analyse des Mobilitätsverhaltens der Landwirte als Basis für eine agrarische Mobilitätspolitik, dargestellt anhand einer beispielhaften Untersuchung im Landkreis Freiburg. Universität Freiburg: Dissertation

Werschnitzky, U., 1973: Nebenberufliche Landbewirtschaftung im heutigen Strukturbild und absehbare Entwicklungstendenzen. In: G. Weinscheck (Hg.), Die künftige Entwicklung der europäischen Landwirtschaft. München: BLV; S. 347–352

ders., 1975: Nebenberufliche Landwirtschaft. In: Berichte über Landwirtschaft (Bd. 53, H. 2). Hamburg; S. 215–253

Wiethold, F., 1972: Probleme bei der Industrialisierung einer ländlichen Region. Universität Marburg: Dissertation

Winnemöller, B., 1977: Anforderungen von Landwirten an außerlandwirtschaftliche Arbeitsplätze. TU München: Dissertation

Zängl, W., 1976: Ausgewählte Aspekte zur Industrietätigkeit von Nebenerwerbslandwirten. Universität München: Diplomarbeit

Hans-Jürgen Petersen

Landarbeiter – Im Schatten des öffentlichen Interesses

Diskussionen – auch unter Linken – über hiesige Agrarprobleme drehen sich fast ausschließlich um die Butterberge, Subventionen, angebliche Allmacht des Bauernverbandes usw., d. h., Themen, die einen engen Zusammenhang mit den Selbständigen dieser Branche aufweisen, bilden den Angelpunkt jeglicher Auseinandersetzung. Dabei wird zumindest indirekt unterstellt, daß es in der Landwirtschaft der BRD keine Lohnabhängigen gibt.

Im folgenden soll versucht werden, diese Annahme zu korrigieren und das Informationsdefizit über die Lage der Landarbeiter abzubauen. Dabei stützen sich die Aussagen nicht so sehr auf Ergebnisse umfangreicher Analysen, sondern vielmehr auf Eindrücke, die während einer einjährigen Tätigkeit in einem entsprechenden Ressort der Agrarverwaltung gewonnen werden konnten.

Schwierigkeiten der ausgeschiedenen Landarbeiter

Die Technisierungswelle in der westdeutschen Landwirtschaft vernichtete dort zunächst in erster Linie die Arbeitsplätze der Landarbeiter, während erst später auch die der Familienarbeitskräfte – und hierunter mit Zeitverzögerung auch die der Betriebsleiter – in zunehmendem Maße erfaßt wurden. Wie die dazugehörige Tabelle zeigt, reduzierte sich die Zahl der Landarbeiter von 1950 bis 1965

Tab.: Ständige landwirtschaftliche Arbeitskräfte in der BRD (in Tsd.)

Wirtschaftsjahr	Lohn – AK ständige	Familien – AK vollbeschäftigt
1950/51	766	4 380
1965/66	217	2 278
1966/67	201	2 215
1967/68	181	2 054
1968/69	159	1 887
1969/70	143	1 750
1970/71	126	1 649
1971/72	117	1 535
1972/73	121	1 499
1973/74	117	1429
1974/75	109	1 383
1975/76 (vorläufig)	110	1335
1976/77 (vorläufig)	106	1296

auf ca. 25 % des Ausgangsbestandes, während der entsprechende Wert bei den Familienarbeitskräften nur auf ca. 50 % fiel. Bis zum Jahre 1976/77 sind diese Zahlen weiter auf ca. 14 % bzw. 30 % gesunken. Diese Entwicklung hat dazu geführt, daß nur noch in wenigen Betrieben Lohnarbeitskräfte beschäftigt sind.
Der vielzitierte Strukturwandel in der Landwirtschaft der BRD hat also in einem überproportionalen Maße die Lohnabhängigen freigesetzt.

Diese wurden aber nicht nur in quantitativer, sondern vor allem auch in qualitativer Hinsicht härter getroffen als die ehemals selbständigen Bauern. So konnten die Landarbeiter bei ihrem notwendigen Berufswechsel nicht von einem Restvermögen zehren, das es ihnen erlaubt hätte, die Stellenangebote sorgfältig zu prüfen. Sie waren vielmehr gezwungen, ihre Arbeitskraft sofort und somit oft zu einem relativ niedrigen Tarif zu verkaufen, um die Existenz ihrer Familien zu sichern.

Aber nicht nur wegen der fehlenden finanziellen Reserven engte sich die Berufswahl stark ein. Gerade viele der älteren Landarbeiter haben eine schlechte schulische Ausbildung hinter sich, da das Bildungssystem zu deren Schulzeit auf dem flachen Land oft katastrophal war und sie darüberhinaus oft in der Schule fehlen mußten, um sich und ihren Eltern ein Zubrot bei einem Bauern zu verdienen. Diese Zwänge hielten auch nach der Schulzeit an, d. h. viele konnten es sich nicht leisten, erst eine Lehre zu absolvieren. Somit verfügen viele Landarbeiter weder über einen Hauptschul- noch über einen Berufsabschluß.

Die hieraus resultierende mangelnde vertikale Mobilität wurde oft noch dadurch weiter eingeschränkt, daß viele Landarbeiter – aufgrund der geschilderten Verhältnisse in der Jugend nicht überraschend – einen ausgeprägten Familiensinn haben und damit auch später ein Leben im zumindest lockeren Familienverband (Eltern, Geschwister) vorziehen.

In den Hochkonjunkturphasen der 60er – und zu Beginn der 70er Jahre – gelang es dennoch vor allem einigen Tiefbaufirmen durch recht gutbezahlte Jobs diese Restriktionen aufzubrechen und Landarbeiter an weiter entfernte Arbeitsstätten zu locken. Auf diese Weise dienten nicht wenige ehemalige Landarbeiter schon vor den Gastarbeitern als Konjunkturpuffer. Mit diesen teilen sie in Rezessionszeiten den Katzenjammer: Auch sie haben sich darauf eingerichtet, daß ihr Lebens- und Konsumstandard langfristig anhalten würde und haben nun Schwierigkeiten sich auf den ursprünglichen Lebensbereich zurückzuorientieren.

Schwierigkeiten der verbliebenen Landarbeiter

Die eingangs erwähnte Abnahmequote hat in vielen Betrieben dazu geführt, daß dort – wenn überhaupt – nur noch 1 oder 2 Landarbeiter übriggeblieben sind. Belegschaftsstärken von mehr als 7 Mitarbeitern sind absolute Ausnahmen. Da ferner alle diese Betriebe sehr weit verstreut sind, leben und arbeiten die in der Landwirtschaft beschäftigten Lohnabhängigen weitestgehend isoliert. Ein Beispiel möge dieses illustrieren: In Schleswig-Holstein sind im gesamten Land auf ca. 2 500 Betrieben ca. 10 000 Landarbeiter (im weitesten Sinne, d. h. u. a. mit Gelegenheitsarbeitern und einigen mithelfenden Familienarbeitskräften) beschäftigt, allein schon auf einer einzigen Großwerft in Kiel ist dieselbe Zahl an Metallarbeitern konzentriert.

Diese Situation bereitet der Gewerkschaft Gartenbau, Land- und Forstwirtschaft (GGLF) natürlich außerordentlich große Probleme. Nur ein verhältnismäßig großer Stab von hauptberuflichen Mitarbeitern könnte diese Zersplitterung überwinden. Da aber die erwähnte Abnahmequote auch die Zahl der Landarbeiter in der GGLF drückt, reicht deren Beitragsvolumen nicht aus, das notwendige dichte Netz von Bezirksleitern und Organisationssekretären aufzubauen. Somit schließt sich ein gewisser Teufelskreis, an dessen Ende ein noch niedrigerer Organisationsgrad stehen muß. Gegenwärtig beträgt er bei starken regionalen Unterschieden etwa 20%. Eine Ausnahme bildet die kleine Schicht der Melker. Hier herrschen nämlich fast umgekehrte Verhältnisse, d. h. ca. 90% sind organisiert. Einer der Hauptgründe ist darin zu sehen, daß es in diesem Bereich durch vielfältige Kommunikationsarten (z. B. Fachversammlungen, Viehauktionen usw.) gelang, die erwähnte Isolierung abzustreifen.

Von dieser Minderheit abgesehen bestehen aber nicht nur objektive, sondern auch subjektive Hindernisse, da viele Landarbeiter aus den verschiedensten Gründen die Notwendigkeit eines gewerkschaftlichen Engagements nicht einsehen oder aber dessen Konsequenzen fürchten.

Es gibt nämlich viele Landarbeiterfamilien, die schon seit Generationen „ihrem Herrn" dienen. Hier herrschen noch durchaus patriarchalische Denkstrukturen auf beiden Seiten vor, die mühsam aufgebrochen werden müssen. So gewährt der „Herr" quasi als Gnadenakt zu z. T. günstigen Bedingungen eine Werkwohnung, Kartoffelland, Brennholz usw. Um für diese individuellen Gaben einen möglichst großen Spielraum zu behalten, sind die Arbeitgeber bestrebt, in den Verhandlungen mit der GGLF einen niedrigen, offiziellen Tarif zu erreichen. Dieses gelingt ihnen u. a. deshalb immer wieder – gegenwärtig Facharbeiterecklohn = 8,30 DM/h – weil sie genüßlich auf den niedrigen Organisierungsgrad der Landarbeiter und der daraus angeblich resultierenden mangelnden Legitimation der GGLF als Verhandlungspartner hinweisen können. Da diese Taktik zum einen in der Vergangenheit noch erfolgreicher war und andererseits die Naturalien bei der Berechnung der Altersrentenansprüche niedrig veranschlagt werden, müssen viele Landarbeiter mit einer niedrigen Rente auskommen. Erst vor einigen Jahren wurde eine Zusatzversorgung mit öffentlichen Zuschüssen geschaffen, die diesem Übel ein wenig abhilft.

Im folgenden soll die Arbeitssituation auf den Höfen anhand zweier Beispiele näher erläutert werden. Diese sind zwar extrem, aber sie werfen dennoch ein bezeichnendes Licht auf das Verhältnis einiger Arbeitgeber zu ihren (meistens älteren) Arbeitnehmern:

– Ein Landarbeiter erkrankt während der Kartoffelernte. Sein Sohn und dessen Freund, dessen Vater nicht auf dem betreffenden Hof arbeitet, springen ein. Der Arbeitgeber wollte nur letzterem einen Tageslohn bezahlen, weil der Landarbeitersohn „ja nur seinen Vater vertrete".

– Ein Vorarbeiter erwischt seinen eigenen Sohn beim Entwenden von 3 Steckrüben auf einer Hofkoppel. Er verprügelt ihn, weil „der Herr bestohlen wurde".

Diese krassen Abhängigkeiten werden zwar mehr und mehr abgebaut. Häufig werden sie jedoch nur durch subtilere ersetzt. Auch hierzu 2 Beispiele:

– Die Ehrungen für Landarbeiter, die seit langem in der Landwirtschaft beschäftigt sind, konnte erst vor kurzem gegen den massiven Widerstand einiger Arbeitgeber von Betriebs- auf Berufstreue umgestellt werden.

– Um mit der rasanten Entwicklung der Landtechnik Schritt zu halten, werden Landarbeitern zu günstigen Bedingungen entsprechende Lehrgänge angeboten. Mit nachhaltigem Druck versuchten einige Arbeitgeber beim Schlepperkursus zu verhindern, daß dort auch der Erwerb des Führerscheins Klasse II möglich sei, da sie befürchteten, „ihre“ Landarbeiter würden dann ins Transport- und Speditionsgewerbe abwandern.

Hieraus ist die generelle Schlußfolgerung zulässig, daß sich alle Maßnahmen für Landarbeiter den betrieblichen Interessen unterordnen müssen.

Diese und ähnliche Lehrgänge erscheinen aber auch in anderer Hinsicht erwähnenswert:

– Die Arbeitgeber sehen zwar darin gewisse Vorteile für ihren Betrieb; auf der anderen Seite betrachten sie es aber mit großer Skepsis, daß sich dort für mehrere Tage oder gar Wochen Landarbeiter aus den verschiedensten Betrieben treffen und ihre Löhne vergleichen. Damit könnte die erwähnte „Teile und Herrsche-Taktik“ unterlaufen werden.

– Es ist bewundernswert, mit welcher Besessenheit manche Landarbeiter trotz der geschilderten Eingangsvoraussetzungen diese Kurse besuchen. Sie haben erkannt, daß sie nur dann in der hochtechnisierten Landwirtschaft bestehen können, wenn sie die neueste Technik beherrschen. Nur so ist es möglich, daß dieselben Landarbeiter, die noch vor 15–20 Jahren mit einem Pferdegespann bzw. Selbstbinder umgingen, heute mit einem 150 PS-Schlepper und einem 6-Schar-Pflug bzw. mit einem 100 000 DM teuren Mähdrescher souverän ihre Runden auf den Äckern drehen.

Solche Anstrengungen sind aber auch notwendig, um vor dem nach wie vor laufenden Prozeß des Wegrationalisierens von Arbeitsplätzen gewappnet zu sein. Diejenigen Landarbeiter, die sich hierzu nicht aufraffen können, versuchen durch Wohlverhalten gegenüber ihrem Arbeitgeber ihren Arbeitsplatz zu sichern. Solche Haltung hemmt natürlich den Abbau von Abhängigkeiten und ist nachweislich schon mittelfristig wenig erfolgreich.

Dieses bis auf wenige Ausnahmen ziemlich düstere Bild über die Situation der Landarbeiter wird dadurch ergänzt, daß diese Berufsgruppe bei der Vergabe von öffentlichen Mitteln allein schon innerhalb des Bundesagraretats kraß benachteiligt wird. Obwohl die Landarbeiter unter den ständig Beschäftigten in der Landwirtschaft immerhin ca. 7 % ausmachen, stehen aus dem Titel „Verbesserung der Produktions- und Arbeitsbedingungen“ nur 0,2 % direkt für sie als Mittel zum Landarbeiterwohnungsbau, der die Abhängigkeiten von der Werkwohnung verringern könnte, zur Verfügung.

Schließlich sei noch auf eine Gruppe hingewiesen, die innerhalb der Klasse der ohnehin ständig zurückgesetzten Landarbeiter noch zusätzlich diskriminiert wird, nämlich die der Landarbeiterfrauen. Während ihre Männer im Arbeitsprozeß zumindest sporadisch den engen Horizont des Betriebes verlassen können, leben sie, da sie meistens keinem ständigen Beruf nachgehen, vollkommen isoliert. Die ungefähr alle 2 Jahre stattfindenden Landarbeiterlehrfahrten, die längst nicht in allen Gegenden der BRD organisiert werden, stellen für diese Frauen oft die einzige Gelegenheit dar, zusammen mit dem Ehemann für die Dauer eines Tages dem Alltag den Rücken zu kehren und sich weiterzubilden. Wie sehr zusätzliche Anstrengungen, die von Gewerkschaftssekretären und den wenigen fortschrittlichen Angestellten der Agrarverwaltung unternommen werden, torpediert werden, zeigt folgendes, die „Harmonie auf dem Lande" entlarvendes Beispiel:

Einige Landarbeiterfrauen wollten, nachdem schon im vorigen Jahr dort ein Kurs erfolgreich gelaufen war, an der örtlichen Landwirtschaftsschule eine Anschlußveranstaltung durchführen. Dieser Wunsch wurde von der Schulleiterin mit der Begründung abgelehnt, am letzten Kurs hätte eine landwirtschaftsfremde Person teilgenommen. Diese Entscheidung muß vor dem Hintergrund gesehen werden, daß Landfrauenvereine, in denen die Frauen der selbständigen Landwirte zusammengeschlossen sind, regelmäßig solche Schulen benutzen und in manchen dieser Vereine Frauen aus dem Bürgertum der Städte sogar die Mehrheit stellen. Hier wird also eindeutig mit zwei Ellen gemessen.

Zusammenfassung und Ausblick

Der Strukturwandel der Landwirtschaft hat sich in erster Linie auf dem Rücken der Landarbeiter abgespielt, die in einem hohe Maße freigesetzt wurden und im neuen Beruf etliche Schwierigkeiten hatten. Aber auch die in der Landwirtschaft verbliebenen haben es nicht leicht, angesichts fast patriarchalischer Abhängigkeiten und unter dem Eindruck weiterer Entlassungen ihre Interessen durchzusetzen, zumal sie von der Öffentlichkeit wenig unterstützt werden.

In Zukunft ist zu erwarten, daß die Anpassung der Landwirtschaft an die kapitalistische Gesellschaft weiter anhalten bzw. sogar sich in einigen Produktionszweigen beschleunigen wird. Damit wird wegen des hiermit einhergehenden, verstärkten Einsatzes der Technik die Zahl der Landarbeiter weiter sinken. Die verbleibenden werden kaum der erwähnten Isolierung entrinnen können. Somit wird in absehbarer Zukunft in deren politischer Bewußtseinslage keine nachhaltige Änderung eintreten.

Die Linke muß also realistisch erkennen, daß die dringend notwendigen Reformen (z. B. Verhinderung oder gar Überwindung der Bodenkonzentration) in der Landwirtschaft nicht von denjenigen aus diesem Bereich eingeleitet und vorangetrieben werden, die dort am meisten benachteiligt sind, nämlich von den Landarbeitern. Da es darüberhinaus den Agrarpolitikern immer wieder gelingt, sogar den Kleinbauern vorzugaukeln, sie würden bei einer Umwandlung der Produktionsverhältnisse ihr (restliches) Eigentum verlieren, wird deutlich, wie dringend notwendig eine progressive politische Kampagne auf dem Lande ist, die mit diesen eingeimpften Vorurteilen aufräumt.

Helmut Koch

Remsfeld – Lebensverhältnisse in einem Dorf Nordhessens

1. Vorbemerkungen

Eine neue Landromantik scheint sich heute um das Dorf zu verbreiten. Ökonomische Krise, verschlechterte Berufsaussichten, zunehmende politische Repression und das Scheitern weitgehender, mit viel Hoffnung verbundener Reformmaßnahmen lassen das Landleben, besonders im Bewußtsein von Studenten und Intellektuellen, wieder attraktiver erscheinen als das Leben in den Metropolen. Zusammen mit oft romantischen und unrealistischen Vorstellungen über das Land, die sich an den Verhältnissen vor 15 oder 20 Jahren orientieren, verstärken diese Faktoren die Tendenzen einer „inneren Emigration", die Suche nach überschaubaren und intakten Lebenszusammenhängen.

Im Folgenden soll versucht werden eine realistischere Betrachtung dadurch zu ermöglichen, daß der Strukturwandel des Dorfes einmal im Detail beschrieben wird, d.h. wie er sich konkret in einem Dorf Nordhessens in der Nachkriegsära vollzog und welche Auswirkungen das auf die Lebensverhältnisse der dort ansässigen Bevölkerung hatte.[1]

Daß es sich dabei nicht um das Problem eines einzelnen Dorfes handelt, sondern die dort festgestellten Erscheinungen nur Ausdruck und Symptom gesamtgesellschaftlicher Entwicklungstendenzen sind, sollte bei einer solchen kleinräumlichen Betrachtung immer mitberücksichtigt werden.

Der Strukturwandel des ländlichen Raumes ist bekanntlich weder das ausschließliche Problem einzelner, isoliert zu betrachtender Regionen oder Dörfer, noch eine typische Erscheinung der letzten zwei oder drei Jahrzehnte – etwa als Folge des Krieges – sondern notwendige Begleiterscheinung der Herausbildung und Ausbreitung des Kapitalismus. Es ist ein Teil des Prozesses der zunehmenden Unterordnung von immer mehr Bereichen des gesellschaftlichen Lebens unter die Gesetze des Marktes und der Warenproduktion, der sich u.a. in der zunehmenden Vergesellschaftung des ländlichen Raumes äußert.

Vergesellschaftung als verstärkte Integration der ländlichen Regionen in den kapitalistischen Reproduktionsprozeß bedeutet gleichzeitig die Auflösung und Beseitigung historisch älterer Strukturen, Produktionsweisen und Lebensformen in diesen ländlichen Gebieten. Die Konkurrenzfähigkeit der industriellen Zentren war nicht nur durch Eroberung des Weltmarktes, sondern auch des Binnenmarktes zu sichern. Das implizierte die Zerstörung der dort durch Subsistenzwirtschaft, kleiner Warenproduktion und regionalen Handelsbeziehungen teilweise noch bestehenden eigenständigen ökonomischen Basis und damit eine zunehmende Abhängigkeit von den Zentren.

Zur Aufrechterhaltung von Produktion und Reproduktion mußten parallel zur Ausbreitung der „Marktwirtschaft“ immer mehr Ressourcen aus den „zurückbleibenden“ Regionen abgezogen werden; bekanntestes Beispiel: die Abwanderung von Arbeitskräften in die Ballungsgebiete.

In jüngerer Zeit verstärkt sich – nachdem die Integration weitgehend stattgefunden hat – die Tendenz zur Funktionalisierung ländlicher Räume, d. h. die Ausdifferenzierung arbeitsteiliger Regionen, denen nur noch jeweils bestimmte Aufgaben, z. B. Wohnen, Naherholung, intensive landwirtschaftliche Produktion, ökologische Nische, Abfallbeseitigung, Standort für AKW etc. zukommen, und die folglich dann aufgrund ihrer Funktionsverarmung jeweils spezifische Defizite aufweisen (vgl. Funk, A., [4] S. 15 ff). Insofern kann zumindest heute nicht mehr von „dem“ ländlichen Raum gesprochen werden, vielmehr müssen die jeweils vorfindlichen Probleme und Lösungsmöglichkeiten, auch wenn sie sich auf die gleichen Ursachen zurückführen lassen, gesondert analysiert und diskutiert werden.

Die vorliegende kleinräumige Betrachtung eines einzelnen Dorfes beschränkt sich auf die Nachkriegsära, in der sich die bisher stärkste Umstrukturierung ländlicher Regionen in diesem Jahrhundert vollzog.

In den ersten Nachkriegsjahren kam es zunächst zu einer teilweisen „Renaissance der Provinz“, verursacht u. a. durch die Zerstörung vieler Großstädte (Evakuierungen) und der zunächst dezentralen Ansiedlung der Flüchtlingsmassen aus den Ostgebieten. Die Landwirtschaft behielt eine existenzielle Bedeutung für die inländische Nahrungsmittelversorgung. Dementsprechend wurde auch die Subsistenzwirtschaft als vielfach einzige Möglichkeit, das Existenzminimum zu sichern, ausgedehnt. Die Möglichkeiten zur Eigenversorgung verminderten die Abhängigkeit von den industriellen Zentren und stärkten für kurze Zeit die eigenständigen ökonomischen Strukturen. Dazu machte das noch weitgehend intakte soziale Gefüge auf dem Lande, den ländlichen Raum zu einem wichtigen gesamtgesellschaftlichen Stabilisierungselement und nicht zuletzt zum Ansatzpunkt kleinbürgerlich-konservativer Restaurationsbestrebungen.

Gleichzeitig entstanden jedoch in dieser Periode, in der die „Krise des ländlichen Raumes“ zunächst aufgehoben schien, die Bedingungen für eine noch tiefgreifendere Umstrukturierung und Krise der ländlichen, agrarisch strukturierten Gebiete. Die enorme Expansion der westdeutschen Industrie rief – mit zeitlicher Verzögerung – einen ebenso enormen Strukturwandel auf dem Lande hervor. Beispielhaft dafür ist die abnehmende Bedeutung des landwirtschaftlichen Sektors in der BRD, wie etwa bei der Betrachtung der Zahl der Betriebe und der Beschäftigten in der Landwirtschaft deutlich wird.

2. Das Dorf Remsfeld – Allgemeines

Als exemplarisches Beispiel für die Entwicklung soll Remsfeld (im Folgenden abgekürzt R.) dienen, ein Dorf 40 km südlich von Kassel, am Nordrand des Knüllgebirges gelegen, eines Höhenzuges, der sich vom Vogelsberg ausgehend, zwischen west- und osthessischem Bergland nach Norden erstreckt. Das Knüllgebiet gehört zu den unterentwickelten Regionen Hessens und ist u. a. gekennzeichnet durch geringe Bevölkerungsdichte – 60 Einw./qkm (Hessen: 255), hohen Anteil land- und fortwirtschaftlicher Erwerbspersonen – ca. 40 % (Hessen: 6 %), kleinbäuerliche Agrarstruktur, geringe Infrastrukturausstattung, Bevölkerungsstagnation bzw. -rückgang, Überalterung der Bevölkerung, geringe Wirtschaftskraft (25 % geringeres Bruttoinlandprodukt pro Kopf der Bevölkerung als im hessischen Durchschnitt), kaum gewerbliche Arbeitsplätze usw.; also überwiegend Bedingungen, die sich auf das Leben der hier ansässigen Leute erschwerend auswirken (vgl. AVA, [1]).

Dic Vorzüge, die dieser Raum bietet, wie die noch relativ intakte Natur mit viel Wald und abwechslungsreicher Landschaft sowie das beschaulichere Leben in den vorwiegend kleinen Dörfern (75 % der Ortschaften haben weniger als 500 Einwohner) – von den Einheimischen als Selbstverständlichkeit betrachtet – sind seit den 60er Jahren Anlaß für gezielte Vermarktung durch den Fremdenverkehr.

R., begünstigt durch seine Verkehrslage, entwickelte sich wirtschaftlich und demographisch schneller als die umliegenden Dörfer, was zu einer heute relativ bevorzugten Stellung in dieser Region führte und den Strukturwandel des ländlichen Raumes hier besonders deutlich werden läßt. R. ist seit 1972 Mittelpunktgemeinde mit Sitz der Verwaltung und der Mittelpunktschule.

Die Anbindung an das Eisenbahnnetz (anno 1900), direkter Anschluß an die Autobahn Kassel – Frankfurt (1936) sowie die Nähe zur Kreisstadt Homberg förderten die Entwicklung in diesem Jahrhundert entscheidend und führten schon um die Jahrhundertwende zur Industrieansiedlung (Basaltwerk, Sägewerk). Damit einher ging ein Anstieg der Einwohnerzahl von 449 (anno 1895) auf 760 (1938) und eine Änderung der Sozialstruktur. Zu der ursprünglich fast ausschließlich landwirtschaftlichen Bevölkerung kamen mehr und mehr Arbeiter und in geringerem Umfang Angestellte und Beamte hinzu.

3. Wirtschafts- und Sozialstruktur 1945–1975

Von 1945 bis 1949 stieg die Einwohnerzahl stark an auf 1230, durch den Zustrom von Evakuierten, Flüchtlingen und Vertriebenen. Die damit verbundene Erhöhung der Zahl der Erwerbstätigen gewährleistete ein hohes Potential billiger Arbeitskräfte. Viele waren gezwungen jede sich bietende Beschäftigungsmöglichkeit wahrzunehmen.

Je etwa 200 Arbeiter und Angestellte waren um und nach 1950 im Tonwerk (Produktion von Ziegelsteinen, Tonrohren u. ä.) und in der Stuhlfabrik beschäftigt, davon kam fast die Hälfte von außerhalb.

Außer bei den beiden großen Betrieben gab es nur wenig weitere Arbeitsplätze für Lohnabhängige. Dazu zählten die rd. 10 in der Landwirtschaft und die jeweils 2–3 bei Bahn, Post, Gemeinde sowie die 8–10 im Handwerk und etwa 10 Stellen für Hausangestellte in verschiedenen Familien. Außerdem verfügte die Schule noch über 5 Lehrerstellen (für 227 Schüler im Jahr 1948).

Wegen fehlenden empirischen Daten ist die Gesamtzahl der Arbeitsplätze nicht mehr genau zu bestimmen, sie bewegte sich jedoch um 450. Jedenfalls war die

Nachfrage nach Lohnarbeitskräften so groß, daß fast alle lohnabhängigen Remsfelder am Ort arbeiten konnten und darüberhinaus noch rd. 200 Einpendler in R. beschäftigt waren.

Noch in den 50er Jahren kehrte sich die Entwicklung um. Evakuierte kehrten in ihre Heimatstädte zurück, andere zogen fort, weil sie in Ballungsgebieten ihre Arbeitskraft besser verkaufen konnten. Die Einwohnerzahl nahm bis 1960 um rund 100 ab und blieb dann bis in die 70er Jahre hinein konstant.

Nach der ersten Phase der wirtschaftlichen Expansion führten schon Ende der 50er Jahre die verschärfte Wettbewerbssituation und schwierigere Absatzbedingungen zu Umstrukturierungen und Abbau von Arbeitsplätzen. Die Stuhlfabrik stellte ihre Produktion zunehmend auf die marktgängigen Polstermöbel sowie arbeitssparende Technologie um und konnte sich daher auf dem Markt behaupten. Das Tonwerk ging dagegen 1964/65 in Konkurs. Die meisten Arbeiter waren gezwungen sich auswärtige Arbeitsplätze zu suchen, denn das neu angesiedelte Kalksandsteinwerk bot zwar eine moderne Technologie, aber nur 20 Arbeitsplätze. Durch diese Entwicklung wurden viele Remsfelder zu Pendlern. Die Motorisierung nahm zwangsläufig zu, denn in der Nähe gab es kaum Arbeitsplätze und die öffentlichen Verkehrsmittel erwiesen sich als zu umständlich. Von großer Bedeutung wurde das neu in Baunatal (bei Kassel) erstellte VW-Werk, wo heute ca. 60 Remsfelder arbeiten. Für die Fahrt dorthin bildeten sich private Fahrgemeinschaften.

Die Zahl der Auspendler übersteigt inzwischen die der Einpendler bei weitem. Dieser Tatsache liegt eine ambivalente Entwicklung zugrunde, denn einerseits waren zwar viele Lohnabhängige gezwungen außerhalb Arbeit zu suchen, andererseits stieg besonders bei den Jüngeren, auch die Bereitschaft dazu. Verständlich, wenn man bedenkt, daß z. B. im VW-Werk Baunatal die Löhne für Facharbeiter etwa ein Drittel höher sind als in R..

Die wenigen Arbeitsplätze für Lohnabhängige in der Landwirtschaft fielen ebenfalls der Rationalisierung und Mechanisierung zum Opfer, es besteht bei den Bauern keine kaufkräftige Nachfrage mehr nach einem Landarbeiter oder Dienstmädchen.

Hausangestellte, früher in Familien der gehobenen Mittelklasse zu finden, hat nur noch der Zahnarzt und der katholische Pfarrer. Ganz verschwunden sind die Berufe der Gemeindeschwester und der Hebamme, deren Aufgaben inzwischen von der „Hessenklinik" in Homberg übernommen werden. Außerdem mußte der „Bimmelmann", der früher einmal wöchentlich mit dem Fahrrad und der „Bimmel" (= Glocke) durch's Dorf fuhr und die Gemeindenachrichten ausrief, dem Mitteilungsblatt der Gemeindeverwaltung weichen. Auch den Dorfgendarmen gibt es heute nicht mehr.

Dafür haben andere Tätigkeiten in anderen Bereichen an Bedeutung gewonnen. Ein Vergleich zeigt sowohl den zahlenmäßigen Rückgang als auch die Umstrukturierung.

Den insgesamt rund 450 Arbeitsplätzen für abhängig Beschäftigte am Ort in den frühen 50er Jahren – davon über 90 % in den produktiven Sektoren Industrie (400) und Landwirtschaft (10) – stehen heute weniger als 200 gegenüber. Davon entfallen auf die Industrie ca. 100 (im Kalksandsteinwerk 20 und in der Stuhlfabrik 80).

Gewaltig an Bedeutung zugenommen hat der Dienstleistungssektor, auf den eigentlich alle restlichen Arbeitsplätze entfallen: Fremdenverkehr 8–10; Handwerk 25; Gemeinde 24 (davon 12 in der Verwaltung); Handel und Banken 8–10; Wäscherei 3; Post 3; Bahn 1; in Arztpraxen 3 und im Bildungsbereich 21 (Schule 16, Kindergarten 5).

Entsprechend den ökonomischen Veränderungsprozessen wandelte sich auch die Sozialstruktur. Ähnlich wie in der Gesamtentwicklung der Bundesrepublik nahm bei den Erwerbstätigen der Anteil der Selbständigen von 18 auf 13 % und der mithelfenden Familienangehörigen von 15 auf 9 % deutlich ab.[2] Der Anteil der Lohnabhängigen erhöhte sich demgemäß von 67 auf 78 %; Angestellte und Beamte nahmen zu von 13 auf 25 %, wohingegen der Arbeiteranteil fast gleichblieb (54 bzw. 53 %).[3]

Laut Gemeindeblatt der Volkszählung verteilten sich die Erwerbstätigen 1970 auf die verschiedenen Wirtschaftsbereiche wie folgt: Land- und Forstwirtschaft 9,5 %; produzierendes Gewerbe 57,5 %; Handel und Verkehr 11,4 %; sonstige Wirtschaftsbereiche 21,6 %.

Diese Zahlen machen deutlich, daß die Sozialstruktur von R. heute eher der einer Kleinstadt entspricht als einem Dorf außerhalb des Einzugsgebietes von Ballungsräumen.

Insgesamt sind bei dieser Gegenüberstellung auf der quantitativen Ebene zunächst drei Entwicklungen besonders klar zu erkennen. Einmal der rapide Verlust von Arbeitsplätzen in den lokalen Industriebetrieben und das völlige Verschwinden von Lohnarbeitskräften in der Landwirtschaft; zweitens die Bedeutungszunahme des gesamten Dienstleistungsbereiches in der Arbeitsplatz- und Berufsstruktur und drittens die Verschiebung des Verhältnisses Selbständige – Lohnabhängige in der Sozialstruktur, im wesentlichen verursacht durch die Proletarisierung von kleinen Handwerkern und Bauern.

Es ist im Rahmen dieses Aufsatzes nicht möglich alle genannten Aspekte ausführlicher zu behandeln und auch nicht notwendig, denn zumindest der Wandel in der industriellen Produktion, der Arbeitsplatzverlust durch Rationalisierungen etc. und die Veränderungen in der Sozialstruktur sind von anderen Autoren schon häufiger beschrieben worden (z. B. Kern, Schuhmann, Tjaden, Kromka, Wurzbacher, Vente). Daher beschränke ich mich hier auf eine exemplarische Betrachtung von Entwicklungen, die vor dem eingangs skizzierten theoretischen Hintergrund des Strukturwandels im ländlichen Raum besonders typisch sind und das Ausmaß des Veränderungsprozesses verdeutlichen.

Zwei Bereiche bieten sich besonders an, nämlich Handwerk und Landwirtschaft, wobei die Beschreibung der Landwirtschaft einen größeren Umfang einnehmen wird, denn der Strukturwandel ist ohne ein Verständnis des Wandels der bäuerlichen Produktions- und Lebensform und dessen Auswirkungen auf das dörfliche Leben nicht zu verstehen.

4. Handwerk

Zunächst sei die Entwicklung und der Wandel im Bereich des Handwerks kurz dargestellt.

Nach 1945 gab es in R. 2 Schuster, 2 Schmiede, 2 Bäcker, 3 Metzger, 2 Maler, 2 Schreiner, 1 Friseur (seit 1947), 1 Sattler und 2 Müller. Viele von ihnen betrieben nebenberuflich (die Schuster, Schmiede, Schreiner, der Sattler und ein Metzger) oder hauptberuflich Landwirtschaft (die Müller). Die beiden anderen Metzger waren außerdem Gastwirte. Daneben gab es noch zwei Stellmacher, die zwar offiziell keinen Betrieb mehr hatten, aber bei Bedarf noch Aufträge ausführten; hauptberuflich waren sie Bauern.

Insgesamt waren zu der Zeit also 17 bzw. 19 selbständige Handwerker in R. tätig. Heute sind es noch 11, und zwar 2 Bäcker, 1 Maler, 1 Elektriker, 2 Installateure (Heizungen, sanitäre Anlagen etc., einer ist außerdem Kunstschmied), 2 Metzger, 1 Friseur und 2 Kfz-Mechaniker (Autobahn !). Von diesen Betrieben haben nur sechs schon 1950 bestanden. Nur vier üben heute noch die gleiche berufliche Tätigkeit aus als Metzger, Bäcker bzw. Friseur, wenn auch in veränderter Form.

Schon aus diesen Angaben geht der deutliche Strukturwandel im handwerklichen Sektor hervor; es sind nicht nur erheblich weniger, sondern auch nicht mehr dieselben Betriebe wie früher.

Noch stärker tritt dieser Wandel hervor wenn man die Veränderung handwerklicher Tätigkeiten mitberücksichtigt. In weit stärkerem Maße als heute waren Handwerker noch selbst Produzenten (kleine Warenproduzenten) und bis auf wenige Ausnahmen (Friseur) nicht ausschließlich Dienstleistungsbetriebe. Außerdem stand die überwiegende Zahl in direkter oder indirekter Verbindung mit der Land- und Forstwirtschaft (Schmiede, Bäcker, Metzger, Müller, Stellmacher, Sattler und z. T. Schreiner). Das heißt, daß z. B. die Schmiede (Hufschmiede) Hufeisen, Eggen, Pflugschare, Ketten u. ä. noch selbst herstellten und Dienstleistungen fast nur für die Landwirtschaft erbrachten. Ähnlich die Stellmacher, die u. a. Wagenräder, Leitern, Rungen und Bremsklötze und die Schreiner, die Möbel, Türen, Fenster, Särge etc. herstellten. Das Holz dazu kam meist aus den umliegenden Wäldern und wurde auf den regionalen Holzauktionen erstanden. Der Sattler reparierte Kuh- und Pferdegeschirre und stellte auch noch selbst welche her.

Viele Handwerker waren also in den regionalen, von der Land- und Forstwirtschaft bestimmten Produktions- und Reproduktionskreislauf einbezogen, indem sie entweder Vorleistungen oder Dienstleistungen in Form von Reparaturen erbrachten, bzw. Rohstoffe aus Land- und Forstwirtschaft des Dorfes bezogen (Getreide, Holz). Ein Beispiel für einen bis in die 50er Jahre hinein funktionierenden, relativ autonomen wirtschaftlichen Kreislauf und die Verknüpfung verschiedener Bereiche kann man aus der Nahrungsmittelproduktion und -versorgung entnehmen. Der überwiegende Teil der einheimischen Remsfelder Familien bewirtschaftete damals selbst etwas Land und produzierte sein eigenes Brotgetreide, mit geringem industriellen Aufwand an Maschinen, Düngemittel etc.. Das Getreide wurde nach der

Ernte in die Mühlen gebracht und dort gemahlen (mit Wasserkraft); Kleie und Mehl bekam man zurück. Beides wurde vom Müller bzw. vom Müllerknecht mit dem Pferdegespann im Dorf ausgefahren. Ein Teil des Mehles ging an die Bäckereien, die im übrigen jeweils zu einer der Mühlen gehörten. Die meisten Familien hatten dann Mehl im Haus und einen Mehlvorrat beim Bäcker, bei dem sie sich dafür die entsprechende Menge Brot im Laufe des Jahres holen konnten, gegen Entrichtung des „Backelohnes". Wer selbst Brot zubereitete, ging, nachdem er sich vorher für einen bestimmten Tag angemeldet hatte, zum Backen in eines der beiden Backhäuser, die noch bis 1953 bestanden. Neben Brot wurde hauptsächlich „Blechkuchen" (Hefekuchen) im Backhaus gebacken.

Mit dem Wandel der landwirtschaftlichen Produktion, der Konzentration und Mechanisierung sowie dem Eindringen der Industrie in Bereiche der Landwirtschaft und des Handwerks, verbunden mit Industrialisierung und Kapitalisierung handwerklicher Zweige (vgl. besonders die Konzentration im Mühlengewerbe), verschwanden ehemals typische dörfliche Handwerksberufe (Schmied, Sattler, Stellmacher, Müller etc.). Damit lösten sich zwangsläufig traditionelle Formen der Selbstversorgung – wie der oben beschriebenen – auf.

Die heutigen Handwerksbetriebe in R. sind überwiegend zu Dienstleistungsbetrieben und zu Verkäufern industrieller Produkte geworden, wobei sich die handwerkliche Tätigkeit meist auf das Aufstellen oder Installieren von Geräten, Anlagen oder Bauteilen beschränkt. Ausnahmen bilden z. T. noch die Bäcker, Metzger und der Kunstschmied.

Als Ausbildungsstellen für Lehrlinge sind die Handwerksbetriebe nach wie vor von Bedeutung; die Zahl der Lehrstellen hat sich kaum geändert (5–7), wohl aber die Branchen, die hauptsächlich ausbilden. In den 50er Jahren bildeten Schreiner und Maler, heute bilden die Kfz-, Elektro- und Installationsbetriebe die meisten Lehrlinge aus. Die Bedeutung als Arbeit„geber" ist allerdings mit der Ausdehnung des Dienstleistungsbereiches größer geworden; den etwa 5 Arbeitsplätzen 1950 (ohne Lehrlinge) stehen heute ca. 25 gegenüber.

Entsprechend gestiegen ist auch die Bedeutung des Handwerks als Wirtschaftsfaktor, trotz dem zahlenmäßigen Rückgang von Handwerksbetrieben. Dies ist in der Region jedoch nur für ganz wenige Dörfer kennzeichnend, u. a. für R., das durch seine Entwicklung zum Kleinzentrum (durch Gebietsreform noch forciert) auch zu einem zentralen Ort für Dienstleistungen wurde. In den meisten der kleineren Nachbardörfer gibt es nur noch vereinzelt selbständige Handwerker.

5. *Landwirtschaft*

Die Landwirtschaft hat in R., wie im gesamten Knüllgebiet, mit relativ schwierigen natürlichen Standortbedingungen zu kämpfen. Bei einer Höhenlage von 260–350 m, einer Bodenklimazahl von ϕ 45, bei durchschnittlicher Jahrestemperatur von 7,8°C, Jahresniederschlägen von ϕ 590 mm und einer Hangneigung von über 10 % bei mehr als der Hälfte der landwirtschaftlichen Nutzfläche (LN), ist die Werttbewerbsfähigkeit der landwirtschaftlichen Betriebe in R. gegenüber landwirtschaftlichen Intensivregionen – wie dem nur wenige km entfernten Raum Wabern-Borken – von vornherein eingeschränkt. Hinzu kommen die relative Martkferne und kleinbäuerliche Agrarstruktur als weitere Nachteile.

Bezogen auf die gesamte landwirtschaftlich genutzte Fläche gibt es in R. noch über 40 landwirtschaftliche Betriebe mit einer durchschnittlichen Größe von 7 ha. In diesen Angaben sind allerdings noch Betriebe enthalten mit bis zu 1 ha. LN, die zwar ihr Land bisher weder verpachtet noch verkauft haben, es aber auch nicht mehr selbst bewirtschaften. Das wird heute von größeren Bauern – quasi als Dienstleistung – mitübernommen. Bezieht man nur die Betriebe mit ein, die ihre LN selbst bewirtschaften, dann kommt man auf eine Zahl von 24 und eine Durchschnittsbetriebsgröße von rd. 12 ha. Von diesen 24 sind 5 Haupt- und Zuerwerbsbetriebe und 19 Nebenerwerbsbetriebe.

1950 gab es noch 18 (!) Haupt- und Zuerwerbslandwirte, die ihr Einkommen ausschließlich bzw. überwiegend aus der Landwirtschaft bezogen. Der Zuerwerb bestand früher in der Regel aus Einnahmen vom Holzschleifen für die Stuhlfabrik (5 oder 6 Betriebe). Die beiden größten landwirtschaftlichen Betriebe in R. – „Niedermühle“ und „Obermühle“ – waren zusätzlich, wie der Name schon sagt, Mühlenbetriebe.

Die drei Betriebe, die man heute als Zuerwerbsbetriebe bezeichnen könnte, erhalten ein Zusatzeinkommen aus Mieten, Pachten bzw. Pension.

Bemerkenswert ist der enorme Rückgang der hauptberuflichen Bauern, die sich noch im Wettbewerb um „konkurrenz- und wachstumsfähige“ Betriebe behaupten konnten, auf weniger als ein Drittel der Anzahl von 1950. Was wurdc aus den anderen 13?

Bei 7 dieser Betriebe erfolgte ein Übergang vom Haupt- zum Nebenerwerb, und zwar dadurch, daß sich der Sohn bzw. Schwiegersohn ein festes außerlandwirtschaftliches Einkommen als Industrie-, Bau- oder Waldarbeiter verschaffen mußte, denn der Landwirtschaftliche Betrieb hätte zwei Generationen nicht mehr ernähren können. Die anderen Betriebe wurden ganz aufgegeben, u. a. wegen Krankheit oder fehlendem Betriebsnachfolger. Gemeinsam ist diesen Betrieben, daß sie im Wettlauf um rentable Betriebsgrößen (für eine hauptberufliche Landwirtschaft) auf der Strecke geblieben sind und jeweils für sich individuelle Lösungen suchen mußten. Trotzdem bewirtschaften heute auch die meisten Nebenerwerbsbetriebe eine größere Fläche wie etwa 1950 oder 1960 (das trifft selbst auf die ehemaligen Haupt- und heutigen Nebenerwerbsbetriebe zu). Das kommt daher, daß schon in den 50er Jahren viele kleine und kleinste Nebenerwerbslandwirtschaften aufgegeben und die frei werdenden Flächen z. T. von größeren Nebenerwerbsbauern übernommen wurden. Eine stärkere Expansion erfolgte jedoch bei den Haupt- und Zuerwerbsbetrieben, deren durchschnittliche LN heute 36 ha. (1950 = 19 ha.) beträgt, und die fast zwei Drittel der gesamten LN in R. bewirtschaften. Dominierend sind dabei zwei Großbetriebe (relativ betrachtet), die über mehr als 50 bzw. 60 ha. verfügen. Generell ist zum Flächenwachstum der Betriebe zu sagen, daß sich die schon um 1950 bestehenden Unterschiede fortgesetzt und sogar vergrößert haben, d. h. die „Kleinen" sind zwar auch gewachsen (sofern sie nicht aufgegeben haben), aber nur in geringerem Umfang im Vergleich zu dem überproportionalen Wachstum der beiden „Großen". Entsprechend groß ist auch der Unterschied in der ökonomischen Potenz; z. B. ist nur den beiden letzteren heute noch möglich ausreichend Eigenkapital für Neuinvestitionen zu bilden, die anderen zehren entweder von der Substanz oder – wie die meisten Nebenerwerbsbetriebe – bestreiten ihre Investitionen aus den außerlandwirtschaftlichen Einkommen.[4] Wie schon erwähnt sind das heute in der Regel Einkommen aus lohnabhängiger Arbeit in der Industrie. Der Anteil derjenigen Nebenerwerbsbauern, die im Haupterwerb selbständig sind, ist fast Null. Noch vor 20 bis 30 Jahren war das anders, da war die Mehrzahl der Nebenerwerbsbauern, die mehr als 1 ha. LN hatten und diese selbst bewirtschafteten, im Haupterwerb Handwerker, Gastwirte etc., also selbständig. Daraus wird ein deutlicher Strukturwandel auch im Bereich der Nebenerwerbslandwirtschaften ersichtlich, in dessen Verlauf der ehemals ökonomisch relativ unabhängige Handwerker und Bauer zum Lohnabhängigen wird, der sogar noch zur Aufrechterhaltung seiner landwirtschaftlichen Produktion auf industrielle Vorleistungen angewiesen ist.

Bisher war nur die Rede von den Familien, die selbst in irgendeiner Form landwirtschaftliche Produktion betrieben und die dafür notwendigen Maschinen, Geräte, Zugtiere bzw. Zugmaschinen besaßen. Darüberhinaus gab es jedoch andere, die einige Morgen Land hatten, diese aber von einem Landwirt bestellen ließen, bei dem sie dann als Gegenleistung im Tagelohn arbeiteten (meist die Frauen). Fast jede einheimische Familie in R. konnte auf diese Weise Kartoffeln und Brotgetreide anbauen, etwas Vieh halten und zusammen mit dem Anbau von Gemüse im eigenen Garten etc., die eigene Ernährungsgrundlage weitgehend sichern. Einige Angaben über die Viehhaltung verdeutlichen das. Um 1950 gab es 65 Betriebe, die mindestens eine Kuh hielten; zusammen waren das 161 Kühe, davon dienten 99 neben der Milchgewinnung als Zugtiere. Der Rindviehbestand betrug insgesamt 280 Tiere; er beträgt heute 300 Tiere, die jedoch nur noch in 14 Betrieben gehalten werden. Darunter sind Betriebe, deren Bestand früher im Haupterwerb kleiner war als heute im Nebenerwerb. Wer keine Kuh besaß hatte wenigstens Ziegen, Schafe und/oder Schweine, was auf die meisten Arbeiterhaushalte zutraf. 1950 gab es z. B. in R. noch 106 Ziegen, heute keine mehr. Auch die Zahl der Schweinehalter ist um mehr als die Hälfte gesunken, die Zahl der Tiere aber von ca. 450 auf 700 gestiegen. Die Form der Nutzviehhaltung war 1950 weit weniger intensiv als heute und diente mehr der Verwertung sowieso vorhandenen Futters und der Selbstversorgung, als der Produktion für den Markt, wie das heute der Fall ist.

Ähnliches gilt für den Anbau von Feldfrüchten, bei denen der Anteil der Kartoffeln und des Brotgetreides für den Eigenverbrauch und der Futterpflanzen für das Vieh (bei Getreide ein relativ großer Anteil Hafer für die Pferde) den Anteil der reinen Marktfrüchte bei weitem übertraf. Bedenkt man weiter, daß auch das Vieh entweder direkt zur Selbstversorgung diente, oder zumindest indirekt über die örtlichen Metzger wieder die Verbraucher in R. und der näheren Umgebung erreichte, so ist zu erkennen, daß hier durchaus ein intakter regionaler Versorgungskreislauf in Gang war, in den die meisten Dorfbewohner einbezogen waren.

Heute spielt die Produktion für den Direktverbrauch kaum noch eine Rolle, das Anbauverhältnis der Feldfrüchte hat sich zugunsten von Marktfrüchten wie Weizen und z. T. Zuckerrüben verschoben, ebenso bzw. noch stärker wird in der Viehhaltung für den überregionalen Markt produziert. Der beste Beweis dafür sind das Entstehen und enorme Expandieren von Vermarktungseinrichtungen, wie Viehverwertungsgenossenschaften u. ä.. Umgekehrt ist die landwirtschaftliche Produktion heute weitgehend von industriellen Vorleistungen der Futtermittel-, Landmaschinen- und chemischen Industrie abhängig geworden. Mit der Landwirtschaft verbundene Handwerksbetriebe sind dadurch überflüssig geworden. Diese Integration in den gesamtgesellschaftlichen Produktionsprozeß bedingte gleichzeitig die Auflösung der vielfältigen regionalen ökonomischen Beziehungen, Verflechtungen und Abhängigkeiten.

Das trifft auch für den Bereich der Arbeitskräfte in der Landwirtschaft zu. Wie schon erwähnt bestand innerhalb des Dorfes zwischen Bauern und Familien mit nur wenigen Morgen Land eine Form der Gegenleistung: Feldbestellung gegen Arbeit im Tagelohn (eine evtl. Differenz wurde in Bargeld beglichen). Da eine recht große Zahl von Familien auf diese Art ihr Feld bestellen ließen, gab es auf den Bauernhöfen keinen Mangel an Arbeitskräften. Es war nicht selten, daß bei den größeren Bauern 10 Frauen im Tagelohn arbeiteten; manchmal kamen noch einige Männer dazu (oft nach der Arbeit in der Fabrik). Wobei die große Zahl der Flüchtlinge zu berücksichtigen ist, die anfangs oft froh waren, wenn sie bei einem Bauern gegen Naturalien arbeiten konnten.

Damals hatten dic Bauern eine Schlüsselstellung innerhalb des Dorfes inne und ein großer Teil der Dorfbevölkerung war von ihnen abhängig. Da einige Bauern das z. T. auch bewußt ausnutzten, ist das Entstehen von Ressentiments gegen die Bauern allgemein nicht verwunderlich.

In der Aufschwungphase der 50er Jahre besserte sich dann die Lage der Arbeiter und Angestellten allmählich, so daß zunehmend die Notwendigkeit zur Selbstversorgung schwand. Immer weniger Familien hielten deshalb Vieh oder bewirtschafteten Land. Ein Zeichen von Wohlstand war es wenn man „es nicht mehr nötig hatte“ selbst Land zu bebauen, bzw. bebauen zu lassen und dafür auf Tagelohn zu gehen. Man war ohne eigenes Vieh und Land „freier“ und unabhängiger (z. B. auch von den Bauern), hatte mehr Freizeit und wollte mit Landwirtschaft eigentlich nichts mehr zu tun haben. In dieser Phase sank der soziale Status und die ökonomische Bedeutung der Bauern rapide. Unterstützt wurden diese Tendenzen von der massiven Werbung der Industrie, die die Märkte auf dem Lande stärker erschließen wollte (mußte).

Die Landwirtschaft konnte mit der Entwicklung der Industrie nicht Schritt halten, besonders im Bereich der Löhne für Fremdarbeitskräfte.[5] Die Diskrepanz zwischen dem was in der Landwirtschaft im Tagelohn und in der Industrie bezahlt wurde, vergrößerte sich rasch. Der industrielle Sektor zog Ressourcen und Arbeitskräfte aus der Landwirtschaft ab, die deshalb insbesondere seit 1960 zu einer starken Rationalisierung und Mechanisierung gezwungen war.

Um 1950 betrug der Arbeitskräftebesatz auf den Haupterwerbsbetrieben in R. noch zwischen 20 und 30 Arbeitskräften (AK) pro 100 ha. LN, heute bewirtschaften 3,5–7 AK die gleiche Fläche. Entsprechend gestiegen ist daher der Maschinenbesatz. Bekanntestes Beispiel dafür ist die Verdrängung des Pferdes als Zugtier durch den Schlepper. Früher gab es in R. 39 Pferde = 39 „PS", heute 30 Schlepper mit zusammen über 1000 PS. In DM ausgedrückt lag 1950 der Maschinenbesatz insgesamt zwischen 500 und 1000 DM pro ha. LN und liegt heute bei 5–6000 DM/ha. Übertroffen wird dieser Wert allerdings von einigen Nebenerwerbsbetrieben, die nicht selten 8000 DM und mehr je ha. erreichen. Das heißt, daß z. B. ein Betrieb mit 15 ha. LN, Maschinen im Wert von rund 120 000 DM besitzt (jährliche Maschinenfestkosten somit rd. 12 000 DM). Ein fast spektakuläres Beispiel in dieser Hinsicht ist ein Nebenerwerbsbauer, der im Kalksandsteinwerk R. arbeitet, daneben rund 8 ha. Land bewirtschaftet und sich zusätzlich zu einem schon vorhandenen 40 PS-Schlepper in diesem Jahr noch einen Allradschlepper mit 62 PS gekauft hat. Dieses u. ä. Beispiele zeigen m. E., daß hier offensichtlich die frühere ökonomische Unterlegenheit und der damit verbundene geringere Sozialstatus überkompensiert wird, indem man sich heute große Maschinen, die Prestigeobjekte darstellen und von der Industrie u. a. auch als solche angepriesen werden, kauft und das eigene Selbstbewußtsein stärkt. Betriebswirtschaftliches Kalkül spielt in diesen Fällen keine Rolle, gewirtschaftet wird mehr nach dem Gefühl als nach marktwirtschaftlich rationalen Erwägungen. Das trifft vorwiegend auf eine bestimmte Gruppe von Nebenerwerbsbauern zu, auf die mit etwa 7 bis 10 ha. Daneben gibt es eine Reihe von kleineren Betrieben zwischen 3 und 6 ha., die mit relativ geringem Aufwand arbeiten.

Das außerlandwirtschaftliche Einkommen wird in den größeren Nebenerwerbsbetrieben in der Regel für Maschinenkauf und -unterhaltung und für Gebäudeinstandhaltung verwendet, während man vom Einkommen aus der Landwirtschaft den unmittelbaren Lebensunterhalt bestreitet. Dabei genießt der Betrieb Vorrang vor persönlichen Bedürfnissen. Man leistet sich selbst wenig, am wenigsten Freizeit oder Urlaub. „Arbeit" ist ein Wert an sich; der Mann trägt die Doppelbelastung der außerlandwirtschaftlichen und landwirtschaftlichen Tätigkeit, während die Ehefrau im wahrsten Sinne des Wortes „multifunktional" ist und nicht selten die Hauptlast im Haushalt, Garten, bei der Kindererziehung und auch in der Landwirtschaft trägt. Die Kinder werden meist schon früh zur Arbeit herangezogen, weil besonders die intensive Viehhaltung vieler Betriebe sehr arbeitsaufwendig ist und der Vater vor oder nach seinem Acht-Stunden-Tag in der Industrie genug auf dem Feld zu tun hat. So wird beständig „geschafft", 12 oder 14 Stunden täglich ist durchaus üblich. Erträglich ist die Arbeitsbelastung nur in den Betrieben, wo zwei voll arbeitsfähige Generationen vorhanden sind; Urlaub oder eine mit anderen Berufstätigen vergleichbare Freizeit gibt es aber auch dort nicht.

Vieles von dem bisher gesagten über die Nebenerwerbsbauern in bezug auf Arbeitsbelastung, Urlaub etc. trifft auf alle Bauern zu, nur der Größte bildet eine gewisse Ausnahme. Dessen Betriebsorganisation und moderne Technik ermöglicht es, daß der Betriebsleiter auch einmal vertreten werden kann, z. B. von seinem Lehrling (dieser Betrieb ist der einzige Lehrbetrieb in R. und bildete in den letzten Jahren einige Lehrlinge bzw. Praktikanten aus). Am schlechtesten ist die Situation auf den Betrieben, die nur vom Betriebsleiter und seiner Frau und vielleicht noch vom Opa bewirtschaftet werden und wegen ihrer geringen Größe intensiv Vieh halten müssen, zur Erwirtschaftung eines einigermaßen ausreichenden Einkommens. In diesen typischen kleinbäuerlichen Familienbetrieben führt die ständige Arbeitsüberlastung zu erhöhter Krankheitsanfälligkeit oder zu chronischen Leiden, die – wie in einem Beispiel vor kurzer Zeit geschehen – zur Betriebsaufgabe zwingen können. Gerade in diesen Betrieben (3–4 in R.), die zwischen den gut ausgerüsteten Nebenerwerbs- und den beiden wachstumsfähigen Betrieben stehen, ist die Perspektivlosigkeit und die Angst vor der Zukunft am größten. Die einzigen Alternativen bestehen im Grunde in der Hoffnung, irgendwie über die Runden zu kommen, oder darin, daß der Sohn trotz außerlandwirtschaftlicher Ausbildung den Betrieb im Nebenerwerb weiterführen wird.

Bei einer Gesamtbetrachtung der Entwicklung der bäuerlichen Betriebe in R. läßt sich neben der schon angesprochenen Diskrepanz auf ökonomischer Ebene auch eine Vergrößerung der Unterschiede in der sozialen Lage feststellen. Expansion und intensive Kapitalisierung der großen Betriebe einerseits, führten andererseits zu wachsenden Verschlechterungen der wirtschaftlichen und sozialen Situation der kleinbäuerlichen Betriebe.

Daneben wandelte sich jedoch auch die Stellung der Landwirtschaft insgesamt innerhalb des Dorfes. Denn mit dem Verlust der zentralen wirtschaftlichen Bedeutung ging ein Absinken des sozialen Status der Bauern einher, was im wesentlichen mit dem inzwischen gesteigerten Selbstbewußtsein der anderen Teile der Dorfbevölkerung zusammenhängt, besonders derjenigen, die in den ersten Nachkriegsjahren von den Bauern abhängig waren und z. T. dort arbeiten mußten, um genügend zum Essen zu haben. Das ist verständlich, denn besonders für viele Arbeiterfamilien bedeutet heute das eigene Haus mit Garten, Auto, Urlaubsreisen usw., gegenüber ihrer damaligen Situation in den Hungerjahren als sie oft mit 5 oder 6 Personen in zwei Zimmern zur Miete wohnten, ein realer gesellschaftlicher Aufstieg.

Dem steht bei den meisten Bauern keine vergleichbare Entwicklung gegenüber. Die Veränderungen im sozio-ökonomischen Bereich hatten natürlich auch zur Folge, daß sich allgemein die Lebensbedingungen auf den Bauernhöfen geändert haben. Dazu gehört z. B. die Auflösung traditioneller Formen der Geselligkeit, wie der „Spinnstube". Dabei kamen in der Regel mehrmals im Winter alle diejenigen bei „ihrem" Bauern zusammen, die dort im Laufe des Jahres – meist im Tagelohn – gearbeitet hatten. Wie der Name schon sagt, wurde ursprünglich in der Spinnstube gesponnen und zwar nicht nur Garn. Die interessantesten Begebenheiten, die sich im Dorf oder bei der Arbeit zugetragen hatten wurden hier beim Erzählen, phantasievoll ausgeschmückt, zu spannenden Geschichten oder witzigen Anekdoten. Je öfter sie wiederholt wurden umso spannender und phantasievoller hörten sie sich meist an. Daher rühren wohl auch Redensarten wie: „Das sind doch Hirngespinste,,‘ oder „Du spinnst ja".

Jedenfalls hatte die Spinnstube neben der unmittelbar „nützlichen" auch eine wichtige kommunikative Funktion.

Nach dem Kriege war das Spinnen nicht mehr üblich, sondern es wurden meist Säcke, Wagentücher u. a. geflickt und später auch mehr und mehr andere Handarbeiten verrichtet, wie Stricken, Häkeln usw.. Dieser Übergang zu „feineren" Handarbeiten hing ebenfalls mit der Technisierung der Landwirtschaft zusammen, denn je mehr die Getreideernte durch den Mähdrescher mit Korntank und der Transport der Körner vom Felde mit dem Kippanhänger und auf den Speicher mit dem Körnergebläse erfolgte, desto weniger brauchte man Getreidesäcke (zum Abfüllen an der Dreschmaschine) und Wagentücher (lagen auf den Leiterwagen, um Transportverluste von Körnern zu verhindern).

Änderte sich also durch Technisierung zunächst nur der Charakter der Spinnstube, so kam es im weiteren Verlauf zur fast völligen Auflösung dieser Art von Geselligkeit. Sie verschwand mit dem Fortfall der ökonomischen Voraussetzungen – der gegenseitigen Abhängigkeit von „Tagelöhnern" und Bauern. Da dieses Verhältnis weniger auf gegenseitiger Zuneigung o. ä. beruhte und auch alles andere als gleichberechtigte Partnerschaft war, sondern patriarchalisch bestimmt mit einer klaren Hierarchie, erklärt das wohl auch warum sich solche Gesellungsformen, bei denen teilweise enge Kontakte über Jahre und Jahrzehnte bestanden hatten, sich nicht weiter erhalten haben.

Ein anderes Beispiel verschwundener Gemütlichkeit ist die „Wurschtesuppe" (Schlachtefest); früher ein Fest, an dem Nachbarschaft und Verwandtschaft teilhatte und bei dem ausgiebig gegessen und getrunken wurde (= freudiger Ausdruck der Gewißheit, daß man in nächster Zeit keinen Mangel erleiden mußte), ist heute eine fast alltägliche Begebenheit, von der kaum Notiz genommen wird.

Auch das ehemals wichtigste Fest der Bauern, das Erntedankfest, spielt kaum noch eine Rolle. Schlagkräftige Maschinen haben heute die Abhängigkeit vom Wetter, besonders in der Heu- und Getreideernte, erheblich verringert, ebenso den psychischen Druck und die Ungewißheit über den Ausgang der Ernte. Technische Rationalität und zunehmende Beeinflussungsmöglichkeit natürlicher Bedingungen haben religiöse Dankgefühle als wesentlichen Inhalt des Erntedankfestes verdrängt. Zudem bedeutete früher, im Gegensatz zu heute, die Freude über eine gute Ernte zugleich die ziemliche Gewißheit, den Bestand des Betriebes wieder für ein Jahr gesichert zu haben. Wie wichtig die Ernte für das gesamte Dorf damals war, zeigt sich u. a. daran, daß Dorffeste wie die Kirmes in der Regel erst nach der Erntesaison stattfanden.

Heute ist die Ernte die Angelegenheit der wenigen Bauern, ohne besondere Bedeutung für das Gros der Dorfbewohner. Auch darin drückt sich der Bedeutungsverlust der Landwirtschaft als ökonomischer Faktor und als bestimmender Teil des dörflichen Lebens aus.

Die enge Verknüpfung der Bauern mit den anderen Dorfbewohnern, besonders der Handwerker und Arbeiter, die in den Bereichen Arbeit und Freizeit bestand, hat sich gelöst. Individualisierung und Privatisierung sind Kennzeichen der neueren Entwicklung.

Die Beziehungen, die früher notgedrungen bestanden und die auch unter den Bauern enger waren als heute, bestehen nicht mehr und wenn, dann auf freiwilliger Basis und nicht wegen ökonomischen Notwendigkeiten. Auch die Bauern sind in gewisser Weise unabhängiger geworden, und zwar von Arbeitskräften und handwerklichen Vorleistungen, die das Dorf bot. Privatisierung und Unabhängigkeit bedeutet für die Bauern in diesem Zusammenhang, daß sie heute ihren Betrieb weitgehend auf sich allein gestellt bewirtschaften können bzw. müssen, mit allen damit verbundenen Implikationen, wie erhöhter Arbeitsbelastung, wenig Freizeit etc.. Dazu kommt ein erhöhtes ökonomisches Risiko und eine weitgehend gleichmäßig hohe Arbeitsbelastung in allen Jahreszeiten. Der Winter ist keine „ruhige“ Zeit mehr in Betrieben mit intensiver Viehhaltung.[6]

Von den Vorgängen des Strukturwandels und seinen Folgen individuell und passiv betroffen zu sein ist eine gravierende Erfahrung der Bauern. Insbesondere der Prozeß der Abwanderung von Arbeitskräften aus der Landwirtschaft, an derem vorläufigen Ende sie als „auf sich allein Gestellte“ stehen, hat ihr schon bestehendes individualistisches Bewußtsein noch verstärkt und teilweise zu Resignation geführt. Das Gefühl sich entweder individuell dem Strukturwandel anpassen zu müssen oder aufzugeben, trägt wesentlich zur Verhinderung gemeinschaftlicher Aktivitäten bei. So geht z. B. nicht einmal überbetrieblicher Maschineneinsatz über erste Ansätze hinaus, der ist im Gegenteil in den letzten Jahren noch einschränkt worden.

Am stärksten trifft das auf Betriebe zu die früher im Haupterwerb und heute im Nebenerwerb betrieben werden und deren weitere Existenz in den 60er Jahren davon abhing, daß sie ein festes außerlandwirtschaftliches Einkommen erlangten, um die notwendigen Maschineninvestitionen durchführen zu können. Besonders diese Bauern machen ihr individuelles Bemühen zur Überwindung der damaligen Notsituation am stärksten für ihren relativen Erfolg heute verantwortlich. Dabei dokumentiert u. a. eine perfekte Maschinenausstattung nach außen hin, daß sie auf „niemanden angewiesen“ sind.

Das Gefühl, die Entwicklung nicht irgendwie aktiv mitgestalten zu können, verhindert auch ein breiteres politisches Engagement selbst auf kommunaler Ebene oder in der berufsständischen Interessenvertretung. Antworten wie: „Die da oben machen doch was sie wollen“ oder „Ich hab' genug mit meinen eigenen Angelegenheiten zu tun“, sind typisch für die vorherrschende Einstellung. Deshalb ist es auch nicht verwunderlich, daß die Bauern von R. im wesentlichen von den beiden Großbauern in der Öffentlichkeit repräsentiert werden, was ihre Sonderstellung auch auf diesem Gebiet unterstreicht. Aufgrund dessen verfügen sie über das entsprechende Bewußtsein der Notwendigkeit eines politischen Engagements und bringen auch am ehesten die Zeit dafür auf. So kommt es fast zwangsläufig zu starken Ämterhäufungen, wie bei dem größten Remsfelder Bauern, der mehr Positionen und Ehrenämter innehat, als alle anderen zusammen und u. a. Vorsitzender des CDU-Ortsverbandes, Mitglied des Gemeindevorstandes, des Kreistages, des Aufsichtsrates der Raiffeisen- und Volksbank, des Schulelternbeirates und Vorsitzender der Vieh- und Fleichvermarktungsgenossenschaft ist.

Insgesamt betrachtet haben jedoch die Bauern innerhalb des Dorfes auch politisch an Bedeutung verloren (z. B. ist im Ortsbeirat von R. bei neun Sitzen nur ein Bauer vertreten).

6. Strukturwandel und staatliche Maßnahmen

In diesem Abschnitt sollen die zwei wesentlichen staatlichen Reaktionen auf die Auswirkungen des Strukturwandels kurz angesprochen werden, nämlich Knüllentwicklungsplan und Gebietsreform.

Obwohl die wirtschaftlichen Daten ländlicher Räume – auch des Knüllgebietes – in der Nachkriegsära absolute Steigerungsraten aufweisen und der Lebensstandard der Bevölkerung gestiegen ist, wurde schon Anfang der 60er Jahre eine zunehmende Diskrepanz in der wirtschaftlichen Entwicklung deutlich, nicht nur zwischen den Ballungsgebieten Südhessens und nordhessischen Mittelgebirgsregionen, sondern auch innerhalb Nordhessens, etwa zwischen dem Knüllgebiet und benachbarten Regionen wie dem Raum Wabern-Borken. Die Situation des Knüllgebietes verschlechterte sich deutlich, in der Relation betrachtet.

Um eine weitere Auseinanderentwicklung zu verhindern und bestehende Defizite zu verringern, verkündete die hessische Landesregierung 1968 das „Programm zur Entwicklung des Knüllgebietes", das zum Ziel die Verbesserung der Wirtschafts-, Agrar- und Infrastruktur sowie die besondere Förderung des Fremdenverkehrs hatte.

Dieses Programm sieht vor, R. mit seiner günstigen Verkehrslage, vorhandener Industrie etc. zu einem der 5–6 Kleinzentren des Knüllgebietes auszubauen. Schritte dazu waren die Errichtung einer Mittepunktgrund- und -hauptschule 1971, die von rund 400 Kindern (100 aus R.) aus 18 (!) umliegenden Dörfern besucht wird, und der Bau eines Kindergartens mit 100 Plätzen 1974. Damit in Zusammenhang steht auch die Errichtung des Verwaltungssitzes der 1972–74 im Zuge der Gebietsreform gebildeten Großgemeinde „Knüllwald" (mit 16 Ortsteilen) in R.[7]

Diese Maßnahmen stärken die relativ bevorzugte Stellung von R. weiter. Das bestehende Angebot an Versorgungs-, Dienstleistungs- und Bildungseinrichtungen macht R. als Wohngemeinde attaktiver, die Bautätigkeit steigt und das Fortbestehen des o. g. Angebots bzw. sogar dessen Erweiterung ist möglich (z. B. Neuansiedlung eines Blumenladens und eines Quelle-Shops). Die Verbesserung der Infrastruktur wird praktisch zu einem selbsttätigen Prozeß.

Die Kehrseite dieses Vorgangs ist die entgegengesetzte Entwicklung in den meisten umliegenden Dörfern, d. h. deren gesellschaftliches, kulturelles und politisches Leben verarmt und Ausstattung mit Versorgungs- und Dienstleistungseinrichtungen verringert sich.

Das eigentliche Geschehen spielt sich in der Mittelpunktgemeinde ab, ob das nun die Kommunalpolitik auf unterer Ebene betrifft, oder das Vereinsleben, das sich allmählich auch dort konzentriert – was u. a. durch Vereinsneugründungen und Mitgliederzuwachs aus umliegenden Dörfern unterstrichen wird – oder auch größere kulturelle Veranstaltungen.

Die Verbesserung der Infrastruktur scheint sich hauptsächlich zugunsten der zentralen Gemeinde auszuwirken.

Andererseits hat R. durch die Maßnahmen zu seiner Entwicklung (und der des Raumes) seinen „dörflichen Charakter" weitgehend verloren, was sich wiederum auf die Entwicklung des Fremdenverkehrs als wichtigem Punkt des Knüllentwicklungsplanes, nachteilig auswirkt. Großzügige Straßenneu- und -ausbauten, erhebliche Ausdehnung der bebauten Fläche durch „moderne" Siedlungen („Zersiedelung der Landschaft"), Veränderung des Ortsbildes zu einem mehr „städtischen" Aussehen usw., machen R. in Hinblick auf den Fremdenverkehr bestimmt nicht attraktiver. Das bestätigt auch die Tatsache, daß von den 20–25 000 Übernachtungen pro Jahr inzwischen der überwiegende Anteil auf Durchreisende und nicht auf Dauergäste entfällt. Die Zahl der Pensionen ist in R. nicht zuletzt deswegen geringer geworden; heute bestehen noch 10 Betriebe mit etwa 100 Betten.

Zur Verbesserung der ebenfalls im o. g. Programm enthaltenen Agrarstruktur, wurden in den vergangenen Jahren einige Maßnahmen durchgeführt wie Ausbau der Wirtschaftswege, Meliorationen und Öffnen von Gräben. Die weitergehenden Maßnahmen im Rahmen einer Flurbereinigung mit Flächenzusammenlegung, Beseitigung von Nebenwegen, Feldrainen u. a., stehen in Kürze bevor.

Nach der sogenannten „Verkoppelung" 1908, ist das in diesem Jahrhundert der zweite große Versuch die Flächenstruktur der landwirtschaftlichen Nutzfläche den veränderten ökonomischen Bedingungen und dem „technischen Fortschritt" (= größere, teuere, leistungsfähigere Maschinen) anzupassen und damit zugleich den Trend zu landwirtschaftlichen Großbetrieben („wachstumsfähige Betriebe") zu unterstützten.

Insgesamt beschleunigen die staatlichen Maßnahmen im Rahmen des Knüllentwicklungsplanes und der Gebietsreform den Strukturwandel, d. h. die Anpassung der ländlichen Strukturen an die veränderten sozio-ökonomischen Rahmenbedingungen.

7. *Das gesellschaftliche und politische Leben*

In den vorhergehenden Kapiteln war immer wieder von Veränderungen die Rede, von Veränderungen, die die sozialen und ökonomischen Verhältnisse in R. z. T. grundlegend gewandelt haben. Mit den veränderten sozio-ökonomischen Bedingungen haben sich die Beziehungen der Menschen untereinander gewandelt, ebenso natürlich das gesellschaftliche und politische Leben im Dorf. Die dörfliche Gemeinschaft im ursprünglichen Sinne besteht nicht mehr, allenfalls noch Reste davon in veränderter Form.

Wie sich diese Gemeinschaft realisierte, kam schon in den Kapiteln über Handwerk und Landwirtschaft zum Ausdruck. Der Zusammenhalt der Dorfbewohner stellte sich primär über die notwendige Zusammenarbeit zwischen Handwerkern, Bauern, Arbeitern u. a. zur Sicherung der Subsistenzgrundlage her. Diese ökonomisch bedingten und notwendigen Kontakte stellten selbstverständlich auch private Beziehungen her. Beides war oft nicht voneinander zu trennen, denn auch z. B. nachbarschaftliche und verwandtschaftliche Kontakte bauten sich wesentlich auf gegenseitiger Hilfe auf etwa bei Familienfeiern, beim Schlachten oder wenn eine Kuh kalbte und besonders in Not- und Katastrophenfällen. Nicht zu vergessen die vielen

Häuser, die die meisten Arbeiter- und Flüchtlingsfamilien auf der Basis gegenseitiger Hilfe erbauten. Dieses Aufeinanderangewiesensein ist ein wesentlicher Punkt in der Erklärung der dörflichen Gemeinschaft.

Das Eingebettetsein in das Netz von Beziehungen, Abhängigkeiten und gegenseitiger Hilfe vermittelte ein Gefühl der Sicherheit. Enge Kontakte und gutes Kennen untereinander führten aber auch zu recht häufigen privaten Streitereien und nicht zuletzt zu strengerer sozialer Kontrolle; der Zwang zur Anpassung war unwiderstehlich. Soziales Ansehen erwarb man durch Leistung (= Arbeit) und durch Besitz (= irgendwann einmal erbrachte Leistung). Arbeit war ein Wert an sich, wer viel arbeitete (körperlich) war viel „wert"; „Faulenzen" war ein schwerer Makel. War jemand als „arbeitsscheu" bekannt und dazu noch ohne Besitz, gehörte er zu den sozial Verachteten im Dorf und befand sich am Fuße der Hierarchie. Gegen diese Familien richteten sich die Aggressionen der Dorfbewohner, was besonders stark bei den Kindern untereinander zum Ausdruck kam. Die Kinder waren die eigentlichen Leidtragenden (es handelte sich in R. im wesentlichen um zwei kinderreiche Familien), sie haben es deshalb als Erwachsene auch vorgezogen in Städte abzuwandern.

Letztlich zwang die Nicht-Besitzenden also nicht nur die Notwendigkeit den eigenen Lebensunterhalt zu sichern, zur Arbeit – auch gegen geringen Lohn, sondern auch soziale Normen; zum Vorteil derjenigen, die neben der eigenen auf fremde Arbeitskraft angewiesen waren.

Insofern erfüllt das Bild der dörflichen Gemeinschaft nicht die Vorstellung einer ländlich harmonischen Idylle oder einer idealen Solidargemeinschaft, obwohl es durchaus ein Gemeinschafts- und Zusammengehörigkeitsgefühl gab, aber eher gegenüber Außenstehenden oder anderen Dörfern. Da gab es richtige Dorffehden, die z. B. auf dem Fußballplatz ausgetragen wurden. Innerhalb des Dorfes spielten Konkurrenz, Positionskämpfe und Intrigen schon eine Rolle. Diese Gemeinschaft, die trotz gegenseitiger Hilfe etc. im wesentlichen durch strenge soziale Normen und eine durch Besitz definierte hierarchische Gliederung charakterisiert war, konnte keine Gemeinschaft im Sinne einer „freien Assoziation gleichberechtigter Individuen" sein.

Mit der Auflösung der regionalen, noch relativ eigenständigen wirtschaftlichen Strukturen und der zunehmenden Vergesellschaftung, die das Dorf mehr und mehr äußeren Einflüssen unterwarf und die regionale Produktion und Reproduktion immer stärker in die gesamtgesellschaftliche integrierte, kam es auch zur Auflösung der alten ökonomischen und teilweise der privaten und geselligen Beziehungen der Dorfbewohner untereinander, wie an Beispielen schon verdeutlicht wurde.

Heute bestimmen Vereine weit mehr als früher das gesellschaftliche Leben des Dorfes. Sie erfüllen wesentlich die Bedürfnisse nach Zusammenhörigkeit, Kommunikation und Geselligkeit und vermitteln Gemeinschaftsgefühl. Ein großer Teil gemeinschaftlicher Freizeitaktivitäten findet in Vereinen statt, fast alle geselligen Veranstaltungen werden von Vereinen durchgeführt und neben der sozialen kommt z. B. dem Heimat- und Verkehrsverein bei der Förderung des Fremdenverkehrs, auch ökonomische Bedeutung zu. 1953 gegründet, hat dieser, 160 Mitglieder umfassende Verein außerdem die „kulturelle Pflege des Heimatgedankens und die Verschönerung des Dorfbildes" zum Ziel.

Wie groß die Bedeutung der Vereine ist, geht u. a. daraus hervor, daß mehr als zwei Drittel aller Einwohner Mitglied in einem oder mehreren Vereinen sind. Wichtigster und zugleich größter Verein mit rund 400 Mitgliedern ist der Sportverein mit einem breiten Angebot an Sportarten (Fußball steht allerdings im Vordergrund). In den letzten Jahren wurden zwei neue Vereine gegründet, der Anglerverein und der Landfrauenverein (über 100 Mitglieder). Der letztere ist bisher der einzige Verein bzw. die einzige Organisation von Frauen für Frauen; entsprechend groß ist das Interesse und Engagement. Ansonsten ist das Vereinsleben wie das politische und gesellschaftliche Leben überhaupt von Männern bestimmt.

Das Vereinsleben hat, wie gesagt, die Aufgaben gemeinschaftliche Aktivitäten zu ermöglichen, so etwas wie Gemeinschaftsgeist herzustellen usw. und ist deshalb ein wichtiger Faktor des gesellschaftlichen Lebens in R. (des öffentlichen Teils). Der andere Teil ist der private und individuelle, der mit der Auflösung der alten Beziehungen – ökonomischen wie privaten – und der schwindenden Notwendigkeit zur gegenseitigen Hilfe ebenfalls an Bedeutung zunahm. Ende der 50er Jahre beginnend und sich verstärkend im Laufe der 60er Jahre, fand der „Rückzug ins Private" statt. Fühlten sich die Bauern von Privatisierung und Individualisierung eher negativ betroffen, im Sinne von „Alleingelassensein", so empfanden es die früher mit den Bauern über die Landbewirtschaftung zwangsverbundenen und teilweise von ihnen abhängigen Arbeiter und Angestellte positiv, sich nun stärker um sich selbst kümmern, sich eine bürgerliche Existenz mit Haus, Garten, Auto etc. aufbauen und in die eigenen vier Wände zurückziehen zu können. Dementsprechend hat sich bürgerlich-individualistisches Bewußtsein auch bei den Arbeitern stärker ausgeprägt. Ebenfalls verstärkt hat sich die Trennung von öffentlichem und privatem Bereich, im Verhalten wie im Bewußtsein.

Die Beziehungen der Menschen untereinander – früher eher von existenziellen Zwängen und strenger sozialer Kontrolle geprägt – sind heute „freier„ geworden. Kontakte werden mehr über die Grenzen des Dorfes hinaus und auf freiwilliger Basis hergestellt, und weniger vermittelt durch gesellschaftliche und ökonomische Zwänge.

Auch nachbarschaftliche und verwandtschaftliche Beziehungen werden heute mehr nach den eigenen Bedürfnissen gepflegt und nicht so sehr, weil „es sich so gehört" oder weil man aufeinander angewiesen ist. Das führt z. B. dazu, daß besonders in den Neubauvierteln, die sich schon rein äußerlich kaum von städtischen Vorortsiedlungen unterscheiden, auch die Nachbarschaftsbeziehungen „vorortstädtisch" sind, d. h. kaum oder allenfalls „partykellerhaft" bestehen.

Alle diese Erscheinungen im Bewußtsein und im Verhalten lassen sich jedoch nicht so einfach verallgemeinern; es gibt da vielfach sich überlagernde und teilweise widersprüchliche Entwicklungen oder Phänomene, die sich von früher her erhalten haben. So besteht z. B. bei den Alteingesessenen ein Gemeinschaftsgeist partiell fort. Das kommt manchmal in besonderen Fällen zum Ausdruck, etwa in beachtlichen Gemeinschaftsleistungen wie dem Bau eines Vereinshauses, (Sportverein), dem Anlegen einer Parkanlage (Heimat- und Verkehrsverein) oder in Notfällen; so z. B. als vor einigen Jahren zwei Bauernhöfe zum Teil abbrannten und 30–40 Leute tagelang unentgeltlich bei den Aufräumungs- und Abrißarbeiten halfen. Es ließen sich noch einige kleinere Beispiele für ein ähnliches Engagement nennen.

Ein solches Verhalten ist jedoch nicht mehr typisch. Das Sich-verantwortlich-fühlen für gemeinschaftliche Belange ist geringer geworden; Verantwortung wird mehr und mehr von Institutionen übernommen und an sie delegiert (z. B. an die Gemeinde).

Auf diesem Hintergrund scheint es nicht verwunderlich, daß auch politisches Engagement recht selten vorkommt. Eine kleine Gruppe von Leuten ist politisch in der Gemeindevertretung, im Ortsbeirat oder/und in Parteien tätig, weitere politische Aktivitäten gibt es kaum. Daneben läßt sich auch im Bereich der politischen Organisationen eine zunehmende Vergesellschaftung feststellen. Kleine regional begrenzte Organisationen haben keine Bedeutung mehr (oder noch nicht wieder) gegenüber den drei Bundestagsparteien, die heute auch auf unterster Ebene die Politik bestimmen. Dementsprechend geraten auch des öfteren sachliche Probleme gegenüber Parteiquerelen in den Hintergrund.

Die SPD ist die einzige politische Organisation in R. mit einer längeren Tradition, ihr Ortsverein bestand schon in der Weimarer Republik. Sie konnte auch nach der Periode des Faschismus 1945 als erste wieder Fuß fassen und bei den ersten Gemeindewahlen nach dem Krieg 1948 rund 40 % der Stimmen erringen. Stärkste Fraktion (rd. 47 %) wurde damals eine überparteiliche Wählergruppe; daneben gab es noch die sogenannte „Liste Ullrich", auf der Bauern kandidierten (Spitzenkandidat war der größte Bauer), und die rund 13 % der Stimmen erringen konnte. Bei der folgenden Gemeindewahl 1952 trat zusätzlich der BHE (Block der Heimatvertriebenen und Entrechteten) an, konnte 2 der 9 Sitze erringen und hielt diese auch bis zu seiner Auflösung 1964. Die „Bauernliste" konnte bei dieser Wahl ihre Stimmenzahl fast verdoppeln, verlor aber in den darauffolgenden Jahren immer mehr an Bedeutung und wurde schließlich aufgelöst.

Verfolgt man die Entwicklung bei den Gemeindewahlen weiter, so ist ab 1956 ein Trend zur Konzentration auf die drei im Bundestag vertretenen Parteien erkennbar. Konnten zunächst CDU und FDP bzw. LPD überhaupt keine Stimmen erringen, so steigerte in der Folgezeit insbesondere die CDU ihren Anteil von 42 Stimmen (1956) auf 260 (1972), wobei sich das Verhältnis zwischen FDP und CDU umkehrte. War anfangs die FDP als Partei der Handwerker und Bauern viel stärker als die CDU, so erreichte sie seit Ende der 50er Jahre oft nicht einmal mehr die 5 % Hürde. Dagegen hatte die SPD schon immer ihren festen Wählerstamm bei allen Wahlen, den sie im Laufe der Zeit kontinuierlich vergrößern konnte; heute erreicht sie bei Wahlen regelmäßig 50–60 % und hat auch im Gemeindeparlament die absolute Mehrheit. Von den Mitgliederzahlen her gesehen, ist die SPD ebenfalls stärkste Partei mit knapp 100 Mitgliedern gegenüber 25–30 (geschätzt) der CDU. 1972 haben CDU und FDP dieser Entwicklung Rechnung getragen und eigene Ortsvereine gegründet.

Eine interessante Tatsache am Rande ist, daß in der Nachkriegszeit die KPD immerhin 20–25 Stimmen erringen konnte, während heute die DKP vielleicht 2 oder 3 erhält.

Gewählte Repräsentanten in der Gemeinde waren früher überwiegend Selbständige (Handwerker und Bauern) auch Angehörige freier Berufe oder Beamte, aber kaum Angestellte oder Arbeiter, die heute im Gemeindeparlament der Großgemeinde und im Ortsbeirat von R. die Mehrheit bilden. Frauen waren noch nie Mitglied dort und sind auch in wichtigen Positionen der Parteien kaum vertreten.

Aktive politische Jugendverbände bestehen ebenfalls nicht, es gab bisher nur einige zaghafte Ansätze der Juso's.

Anmerkungen

1 Da es sich bei dem vorliegenden Aufsatz um die Beschreibung eines ganz bestimmten Dorfes handelt, war es nur in sehr beschränktem Umfang möglich auf entsprechende Literatur zurückzugreifen; das gleiche gilt für empirisches Material. Die vorhandenen lückenhaften Angaben über Remsfeld – etwa in Unterlagen der Gemeinde wie Viehzählungen, Bodennutzungserhebungen und Wahlergebnisse – mußten durch Informationen aus persönlichen Gesprächen sowie durch eigene Kenntnisse und Erfahrungen ergänzt werden. Insofern lassen sich teilweise Ungenauigkeiten nicht ganz vermeiden. Die inhaltlichen Aussagen verändern sich jedoch dadurch nicht.

2 Im wesentlichen läßt sich das zurückführen auf einen Rückgang der Handwerksbetriebe um knapp die Hälfte und der landwirtschaftlichen Betriebe um rd. 70 %.

3 Die Zahlen sind aus dem Jahre 1971; die darin deutlich werdende Tendenz hat sich in den folgenden Jahren fortgesetzt.

4 Diese Tatsache macht Arbeiter-Bauern zu idealen „Partnern" der Industrie, die daraus zweifachen Nutzen zieht. Einmal aus der Anwendung der Arbeitskraft dieser Bauern und zum zweiten aus deren Investitionen, denn viele Nebenerwerbsbetriebe investieren ihren gesamten außerlandwirtschaftlich erworbenen Lohn wieder in Maschinen, Geräte und Baumaßnahmen.

5 Ein Dienstmädchen verdiente 1952 monatlich 55,– DM bei freier Kost und Logis, hinzu kamen jährlich 2 Ztr. Weizen (etwa 40,– DM). Die Frauen im Tagelohn erhielten 1952 0,25 DM und 1965 0,85 DM pro Stunde. Zum Vergleich: weibliche Industriearbeiter erhielten 1950 0,86 DM und 1965 3,09 DM (brutto) im Durchschnitt – Männer 4,54 DM (nach F. Neumann, Daten zu Wirtschaft, Gesellschaft, Kultur. Baden-Baden 1976). (Die Daten aus der Landwirtschaft entstammen eigenen Unterlagen).

6 Diese Punkte treffen selbstverständlich nicht auf alle Betriebe gleichermaßen zu.

7 Die im Folgenden genannten positiven Auswirkungen lassen sich auf Knüllentwicklungsplan und Gebietsreform zurückführen. Die insgesamt sehr gravierenden negativen Folgen der Gebietsreform für den ländlichen Raum im Allgemeinen und für viele Dörfer im Besonderen, sind am Beispiel von R. kaum aufzuzeigen. R. hat als der zentrale Ort zunächst hauptsächlich Vorteile, obwohl es natürlich auch Nachteile gibt, die in R. selbst spürbar sind, etwa die Aufblähung der Verwaltung mit geringerer Durchschaubarkeit und „Bürgernähe", oder die auch äußerlich sichtbare Zerstörung älterer dörflicher Strukturen.

Literaturverzeichnis

[1] Agrarstrukturelle Vorplanung für das Knüllgebiet. Analyse. Hrsg.: AVA – Arbeitsgemeinschaft zur Verbesserung der Agrarstruktur in Hessen e.V., Wiesbaden 1971

[2] Bellmann, D./Hein, W./Trapp, W./Zang, G., „Provinz" als politisches Problem. In: Kursbuch 39, Berlin 1975

[3] Entwicklung der Demokratie im Kreis Fritzlar–Homberg. Hrsg.: Kultur- und Volksbildungswerk – Volkshochschule Fritzlar–Homberg, Fritzlar 1973

[4] Funk, Albrecht, Abschied von der Provinz. Strukturwandel des ländlichen Raumes und staatliche Politik, Plakat-Bauernverlag, Offenbach 1977

[5] Ide, Werner, Remsfeld – Geschichte und Entwicklung einer hessischen Gemeinde, Hrsg.: Heimat- und Verkehrsverein Remsfeld, Homberg 1955

Die Agrarfrage in ihrer europäischen und ihrer internationalen Dimension

Peter Kammerer

Bauernkämpfe und Landreform 1943–1953 in Süditalien

Vorbemerkung

Dieser Aufsatz entwickelte sich aus einer Besprechung des Buches von Paolo Cinanni: „Lotte per la terra e comunisti in Calabria, 1943–1953". Cinanni war einer der Führer dieser Kämpfe. Er war von 1947–1965 Mitglied des ZK der kommunistischen Partei und arbeitet heute im Vorstand der FILEF, einer Massenorganisation der italienischen Arbeitsemigranten.

I. Die Bedeutung der Klassenkämpfe in der italienischen Landwirtschaft 1943–1953

Nach dem Zusammenbruch des Faschismus und seiner Agrarpolitik, die als Politik für die Bauern angetreten war, aber konsequent die Interessen des Großgrundbesitzes und des in die Landwirtschaft eindringenden Kapitals vertreten hatte, kam es in ganz Italien, einem Land, in dem knapp die Hälfte der Beschäftigten in der Landwirtschaft arbeitete (1951: 44 %, 1975: 15 %), zu großen sozialen Auseinandersetzungen, zu Kämpfen, die an Ausmaß und Dauer in der neueren italienischen Agrargeschichte einzig dastehen und über ein Jahrzehnt, bis in die Mitte der 50er Jahre, die italienische Politik beherrschten.

Auf Grund der politischen Kräfteverhältnisse, die entscheidend durch internationale Faktoren bestimmt waren, war es nach Ansicht der Arbeiterparteien nicht möglich, nach dem 2. Weltkrieg in Italien die Frage der sozialistischen Neuordnung des Landes, also die Revolution, auf die Tagesordnung zu setzen. Als Lösung ausgegeben wurde daher der Kampf um die Herstellung demokratisch-bürgerlicher Verhältnisse. Eine „progressive Demokratie" sollte der Arbeiterbewegung die Eroberung neuer und günstigerer Ausgangspositionen für die Revolution ermöglichen (also nicht wie das heute oft dargestellt wird, „progressive Demokratie" als kontinuierliches Hineinwachsen in den Sozialismus). Bei der Auseinandersetzung um eine möglichst demokratische Neugestaltung der italienischen Wirtschaft konnten die herrschenden Klassen ihre Vorstellungen vor allem nach dem Wahlsieg vom April 1948 völlig durchsetzen. Auf diesem Sieg ruhte jedoch eine Hypothek. Die Organisationen der Arbeiterbewegung waren zwar in die Defensive gedrängt, behielten jedoch ihre Stärke und Kampfkraft und konnten diese im Verlauf der nun folgenden wirtschaftlichen und sozialen Entwicklung ständig vermehren. Der Beitrag der Bauern und Landarbeiter zur Verhinderung einer Niederlage der Arbeiterbewegung Ende der 40er Jahre ist in seiner Bedeutung nur schwer zu überschätzen. Der Ausgang ihrer Kämpfe ist aber durch die ungünstige wirtschaftliche und politische Gesamtlage entscheidend beeinträchtigt worden.

Die Kämpfe in der Landwirtschaft trugen stark antikapitalistische Züge und stießen daher immer wieder an die Grenzen der von den Arbeiterparteien, oft gegen den Widerstand in den eigenen Reihen, vorgezeichneten Strategie der grundsätzlichen Zustimmung zum kapitalistischen Wiederaufbau des Landes (R. Del Carria, 1970, II, 371 ff.). Die Masse der in diese Kämpfe einbezogenen Bevölkerung und die Intensität der Auseinandersetzungen waren derart, daß viele Autoren von einer objektiv und subjektiv revolutionären Situation sprechen. S. G. Tarrow geht, unter spezieller Berücksichtigung des Südens, sogar so weit, von einer „Bauernrevolution unter Führung einer proletarischen Partei" zu sprechen, die möglich gewesen wäre, wenn die PCI „eine maoistische Partei gewesen wäre" (Sidney G. Tarrow, 1972, 241).

Formen und Inhalte der Kämpfe waren vielfältig und spiegeln die großen Unterschiede der in der Landwirtschaft vorherrschenden, wirtschaftlichen und sozialen Verhältnisse. In der Poebene, dem Rückgrat der modernen italienischen Landwirtschaft und in verschiedenen Gebieten des Südens, vor allem in Apulien, kämpften die Landarbeiter, die über die ältesten und Ende der 40er Jahre noch größten gewerkschaftlichen Organisationen verfügten, für die Zerschlagung des Großgrundbesitzes und für die gesellschaftliche Kontrolle der Produktion. In Mittelitalien, und hier vor allem in der Toskana, forderten die Halbpächter (mezzadri) die Ablösung des Teilwirtschaftssystems (mezzadria), einer Übergangsform zwischen feudaler und kapitalistischer Bewirtschaftung des Bodens, in der der Halbpächter zwar „Mitunternehmer" ist, doch gekündigt werden kann und bei allen Entscheidungen vom Grundbesitzer abhängig bleibt. Der Kampf der mezzadri und der coloni im Süden (die colonia parziaria ist die für den Süden typische Variante der mezzadria) ging nicht nur um die Überwindung verschiedener, feudaler Fesseln im Pachtwesen, sondern auch um neue Pachtverhältnisse, die dem wirtschaftenden Bauern den langfristigen Verbleib auf dem Hof und die Möglichkeit garantieren sollten, sich genossenschaftlich zu organisieren, selbständig Meliorationen durchzuführen und deren Frucht auch zu genießen. Dritter Brennpunkt der Auseinandersetzungen in der italienischen Landwirtschaft war schließlich der Kampf der landarmen oder landlosen Bauern vor allem in Süd- und Mittelitalien um die Aufteilung des Großgrundbesitzes, insbesondere der extensiv bewirtschafteten Latifundien, unter die Bauern.

Die gesamte italienische Landwirtschaft war also in Bewegung mit Ausnahme der Gebiete, in denen mittlere und größere Bauern dominierten oder in denen eine relativ regelmäßige Zersplitterung des Grundbesitzes eine Masse armer, aber nicht unmittelbar mobilisierbarer Bauern geschaffen hatte. Auf dem Spiel stand nicht einfach die oder jene längst fällige Beseitigung feudaler Überreste, die zu Fesseln der wirtschaftlichen Entwicklungen geworden waren, sondern die Zukunft des kapitalistischen Gesamtsystems, dessen Akkumulationsfähigkeit und Entwicklungsformen wesentlich vom Grad und der Art der Kontrolle der Landwirtschaft durch das Kapital abhängen. Politisch mußte eine gemeinsame Front all der Schichten, die schon 1926 im Agrarprogramm der jungen kommunistischen Partei als die „bewegenden Kräfte der Revolution" bezeichnet worden waren, nämlich in der Reihenfolge ihrer Bedeutung „die Arbeiterklasse, das Landarbeiterproletariat, die armen Bauern des Südens und die nationalen Minderheiten" (Ruggero Grieco, 1949, 36) für den italienischen Kapitalismus eine lebensgefährliche Bedrohung bilden, selbst wenn die Forderungen dieser Front unter dem Druck der internen und internationalen Machtverhältnisse sich zunächst völlig im Rahmen einer bürgerlichen Demokratie bewegten.

II. Die Bauernfrage in Süditalien

Die Auflösung der Feudalherrschaft vollzog sich im Süden Italiens, wie in Preußen auch, als direkte Folge der französischen Revolution und der napoleonischen Siege. Joachim Murat erließ ein entsprechendes Edikt in dem von ihm beherrschten Königreich Neapel im Jahre 1806, es folgte 1812 ein entsprechendes Gesetz für das von den Bourbonen gehaltene Sizilien und 1836 mußten die Piemontesen mit einem analogen Gesetz auch in Sardinien nachziehen. Wie in England hatte auch in Süditalien der baronale Großgrundbesitz schon seit Jahrhunderten versucht, den Boden auf seine Art zu befreien, d. h. das Land der Gemeinden, den bäuerlichen Gemeinbesitz und den mit gemeinen Nutzungsrechten belasteten Eigenbesitz einzuhegen und den Bauern zu entziehen. Doch anders als in England stießen die Usurpatoren immer wieder an die Grenzen der Rechtsprechung, die sich mit Hilfe der Krone, die an einer Stärkung der feudalen Barone kein Interesse hatte, auch immer wieder durchsetzen konnte. So waren beim einschlägigen Gerichtshof in Neapel am Ende des 18. Jahrhunderts an die 30.000 Klagen anhängig (Paolo Cinanni, 1977, 229), ein Umstand, der die Dringlichkeit einer allgemeinen Lösung der Bodenfrage anzeigt und beweist, daß selbst da, wo die Usurpatoren durch Gewaltanwendung vollendete Tatsachen geschaffen hatten, immer noch eine Wiederherstellung der alten Verhältnisse rechtlich möglich war. Auch später, im Zuge der bis heute noch nicht vollendeten, schleppenden Auflösung des primitiven Gemeineigentums, blieben die Grundsätze der Unveräußerbarkeit und Unverjährbarkeit von Rechten der Gemeinschaft so tief im Bewußtsein der Bevölkerung verwurzelt, daß in eines der späteren Gesetze die Forderung der Agrarier nach nachträglicher Legalisierung von Ursurpationen durch Verjährung aufgenommen wurde. Noch im Jahre 1961 hat das italienische Verfassungsgericht in verschiedenen Urteilen diese Prinzipien bestätigt (Cinanni, 1977, 148). Auf Grund der historischen Erfahrungen und in weiser Voraussicht klagte im Jahre 1882 Giustino Fortunato, daß der Süden nie zur Ruhe kommen könne, wenn nicht eindeutige Termine gesetzt werden würden, nach deren Verfall keinerlei Rechte an Grund und Boden mehr einklagbar wären, denn die gesamte Eigentumsstruktur bleibe sonst fragwürdig, ein ewiger Zankapfel zwischen Bauern und Besitzern, Anlaß zu Tumulten und Ausbrüchen des Klassenhasses (Giustino Fortunato, 1973, 69). Im Bewußtsein der süditalienischen Bauern in den Gebieten des Großgrundbesitzes hat sich daher immer hartnäckig die Einsicht in den Ursprung des großen Privateigentums aus Raub am Volksland und Mißachtung gemeiner Rechte erhalten. Während der Massenauswanderung um die Jahrhundertwende drohte in zahlreichen Dörfern die Erinnerung an die alten Rechte zu verblassen (F. S. Nitti, 1968, IV-1, 127), aber in den Zeiten des Umbruchs brach sich dieses Bewußtsein wieder Bahn, wie die Landbesetzungen von 1919 und 1943 beweisen, die in der langen Tradition der Kämpfe von 1830, 1848, 1860, 1878 usw. stehen. Ein aufgeklärter bürgerlicher Agrarwissenschaftler wie Manlio Rossi-Doria erklärte 1946: „die Frage des alten Bodens in Gemeinbesitz tritt immer in den Vordergrund, wenn die Masse der Bauern sich in Bewegung setzt. Der Kampf geht immer um die gleichen Ländereien ..., Ergebnis des unauslöschlichen Bewußtseins einer Beraubung, eines erlittenen Unrechts" (Manlio Rossi-Doria, 1948, 21).

Das Gesetz von 1806 bestimmte in seinen Grundzügen folgendes (F. S. Nitti, 1968, IV-1, 114): der Gemeinbesitz an Grund und Boden soll an die Berechtigten aufgeteilt werden, soweit es sich um kultivierbaren Boden handelte. Wald und Weide hingegen sollten als Gemeinbesitz erhalten bleiben. Die verschiedenen gemeinen Nutzrechte, die usi civici, sollten klassifiziert und auf ihren Wert geschätzt werden (Jagd, Fischfang, Grasschneiden, Viehtränken, Eichellesen, Sammeln von Laub und Wildfrüchten, Holzkohlen- und Kalkbrennen, Steinbrechen, auch Rechte zum Anbau bestimmter Pflanzen; diese und andere Rechte waren z. T. frei, z. T. mit der Zahlung einer bestimmten Entschädigung an den Grundbesitzer verbunden). Der Eigentümer des Bodens hatte, um seinen Boden zu befreien, die Träger der Nutzrechte (einzelne Familien oder die gesamte Bevölkerung, also die Gemeinde) durch Abtretung von Land, das dem geschätzten Wert entsprach, zu entschädigen. Erklärtes Ziel des Gesetzes war die Schaffung eines selbständigen, produktiven Bauernstandes. Alle folgenden Gesetze (1888, 1924, 1927 und 1940) einschließlich derer über den Einzug und die Verteilung der Kirchengüter 1866/67 (Friedrich Vöchting, 1951, 452) folgten diesem Ziel und diesem Schema. Was modifiziert wurde waren die Bestimmungen über die Kontroll- und Durchführungsorgane, über die Größe der zu verteilenden Mindestlose, über die Modalitäten der Entschädigungsleistungen usw. Trotz aller Gesetze, der guten wie der schlechten, hat sich diese Liquidierung der feudalen Überreste bis heute hingeschleppt (umfassend dazu Cinanni, 1962) und war im Hinblick auf das verfolgte Ziel der Schaffung eines wirtschaftlich lebensfähigen Bauernstandes glänzend erfolglos. Das italienische Bürgertum war nicht in der Lage, in weiten Teilen Italiens bürgerliche Zustände zu schaffen.

In der Vorbemerkung von 1870 zu „Der deutsche Bauernkrieg" hatte Engels festgestellt, daß die Bourgeoisie da, wo sie spät kommt, ihre Herrschaft nicht mehr „gemütlich einrichten" kann, sondern gegen das rasch erstarkende Proletariat Bündnispartner braucht, die es in der Armee oder in den Großagrariern findet. So wurde in Deutschland wie in Italien, Gramsci weist auf diese Parallele hin, das Tempo der Liquidierung des Feudalismus von den Rücksichten auf diese Bündnispartner bestimmt. Sie wurde möglichst schmerzlos, langsam und in den mildesten Formen vollzogen.

Das auch am Bodenbesitz interessierte Bürgertum, das sich im Königreich Neapel im 18. Jahrhundert gegen die Barone rege entwickelt hatte, stellte sich in der langen Restaurationsperiode nach 1815 immer seltener gegen die alten Grundherren, sondern ergriff mit diesen gegen die Bauern gemeinsame Partei. Vor allem nach der Einigung Italiens und den diese begleitenden Volkserhebungen, betrieb es den eigenen, sozialen und wirtschaftlichen Aufstieg gegen den Adel nur soweit, wie die bestehende soziale Ordnung nicht in Frage gestellt wurde.

Wie Tommaso di Lampedusa in seinem Roman „Der Leopard" und Benedetto Croce in der Geschichte des Ortes Pescasseroli beschreiben, trat „das neue Bürgertum in die Stellung der alten Barone, sowohl was Besitz und Reichtum, als auch die soziale Stellung und Autorität anbelangt" (B. Croce, 1958, 389). Auch in Rom stützte sich die Regierung des neuen Italien auf das Bündnis des modernen, „progressiven" Bürgertums im Norden mit den neuen und alten Agrariern im Süden, das 1888 durch eine, den gemeinsamen Interessen entsprechende Schutzzollpolitik besiegelt wurde. Diese schützte die Industrieproduktion und den extensiven Getreideanbau gegen die internationale Konkurrenz und ruinierte den intensiven, auf Exporte angewiesenen, Südfrüchte, Oliven und Wein produzierenden Klein- und Mittelbetrieb. 1888 endet eine lange Aufschwungsperiode der süditalienischen Landwirtschaft und es konsolidiert sich politisch und wirtschaftlich wiederum das alte Latifundium, der extensive Getreideanbau, ohne Fruchtwechsel, unterbrochen nur durch Brache und Weideperioden, eine Wirtschaftsform, die keine rentablen Investitionen kennt und das Land der intensiven Bebauung durch die Bauern entzieht (Grieco, 1949, 48). So haben sich „die alte bourbonische Aristokratie und die neue ländliche Bourgeoisie des Südens gegen die Bauern verbündet; sie haben sich eine Anhängerschaft geschaffen, der Zentralregierung die parlamentarische Mehrheiten im Austausch für die unbeschränkte Herrschaft in der Lokalpolitik geliefert und sich in der Mafia, in den Mazzieri und in der Camorra illegale Organisationen geschaffen" (Grieco, 1949, 24, zur Entstehung der Mafia, Kammerer, 1976). Das norditalienische Bürgertum ließ den Agrariern des Südens freie Hand in der „Lokalpolitik". Aber auch die Arbeiterbewegung des Nordens, die sich an die Interessen der Industrie gebunden fühlte und im Namen des „nationalen Fortschritts" mit dem Bürgertum paktierte, akzeptierte die Politik der römischen Regierung und verhinderte damit die Einheit von Arbeiter- und Bauernbewegung, was zur Niederlage der Arbeiterbewegung in den 20er Jahren entscheidend beigetragen hat. (R. Grieco, 1949, 25 und A. Gramsci, 1966, 128). Als die Bauern 1911 zum ersten Mal in den Genuß des allgemeinen Wahlrechts kamen, waren sie in ein derartiges Terror- und Klientelsystem verstrickt, daß sich die Wahlen für die herrschenden Klassen völlig gefahrlos abwickeln ließen. Die Erfahrung hatte die süditalienischen Bauern gleichgültig oder feindselig gegen die Errungenschaften des Nordens gemacht, Arbeiterbewegung, Einheitsstaat und Bürgertum; Grundzug ihres Verhaltens blieb das Schwanken zwischen dem blinden Wunsch nach Wiederherstellung der alten Ordnung, der die Reaktion begünstigte und der anarchistischen Rebellion, die wirkungslos verpuffte.

Unter diesen Umständen war das Ergebnis der sich Jahrzehnte hinschleppenden Landverteilung, die durch den Einzug der Kirchengüter neue Impulse erhielt, leicht abzusehen. Auch die konservativsten Autoren leugnen nicht den an den Bauern systematisch vollzogenen Raub. Vöchting meint, „daß der Wille des Grundherrn, oft allein schon aus soziologischen Gründen und Abhängigkeiten" auf die Landverteilung einen „bestimmenden Einfluß erhielt". Hinzu kam der „forensische Beistand" den die Grundherren genossen und ihr Zugang zu allen Archiven. (Vöchting, 1951, 424). Deutlicher wird ein Konservativer der alten Schule, F. S. Nitti, in seiner Untersuchung aus dem Jahre 1910 (Nitti, 1968, IV-1, 111). Er nennt die ganze Geschichte unumwunden „tristissima, fatta di violenze", er belegt die Komplizenschaft von politischer Verwaltung und Grundbesitzern, die Verwahrlosung und Zerstörung der Archive, um Spuren der Usurpationen zu beseitigen, die Haltung der Präfekte, die keinen Ärger wünschen. Die Gemeindeverwaltung von Isola Capo Rizzuto in Kalabrien, einer Hochburg der Kämpfe 1943–1953, schrieb an Nitti: „In der Bodenfrage gibt es hier keine Forderungen der Bauern, denn niemand wagt, gegen die Großgrundbesitzer (Barracco und Berlingieri) aufzutreten. Diese besitzen riesige, usurpierte Ländereien, die von Rechts wegen aufgeteilt gehören, aber wir sind nicht einmal in der Lage, genaue Erhebungen zu machen" (Nitti, 1968, IV-1, 124). Die beiden genannten Familien sind bis heute unangefochtene Besitzer riesiger Güter.

Den Löwenanteil des verteilten Landes sicherten sich die Großgrundbesitzer mit illegalen Mitteln oder durch späteren Aufkauf der zur Bildung eines lebensfähigen Betriebs unzureichenden Lose. Unter dem Druck neuer Steuern und der Abhängigkeit vom Großgrundbesitzer beschlossen zahlreiche Bauern, das Stück Land, zu dessen Verbesserung ihnen die Mittel fehlten, zu verkaufen. Aber es gibt auch Gebiete, wo das Kleineigentum an Boden gewann und es gab auch überall Bauern, die ihren Kleinst- und Splitterbesitz halten konnten. Die Landverteilung begünstigte also eine Polarisierung der Bodenverteilung in Großbetriebe und Kleinstbetriebe, die in den Daten der Erhebung zur Eigentumsverteilung von 1946 deutlich erkennbar und bis heute ein Merkmal der italienischen Agrarstruktur geblieben ist (INEA, 1956).

Dieser Erhebung zufolge nahm das Bodeneigentum mit einer Größe bis zu 2 ha in Kalabrien 14,2 % der LNF ein (Italien: 14 %, Süditalien: 16,1 %). In diese Grössenklasse fielen in Kalabrien 87,4 % der Eigentümer (Italien: 83,1 % Süden: 85,2 %). In der Größenklasse von 2–10 ha konzentrieren sich in Kalabrien weitere 16,8 % der Fläche und 10,1 % der Eigentümer (Italien: 19,6 % und 13,5 %; Süden: 19,2 % und 12 %). In der Größenklasse über 200 ha konzentrieren sich in Kalabrien 0,1 % der Eigentümer mit 38,7 % des Bodens (Italien: 0,1 % und 31,2 %; Süden: 0,1 % und 30,3 %).

Aus diesen Zahlen geht nicht hervor, was den Bauern der Latifundiengebiete und in gewissem Maße die meisten süditalienischen Bauern vom mittel- und norditalienischen Bauern und Pächter und vom Landarbeiter des Nordens unterscheidet. Der süditalienische Bauer ist auf der ständigen Suche nach Land. Er bewirtschaftet keinen Betrieb, sondern bearbeitet da einen Fetzen Boden der ihm gehört, hat dort etwas zugepachtet und verdingt sich während der Ernte, um sein Leben zu fristen, gleichzeitig als Tagelöhner. Mittelpunkt dieser zersplitterten, ständig wechselnden Tätigkeit, ist das Dorf. Die im Süden allenthalben festzustellende Konzentration der Bevölkerung in riesigen Dörfern hat also ihre rationelle Grundlage in den Eigentumsverhältnissen (M. Rossi-Doria, 1948, 17).

In den typischen Gebieten des Großgrundbesitzes, in denen sich die Auflösung der Feudalordnung so vollzog wie wir es beschrieben haben, nämlich in den Maremmen, in den Provinzen Grosseto und Viterbo, im Tavoliere (Foggia) und Salento (Lecce), in den Gebieten von Melfi und Matera, an der östlichen Küste Kalabriens und auf der Sila, im Inneren und im Westen Siziliens, in der Provinz Sassari und im Campidano (Cagliari) auf Sardinien, erfolgten gleich nach dem Sturz des Faschismus Besetzungen der extensiv bebauten oder brachliegenden Latifundien durch die Bauern. In manchen anderen Gebieten entwickelten sich ähnliche Bewegungen, aus Protest gegen die Arbeitslosigkeit und gegen die Verschwendung von Produktivkräften durch den Großgrundbesitz. Aber einen dauerhaften Massencharakter nahmen diese Besetzungen nur da an, wo sich die Bauern, wenn auch unklar, an ihre alten Rechte und an den Ursprung des Privateigentums erinnerten (P. Cinanni, 1977, 18).

III. Die Landbesetzungen in Kalabrien 1943–1949

Im September 1943 erfolgte die Befreiung Kalabriens und in den gleichen Tagen begannen im Gebiet von Crotone die ersten Landbesetzungen. Vom Hunger getrieben und von Leuten geführt, die sich noch der großen Landbesetzungen nach dem ersten Weltkrieg erinnerten, zogen Scharen von Bauern auf die brach liegenden Felder der Großgrundbesitzer.

Überall im Süden explodierte die aufgestaute, soziale Unzufriedenheit in verschiedenen Formen und an verschiedenen Anlässen. Ganze Dörfer und Städte erklären die Vertreter der etablierten Ordnung für abgesetzt, Rathäuser werden gestürmt, die Symbole des Staates oder der herrschenden Klassen zerstört, die Selbstverwaltung, in manchen Regionen mit separatistischen Tendenzen, wird ausgerufen. Wo die Polizei oder Truppen eingreifen, kommt es zu blutigen Zusammenstößen. Die Urteile über diese Revolten gehen stark auseinander. Einige Autoren erkennen in manchen dieser Revolten die Ansätze einer bäuerlich-proletarischen Massenbewegung (M. Talamo – C. De Marco, 1976). Andere, so der offizielle Historiker der kommunistischen Partei, Paolo Spriano, sprechen von „verzweifelten, anarchistischen Strohfeuern" (P. Spriano, 1975, 167) oder von „trüben Agitationen im Dienste der Agrarier und Faschisten" (M. Occhipinti, 1976, 15), die im Rücken der gegen den Nazi-faschismus kämpfenden Truppen Unruhe anzetteln wollten.

„Befreiung" bedeutete für die süditalienische Bevölkerung konkret Befreiung von der Kontinuität der lokalen Herrschaftsverhältnisse, die die antifaschistischen Parteien im nationalen Interesse der Befreiung Italiens jedoch nicht antasten wollten. Es gab in diesen Tagen sicher viel „trübe Agitation", aber ohne die Erfahrung dieser sozialen Rebellionen bliebe die Massenbewegung der kommenden Jahre unerklärlich.

Insbesondere die Landbesetzungen sollten sich von nun an regelmäßig und mit wachsender Intensität wiederholen, zunächst im Frühjahr 1944, dann wieder im Herbst, so daß der in die neue Regierung eingetretene kommunistische Agrarminister Fausto Gullo unter dem Eindruck dieser Bewegung mit mehreren Dekreten die aufgeworfenen Probleme anzugreifen begann. Die sechs Dekrete Gullo's geben einen Eindruck von den unmittelbaren Nöten der damaligen Landwirtschaft, von der Richtung, in der die Kommunisten eine Lösung suchten und von der Vorsicht, die sie dabei aus Koalitionsinteressen walten ließen.

Das erste Dekret vom Juli 1944 galt dem Kampf gegen den Schwarzmarkt von Getreide; das zweite betraf die Halbpachtverträge und bestimmte, daß da, wo der Grundbesitzer lediglich den nackten Boden liefere, die Produktenteilung zwischen Grundbesitzer und Pächter im Verhältnis ein Fünftel zu vier Fünftel erfolgen solle. Lediglich bei besonders guten Böden oder bei besonderen Investitionsbeteiligungen des Grundeigentümers sah das Dekret ein Aufteilungsverhältnis von 50 % vor. Bereits diese Bestimmung galt als so umwälzend, daß Jahre vergingen, bevor sie sich durchsetzte (P. Cinanni, 1977, 26). Um die Pächter, die die Einhaltung der Bestimmungen forderten, nicht dem Druck von Kündigungen auszusetzen, bestimmte ein weiteres Dekret vom April 1945 die vorläufige Unkündbarkeit von laufenden Pacht- und Unterpachtverträgen. Kaum Anwendung erfuhren die Dekrete, die die Unterverpachtung von Boden untersagten und die Verteilung von Land, auf dem gemeine Nutzrechte ruhten, erleichtern wollten. Das entscheidende Gullo'sche Dekret, vom 19. Oktober 1944, sah „im Interesse der nationalen Produktion" die Zuteilung von „unbestelltem oder ungenügend bestellten Boden" an zu bildende bäuerliche Genossenschaften vor. Dieses Dekret wurde im August 1946 von Segni bestätigt und neu formuliert, wobei noch einmal der Begriff des „den Verhältnissen nach ungenügend bearbeiteten Bodens" unterstrichen wurde. Die Eigentümer mußten auf Grund des Schiedsspruchs einer Kommission, die die Anträge der Bauern prüfte, den Genossenschaften den unbestellten Boden für 1 Jahr, vier Jahre oder in seltenen Fällen 9 Jahre verpachten. Es ist heute schwer vorstellbar, daß sich gegen die Anwendung dieses Dekrets die Agrarier mit allen Mitteln wehrten und daß der Kampf um seine Anwendung die kalabresischen Bauern 6 Menschenleben kosten sollte.

Das Gullo'sche Dekret bildete für den Landhunger der Bauern und ihren Wunsch, die Eigentumsfrage erneut aufzurollen und endlich zu bereinigen sowohl eine Fessel, als auch einen Ansporn. Während 1944/45 nur 6.600 Hektar durch die Bauern neu bestellt werden konnten, betrug die Landzuweisung 1945/46 bereits 22.173 ha und 1946/47 kamen weitere 29.468 zum größten Teil neu hinzu (P. Cinanni, 1977, 28). Im Jahre 1955, am Ende der Bewegung, bewirtschafteten die Bauern auf Grund des decreto Gullo in Gesamtitalien 285.400 ha, davon entfielen 45.613 ha auf Kalabrien. Die Ergebnisse der Kämpfe konnten also trotz der nach dem Wahlsieg der Christdemokraten vom 18. April 1948 einsetzenden Repression gehalten und verbessert werden. Gefordert hatten die Bauern allerdings die Zuteilung von 18.000 ha in Kalabrien und 2,3 Millionen ha im gesamten Italien (E. Sereni, 1956, Tabellenanhang). Auch die Landreform von 1950 hat nur einen Bruchteil dieser Forderungen verwirklicht.

Die Landbesetzungen hielten die Dörfer das ganze Jahr über in Konfliktbereitschaft. Vom Januar bis März ging der Kampf um die Frühjahrsaussaat in den Ebenen, vom April bis Mai um die Aussaat auf den höher gelegenen Feldern der Sila. Juni-Juli spitzte sich der Kampf der Pächter – die meisten Bauern waren gleichzeitig Pächter und an Pachtverhältnissen beteiligt – um die Verteilung der Produkte und um die Verbesserung der Pachtverträge zu. September-Oktober war die Zeit der Herbstsaaten und im November-Dezember ging es um die Aufteilung der Oliven- und Mandelernte und der Kastanienlese, eine Aufteilung, die gewöhnlich im Ermessen des Grundherrn lag und dem „Faktor Arbeit" weniger als ein Drittel der Ernte brachte.

Die Besetzungen selbst erforderten erhebliche organisatorische Vorbereitungen. Die unbestellten Felder mußten ermittelt, die Genossenschaften gebildet, die Anträge gestellt werden. Dann wurde die eigentliche Besetzung vorbereitet, die Zuweisung der Felder an einzelne Abteilungen unternommen und die Bevölkerung für einen bestimmten Tag mobilisiert. Paolo Cinanni beschreibt in einem Interview (Januar 1975 mit dem Autor) die große Besetzung vom 17. September 1946 folgendermaßen: „Unter dem Klang der Glocken und unserer Trompeten zog morgens um 5 Uhr die Bevölkerung von 94 Dörfern auf die Felder. Es war ein unvergeßliches Schauspiel. Ich sah von einem Hügel des Crotonese aus die bäuerlichen Massen das Land besetzen. Sie hatten riesige Stangen, an deren Spitze die rote Fahne flatterte. Jeder ging auf das Stück Land, das ihm zugeteilt war und begann, die Aussaat vorzubereiten. Jeder steckte mit einem Zeichen das eigene Feld ab. Ich erinnere mich, wie der Pfarrer von Punta della Castella einen Kartondeckel fand und ordentlich sein Schild beschriftete: „terra occupata dal parroco", „Land, vom Pfarrer besetzt". Dann ging das Pflügen los. Die Einen hatten einen Esel und einen Holzpflug mit Eisenspitze, Andere hatten Ochsen und Eisenpflüge, wieder Andere hatten nur die Hacke und benutzten eben dieses primitive Mittel. Das war ein Leben auf den Feldern! Wenn dieser Eifer nicht niedergeschlagen, sondern in die richtige Bahn gelenkt worden wäre, hätten wir in jener Zeit den Beginn der großen Umgestaltung der süditalienischen Landwirtschaft erlebt und das Schicksal des Südens hätte sich ohne Zweifel anders gestaltet".

Am 20. September schickt der über das Ausmaß der Bewegung besorgte und von den Grundbesitzern alarmierte De Gasperi ein Telegramm an die Präfekturen mit der Aufforderung, die Bauern sollten die Entscheide der Kommissionen abwarten und die Präfekturen sollten bis dahin mit größter Energie alle voreiligen Besetzungen verhindern (Cinanni, 1977, 47). Am 26. September werden 33 „kommunistische Rädelsführer" verhaftet und die Polizei greift in zahlreichen Ortschaften ein. Am 28. Oktober schießt sie auf demonstrierende Bauern. Es fällt das erste Todesopfer der Landbesetzungen (Alcaro, Mario-Paparazzo, Amelia, 1977). Aber die Bewegung hält insgesamt über 50.000 ha besetzt, auf denen ca. 35.000 Bauern arbeiten. Etwa die Hälfte dieser Fläche wird dann den Bauern von den Kommissionen zur legalen Bestellung zugeteilt.

Die Bewegung beschäftigt sich nicht nur mit der Landfrage, sondern greift auch die anderen Probleme an: die Kontrolle der Lebensmittelzuteilungen, Arbeitsbeschaffung durch öffentliche Arbeiten zur Verbeserung des Wegebaus, der Trinkwasserversorgung (81 % der Gemeinden ohne ausreichende Versorgung), der Abwässerkanalisierung (85 % der Gemeinden waren ohne Kanalisation), des Bildungsstandes (48 % Analfabetismus) usw. Bei all diesen Aufgaben ist die Rolle der Frauen eine hervorragende gewesen. Wer Berichte aus jener Zeit oder über andere Perioden der Volksbewegung im Süden liest, wird diese nur schwer mit den traditionellen Vorstellungen über die politische und soziale Verrohung und reaktionäre Lethargie der süditalienischen Bevölkerung in Einklang bringen können. Denn immer, wenn die Fesseln der vor allem auf lokaler Ebene alles erstickenden Repression sich lockerten, entwickelten die süditalienischen Bauern im Kampf um die Verbesserung ihrer Lage ungeahnte Energie, Fähigkeiten, Phantasie, bis dann die von den Agrariern erbetene und von Rom gewährte Repression den dumpfen, kolonialen Zustand wieder herstellte.

Der Süden, dessen Unruhe und Bewegung der Jahre 1944–1946 von allen nationalen Parteien, ohne Ausnahme, als lokale Phänomene und vor allem als ein Problem der „öffentlichen Ordnung" angesehen worden waren, begann 1947 in der Strategie der Parteien zum ersten Mal eine größere Rolle zu spielen. Der Grund dafür lag sowohl im Anwachsen der Bewegung, als auch in den römischen und norditalienischen Ereignissen. Nach einer Reise in die USA im Frühjahr 1947 bootete Da Gasperi die Kommunisten aus der Regierung aus und bereitete den Einsatz aller konservativen Kräfte (Remobilisierung der alten Faschisten, des Vatikans, der Dollarhilfe und kalter Krieg) für die Wahlen vom April 1948 vor, die den Christdemokraten im Parlament die absolute Mehrheit brachten. Auch die Kommunisten, nun von Rücksichten auf die Regierung frei, mobilisierten stärker als bisher die Bevölkerung. Bei den Wahlen erzielte die Volksfront im Süden erhebliche Forschritte, die allerdings nicht groß genug waren, um den Stimmenrückgang im Norden auszugleichen. Auch bei den Wahlen von 1953 trug der Süden mit seinem „Sprung nach vorn" entscheidend zum Erfolg der Oppositionsparten bei (Giorgio Amendola, 1973, 99). Wie im übrigen Süden hat die kommunistische Partei ihren Stimmanteil in Kalabrien von 10 % im Jahre 1946 auf 20 % 1953 erhöht. Zusammen mit den Stimmen der Sozialisten waren das über 30 % für die Arbeiterparteien. Mit dem Ende der großen Kämpfe nach 1963 nimmt die Stimmenzahl der Arbeiterparteien nur noch sehr langsam zu. Ein neuer, großer Sprung erfolgte erst wieder bei den Wahlen vom 20. Juni 1976. Die Mitgliederzahl vom September 1947 in Kalabrien, 53.807, hat die kommunistische Partei in der Folgezeit nie mehr erreicht (1973: 37.616 Mitglieder). Eine Wahlanalyse zeigt, daß die Fortschritte der Kommunisten 1948 und 1953 besonders deutlich ausfielen in den Gebieten der Bauernkämpfe, den Gebieten der späteren Landreform (Cinanni, 1977, 137).

Getragen von den Landbesetzungen hatten sich bis 1947 Organisationsstrukturen gebildet, die nun ihrerseits zum qualitativen Wachstum der Bewegung beitrugen. Die leghe contadine (Bauernbund), die Camere di lavoro (Arbeiterkammern) der Gewerkschaften und die kommunistische und sozialistische Partei waren die Organisationen der Bauern und konnten sich, da sie im Kampf entstanden waren, zumindest vorläufig von den korrumpierenden Einflüssen des Klientelsystems freihalten. Die nicht nur in Kalabrien, sondern in zahlreichen Dörfern Italiens entstandenen Bodenkommittees (comitati per la terra) koordinierten ihre Tätigkeit und Forderungen auf einem ersten Kongreß in Bologna im Dezember 1947, wo Ruggero Grieco die Bilanz der langen Agitationen zog und die Parole des Kampfes für eine umfassende Landreform ausgab (R. Grieco, 1949, 135). Überall versuchten die Bauern den Begriff des „den Verhältnissen nach ungenügend bebauten Bodens" der Dekrete Gullo-Segni möglichst weit auszulegen, um nicht nur qualitativ schlechte Böden, sondern auch verwahrloste Oliven-, Wein- und Obstkulturen besetzen zu können. Es war eine Frage der politischen Kräfteverhältnisse, ob sich daraus eine „Landreform von unten" erzwingen ließ, denn gemessen an den Entwicklungsmöglichkeiten waren tatsächlich die meisten Böden des Südens ungenügend bebaut. Die Verabschiedung der Verfassung, die die soziale Bindung des Bodeneigentums und die Festlegung einer Höchstgrenze für Bodenbesitz fordert (Artikel 44), gibt der Bewegung neuen Auftrieb (Grieco, 1949, 137) und es spricht für ihre Reife, daß, zumindest in einzelnen Episoden, die Bauern die Verfassung als Kampfschrift benutzen (Cinanni, 1977, 78). Auch andere Episoden, z. B. der Eindruck, den die Eroberung Pekings 1949 durch die rote Bauernarmee bei den kalabresischen Bauern hervorruft (Cinanni, 1977, 200), zeigen, daß aus „wilden" Landbesetzungen eine politische Bewegung entstanden ist. Zu einem Höhepunkt der Mobilisierung und Organisation wurden im Dezember 1949 die „regionalen Kongresse zur Wiedergeburt des Südens" (assise regionali della rinascita) in Crotone, Matera, Bari und Salerno. Zu dem Kongreß in Crotone kamen aus ganz Kalabrien 2.040 Delegierte, die in den Dorfversammlungen von 240 Ortschaften gewählt worden waren (Cinanni, 1977, 102). Die Schlußresolutionen des Kongresses forderten: 1) Verwandlung des auf Grund der Dekrete Gullo-Segni nur auf kurze Zeit den Bauern zugewiesenen Bodens in Erbpacht; Verteilung des von den Grundbesitzern usurpierten Gemeineigentums an die Bauern in der Form von Erbpachten; Bestellung demokratischer Vollzugsorgane zur Durchführung dieser Forderungen; 2) Begrenzung des Bodeneigentums auf 50 ha und Verteilung des übrigen Landes an die Bauern; Neugestaltung der Pachtverträge, insbesondere Verbesserung der Produktenteilung und des Kündigungsschutzes; Bereitstellung von Krediten und Anschaffungshilfen für Maschinen; 3) Ansiedlung von, mit der Landwirtschaft verbundenen, Industrieunternehmen, Ablehnung einer Industrialisierung durch die Monopole (Cinanni, 1977, 104).

Die Repression dieser Bewegung, die ihre Isolierung durchbrochen hatte, erfolgte in Kalabrien ebenso brutal wie überall in Italien. In den Jahren 1948–1954 wurden in Italien 75 Demonstranten erschossen, über 5.000 verletzt, 148.269 verhaftet und 61.243 zu insgesamt 20.526 Jahren Gefängnis verurteilt, 18 Personen erhielten lebenslänglich (E. Sereni, 1956, Tabellenteil). Im Herbst 1948 versuchten die Kommissionen neue Landzuteilungen zu blockieren und alte Zugeständnisse rückgängig zu machen. Im März 1949 kam es daher zu neuen Besetzungen und am 24. Oktober 1949 setzten sich wiederum in einer koordinierten Aktion 100 Dörfer in Bewegung. Am 3. Tag waren bereits 150 „Rädelsführer" verhaftet. Die Polizei erhielt Verstärkung aus Neapel, Tarent und Bari; die Barone verschanzten sich mit ihren bewaffneten Feldhütern in ihren Häusern. Am 29. Oktober eröffnete die Polizei in Melissa das Feuer auf Bauern, die das Gut Fragala, nachweislich usurpierter Gemeinbesitz, nicht verlassen wollten. Es gab 3 Tote und 15 Verletzte. Melissa wurde, wie später Torremaggiore, Montescaglioso, Avola, Battipaglia und andere Namen zum Symbol des Widerstands. Am 31. Oktober riefen die linken Gewerkschaften in ganz Italien zum Generalstreik, die öffentliche Meinung wandte sich gegen die Regierung, die als Antwort im November 1949 das Projekt einer Landreform vorlegen mußte, das 1950 vom Parlament angenommen wurde.

IV. Die Landreform und das Abklingen der Kämpfe

Für Kalabrien wird am 12. Mai 1950 das Sila-Gesetz erlassen, es folgen das Gesetz für Sizilien und ein „vorläufiges" Gesetz (legge stralcio) für andere Regionen Italiens; das Po-Delta, die Maremmen, den Fucino, Teile Sardiniens, Apuliens, der Basilicata und der Abruzzen. Die versprochene spätere, umfassende Reform hat es nie mehr gegeben.

Die Landreform beschränkte sich also auf begrenzte Gebiete, die zusammen 29,3 % der LNF Italiens ausmachten. Von den 1,4 Millionen ha LNF Kalabriens waren durch das Gesetz 573 Tsd. ha betroffen, nämlich die Gebiete der Sila und des Crotonese. Hier wurden 151 Güter, mit zusammen 149 Tsd. ha auf Grund der Enteignungsbestimmungen zur Hälfte (75,5 Tsd. ha) enteignet. Von diesem Boden, zu dem noch 10,5 Tsd. ha aus Staatsdomänen und Zukäufen kamen, wurden bis 1962 82,5 Tsd. ha verteilt; 70,3 Tsd. ha für 11.500 Vollbauernstellen (Durchschnittsgrösse 6 ha in Kalabrien; 9,6 ha in der Gesamtheit der Reformgebiete) und 12,3 Tsd. ha an 6.700 Bauern als „Quoten" zur Abrundung bestehender „Betriebe" (G. E. Marciani, 1966, 89). Insgesamt wurden in Italien durch die Reform 680.000 ha verteilt. 285.400 ha waren auf Grund der Dekrete Gullo-Segni den Bauern zugewiesen worden (in Kalabrien 45.613 ha) und auf Grund der Gesetze zur Förderung der Eigentumsbildung in bäuerlicher Hand kamen schätzungsweise bis zum Ende der 60er Jahre 1 Million ha in die Hand der kleinen Bauern. Weder der Landreform noch diesen Maßnahmen ist es gelungen, das alte und immer wieder bekräftigte Ziel der Schaffung eines „lebensfähigen Bauernstandes" zu verwirklichen.

Trotzdem war die Landreform für die herrschende Klasse ein voller Erfolg:

a) der Großgrundbesitz wurde nicht in seinen vitalen Interessen berüht, im Gegenteil, die Reform, die nur Güter über 300 ha betraf und ausschließlich extensiv bebauten Boden enteignen durfte, trug dazu bei, einen unhaltbaren Anachronismus, das Latifundium, in modernen Großgrundbesitz zu verwandeln und daneben eine Vielzahl, von ihm wirtschaftlich abhängiger, nicht lebensfähiger Kleinbauernstellen zu schaffen.
b) die Bauernbewegung, der wichtigste Träger einer umfassenden Lösung der Bodenfrage, wurde durch das Manöver der Reform gespalten und politisch neutralisiert.

Die Linksparteien, die im Parlament gegen die Reformgesetze gestimmt hatten, hatten verlangt: Ausdehnung der Reform auf ganz Italien und Enteignung aller Güter über 100 ha, demokratische Kontrolle der Vollzugsorgane der Reform, die Beteiligung der Landarbeiter an der Führung der Betriebe, die Neuordnung der Pachtverhältnisse und ein Netz technischer und finanzieller Hilfe für die Klein- und Mittelbauern und die Genossenschaften. Nach der Abstimmungsniederlage gaben sie die Losung aus, aus der jetzigen Reform „das beste rauszuholen". In diesem Sinne bewegten sich die Kämpfe 1950–1953 der Bauernbewegung mit der „Opera Valorizzazione Sila" (künftig OVS genannt), einer von der Regierung kontrollierten Körperschaft, die in Kalabrien die Landreform durchführte. Es ging um folgende, zentrale Punkte:

a) Kontrolle der Enteignungen
Den Grundbesitzern wurden alle Maschen des Gesetzes offen gehalten, um durch rechtzeitigen Verkauf, Eigentumsübertragungen an Familienmitglieder, Ausnutzung aller bürokratischen Tücken (Schlamperei der Katasterämter ecc.) den Enteignungsbestimmungen zu entgehen; es wurden nur die jeweils schlechtesten Böden enteignet; die Grundbesitzer ließen sich vor allem strittiges, usurpiertes Eigentum „enteignen", sowie die bereits auf Grund des decreto Gullo besetzten Ländereien. Dies führte zu neuen Landbesetzungen und die Bauern konnten der OVS die Zustimmung abringen, daß die bisherigen Besetzer bei der Zuteilung von Reformboden entsprechend berücksichtigt werden. Nach Abschluß der Enteignungen stellte sich heraus, daß 85 % des enteigneten Bodens umstrittenes, usurpiertes Gemeineigentum war (Cinanni 1977, 151).

b) Kontrolle der Verteilung
Es wäre sinnvoll gewesen, das enteignete Land zunächst in großen Einheiten zusammenzufassen, um die nötigen Investitionen der Bodenverbesserung in grossem Maßstab vornehmen zu können. Das wurde auch teilweise getan. Aber da die OVS kein demokratisch-kontrolliertes Organ war, befürchteten die Bauern, zu Recht, wie sich zeigen sollte, politische und soziale Diskriminierungen bei der Verteilung, die bei so wenig Boden und so vielen landhungrigen Anwärtern leicht zu bewerkstelligen waren. Die Bewegung forderte daher die sofortige Verteilung des Bodens. Die Christdemokraten, die Partei der Reform, kamen diesem Wunsch entgegen, weil sie Erfolge vorweisen mußten, um die Bewegung zu spalten. Dies gelang nicht sofort und nicht überall, aber da die Neubauern von der OVS rechtlich und von ihren Investitionen wirtschaftlich völlig abhängig waren, entwickelte sich die Reformbürokratie (in Kalabrien allein mit zeitweise 4.000 Beschäftigten), wie später in noch größerem Maßstabe die Cassa per il Mezzogiorno, zu einem alles beherrschenden Machtapparat. So konnte die Bewegung schließlich ihrer führenden Köpfe durch systematische Diskriminierungen beraubt und diszipliniert werden.

Nach den Wahlen von 1953, die noch einmal zu einer großen Mobilisierung der Linksparteien und zu erheblichen Stimmengewinnen, vor allem in den Reformgebieten führten, begannen die aktivsten Bauern, die keine wirtschaftliche und politische Perspektive mehr sahen, auszuwandern. Die Umgestaltung der süditalienischen Landwirtschaft nach den Direktiven einer neuen und mächtigen staatlichen Bürokratie, in der Mafia und Klientelismus ein fruchtbares Betätigungsfeld fanden, hatte begonnen. Die Initiative der Massen war geschlagen. Ein Heer von Sozialwissenschaftlern konnte sich von nun an wieder den Kopf zerbrechen über die Frage, wie man den Süden seiner „säkularen Lethargie" entreißen könne.

V. Grundzüge und Probleme der weiteren Entwicklung

In den Jahren 1951–1974 nahm die landwirtschaftliche Produktion in Italien durchschnittlich im Jahr um 3 % zu, und zwar in den Jahren 1955–1960 um 3,5 %, in den Jahren 1960–67 um 3 % und in der Periode 1968–74 um 1 % pro Jahr (Roberto Fanfani, 1977, 8). Die Investitionen in der Landwirtschaft sind heute auf das Niveau des Jahres 1960 zurückgefallen. Aber trotz abnehmender Wachstumsraten halten die Produktivitätssteigerungen der italienischen Landwirtschaft mit denen der anderen europäischen Länder Schritt, Dank eines anhaltenden Beschäftigungsabbaus (–5,3 % jährlich in der Periode 1968–73) und Dank einer kontinuierlichen Verringerung der Anbaufläche (–2,1 % jährlich in der Periode 1968–73). Erneut stellte sich heute die Frage des „nicht oder ungenügend bestellten" Bodens, dessen Umfang auf 5–6 Millionen ha von insgesamt 22 Millionen ha LNF geschätzt wird (Lotte agrarie, 1975, 10). In der Periode 1951–74 verringerte sich die Zahl der in der Landwirtschaft Beschäftigten von 8,6 auf 3,1 Millionen (im Süden von 3,6 auf 1,6 Millionen). Der Großteil der freigesetzten Arbeitskräfte waren kleine Bauern (in Italien 4,5 Millionen bzw. 81 %; im Süden 1,7 Millionen bzw. 87 %). Trotzdem nimmt die kleinbäuerliche Wirtschaft noch die Hälfte der landwirtschaftlichen Nutzfläche ein und liefert vier Fünftel der insgesamt in der Landwirtschaft verausgabten Arbeit (Vincenzo Cosentino-Enrico Pugliese, 1975, 21). Die Polarisierung der Betriebsgrößenstruktur hat sich nach 1960 wieder verschärft, die Betriebe unter 10 ha nahmen 1970 38 % der LNF ein, die Betriebe von 10–50 ha 30 % und die über 50 ha 32 % der LNF (Roberto Fanfani, 1977, 19). Auf die Gründe dieser Entwicklung, insbesondere auf die durch die EG-Agrarpolitik durchgesetzte Art der Arbeitsteilung in der europäischen Landwirtschaft und die zunehmende Konkurrenz anderer Mittelmeerländer, kann hier nicht eingegangen werden. Was uns an diesen Daten interessiert ist der Dualismus zwischen dem bäuerlichen und dem kapitalistischen Sektor der Landwirtschaft und die nach wie vor bemerkenswerte Konsistenz der kleinbäuerlichen Wirtschaft, vor allem im Süden, wo sich 1974 53 % der in der italienischen Landwirtschaft Beschäftigten konzentrieren (gegenüber 43 % im Jahre 1951) und wo noch knapp 30 % der Erwerbstätigen in der Landwirtschaft arbeiten. Dies bestätigt die von Gramsci in den Thesen von Lyon getroffene Feststellung, daß die Bauernfrage unlösbar mit der Südfrage verbunden ist und daß das Verhältnis des Südens zum Norden den antagonistischen Charakter des Stadt-Land-Verhältnisses angenommen hat (Cramsci, 1966, 127). Wie aktuell ist der angesichts der sich beschleunigenden Krise des kleinbäuerlichen Sektors und der Vitalität und inzwischen erreichten Dimension des kapitalistischen Sektors, heute noch die nach dem zweiten Weltkrieg erhobene Forderung nach einer umfassenden Landreform?

Bereits 1951 waren die Bodenkommittees (comitati per la terra) des Südens in „Kommittees der Wiedergeburt" (comitati di rinascita) umgetauft worden und diese Namensänderung entsprach einer veränderten politischen Linie, nämlich der Suche nach einem „breiteren Bündnis" mit den an der Entwicklung des Südens interessierten, bürgerlichen Schichten (S. T. Tarrow, 1972, 336). Der Einfluß der zu radikalen, landlosen und landarmen Bauern wurde damit zurückgedrängt. Zwar wurde 1951 die Associazione dei Contadini des Mezzogiorno (ACMI) gegründet, die, wie die schon 1924 von den Kommunisten gegründete Associazione di difesa dei contadini poveri, vor allem die revolutionäre Energie der zum Untergang verurteilten Kleinbauern sammeln sollte, aber diese Zielsetzung wurde von Anfang an nicht konsequent verfolgt und rasch fallengelassen. Ähnlich wie die 1954 im übrigen Italien, als Gegengewicht zum katholischen, vom rechten Flügel der Christdemokraten kontrollierten Bauernverband (Associazione dei Coltivatori Diretti), gegründete Alleanza Nazionale Contadini, schwankte die ACMI in ihrer Zielsetzung zwischen der Interessenvertretung der landlosen und landarmen Bauern, also der Fortführung des Kampfes um die Landreform, und der Interessenvertretung der mittleren und größeren Familienbetriebe, deren Lebensfähigkeit durch agrarpolitische Maßnahmen gesichert werden sollte. Die zweite Tendenz setzte sich durch, vor allem unter dem Eindruck des raschen, unvermeidlich erschienenden Bauernsterbens, und 1962 wurde die ACMI mit der Alleanza verschmolzen, Zeichen dafür, daß die These von der besonderen Lage und besonderen Rolle der süditalienischen Bauern ad acta gelegt wurde. Hauptziele der kommunistischen Agrarpolitik wurden die Modernisierung der Pachtverträge und der Schutz der Familienbetriebe gegen das Monopolkapital. Diese Politik ermöglichte die Annäherung des sozialistisch-kommunistischen und des katholischen Bauernverbandes, die den Ausbau gemeinsamer Verteidungspositionen und den Verzicht auf die Landreform beinhaltete.

Erst die Rezeption der chinesischen Kulturrevolution durch die Studenten- und Arbeiterbewegung Ende der 60er Jahre, die aufstandsartigen Revolten in Battipaglia, Reggio Calabria und Eboli, die Explosion der Arbeitslosenkämpfe in Neapel und die heutige Krise, die die Industriebeschäftigung des Südens reduziert, die Kanäle der Auswanderung blockiert und in diesen Monaten wieder in ganz Italien zur Besetzung unbebauten Bodens geführt hat (in den letzten Monaten wurden, nach Berichten der Unità vom 15. August 1977, bereits 200 Genossenschaften gegründet), haben für die Boden- und Bauernfrage erneut Interesse geweckt.

Meist unter Bezug auf die besondere Lage der Mittelmeerländer und auf Agrarrevolutionen in der dritten Welt, wurde der Gedankengang von Engels wieder aufgegriffen, demzufolge es nicht im Interesse der Arbeiterbewegung liegen könne, zu warten, „bis sich die kapitalistische Produktion überall, bis auf ihre letzten Konsequenzen entwickelt hat, bis auch der letzte Kleinhandwerker und der letzte Kleinbauer dem kapitalistischen Großbetrieb zum Opfer gefallen sind" (F. Engels, 1894, 501). Solange es noch große Bauernmassen gibt, stellt sich nach Ansicht von Engels, die „gesellschaftliche Umwälzung" wesentlich einfacher und weniger kostspielig. Ziel dieser Umwälzung ist „eine solche Erneuerung der Bodengemeinschaft, daß diese den kleinbäuerlichen Genossen nicht nur alle Vorteile des Großbetriebs und der Anwendung der landwirtschaftlichen Maschinerie zuwendet, sondern ihnen auch die Mittel bietet, neben dem Ackerbau Großindustrie mit Dampf- und Wasserkraft zu betreiben (Engels, 1882, 330).

Wo liegen aber konkret Möglichkeiten einer Agrarpolitik, die weder durch bloße Verteidigung des Parzelleneigentums das Rad der Geschichte zurückdrehen will, noch der massenhaften Freisetzung der kleinen Bauern tatenlos zusieht.

Die italienische kommunistische Partei, die führende Kraft der Arbeiterbewegung in Italien, hat für die Frage der Landreform erst spät, 1947, als der Süden bereits in Bewegung war, die Bevölkerung zu mobilisieren versucht und hat den aktiven Kampf für dieses Ziel bereits in der ersten Hälfte der 50er Jahre als „aussichtslos" eingestellt. Nach der letzten großen Diskussion über die Agrarfrage, 1955/1956, verkündete der VIII. Parteitag 1956 noch einmal die Losung: „La terra a chi la lavora", „der Boden dem, der ihn bebaut" (Luigi Conte, 1972, 57). Aber Gerardo Chiaromonte, in den 60er Jahren Leiter der Agrarkommission der Partei, schreibt 1973: „Man kann nicht sagen, daß nach 1956 und in allen folgenden Jahren, diese zentrale Losung des VIII. Kongresses in der Agrar- und Bauernpolitik wirklich an Boden gewonnen hätte" (G. Chiaromonte, 1973, 15). Die Losung der Landreform wurde zu einer Ritualformel für Sonntagsreden.

Die Kritik Cinanni's an dieser Politik seiner Partei, knüpft an der Erfahrung der Bauernkämpfe nach 1943 an. Der Schlüssel eines erfolgreichen Kampfes für die Landreform liegt, seiner Ansicht nach, im großen Anteil, den der Gemeinbesitz an Boden auch heute noch in Italien einnimmt. Nach Berechnungen Cinanni's sind 6 Millionen ha im Besitz des Staates und von Körperschaften (Gemeinden, Stiftungen, Urbarmachungsgesellschaften usw.). Davon sind 2–2,5 Millionen ha für eine moderne Landwirtschaft geeignet. Weitere 3 Millionen ha bilden nach wie vor umstrittenes, usurpiertes Gemeineigentum (Cinanni, 1977, 173). Die Verteilung dieses Landes an die Bauern und die genossenschaftliche Bewirtschaftung des Bodens wären der erste Schritt einer Umwälzung der landwirtschaftlichen Produktionsverhältnisse in Italien. Ein möglicher Hebel zur Durchsetzung jener Landreform, die den italienischen Bauern durch die Verfassung versprochen, aber nie gewährt worden ist.

Literatur

Aufsätze

Cosentino, Vincenzo und Pugliese, Enrico, 1975: Contadini, operai e braccianti nella crisi. I Consigli, 11–12; S. 19–26.

Fanfani, Roberto, 1977: Crisi e ristrutturazione dell'agricultura italiana. Inchiesta 26, März–April; S. 6–25.

Lotte Agrarie, Sondernummer der Rassegna Sindacale, 1975, 1.

Einzelwerke:

Alcaro, Mario-Paparazzo, Amelia. 1977: Lotte contadine in Calabria (1943–1950). Cosenza: Lerici.

Amendola, Giorgio. 1973: Fascismo e Mezzogiorno, Roma: Editori Riuniti.
Chiaromonte, Gerardo. 1973: Agricoltura, sviluppo economico e democrazia. Bari: De Donato.
Cinanni, Paolo. 1962: Le terre degli enti, gli usi civici e la programmazione economica. Roma: Alleanza Nazionale dei Contadini.
Cinanni, Paolo. 1977: Lotte per la terra e comunisti in Calabria 1943/1953. Milano: Feltrinelli.
Conte. Luigi. 1972: Aspetti storici ed attuali della questione agraria in Italia e la politica del PCI. A cura della sezione centrale scuola del P. C. I. Firenze: Cooperativa universitaria editrice.
Croce, Benedetto. 1958: Storia del Regno di Napoli. Bari: Laterza.
Del Carria, Renzo. 1970: Proletari senza rivoluzione, Band 2. Milano: Edizioni Oriente.
Engels, Friedrich. 1882: Die Mark. MEW Band 19.
Engels, Friedrich. 1894: Die Bauernfrage in Frankreich und Deutschland. MEW Band 22.
Fortunato, Giustino. 1973: Il Mezzogiorno e lo stato italiano, Firenze: Vallecchi.
Gramsci, Antonio. 1966: La questione meridionale. Roma: Editori Riuniti.
Grieco, Ruggero. 1949: Introduzione alla riforma agraria. Torino: Einaudi (einige der in diesem Band enthaltenen Aufsätze sind im Dietz-Verlag, Berlin, 1958, erschienen, Der Kampf der italienischen Bauern um ihr Land).
INEA, Istituto di Economia Agraria. 1956: La distribuzione della proprietà fondiaria. Roma.
Kammerer, Peter. 1976: Nachwort zum Roman von Peter O. Chotjewitz: ,,Malavita", Hamburg, Rowohlt.
Marciani, Giovanni Enrico. 1966: L'esperienza di riforma agraria in Italia. Roma: Giuffrè.
Nitti, Francesco Saverio. 1968: Scritti sulla questione meridionale, Band IV, Inchiesta sulle condizioni dei contadini in Basilicata e Calabria. Teil 1. Bari: Laterza.
Occhipinti, Maria. 1976: Una donna di Ragusa. Milano: Feltrinelli.
Rossi-Doria, Manlio. 1948: Riforma agraria e azione meridionalista. Bologna: Edizioni agricole.
Sereni, Emilio. 1956: Vecchio e nuovo nelle campagne. Roma: Editori Riuniti.
Spriano, Paolo. 1975: Storia del partito comunista italiano. Band V. Le resistenza. Togliatti e il partito nuovo. Torino: Einaudi.
Talamo, Manlio-De Marco, Clara. 1976: Lotte agrarie nel Mezzogiorno 1943–1944; Milano. Mazzotta.
Tarrow, Sidney G. 1972: Partito comunista e contadini nel Mezzogiorno. Torini: Einaudi (Peasent communism in Southern Italy, New Haven and London, 1967).
Vöchting, Friedrich. 1951: Die italienische Südfrage. Berlin: Duncker und Humblot.

Siegfried Pausewang

Entwicklung der Agrarverhältnisse und Agrarpolitik in Norwegen

Im Sommer 1975 erklärten die Kleinbauern der Inselgemeinde Hitra nicht weit von Trondheim einen Steuerstreik, um ihrem Protest gegen die norwegische Landwirtschaftspolitik Nachdruck zu verleihen. Die Aktion erregte eine ungewöhnliche Unruhe. Ähnliche Demonstrationen von Bauern hatten früher wenig Beachtung gefunden. Diesmal strömten Solidaritätserklärungen von Bauern anderer Gemeinden, aber auch aus anderen Gruppen, nach Hitra. Die Presse berichtete auf der ersten Seite über die „Hitra-Aktion", der sich die Gemeinde Leksvik anschloß.

Der norwegische Bauernverband erklärte sich einig mit den Forderungen der Inselbauern, wenngleich er das Mittel des Streiks ablehnte. Offenbar traf die Aktion auf eine positive Bereitschaft in der Öffentlichkeit, die Forderungen der Bauern aufzunehmen und zu stützen.

Die Regierung handelte erschreckt und vorsichtig. Der Landwirtschaftsminister besuchte die Insel, konnte aber ebensowenig wie eine Delegation des Bauernverbandes den streikenden Kleinbauern zufriedenstellende Zusicherungen geben. Der Steuerstreik wurde fortgesetzt.

Dem Bauernverband kam diese Demonstration der Unzufriedenheit der Bauern und vor allem ihre wachsende Unterstützung in der Öffentlichkeit sehr gelegen. Die Kleinbauern auf Hitra dagegen merkten erst im Laufe der Entwicklung, daß ihre Aktion ausgenutzt wurde für eine Politik, die letztlich den großen Bauern die größten Vorteile sicherte. Dazu hatten sie freilich, ohne sich darüber klar zu sein, selbst den Anstoß gegeben. Obwohl ihr Streik die hoffnungslose Situation der Kleinbauern und Fischer-Bauern demonstrieren sollte, waren ihre Forderungen auf eine Erhöhung der Agrarpreise gerichtet. Gute, staatlich gestützte Preise sichern den größten Produzenten die größten Vorteile und treiben damit die Rationalisierung voran. Daß dies ihre eigenen ökonomischen Bedingungen nur verschlechtern konnte, war den Hitra-Bauern zu spät klar geworden. „Wenn Bauern um die Stärkung der Maßnahmen rufen, die ihnen die Luft abschnüren, wie sie es... in der Hitra-Aktion taten, ist das tragisch für die Rufer..." schrieb Bergo (1976, S. 90). Dem Bauernverband half damit die Not der Kleinbauern und ihr Widerhall in der Bevölkerung für seine Politik hoher Agrarpreise und der Gesundschrumpfung der Landwirtschaft.

Als dann auch auf der anderen Seite des politischen Spektrums Versuche unternommen wurden, den Streik für die Politik der marxist-leninistischen AKP (Kommunistische Partei der Arbeiter) auszunutzen, erklärten die Bauern im Oktober 1975 den Streik für beendet. Sie verwahrten sich gegen politische Umarmung und erklärten ihre Bereitschaft, den Streik wieder aufzunehmen, falls die kommenden Agrarverhandlungen nicht fühlbare Verbesserungen für die Kleinbauern ergäben. Die größte agrar-politische Konfrontation der Nachkriegszeit wurde damit beendet, in dem Augenblick, als alle Beobachter mit einer Ausweitung rechneten.

Natürliche Voraussetzungen

Die norwegische Landwirtschaft ist von der Natur her anderen Begrenzungen unterworfen als die anderer europäischer Länder. Norwegen hat ein Landareal von ca. 325 000 km^2, mit einer Längenausdehnung von ca 2500 km (2830 Straßenkilometer von Kristiansand bis Kirkenes). Aber nur 3 % der Landfläche, also knapp eine Million Hektar, sind landwirtschaftlich genutzt. Der Rest ist bewaldete Gebirgslandschaft, Felsen und Moor, oder liegt über der Wachstumsgrenze, die für die meisten Kulturpflanzen in dem nördlichen Klima sehr niedrig liegt. Etwa 30 % des Landareals liegt nördlich des Polarzirkels, mit Mitternachtssonne und einem Winter ohne Tageslicht.

Der Golfstrom bringt, besonders in der Küstengegend, ein verhältnismäßig mildes Klima mit viel Regen und Wind. Wo die Bodenverhältnisse es erlauben, sind damit gute Wachstumsbedingungen gegeben. Aber das landwirtschaftliche Areal liegt über das ganze Land verteilt, in schmalen Tälern und an wettergeschützten Hängen, zwischen Gebirgsketten, Fjorden, Felsen, Wäldern und Mooren. Die langen Entfernungen und nicht zuletzt Fjorde und Gebirgspässe erschweren in dem schnee- und regenreichen Klima selbst im Sommer die Kommunikationen erheblich.

Landwirtschaft deshalb nur möglich auf kleinen, unzusammenhängenden, oft steinreichen und steilen Stücken, die die Mechanisierung erschweren. Nur in wenigen Gegenden, vor allem im „östlandet" um den Oslofjord bis zum Mjösa im Norden, in dem flachen aber steinigen Jaeren südlich Stavanger und um den Trondheimsfjord sind größere und hoch mechanisierte Betriebe möglich.

Trotzdem ist die Landwirtschaft, kombiniert mit Forstwirtschaft oder an der Küste mit Fischerei, die Grundlage für die Besiedlung gerade der abgelegenen Gebiete. Bei den enormen Entfernungen und den Transportproblemen besonders im Winter und in der Schneeschmelze ist eine nennenswerte Industrialisierung dieser Gebiete kaum denkbar.

Norwegen steht deswegen ständig vor der Alternative, entweder die Entvölkerung ganzer Landesteile zu akzeptieren, oder aber die Lebensgrundlagen zumindest für eine Mehrzahl der kleinen Gebirgsbauern, Fischer und Waldarbeiter zu garantieren, unabhängig ob ihre Produktion ökonomisch konkurrenztüchtig ist oder nicht. Dies ist nur möglich mit Hilfe einer klaren Landwirtschafts- und Fischereipolitik.

Norwegen hat deshalb im europäischen Maßstab immer, selbst in den Jahren einer starken Industrialisierungspolitik, eine vergleichsweise protenktionistische Landwirtschaftspolitik geführt. Nicht nur die Stärke der landwirtschaftlichen Organisationen hat diese Politik erzwungen. Das Bewußtsein für den intimen Zusammenhang von Landwirtschaft, Landschaft, Kultur und Besiedlung lebt in der Bevölkerung viel stärker als etwa in Deutschland, und ist in den letzten Jahren noch gewachsen. Dieses Bewußtsein wirkt ein auf alle Bereiche des kulturellen und politischen Lebens.

Deshalb hat Norwegen einen vergleichsweise hohen Anteil ländlicher Bevölkerung, trotz seiner ungünstigen geographischen Voraussetzungen – oder vielleicht gerade deswegen.

Mit 4 Millionen Einwohnern – 12 Menschen per km^2 – ist Norwegen vergleichsweise dünn besiedelt. Doch kommen auf einen km^2 landwirtschaftlicher Nutzfläche etwa 400 Menschen. Gut die Hälfte der Einwohner wohnen außerhalb der Stadtgrenzen, zum größten Teil in verstreuter Besiedlung. Freilich wohnt ein großer Teil im Umland der Städte und Ballungszentren. Nach dem Kriege hatte Norwegen ca. 26 % landwirtschaftliche Bevölkerung. Berechnet nach der Haupteinkommensquelle leben heute knapp 10 % von Landwirtschaft und Fischerei. Ihr Anteil an der gesamten Arbeit liegt zwischen 9 und 10 %. Etwa 14 % der Bevölkerung betreiben Landwirtschaft und/oder Fischerei, doch ist ihre Zahl weiter im Rückgang. Hierbei sind freilich Nebenerwerbs- und Kleinbetriebe (über 0,5 ha) einbegriffen.

Im Durchschnitt hat ein landwirtschaftlicher Betrieb 7,2 ha Ackerland (Statistisk Sentralbrå 1975). Doch ist eine solche Durchschnittszahl eine zweifelhafte

Tabelle 1: *Anzahl Höfe über 1/2 ha Anbaufläche*

Jahr	0,5–2 ha	über 2 bis 5 ha	über 5 bis 10 ha	über 10 bis 20 ha	über 20 ha	insgesamt
1949	70008	80122	42526	15597	5188	213441
1959	60303	75527	42126	15074	5285	198315
1969	33314	55167	42240	17938	6318	154977
1972	22541	44144	36891	18021	6469	128066
1973	22156	42256	35803	18171	6640	125031
1974	20656	39674	35132	18452	6832	120746
1975	19351	38433	34050	18806	6976	117616
Veränderung 1969–75						
Anzahl	– 13963	– 16734	– 8190	+ 868	+ 658	– 37361
Prozent	– 41,9	– 30,3	– 19,4	+ 4,8	+ 10,4	– 24,1

Betriebe über 50 ha (1970): 380

Landwirtschaftliche Einheiten *unter* 0,5 ha (1970): 328 000

Durchschnittsgröße landw. Betriebe über 0,5 ha Anbaufläche (ausschließl. Wald und unbearbeitete Weiden) (1970): 7,2 ha

Quelle: Statistik sentralbyrå (jordbrukstellingen), L.S. Årbok 1976.

Berechnung, die wenig über die landwirtschaftliche Struktur aussagt. Die Betriebsgrößen variieren in Norwegen mehr regional als innerhalb einer Gemeinde, und ein Betrieb mit 7,2 ha Anbaufläche ist in vielen Gegenden als großer Hof anzusehen. Daneben besitzen die meisten Bauern ein Stück Wald, oder Weiderechte im Gebirge. Forstwirtschaft wird nur in geografisch günstigen Lagen betrieben. In weiten Gegenden wird der Wald nur in der Weidewirtschaft und für Brennholz genutzt.

Politische Entwicklung

Bis zur Jahrhundertwende fand der Bevölkerungsüberschuß der norwegischen Landwirtschaft in der Seefahrt Arbeit oder wanderte nach Amerika aus. In den Jahren nach 1900 erlebte Norwegen eine erste Industrialisierungsphase. Die rasch wachsenden Industriestädte, meist in Südnorwegen, zogen Arbeitskräfte aus der Landwirtschaft an.

Die Radikalisierung der rasch wachsenden Arbeiterschaft stärkte die Sozialdemokratie, die bis dahin relativ schwach war. Diese Tendenz setzte sich fort nach dem Weltkrieg, im Zug einer neuen Industrialisierungsphase. Rascher Preisanstieg und niedrige Löhne infolge starker Konkurrenz auf dem internationalen Markt für Holz führte in der Zwischenkriegszeit zu einer Proletarisierung der Wald- und Landarbeiter Ostnorwegens. Eine Reihe von Streiks, die z.T. blutig niedergeschlagen wurden, schärfte das Klassenbewußtsein. Viele der Kleinbauern im Grenzgebiet im Osten, die ökonomisch von der Waldarbeit abhängig waren, schlossen sich den Kommunisten an, und gaben der kommunistischen Partei Norwegens (NKP) eine eigene Prägung. (Nach dem zweiten Weltkrieg wiederholte sich eine solche Konstellation für eine Gruppe Nord-Norwegischer Fischer-Bauern, die sich dem wachsenden Druck industrialisierter Fischerei ausgesetzt sahen.)

Die Weltwirtschaftskrise verschärfte die Gegensätze weiter, und brachte im März 1935 die Arbeiterpartei an die Regierung. Unter dem Motto „Stadt und Land Hand in Hand" führte Statsminister (Min.Präs.) Nygaardsvold eine Politik der Arbeitsbeschaffung in der Landwirtschaft. Siedlungs- und Rodungsprogramme sollten neue Arbeitsplätze schaffen, die Selbstversorgung stärken und die Landwirtschaft als krisensicheren Wirtschaftszweig ausbauen. Diese Politik sicherte der Arbeiterpartei eine wesentliche Unterstützung auf dem Land, besonders von Kleinbauern und Bauer-Fischern.

Nach 1945 führte die Arbeiterpartei-Regierung unter Einar Gerhardsen und Finanz- resp. Handelsminister Erik Brofoss eine international orientierte Wachstumspolitik für Industrie, Seefahrt und Handel. Wie in anderen Ländern, wurden Verbesserungen im Lebensstandard der Arbeiter finanziert durch Wachstum der Produktion, nicht durch Umverteilung des Produkts. Eine solche keynesianische Politik mußte auf Kosten der Landwirtschaft gehen, die ein so rasches Rationalisierungstempo nicht halten konnte.

Die Nachteile für die Landwirtschaft wurden freilich erheblich gemildert durch starke Subsidien und eine Landwirtschaftspolitik, die versuchte Überproduktion zu vermeiden und soweit möglich die Milchproduktion in Gebirgs- und Küstengegenden zu verlagern, wo Getreideanbau mit modernen technischen Hilfsmitteln unmöglich ist.

Die starke Stellung der Bauernorganisationen in Norwegen trug zweifellos das Hauptverdienst daran, daß die Hilfen für die Landwirtschaft so stark ausgebaut wurden. In den jährlichen (seit 1973 zweijährlichen) Landwirtschafts-Verhandlungen wird die Preispolitik sowie Subsidien und soziale Leistungen für die Bauern in einer Art Tarifvertrag festgelegt. Die Bauernverbände fungieren dabei als Verhandlungspartner des Staates teils wie eine Gewerkschaft in Lohnverhandlungen, teils wie ein Industrieverband, der staatliche Stützungsmaßnahmen für einen krisenbedrohten Industriezweig aushandelt.

Bauernorganisationen

Die norwegischen Bauern sind gut organisiert. Der Zentralverband der Landwirtschaft ist eine Sammelorganisation für 17 wirtschaftliche Organisationen (Landesverband der Milchproduzenten, Fleischzentrale, Waldbesitzerverband, genossenschaftliche Handelsorganisationen usw.) Durch die verschiedenen Organisationen sind ca. 300000 bis 400 000 Mitglieder dem Zentralverband angeschlossen.

Wieweit diese Organisationen die Interessen der Bauern vertreten, kann freilich bezweifelt werden. Zur Einsparung von Betriebskosten legt die Milchgenossenschaft Molkereien zusammen und treibt die Bauern an zur Vergrößerung der Milchleistung und der Ställe, zum Nutzen weniger Großbetriebe, aber auf Kosten der lokalen Genossenschaften und zum unheilbaren Schaden der Kleinbauern und der dörflichen Strukturen (Almaas 1974, Miljömagasinet 6/74). Noch drastischer ist die Entwicklung der genossenschaftlichen Handelsorganisation „Samvirkelaget". Gegründet zur besseren und billigeren Versorgung der Mitglieder auf dem Dorf, gerät diese Organisation in den Sog der Expansion privater Handelsketten und ihrer Konkurrenz. Um billig verkaufen zu können und Profit zu erwirtschaften, baut Samvirkelaget Supermärkte in den Zentren aus, während die kleinen Dorfläden, einst ihr Ausgangspunkt, als unrentabel niedergelegt werden (Miljö-magasinet 9/74).

Auch die staatlichen Landwirtschaftsberater, die ursprünglich zur Beratung der Kleinbauern eingesetzt wurden, um deren naturgegebene Nachteile auszugleichen, erlagen der Verführung technischer Neuerungen. Sie schenkten dem Ausbau der größeren Betriebe ihre Aufmerksamkeit, wo ihr Einsatz mehr Produktionssteigerung und sichtbarere Erfolge versprach als Hilfen bei Planung und Entwicklung der Kleinbauern (Jacobsen 1974).

Neben dem Zentralverband bestehen zwei Berufsorganisationen, der Bauernverband Norwegens mit über 50000 Mitgliedern und der norwegische Bauern- und Kleinbauernverband mit über 20000 Mitgliedern. Eine Bauernpartei, seit 1963 umorganisiert als Zentrumspartei, vertritt die Bauern politisch. Zu erwähnen ist auch die Landwirtschaftliche Hochschule Norwegens, die stark von den Interessen der Bauernorganisationen geprägt ist und u.a. den Nachwuchs ausbildet.

Der Bauernverband, 1896 in den Auseinandersetzungen um Kornzölle gegründet, folgte der Rationalisierungspolitik der Regierung in der Nachkriegszeit, und versuchte Vorteile für die Landwirtschaft daraus zu ziehen. Der Verband verlangte staatliche Hilfen zur Modernisierung und Rationalisierung der Landwirtschaft, aber auch Schutz, wo internationale Konkurrenz diese Entwicklung zu stören drohte. Das erklärte Ziel norwegischer Landwirtschaftspolitik, dem sich der Bauernverband voll anschließt, ist das Einkommen der Bauern dem der Industriearbeiter anzugleichen. Dieses Ziel soll durch Effektivisierung der landwirtschatlichen Produktion erreicht werden.

Unter den speziellen Marktbedingungen der Landwirtschaft kann Rationalisierung freilich nur einem kleinen Teil der Bauern solche Einkommen sichern. Die Industrie kann neue Produkte auf den Markt werfen, wenn die Käufer versorgt sind. Die Landwirtschaft kann nicht vor Weihnachten alle Winterkartoffeln verkaufen, und die Kunden im Januar überreden, die Kartoffeln wegzuwerfen und stattdessen Brot zu kaufen. Sofern man nicht den Milchkonsum beliebig erhöhen kann, und Export unmöglich ist, müssen drei Bauern die Milchproduktion einstellen, wenn einer seinen Stall modernisiert und von 5 auf 20 Kühe umstellt. Rationalisierung ist also nur möglich mit einer Verringerung der Zahl der Produzenten.

Die Politik der Regierung wie des Bauernverbandes ging davon aus, so viele Höfe wie möglich zu sog. „tragkräftigen Familienbetrieben" auszubauen. Die Probelme der Bauern, die in dem Rationalisierungswettlauf nicht mithalten konnten, sollten mit Hilfe von distriktspolitischen Maßnahmen, d.h. vorwiegend Industrieansiedlung in den Landdistrikten, gelöst werden. Der politische Gegensatz zwischen Bauernverband und Arbeiterpartei bestand wesentlich in der Frage der Größenordnung landwirtschaftlicher Subsidien und des Ausmaßes, in dem die Wirtschaftspolitik Rücksicht zu nehmen habe auf die besonderen Schwierigkeiten der Landwirtschaft.

Der Kleinbauern-Verband

Der Norwegische Bauern- und Kleinbauernverband, der 1913 im Streit um den Aufbau von landwirtschaftlichen Schulen und Beratungsdiensten für Kleinbauern entstanden war und seitdem besonders die abweichenden Interessen der Kleinbauern vertritt, befand sich in einem ernsten Dilemma während der Nachkriegszeit. Einerseits stand eine Mehrzahl der Kleinbauern seit Nygaardsvolds Regierung der Arbeiterpartei nahe. Andererseits erwies sich die Politik eben dieser Partei für die Kleinbauern als katastrophal. Tab. 2 zeigt den drastischen Rückgang der landwirtschaftlichen Betriebe und der Haustierbestände.

Der Kleinbauernverband stellte die Ausnutzung des Produktionspotentials und die Erhaltung der Siedlungsstruktur in den Vordergrund seiner Politik. Er forderte Maßnahmen zur Erhaltung lebensfähiger Dorfgemeinden und eines lokalen Milieus. Der Staat sollte den Dorfbewohnern ebenso gute Ausbildungsmöglichkeiten und Dienstleistungen sichern wie den Städten, und sichere ökonomische und soziale Verhältnisse für den Kleinbauern ermöglichen. Daher verlangte der Verband nach wirtschaftlichen Regionen und nach landwirtschaftlichen Betriebsgrößen differenzierte Subsidien, und spezielle Unterstützungen für Kleinbauern, Gebirgshöfe und Nebenerwerbsbetriebe.

Tabelle 2: *Landwirtschaftliche Struktur*

Jahr	Anzahl Höfe über 0,5 ha	Anzahl Höfe mit Milchkühen	Milchkühe (in 1000)	Anzahl Höfe m. Schafen	Schafe (in 1000)
1939	?	205 742	864	?	?
1949	231441	204164	756	137051	1668
1959	198315	148167	594	101220	1751
1969	154977	82167	436	69310	1840
1974	120740	53865	404	49650	1546

Jahr	Anzahl Höfe m. Schweinen	Schweine (in 1000)	Anzahl Höfe m. Hühnern	Hühner (in 1000)	Pferde (in 1000)	Traktoren (in 1000)
1939	?	?	?	?	204	2,8
1949	119063	365	176800	3710	194	9,7
1959	84999	435	100968	3110	?	56
1969	49970	621	40653	3270	42	109
1974	30119	710	20924	3610	24	121

Jahr	Mähdrescher (in 1000)	Grünfutter-Erntemaschinen (in 1000)
1939	–	–
1949	0,1	–
1959	4,6	–
1969	11	12
1974	14	26

Quelle: Bergo 1976, S. 21–22.

Eine solche Politik ist freilich inkonsequent, solange man am Marktprinzip, der Konkurrenz als Anspron zu Einsatz und Anpassung und der Belohnung für gute Leistung über den Preis festhält. Nur eine Politik, die das Einkommen nach Arbeitseinsatz und Bedürfnissen bemißt, statt nach dem Produkt oder dessen Marktpreis, kann die enormen Unterschiede der natürlichen Voraussetzung und der Eigentumsverteilung in einem Land wie Norwegen nachhaltig überbrücken. Anders ist Angleichung der Einkommen und Erhaltung der Siedlungsstruktur nicht zu erreichen.

Obwohl einzelne Personen innerhalb des Verbandes diese Alternative klar erkannt haben, steht dieser Politik das Eigentumsdenken der Bauern entgegen. Der Mehrzahl der Bauern ist die Vorstellung, staatliche Angestellte statt selbständig schaffende Bauern zu sein, gleichbedeutend mit Kollektivisierung, Kolchosenwirtschaft, Sklaverei.

Eine Karikatur müßte den pietistischen, halsstarrigen, wortkargen Kleinstbauern an einem abgelegenen Westlandsfjord darstellen, der das genossenschaftliche Lebensmittelgeschäft aus moralischen Gründen boykottiert und lieber 4 km über den Fjord rudert, um privat einzukaufen. Als menschlicher Ruin, als Landesverrat und religiöse Häresie, als ein Pakt mit dem leibhaftigen Antichrist erscheint ihm die Einschränkung des Eigentumsrechtes und seiner Freiheit, die er von einem staatlichen Grundlohn für Bauern und einer Politik gerechterer Verteilung der Einkommen erwartet. Daß sein Recht, das Eigentum seinen eigenen Interessen und Bedürfnissen entsprechend zu gebrauchen, viel stärker beschränkt ist durch Marktentwicklung und Rationalisierungszwang, fällt ihm so wenig ein wie sich gegen das Wetter aufzulehnen. Als Gottes Fügung wird er es hinnehmen, daß er eines Tages gezwungen ist, seinen kargen, aber sonnenreichen Hof aufzugeben und im nächsten Zentrum einen Arbeitsplatz und eine Wohnung zu suchen.

Eine Übertreibung, zweifellos, doch trifft sie einen Zug, der in einer Mehrzahl der Kleinbauern, vor allem Westnorwegens, angelegt ist. Sozialistische Theorie findet bei ihnen keinerlei Verständnis, keinen Einfallswinkel. Selbst die Kleinbauern des südostnorwegischen Grenzlandes, die seit der Zwischenkriegszeit der norwegischen KP die Treue halten, sind (wie die Verfasserin Åsta Holth treffend bemerkt) Kommunisten aus Trotz, nicht aus sozialistischer Überzeugung.

Gestützt auf diese Bauern kann der Kleinbauernverband eine konsequente Landwirtschaftspolitik in ihrem Interesse nicht realisieren noch entwerfen. Er kann die bestehenden ökonomischen Strukturen nicht in Frage stellen. So beschränkt er sich darauf, stärkere staatliche Eingriffe zu fordern als der Bauernverband, um die negativen Folgen der Entwicklung für die Kleinbauern zu mildern, ihre Einkommen aufzubessern und die Entvölkerung der Landdistrikte abzubremsen.

Damit fungierte der Kleinbauernverband in der Nachkriegszeit praktisch als der unbescheidene kleine Bruder des Bauernverbandes, der in den Verhandlungen mit dem Staat demonstrierte, was man sich erwarten müßte, wenn man nicht zumindest die Minimalforderungen des Bauernverbandes erfüllte.

Rationalisierung und ihre Folgen

So wurde die norwegische Landwirtschaft nach dem letzten Krieg rasch und ohne größeren Widerstand mechanisiert. Zu Beginn der 50er Jahre wurde 1/3 der gesamten Einnahmen der Landwirtschaft zum Kauf von Produktionsmitteln von außerhalb der Landwirtschaft (Gebäude, Dünger, Maschinen, Treibstoff) ausgegeben. Zwei Drittel verblieben also als Bezahlung für die Arbeit des Bauern, während ein Drittel der Industrie zufloß. Heute ist das Verhältnis umgekehrt: nur ein Drittel bleibt als Arbeitserlös, wenn der Bauer alle seine Unkosten bezahlt hat.

Gleichzeitig ist der Anteil des Einkommens, den der Verbraucher für landw. Produkte ausgibt, gesunken, und der Markt erlaubt wenig Ausweitung. Rationalisierung kann also nur mit starken Einsparungen von Arbeitskraft finanziert werden. Subsidien können die Rationalisierung erleichtern, gehen aber in der Praxis an die Industrie und nicht an den Bauern.

Die Zusammenlegung kleiner Höfe kann sinnvoll sein, wenn jeder Teil alleine einer Familie keine ausreichende Lebensgrundlage bietet. Wo das Ausharren ein Raubbau an menschlichen Kräften ist, muß die Stillegung eines Hofes eine Erlösung sein. Aber dieser Gedanke darf nicht zur Richtschnur der Politik werden. Denn sobald der kleinste Hof niedergelegt ist, wird der nächst kleinste zum kleinsten, die Rationalisierung geht weiter, und die Arbeit wird unzumutbar für die nächste Gößenordnung.

Oft hänft die Schließung einer Schule, eines Lebensmittelgeschäftes, einer Postnebenstelle ab von der Abwanderung einer oder weniger Familien. Ohne diese Dienste wird der Druck zur Abwanderung auf die anderen Familien verstärkt.

So wie der Bauer die obersten verkrüppelten Bäume nahe der Baumgrenze nicht anrührt, weil er weiß, daß das Abholzen dieser Krüppel die Baumgrenze nach unten verschiebt, wo in ihrem Schutz besseres Holz wächst, ebenso fühlen sich die Kleinbauern auf einem Vorposten. Der Rückgang der Schafzucht, die Veränderung der Landschaft auf Inseln, in Grenzgebieten, die zahlreichen verfallenden Höfe zeigen, daß dieser Schutz-Wald angetastet worden ist. Die Folgen zeigen sich zugleich auch in den Städten, wo sie beitragen zu Arbeitslosigkeit, Verkehrsproblemen, Wohnnungsspekulation, Stress.

Während man in den Städten neue Häuser, Straßen, Dienstleistungseinrichtungen bauen muß, verfallen vorhandene Einrichtungen in den Distrikten.

Eine gewisse Mechanisierung ist zweifellos notwendig in der Landwirtschaft, in Norwegen vielleicht mehr als anderswo. In Westnorwegen wird das Heu nur in guten Jahren an der Sonne trocken. Silofütterung, zusammen mit automatischen Grünfuttererntemaschinen, hat hier eine Revolution in der Tierhaltung gebracht, die dem Bauern harte Arbeit und ein großes Risiko erspart und eine wesentlich bessere Ausnutzung der Futterreserven erlaubt. Auch auf kleinen Höfen kann sich damit eine größere Investition lohnen. Eine größere Zahl von Mähdreschern kann ebenfalls notwendig sein aufgrund klimatischer Bedingungen. Selbst wenn der Staat einen Großteil der Kosten für solche Anschaffungen trägt, schließt die Höhe der Produktionskosten zumindest den Export landwirtschaftlicher Produkte weitgehend aus.

In der Forstwirtschaft lösten avancierte Maschinen die Arbeit von Axt, Säge und Pferdegespann ab. Eine ganzjärlich arbeitende Gruppe von vier Waldarbeitern ersetzt damit die Kleinbauern eines ganzen Dorfes, die sich in den Wintermonaten im Wald einen Nebenverdienst erarbeitet hatten. Selbst wenn sie mit Lebensmitteln selbstversorgt waren, reichte die Landwirtschaft alleine nicht aus, eine Familie zu ernähren. Andere Arbeit gab es nicht, und die Höfe verloren ihre ökonomische Grundlage. Eine ähnliche Entwicklung traf die Fischer-Bauern in Nordnorwegen, die ihren Markt verloren an große Fischereischiffe und Filetfabriken und Gefrieranlagen.

Manche Bauern suchten Nebenverdienste in der Industrie oder Bauwirtschaft. Reisen über hundert Kilometer und mehr wurden in Kauf genommen. Die Anschaffung eines Autos machte die wirtschaftliche Lage nicht besser. Der Pendler kam nur am Wochenende heim, und die Frau führte den Hof alleine weiter. Meist führte das zur Einschränkung und nach einigen Jahren zur Aufgabe der Landwirtschaft.

Nord-Norwegens Bevölkerung sank. Obgleich viele zunächst nur für eine Begrenzte Zeit eine Arbeitsstelle in den Industriestädten im Süden annahmen, fanden die meisten doch später, daß ein endgültiger Umzug die einzige realistische Alternative war.

„Dezentralisierte Zentralisierung"

Um alternative Arbeitsplätze zu schaffen, entwickelte man in den Problemgebieten „lebenskräftige Zentren". Gemeindezusammenlegung und Zentralschulen trugen zur Zentrumsbildung bei. In der Konkurrenz um die Ansiedlung von Industriebetrieben waren die Gemeinden gezwungen, ein gutes Industriemilieu zu schaffen. Um Ausgaben für lange Wege, für Schulbusse usw. zu sparen, drängten die Gemeinden auf Konzentration der Bevölkerung, und erschwerten z. B. Baugesuche außerhalb der Zentren. Stattdessen brauchte man große Summen, um Industriegelände zu erschließen und Bauplätze mit Anschlüssen und Wegen bereitzustellen. Um für arbeitsintensive Betriebe attraktiv zu sein, ließ man sich auf Zugeständnisse ein in Fragen der Arbeitsbedingungen, der Verschmutzung und des Milieus. An der Aussiedlung in die Provinz waren zumeist lohnintensive Betriebe interessiert, die billige Arbeitskraft suchten und oft ökonomisch unstabil und unsicher waren.

Die Landflucht hielt an, wenn auch oft innerhalb der Gemeinden und daher statistisch weniger sichtbar. Die Wahl zwischen einem ganzjährigen Arbeitsplatz oder einem zu kleinen Hof zwang viele zum Aufgeben, wo Teilzeitarbeit nicht zu finden war. Oft war daher das lokale Zentrum nicht mehr als eine Zwischenstation, wo sich die Kleinbauern an ein Industriemilieu anpaßten, bevor sie in die Ballungszentren abwanderten.

Ihre Verbitterung äußerte sich meist nur in stiller Resignation. Gegen die Entwicklung kann man sich nicht auflehnen.

Erst in den letzten Jahren begannen Bauern lauter zu protestieren und ihrer Unzufriedenheit politisch Ausdruck zu geben.

Kulturelle Entwicklung

Weit stärker als in anderen europäischen Ländern hat die norwegische Landbevölkerung ihre kulturelle Eigenart bewahrt. Die politische Bedeutung dieser Eigenart ist nur historisch zu verstehen.

Vom 15. bis zu Beginn des 19. Jahrhunderts lebte Norwegen unter dem Einfluß dänischer Herrschaft. Die dänische Krone kontrollierte das Land mit ihren eigenen Beamten, die das Bild der Städte entscheidend färbten. Dänisch war offizielle Behördensprache, und das Kulturleben wurde zunehmend von Dänen geprägt und von Dänemark her bestimmt.

Auf den Dörfern dagegen, wo die Beamten selten auftauchten, erhielt sich eine völklich nationale norwegische Tradition. Aus dem Haß gegen die dänischen Herren, und dem Willen zur Bewahrung der eigenen Sprache und Tradition schöpfte der Widerstand seine Kraft.

Nach der Unabhängigkeit im Jahre 1905 (nach ca 100 Jahren in Union mit Schweden) standen sich zwei Kulturen, mit zwei verwandten, aber deutlich verschiedenen Sprachen gegenüber. Eine bürgerlich-städtische Kultur, unter dänischem Einfluß entstanden, war Träger einer „Hochkultur", europäischer Tradition verhaftet und Europa zugewandt. In der einfacheren, volklichen Tradition hatte sich der Widerstandsgeist und Überlebenswille des norwegischen Volkes manifestiert, stark lokal geprägt und auf Zusammenarbeit aller Volksgruppen gebaut.

Der Sprachstreit in Norwegen ist nur verständlich aus diesem historischen Gegensatz zwischen einer bürgerlich-elitären Stadtkultur und einem lokal geprägten Willen zu Selbständigkeit und Selbstverwirklichung. Er markiert Konflikte zwischen Stadt und Land, zwischen kosmopolitischer Offenheit und schöpferischer Selbstgenügsamkeit, zwischen religiösen Lehrmeinungen, aber auch zwischen Industrie und Landwirtschaft, Handelsschiffahrt und Küstenfischerei, Außenhandel und Selbstversorgung.

Diese volkliche Tradition setzt zugleich enge Grenzen für eine Politik, die Bauern akzeptieren können. Ihr Selbstverständnis ist aus dem Widerstand geboren, bodenständig, an den Hof gebunden, anti-sozialistisch und national. Im Westen kommt dazu eine starke christlich-pietistische Tradition.

„Grüne Alternative"

In den 60er Jahren erschienen zwei Bücher, die die Diskussion um eine alternative Politik auslösten. Ottar Brox (1966) wies nach, daß Rationalisierung und Zentralisierung in Nord-Norwegen das genaue Gegenteil der beabsichtigten Stabilisierung der Bevölkerung bewirkte, und forderte eine Politik, die die Lebensverhältnisse der Landbevölkerung einer rationalisierten Lebensmittelproduktion voranstellt. Unter dem Titel „Norwegens Landwirtschaft: Entwicklung oder Abwicklung?" veröffentlichte eine Gruppe junger Landwirtschaftsökonomen eine Reihe von Aufsätzen, die eine Neuorientierung der Landwirtschaftspolitik forderten (Brox 1969). Im Vordergrund stehen für sie die lokalen Interessen der kleinbäuerlichen Familien, die ihre täglichen Entscheidungen nicht nach Gesichtspunkten der größtmöglichen Produktion oder der Gewinnmaximierung treffen, sondern entsprechend den Bedürfnissen der Familie und ihrer disponiblen Arbeitskraft (Siehe auch Shanin 1971 S. 150 ff.)

Die politische Richtung nannte sich „populistisch" (Brox 1972, PAG 1972, 1972/73) – eine unglückliche Benennung, die Assoziationen weckt mit rechtsgerichteten Bauernbewegungen anderer Länder. Drei politische Parteien entwickelten einen populistischen oder „grünen" Flügel. Venstre, die zusammengeschrumpfte bürgerliche Linkspartei der Liberalen, verband Populismus mit einem Neudenken über Mensch und Umwelt, Verschmutzung und Naturschutz, Verkehrs- und Energieproblemen zu einer bürgerlichen grünen Alternative. In der Sozialistischen Volkspartei (SF) entwickelte Ottar Brox einen vorsichtigen sozialistischen Populismus, während andere Kräfte in eine mehr konsequent sozialistische Richtung drängten (Saetra 1971, 1973, Bergo 1976). Dem steht ein städtischer, vorwiegend an Industriearbeiter-Interessen orientierter Flügel gegenüber, der sich einer nicht-expansiven Wirtschaftspolitik widersetzt. Dazwischen vermittelt Berge Furre, ein entschiedener Sozialist und Populist und Landwirtschaftsexperte, (seit 1973 Vorsitzender des Parlamentsausschusses für Landwirtschaft, seit 1975 Parteivorsitzender), und versucht die Kräfte auf das politisch Realisierbare zu vereinen.

In der Zentrumspartei sind die Gegensätze womöglich noch schärfer, wenngleich taktisch kamoufliert. Da die Partei die Wähler unter den frustrierten Kleinbauern nicht verlieren will, besitzt der populistische Flügel eine gewisse Narrenfreiheit. Zwischen den Wahlen tritt der Gegensatz stärker hervor, und eine Aufsplitterung der Partei lag widerholt bedrohlich nahe.

Der Kampf um die Mitgliedschaft in der E.G.

In der wahlkampfähnlichen Kampagne, die der Volksabstimmung von 1972 vorausging, vereinigten sich diese Kräfte in einer Koalition mit den Bauernorganisationen und andere Gruppen, wie Naturschutzinteressen, große Teile der Frauenbewegung, die große Mehrzahl der Studenten. Während diese Kampagne die endgültige Aufsplitterung der Liberalen Partei Venstre vorbereitete, nahmen nur die sozialistische Volkspartei, die Kommunisten und die Zentrumspartei einig und eindeutig Stellung gegen die Mitgliedschaft und unterstützten die „Volksbewegung gegen die E.G."

Unbezweifelbar hat der Selbstbestimmungswille der Landbevölkerung und ihr Gegensatz zu städtisch-industriellen Interessen die Kampagne stark beeinflußt. Die Volksbewegung appellierte an nationale Gefühle, und argumentierte für Unabhängigkeit und Selbstbestimmungsrecht. Für viele vertonte sich die europäische Gemeinschaft wie eine Art Fortsetzung dänischer Herrschaft oder deutscher Besetzung in einer europäischen wirtschaftlichen Dominanz.

Die Bauernverbände sahen stärker ihre direkten Interessen bedroht. Innerhalb der E.G. konnten sie ihre starke Stellung gegenüber dem Staat ebensowenig zu erhalten hoffen wie den weitgehenden Schutz, den die norwegischen Bauern erreicht hatten. – Nur in einem Norwegen außerhalb der E.G. waren weitere Verbesserungen der Lebenssituation der Bauern denkbar.

Als die Abstimmung gewonnen war, gelang es keiner der politischen Parteien, anhaltenden Gewinn aus der Zusammenarbeit zu ziehen. Die Erfahrung, daß eine Mehrheit der Bevölkerung sich um eine selbständige Politik, nicht zuletzt für die Landwirtschaft, gesammelt hatte, führte zum Zusammenschluß der SF mit der norwegischen KP und anderen Gruppen zu einem „sozialistischen Wahlverband" (SV), der 1973 ca 12 % der Stimmen und 16 Mandate (von 155) gewann. Aber in den folenden Jahren erwiesen sich die Gegensätze als zu stark. Versuche, die SV zu einer sozialistisch-populistischen politischen Alternative auszubauen, traten zurück hinter den Einheitsbestrebungen und parlamentarischen Notwenigkeiten als Stütze einer Arbeiterpartei-Minderheitsregierung.

Politische Parteien und grüne Politik nach der Volksabstimmung

Auch nachdem der Wahlverband sich mit Ausnahme der Kommunisten 1975 als Sozialistische Linkspartei (SV) neu organisierte, ist eine realistische alternative Politik nicht zum Tragen gekommen. Als Vorsitzender des Landwirtschaftsausschusses hat Berge Furre mehr als alle seine Vorgänger für die Landwirtschaft erreicht. Als Landwirtschaftsfachmann genießt er die volle Anerkennung der Bauern. Dennoch bereiteten ihm die Bauern Westnorwegens in der Wahl vom 12. September 1977 eine deprimierend hohe Niederlage. Religiöse, anti-sozialistische und nationale Gefühle erwiesen sich als stärker. SV verlor 14 der 16 Mandate und konnte nicht einmal 5 % der Stimmen erreichen. Das Eigentumsdenken erwies sich rasch als ein unüberwindliches Hindernis für eine dauernde Zusammenarbeit zwischen Bauern und Sozialisten.

Im Widerstand gegen die EG-Mitgleidschaft war es 1972 gelungen frühere Gegensätze zu überbrücken und ein breites Wohlwollen zu wecken für die Suche nach neuen Wegen im Interesse marginalisierter Gruppen. Man kam sich näher, und gewann Verständnis dafür, daß die Probleme mit einer wachstumsorientierten Wirtschaftspolitik unlösbar bleiben mußten. Die schwierigen Lebensbedingungen der Kleinbauern und Fischer wurden breiten Kreisen des Volkes zum Bewußtsein gebracht.

Aber das politische Potential dieser Zusammenarbeit wurde nicht anhaltend mobilisiert. Während SV mit anderen Problemen zu kämpfen hatte, entwickelte der Rest der gespaltenen Liberalen (V) eine bürgerliche „grüne" Milieu- oder Umwelt-Politik mit stark intellektuellem Zuschnitt, erlitt aber damit ebenfalls eine Wahlniederlage. Die Zentrumspartei verpflichtete sich gegen den Widerstand der „grünen" inneren Opposition auf eine Regierungszusammenarbeit mit den Konservativen der Rechtspartei (H) und der christlich konservativen Volkspartei (KrF), und verlor fast 1/3 ihrer Stimmen in der Wahl von 1977.

Die neue Landwirtschaftspolitik der Arbeiterpartei

Inzwischen hat die Arbeiterpartei-Regierung von ihren Prämissen her eine Änderung ihrer Landwirtschaftspolitik vollzogen, die den Populisten einigen Wind aus den Selgeln nahm.

Geweckt durch die einheitliche Front der Bauern, die der Arbeiterpartei eine unerwartete Niederlage in der EG-Abstimmung beigebracht und damit die Regierung zum Rücktritt gezwungen hatte, war die mit knappest möglicher Mehrheit konstituierte, auf die SV gestützte Arbeiterpartei-Regierung von 1973 bereit, den Bauern größere Zugeständnisse zu machen. Die Situation war reif. Die Ölkrise, die Welternährungskonferenz in Rom, die Getreideknappheit und drohende Ernährungskrise, hatten den Blick geöffnet für den Wert größtmöglicher Selbstversorgung. Die Ausnutzung eigener Rohstoffquellen wurde politisch aufgewertet. Norwegisches Korn wurde zum ersten Male billiger als importiertes. Und Ernährungswissenschaftler wiesen darauf hin, daß größere Selbstversorgung eine gesündere Ernährung mit sich führen würde.

Eine Sachverständigenkommission der Regierung (sog. Öksnes Utvalg) stellte neben die traditionelle Zielsetzung der Landwirtschaftspolitik – annehmbare Einkommen durch effektive Produktion – ein weiteres Ziel auf: den Schutz der natürlichen Umwelt einschließlich der Siedlungsstruktur und der bestmöglichen Ausnutzung des landwirtschaftlichen Potentials. Die Kommission empfahl der Regierung Maßnahmen zur Stärkung der Selbstvorsorgung – ein Festfrieren der Kraftfutterimporte, Umstellung der Fleischversorgung mit Schwergewicht auf Rind- und Schaffleisch, Ausgleich von Einkommensunterschieden zwischen mechanisierten Großbetrieben und arbeitsintensiven Berg- und Fjordhöfen, und Unterstützung für Neurodung.

Landwirtschaftspolitik wurde zum Diskussionsthema in der Öffentlichkeit, und die Unruhe unter den Bauern wuchs. Die Regierung sah sich zum Handeln gezwungen.

Inzwischen verloren die Bauern auf Hitra die Geduld. Ihr Steuerstreik erregte große Aufmerksamkeit.

Der Vorsitzende der Sachverständigenkommission, Öksnes, wurde im Januar 1976 zum Landwirtschaftsminister ernannt, und führte die Landwirtschaftsverhandlungen für den Staat. Der Landwirtschaftsvertrag von 1976 enthielt landwirtschaftspolitische Neuerungen in mehreren Punkten, über eine wesentliche Erhöhung der staatlichen Zuwendungen hinaus. Zum ersten Mal wurde eine Norm verbindlich festgelegt für einen ganzjährigen Arbeitsplatz, die landwirtschaftliche Betriebe mit unterschiedlichen natürlichen, geografischen und technischen Voraussetzungen vergleichbar macht, sowohl untereinander als gegenüber anderen Berufsgruppen. Damit ist es möglich, das Einkommen eines beliebigen Bauern zu quantifizieren und mit dem eines Industriearbeiters zu vergleichen. Die Gleichstellung der Einkommen mit Industriearbeitern wurde innerhalb von sechs Jahren zugesagt. Der Vertrag setzte stärkere direkte Hilfen für die schwächeren Betriebe ein, in differenzierten Preisen, Kraftfutterzuschuß, Zuschüssen per Areal oder Wirtschaftseinheit. Die Schwelle von 60 % preisgebundenen Zuwendungen, bisher prinzipiell festgehalten, wurde aufgehoben.

Die am stärksten fühlbare Neuerung ist eine Ferienordnung für Bauern, für die der Staat sog. „Stall-Ablöser" bezahlt.

Der Vertrag von 1976 hat den Kleinbauern Erleichterungen gebracht, und den Willen zu landwirtschaftspolitischem Neudenken praktisch erwiesen. Er hat bei den Kleinbauern neue Hoffnungen geweckt. Aber noch ist Norwegen weit entfernt von einer wirklich neuen Landwirtschaftspolitik, die die Bedürfnisse der Dörfer zur Richtschnut macht. Der neue Landwirtschaftsvertrag allein sichert nicht die Existenz der übriggebliebenen Kleinbauern, noch garantiert er den Fjord- und Gebirgsbauern ein den steigenden Lebenshaltungskosten entsprechendes Einkommen. Die bis spätestens 1982 vorgesehene Angleichung der Einkommen gilt nur für Höfe, die groß genug sind, als ganzjähriger Arbeitsplatz definiert zu werden. Auch Zuschüsse per Areal oder Kraftfuttersubsidien helfen den kleinsten Höfen wenig. Die

Ferienordnung sieht bezahlte Ferien entsprechend der Arbeitsnorm des Hofes vor. Während ein Nebenerwerbsbetrieb also nur wenige Tage einen bezahlten Ablöser erhält, kann ein größerer Familienbetrieb sich lange Ferien erlauben. Vor allem reduziert der Vertrag nicht die wirtschaftlichen Vorteile der Großbetriebe, und bremst daher nicht die Effektivisierung und Über-Mechanisierung. Trotz einiger neuer Einsichten geht der Prozeß der „Gesundschrumpfung" in der Landwirtschaft weiter.

Eine sozialistische Alternative?

Mit kleinen Korrekturen oder selbst wesentlichen Zugeständnissen ist eine landwirtschaftspolitische Alternative nicht zu erreichen, die Rücksicht nimmt auf die wirtschaftlichen und menschlichen Probleme der Kleinbauern.

Die Regierung ist gegenwärtig vor allem bemüht die Arbeitslosigkeit zu bekämpfen. Mit internationalen Anleihen, gesichert mit zukünftigen Erdöl-Einnahmen, werden neue Arbeitsplätze in der Industrie geschaffen und gefährdete Betriebe gesichert. Damit wird Wachstum und internationale Konkurrenz weiter verschärft und die Krise in die Zukunft verschoben. Die Landflucht zum bremsen, um die Arbeitslosigkeit in den Städten zu begrenzen, kann dabei nützlich sein. Eine Lösung bietet diese Politik nicht, da die Anheizung der Konjunktur die Landwirtschaft zu neuen Anpassungen zwingt, und die Vorwegnahme zukünftiger Öleinnahmen eine Umstellung auch für die Zukunft erschwert.

Die Sozialistische Linkspartei SV ist darauf angewiesen, die Konjunkturpolitik der Arbeiterpartei-Regierung zu stützen oder aber die Verantwortung zu tragen für den Sturz der Regierung zugunsten einer bürgerlich-konservativen Koalition. Der Flügel der SV, der sich auf städtische Arbeiter stützt, fordert eine noch stärkere antizyklische Konjunkturpolitik als die Arbeiterpartei. In dieser Situation ist SV kaum in der Lage, eine konsequente Landwirtschaftspolitik, als Teil einer neuen Arbeits- und Wirtschaftspolitik, zu entwerfen.

Nur im Rahmen einer rationalen politischen Neuorientierung kann das landwirtschaftspolitische Dilemma Norwegens gelöst werden. Neue industrielle Arbeitsplätze zu bauen, für deren Produktion man Absatzmärkte künstlich schaffen muß, löst keine Krise. Mit weit weniger Aufwand an Geld und teuren Anlagen könnten Arbeitsplätze in der Landwirtschaft gesichert werden. Längere Ferien, kleinere Schulen, bessere Dienstleistungen, bessere Vorsorge für Krankheit und Alter, Schutz für Umwelt und Landschaft, sind Aufgaben, die zur Bekämpfung von Arbeitslosigkeit mehr und sinnvoller beitragen können als die Erhöhung einer von vorher überhöhten Produktionskapazität.

Das setzt freilich voraus, daß der Staat als Repräsentant der Allgemeinheit ermittelt und abwägt, welche Produktion und welche Dienstleistungen gesellschaftlich notwendig sind. Für die Landwirtschaft verlangt dies einen einheitlichen Plan, der auf gesamtgesellschaftlicher Grundlage festlegt, in welchem Grad das einheimische landwirtschaftliche Potential genutzt werden soll, wie die Landschaft bewohnt und gepflegt werden soll, wie viel Arbeit und wie viel an importierten Hilfsmitteln, einschließlich Energie, dazu eingesetzt werden soll. Als Teil einer Gesamt-Wirtschaftspolitik muß der Staat die Mittel bereitstellen, die notwendig sind, um den Bauern, die die praktische Arbeit ausführen, ein angemessenes Einkommen zu sichern. Gleichgültig wo er arbeitet, wie viel er verkaufen kann, und welchen Preis sein Produkt erzielt, nimmt jeder Bauer Teil an der gemeinsamen Aufgabe.

Dienstleistungen sind keine Produktion, und nur Produktion schafft Werte. Aber eine künstlich erhöhte Produktion kann mehr Werte zerstören als sie schafft. In einer Welt, in der Hunger für die Mehrheit der Menschen zum täglichen Leben gehört, und in der Weizen zur Waffe wird, kommt der Ausnutzung landwirtschaftlicher Möglichkeiten mehr Gewicht zu als der Erhaltung auskonkurrierter Arbeitsplätze oder dem Auskonkurrieren ausländischer Produktion. Auf längere Sicht ist die Planung und Finanzierung notwendiger Produktion und Dienstleistungen, und die vernünftige Verteilung notwendiger Arbeit sowie der geschaffenen Werte, die beste Wirtschaftspolitik.

In Norwegen ist diese Politik heute unrealistisch, nicht zuletzt weil die Bauern, auch die am meisten bedrohten Kleinbauern, darin eine Bedrohung ihres Eigentumsrechtes und ihrer Selbständigkeit sehen.

Als ersten Schritt müssen daher die Kleinbauern ein neues, positives Selbstbewußtsein entwickeln, als der „Vernskog", der „Schutz-Wald" des Volkes, der eine wichtige Aufgabe erfüllt, auch wenn er wenig produktiv ist. Der Bauer muß verstehen, daß Eigentum nicht in dem Recht besteht, mit einem Stück Land zu tun was er will. In diesem Sinn ist das Eigentumsrecht in Norwegen heute mehr begrenzt als je. Wo ökonomische Zwänge den einzig sinnvollen Gebrauch des Eigentums, nämlich das Land zu bebauen, unmöglich machen, gibt Eigentum keine Freiheit mehr.

Der Bauer muß begreifen, daß der Wert des Eigentums vielmehr liegt in dem Recht und der Pflicht, ein Stück Natur zu verwalten, ein Stück Leben zu pflegen, Im Namen seiner Familie, aber auch der Allgemeinheit. Dieses Recht soll er seinen Erben ungeschmälert erhalten.

Nur eine rationale Wirtschaftspolitik kann ihm die Möglichkeit dazu sichern. Solange er es nicht selbst im Stich läßt, denkt niemand daran, ihm dieses Recht zu nehmen.

Literatur

Bergo, Helge, 1976: Norsk jordbruk – ei ökonomisk slagmark. (Norwegische Landwirtschaft – ein ökonomisches Schlachtfeld). Oslo (Samlaget)

Borgan, Sigmund, 1973: Noen enner fra landbrukspolitikken. (Landwirtschaftspolitische Themen). Oslo

Borgan, Sigmund, 1974: Hvilke fölger har industrialisering av jordbruket? (Folgen der Industrialisierung der Landwirtschaft). in: Miljö-magasinet 6/74, S. 7 ff.

Brox, Ottar, 1966: Hva skjer i Nord-Norge? (Was geschieht in Nord-Norwegen?) Oslo (Pax)

Brox, Ottar, (ed.) 1969: Norsk landbruk – utvikling eller avvikling? (Entwicklung oder Abwicklung in der norweg. Landwirtschaft?) Oslo (Pax)

Brox, Ottar, 1972: Politikk. Bidrag til en populistisk argumentasjon. Oslo (Pax).
Jacobsen, Knut Dahl, 1964: Teknisk hjelp og politisk struktur. Oslo (Universitetsforlaget)
L. S. Årbok 1976: Årbok for landbrukets ökonomiske organisasjoner (Jahrbuch der norw. landwirtsch. Organisationen). Oslo (Landbrukets Sentralforbund).
Norges Bondelag 1977: Om landbrukspolitikken. Oslo (Broschüre) (Bauernverband Norwegens)
PAG (Populistiske arbeidsgrupper i Bergen) 1972: Norsk populisme. Oslo (Samlaget)
PAG (Populistiske arbeidsgrupper i Bergen) 1972/73: Artikkelsamling I – III. Bergen
Saetra, Hartvig, 1971: Populismen i norsk sosialisme. Oslo (Pax)
Saetra, Hartvig, 1973: Ökopolitisk sosialisme. Oslo (Pax)
Shanin, Teodor (ed.) 1971: Peasants and peasant societies. Harmondsworth (Penguin)
Almås, Reidar, 1974: Bonde og meierikapital (Bauer und Molkereikapital), Univ. Bergen (Staatsexamensarbeit, hektografiert).
Miljö – magasinet. Zeitschrift (monatl.). Oslo (Pax forlag).

Hartmut Elsenhans

Agrarrevolution, Wachstumspotential, Demokratisierungsmöglichkeiten

Einige Thesen

Die These

Die Überwindung von Unterentwicklung setzt in den meisten Ländern der Dritten Welt eine egalitäre Bodenreform in Verbindung mit einer Mobilisierung der breiten Massen auf dem Lande voraus. Dadurch entsteht eine egalitäre Verteilung der Einkommen mit der Folge einer Konzentration der Nachfrage auf wenige industrielle Produkte, die – zusammen mit einer Steigerung der Masseneinkommen durch bisher nicht eingesetzte Arbeitskraft und -zeit auf dem Lande – über einen sich erweiternden Binnenmarkt rentable Investitionsmöglichkeiten schafft. Um diese Zielsetzung zu erreichen, müssen Elemente der staatlichen Planung und Elemente der dörflichen Demokratie miteinander kombiniert werden, so daß Chancen für eine rasche Demokratisierung an der Basis entstehen. Eine solche Mobilisierung ist zugleich selbst eine Vorbedingung für den wirtschaftlichen Erfolg von Bodenreformen. Diese drei Thesen einer größeren Arbeit[1] sollen im folgenden kurz begründet werden. Sie richten sich gegen verschiedene Aussagen derzeit herrschender Entwicklungsstrategien. Gelingt ihre Begründung, sind vor allem zwei Konzepte zu verwerfen:

– das Konzept der Modernisierungsdiktatur, bei der auf lange Frist allein von einer staatlichen Bürokratie, die gegen die unmittelbar erlebten Interessen der Masse der Bevölkerung Entwicklungsziele ansteuert, die Überwindung von Unterentwicklung erwartet wird, auch wenn – wie zu zeigen sein wird – einer solchen Bürokratie in dem hier begründeten Entwicklungskonzept wichtige Aufgaben zukommen;

– das Konzept, daß durch eine ungleiche Verteilung der Einkommen die Sparquote angehoben werden könne (was empirisch falsch ist, Oshima 1971; 176. Ahmad/Sternberg 1969; 171. Massell/Meyer 1969; 227. Bronfenbrenner, in: Randall 1964; 66.), und daß dadurch die Investitionsrate gehoben werden könne (wogegen die Praxis des Geldhortens und der Kapitalexporte der Grundbesitzer spricht, Griffin, in: Streeten 1970. Alexander 1963; 559. Grunig 1969; 45) und Produktivkräfte entwickelt würden (dagegen spricht die Tatsache des hohen Kapitalbedarfs pro Arbeitsplatz in den Branchen, die für den Luxuskonsum der Bezieher hoher Einkommen produzieren, Bsp. Autoindustrie: Baranson 1968; 27. Johnson 1967; 210).

Ausgangspunkt der Überlegungen ist der schon an anderer Stelle (Elsenhans 1974 b) entwickelte Ansatz, daß die Überwindung von Unterentwicklung davon abhängt, daß Massenproduktion für Massenkonsum Schwerpunkt der wirtschaftlichen Tätigkeit wird. Dieser Ansatz wendet sich in gleichem Maße gegen die Konzepte der importsubstituierenden wie der exportorientierten Industrialisierung. Die importsubstituierende Industrialisierung, wie sie in den 30er Jahren zunächst in Lateinamerika, mit Verzögerung in Asien und in geringerem Maße auch in Afrika eingesetzt hat, scheitert an der Orientierung an der durch ungleiche Einkommensverteilung geprägten Nachfragestruktur und den geringen Auswirkungen der importsubstituierenden Industrialisierung auf den Arbeitsmarkt, mit der Folge, daß zu wenige Arbeitsplätze entstehen: Geringe Masseneinkommen erlauben nur den Aufbau geringer Kapazitäten für den Massenkonsum. Die Befriedigung des Konsums der Privilegierten erzwingt den Aufbau von Branchen mit hoher Kapitalintensität pro Arbeitsplatz und hohen Importquoten bei den Ausrüstungsgütern. Die Folge ist eine Devisenlücke, eine geringe Zahl entstehender Arbeitsplätze (für dann allerdings relativ qualifizierte Arbeitskräfte und damit eine weitere Verschiebung der Nachfragestruktur zugunsten der Privilegierten), während zugleich aufgrund suboptimaler Kapazitäten – sowohl in den Konsumgüter- als auch, sofern überhaupt vorhanden, bei den Investitionsgüterindustrien (Brasilien, Indien) – hohe Produktionskosten die Möglichkeit des Exports (und damit der Erweiterung des äußeren und des inneren Markts) erschweren. Die exportorientierte Industrialisierung versucht zwar über die Spezialisierung auf arbeitsintensiv hergestellte Produkte die Zahl der pro Kapitaleinheit entstehenden Arbeitsplätze zu vergrößern und das Problem der Devisenlücke zu lösen, kann aber nicht jenen Umfang erreichen, durch den eine strukturelle Veränderung des Arbeitsmarkts in der Dittten Welt erreicht werden könnte.

Beide Konzepte werden durch den vorliegenden Ansatz zwar nicht in allen Aspekten widerlegt, wohl aber partiell wegen ihrer ausschließlichen Orientierung an den Außenwirtschaftsbeziehungen kritisiert. Die Frage, was und wieviel importiert bzw. exportiert wird, ergibt sich ausgehend von den Erfordernissen der Umstrukturierung des Produktionsapparats auf Massenproduktion für Massenbedarf. Tatsächlich ist die Frage nach dem Niveau des Außenhandels falsch gestellt. Exporte können je nach der inneren Struktur eines Landes zur Entwicklung und zur Unterentwicklung führen. Entscheidend ist auf wirtschaftlicher Ebene die Verflechtung von Industrie und Landwirtschaft, die eine Maximierung der Befriedigung von Massenbedürfnissen kurzfristig erlaubt. Diese These ist konsistent

– mit der historischen Erfahrung der Metropolen: Im Gegensatz zu der Marx'schen Theorie der ursprünglichen Akkumulation und der mit ihr in wesentlichen Aussagen übereinstimmenden neoliberalen Theorie, nämlich des Wachstums als abhängig von der Aneignung von Profit, ist die Genese der kapitalistischen Wirtschaft abhängig gewesen von einer relativ egalitären Einkommensverteilung (Elsenhans 1976; 129–133. Elsenhans 1977 a; 6). Nicht Frankreich, sondern England war (gestützt auf den Überseemarkt .... der nordamerikanischen Siedlerkolonien) das Zentrum der industriellen Revolution und wurde im 19. Jh. von dem Hochlohnland USA überholt!

– mit der keynesianischen Profit- und Akkumulationstheorie. Nicht die Verfügbarkeit von Geldkapital (wie bei Marx und den Neoliberalen), sondern die Existenz von rentablen Investitionsmöglichkeiten und damit die auf dieser Grundlage realisierte Akkumulationsrate bestimmen Investitionen und Profitrate. Akkumulation ist aber die Indienststellung von Maschinen (die mit nichtmenschlicher Energie betrieben werden), um *standardisierte* Produkte herzustellen (Strassmann 1956; 426–428. Elsenhans 1976 b; 100). Die englische Textilindustrie wuchs durch die Produktion einfacher Tuche. Die italienische Luxustextilproduktion führte nicht zur Industrialisierung.

Zu Interpretationen der Unterentwicklung der Landwirtschaft in der Dritten Welt.

Daß die Ungleichheit der Bodenverteilung ein Hindernis für Akkumulation darstellt, ist ein in der Diskussion über die Agrarstrukturen der Dritten Welt seit langem bekanntes Argument und erfuhr seine besondere Ausprägung in der amerikanischen Diskussion v.a. der 60er Jahre.[2] Interpretiert wurde dabei die ungleiche Bodenverteilung als Feudalismus: der übergroße Bodenbesitz erlaube den Grundbesitzern, Einkommen aus Land zu beziehen, das sie für Luxuskonsum verprassten, statt investieren zu müssen, und den Verzicht auf die Bebauung brachliegender Böden, um ihre lokale Machtposition als monopolistischer Arbeitgeber zu erhalten. Geringe Investitionsneigung, geringe Marktorientierung, hohe Importquote des Verbrauchs, hohe Neigung zum Kapitalexport waren die Hauptkritikpunkte dieses Ansatzes, der auf eine Umverteilung des Großgrundbesitzes zugunsten von Mittelbetrieben zielte, die dann agrarkapitalistisch akkumulieren sollten.

Dieser Ansatz war sowohl historisch wie logisch schon damals widerlegt. Historisch waren die sogenannten feudalen Bodenverteilungsstrukturen kapitalistisch: in Lateinamerika entstanden die Latifundien zur Gewinnmaximierung für den Export (Chevallier, in: Braudel/Postan/Söderlund 1960; 403 f. Simpson 1960; 153 f.) Sie refeudalisierten sich, als der äußere Markt wegfiel, weil kein Binnenmarkt vorhanden war – die Kostensenkungsstrategie der Agrarkapitalisten war zu erfolgreich gewesen, stieß nicht auf den für die Kapitalakkumulation entscheidenden Prozeß der Bildung von Massenmärkten durch Widerstand von „Unten" gegen Ausbeutung. Gleiches gilt übrigens für die zweite „Feudalisierung" in Osteuropa im 16. und 17. Jh. (Malowist 1966; 27. Pach 1964; 31) und für die Auflösung gemeinschaftlichen Bodenbesitzes in den sich unter kapitalistischem Einfluß auflösenden asiatischen Produktionsweisen Asiens und Nordafrikas.

Logisch war dieser Ansatz von Gheorghescu-Roegen 1960 widerlegt worden (1960; 36), indem dieser zeigte, daß bei noch wenig entwickelter Arbeitsproduktivität in der Landwirtschaft das Eindringen kapitalistischer Produktionssteuerung die Verelendung der Landbevölkerung beschleunigen müsse. Georghescu-Roegens Argument lautet: In einer Landwirtschaft mit geringer durchschnittlicher Arbeitsproduktivität wirkt das Gesetz sinkender zusätzlicher Bodenerträge bei steigendem Arbeitseinsatz in Richtung auf Entlassung all jener Arbeitskräfte, deren zusätzlicher

Beitrag zur Produktion kleiner ist als ihr Verbrauch. Die niedrige Durchschnittsproduktivität der Arbeit hat zur Folge, daß ein nicht unerheblicher Teil der Arbeiter in der Situation ist, *marginal* weniger zu produzieren als er verbraucht.

Georghescu-Roegens Überlegung sind zwei Argumente entgegenzuhalten:

1. Wenn über das Eindringen agrarkapitalistischer Verhältnisse Arbeitskraft freigesetzt wird, sinkt angesichts der Verschärfung der ungleichen Einkommensverteilung die effektive Nachfrage nach Nahrungsmitteln. Damit sinken die Preise für Nahrungsmittel gemessen in anderen Produkten. Bisher noch Mehrwert produzierende Arbeitskräfte in der Landwirtschaft werden teurer als der Grenzertrag und zusätzlich freigesetzt.

2. Was mehrwertbildende Arbeit ist, hängt von der Nachfrage ab, weil sie bestimmt, welche Arbeiten gesellschaftlich notwendig sind. In einer Gesellschaft, in der angesichts der kaufkräftigen Nachfrage Angebot und Nachfrage im Gleichgewicht sind, wären z. B. landwirtschaftliche Erschließungsarbeiten nicht gesellschaftlich notwendig. Anders wenn eine Erhöhung der kaufkräftigen Nachfrage nach Nahrungsmitteln, etwa durch Beschrändkung des Luxuskonsums der Privilegierten zugunsten der Nahrungsmittelnachfrage der unteren Einkommensklassen eintritt. Da das Nahrungsmittelangebot beschränkt ist, steigen die Preise und damit werden Erschließungsarbeiten zumindest langfristig rentabel.

Nicht das Eindringen kapitalistischer Steuerungsmechanismen in die Landwirtschaft, sondern die bei Großgrundbesitz ungleiche Einkommensverteilung haben zur Folge, daß Arbeitskraft freigesetzt wird. Tatsächlich hat z. B. die englische Landwirtschaft im Rahmen ihrer „Durchkapitallsierung" wegen der hohen Arbeitseinkommen, und damit der großen Nahrungsmittelnachfrage bis 1815 einen hohen Arbeitskräftebedarf entwickelt (Jones 164; 323–328, ders. 1965; 16, ders. 1967; 22).

Damit ergibt sich, daß entscheidend für die Anregung der agrarischen Produktion in der Dritten Welt die Transformation von Massenbedürfnissen in effektive Nachfrage ist.

Hier wirkt sich dann allerdings aus, daß – abgesehen von einigen ersten Maßnahmen zur Steigerung der Produktion – in der Anfangsphase landwirtschaftlicher Entwicklung unter den klimatischen Bedingungen der meisten Länder der Dritten Welt die erzielbaren Produktionssteigerungen gering sind, nämlich pro Jahr bei 3 – 5 % der Investitionskosten (Elsenhans, in: Nuscheler/Nohlen 1976; 90. Long 1968; 97). In marxistischen Termini wächst die technische Zusammensetzung des Kapitals sehr rasch an, ohne daß sie durch Produktivitässteigerungen ausgeglichen wird. Die Profitraten müssen dann auf das zu investierende Kapital niedrig sein. Neben der Umverteilung der Einkommen muß also gewährleistet sein, daß ökonomische Strukturen entstehen, in denen Bevölkerungsgruppen entweder eigene Mehrarbeit oder über Geldkapital fremde Mehrarbeit mit kurz- und mittelfristig sehr niedrigen Profiterwartungen einsetzen.

Eine Umverteilung der Einkommen führt zu einer Erhöhung der Nahrungsmittelnachfrage.

Eine Umverteilung der Einkommen hat in allen Ländern der Dritten Welt v.a. die Folge, den hohen Luxuskonsum der Privilegierten zu vermindern. Dieser Luxuskonsum ist einerseits devisen-, andererseits kapitalintensiv. Eine Vielzahl von Untersuchungen zeigt, daß je differenzierter der Konsum ist, desto höher die direkte Importquote und umso höhere Qualitätserfordernisse, desto höher entweder die direkte Importquote oder die Kapitalintensität (d.h. der Produktionsmittelbedarf, der wiederum zu einem erheblichen Teil importiert werden muß, weil es sich um Spezialmaschinen handelt, die in der Dritten Welt nicht produziert werden können – wegen ihrer Kompliziertheit und wegen der geringen Größe des lokalen Absatzmarkts, Hansen 1971; 28. Emmerji 1974; 209. Furtado 1973; 480. Weisskopf, in: Senghaas 1974; 178 ff.). So können z.B. Baumaterialien für einfache Häuser nach einer Untersuchung über Kenia arbeitsintensiv im Lande produziert werden, nicht aber Baumaterialien für die Häuser der Bezieher hoher Einkommen (Stewart, in: Bhalla 1975; 240). Diese Liste (z.B. Fahrrad vs. Auto) läßt sich sehr weit verlängern.

Die Sparquote fällt bei Umverteilung der Böden nicht. Hätten hohe Einkommensunterschiede zu hohen Spar- und Investitionsquoten geführt, dann wäre die Dritte Welt schon lange entwickelt. Die Sparquoten der Privilegierten sind bei gleicher Einkommenshöhe wie in den Industrieländern in Lateinamerika halb so hoch wie in Großbritannien in den 60er Jahren (Barraclough/Domike 1966; 405). Die Sparquoten der unterprivilegierten kleinen Bauern in der Dritten Welt sind z.T. erheblich, weil sie ihren Konsum auf das Notwendigste begrenzen (Oshima 1962; 303. Griffin 1969; 183).

Im Fall der Umverteilung wächst die Nachfrage nach einfachen Konsumgütern des Massenbedarfs zu Lasten des Luxuskonsums. Dazu gehören einfache Industriewaren, die – durch die Weiterentwicklung des heimischen sogenannten informellen Sektors, nämlich lokale Klein- und Mittelbetriebe, produziert werden können (Seers 1970; 386), bzw. – angesichts der Konzentration der Nachfrage vieler Konsumenten auf eine kleine Zahl von Produkten in großen Serien produziert werden können. Dadurch lassen sich in der Konsumgüterproduktion und (wegen der Homogenität der Endverbrauchernachfrage) auch bei den relativ einfachen Produktionsmitteln zumindest im Verbund einiger Entwicklungsländer optimale Kapazitäten erreichen.

Vor allem aber wächst bei einer Einkommensumverteilung die Nahrungsmittelnachfrage. Die marginale Nahrungsmittelquote an den Familienausgaben der ärmsten Einkommen in der Dritten Welt ist teilweise höher als die durchschnittliche. Breman (1974; 238) hat für Indiens ärmste Bevölkerungsgruppe, beschränkt auf eine Region, einen durchschnittlichen Anteil der Nahrungsmittel an den Verbrauchsausgaben von 86 % festgestellt, Mellor (in: Mellor/Weaver/Lele/Simon 1968; 24) für eine wiederum nicht für ganz Indien repräsentative Bevölkerungsgruppe eine marginale Nahrungsmittelquote von 90 %. In Marokko liegt die Quote bei ca. 70 %, in Algerien in den Landarbeiterhaushalten um 60 % (Elsenhans, in: Nohlen/Nuscheler 1976; 96). Selbst die Einkommensklassen mit einem doppelt so hohen Einkommen wie die einkommensschwächsten 40 % geben in Algerien noch um 50 % ihres Familieneinkommens für Nahrungsmittel aus. Wenn die Geldeinkommen der Armen in Indien zunehmen, steigen die Nahrungsmittelpreise (Mellor/Dar 1968; 971). Selbst bei einem Anteil der Nahrungsmittel an den Familienausgaben von 70 – 80 % bestand im Chile der 60er Jahre noch keine unter ernährungswissenschaftlichen Kriterien ausreichende Ernährung (Thiesenhusen 1966; 282). Angesichts der Tatsache, daß in der Dritten Welt das Nahrungsmitteldefizit auf der Ebene hochwertiger proteinhaltiger Nahrungsmittel noch stärker als auf der Ebene der Kalorienzufuhr liegt, kann davon ausgegangen werden, daß noch sehr langfristig im Fall einer Egalisierung der Nachfrage der Nahrungsmittelbedarf steigt, wenn auch allmählich in Richtung auf eine differenzierte Agrarproduktion.

Eine Umverteilung der Einkommen ist nur über eine Bodenreform möglich.

Die in den kapitalistischen Industrieländern üblichen Methoden der Einkommenpolitik greifen in der Dritten Welt nicht und zwar sowohl aus Gründen des Kräfteverhältnisses zwischen den sozialen Klassen als auch aus Gründen administrativer Effizienz. Besteuerungsversuchen können sich die Privilegierten weitgehend entziehen, Transferzahlungen zugunsten der Unterprivilegierten bleiben in korrupten Verwaltungen hängen, während insgesamt das verteilbare Produkt begrenzt ist. Beschäftigungs- und Ansiedlungsprogramme haben geringe kurzfristige Auswirkungen auf die Höhe des verteilbaren Produkts und sind zumindest im Fall von Beschäftigungsprogrammen teuer, weil die hier eingesetzte Arbeitskraft erfahrungsgemäß sich an den Löhnen von Industriearbeitern in den Städten orientiert (Costa 1973; 377, ders. 1966; 203. Arlès 1966; 16). Sie entsprechen deshalb nicht der oben begründeten Forderung, daß mit der Umverteilung insgesamt eine Austeritätspolitik verbunden sein muß, weil selbst mittelfristig das zusätzliche Nahrungsmittelangebot gering bleibt.

Umverteilung kann dann nur bedeuten, das Produktionsmittel Boden möglichst egalitär auf die Landbevölkerung zu verteilen, um jedem die Chance zu geben, durch eigene Arbeit kurzfristig sich die Überlebensmöglichkeiten zu sichern und langfristig, mit investiver Mehrarbeit, ein höheres Niveau der Bedürfnisbefriedigung für sich und seine Kinder zu erzielen.

Kann die Bodenreform von der Seite der Produktion die gehegten Erwartungen befriedigen?

Aus den angegebenen Schwierigkeiten (hoher Aufwand an Mehrarbeit/Investitionen) für die Steiergung der Bodenerträge in der Dritten Welt folgt, daß die Bodenreform nicht automatisch die landwirtschaftliche Produktion erhöht, sondern unter dem Gesichtspunkt zu überprüfen ist, inwieweit die Bauern der Dritten Welt bessere

Agenten des landwirtschaftlichen Fortschritts sind als die Großgrundbesitzer. Dazu sind zwei Problembereiche anzusprechen:
– das soziokulturelle Verhaltensmuster der Bauern und
– das System der Anreize im Fall der Umverteilung der Böden.

Die These der fehlenden ökonomischen Rationalität der Bauern ist falsch.

Im Rahmen der mit unterschiedlichen moralischen Einschätzungen verbundenen Theoreme über den Fatalismus der Landbevölkerung der Dritten Welt (Folge „rückständiger" Religionen, rassischer Unterlegenheit oder Folge der „repressiven Kultur" des Kolonialismus) wird behauptet, daß die Bauern nicht bereit seien, vorhandene bzw. neue Produktionsfaktoren zu nutzen, für Märkte zu produzieren, Neuerungen einzuführen.

Richtig ist, daß einzelne Teile der Landbevölkerung so verelendet sind, daß angeblich vorhandene Produktionsfaktoren gar nicht verfügbar sind: Die indischen Bauern brauchen Viehdünger als einzig verfügbares Brennmaterial (Dutt 1951; 233). Sie sind zu schwach, um durch Umpflanzen die Reiserträge zu erhöhen (Weaver, in: Mellor/Weaver/Lele/Simon 1968; 201. Deutsch, in: Leagans/Loomis 1971; 28). Andererseits zeigen Untersuchungen als allen Regionen der Dritten Welt (Hunter 1972; 53. Chenareddy 1967; 819. Chesneaux/Bastid 1969; 23–25. Yamamoto 1971; 449. Hopper 1965; 623 ff.), daß die Bauern verfügbare Produktionsfaktoren durchaus rational einsetzen, Düngemittel nutzen, wenn deren Preis im Verhältnis zum zusätzlichen Ertrag einen Gewinn erlaubt, Kleintraktoren einsetzen, wenn durch tieferes Pflügen die Hektarerträge steigen oder Marktprodukte anbauen, wenn die Erzeugerpreise stetig und günstig sind. Allerdings unterscheidet sich der Beitrag neuer Faktoren zur Produktion, d.h. ihre „Produktivität", von deren Beitrag in den Industrieländern.

Bei Düngemitteln beträgt z.B. in Indien der physische Ertrag pro eingesetzter Düngemitteleinheit im Vergleich zu den USA nur 1/4. Mit der gleichen Menge von Düngemitteln steigt in Indien die Ernte nur auf 1/4 des zusätzlichen Produkts, das in den USA erzielt wird (Herdt/Mellor 1964; 157). Außerdem sind die Düngemittel, in deren Produktionskosten ausländische Produktionsmittel eingehen, im Verhältnis zu den Preisen für Agrarprodukte teurer als in den Industrieländern (Fienup/Brannon/Fender 1969; 157. Ward 1969; 185 ff.). Eine Verbilligung der Düngemittel würde erfordern, daß die Bauern massenhaft Düngemittel einsetzen, um Größenersparnisse in der Produktion und beim Transport zu erzielen. Derzeit sind die Transport- und Produktionskosten für Düngemittel um 25 % – 50 % höher als in den Industrieländern und die Kapazitäten nicht ausgelastet (Unido 1972; 142). Die Pachtsysteme der Dritten Welt (Halbpacht) vermindern darüberhinaus den Anteil der Pächter am Ertragszuwachs, obwohl diese allein die Kosten der Düngemittel tragen (Herdt/Mellor 1964; 159).

Die These der fehlenden Marktorientierung ist letztlich eine Form des Theorems der „rückwärtsgebogenen" Arbeitsangebotskurve. Daß Menschen, die am Rande des Existenzminimums leben, bei einer Erhöhung ihrer Nahrungsmittelproduktion zunächst ihren Nahrungsmittelverbrauch erhöhen, ist selbstverständlich und sogar eine Zielsetzung des hier vertretenen Entwicklungswegs. Strittig ist allerdings, ob die Bauern nach Befriedigung dieser Bedürfnisse weiter die Produktion erhöhen oder die Arbeitszeit einschränken. Daß die These einer Verminderung der Arbeitszeit bei Befriedigung der allernotwendigsten Bedürfnisse nur eine Rechtfertigung von Überausbeutung darstellt, hat Hla Myint (1955; 138) gezeigt (neben anderen Autoren: Moussa 1957; 142 f. Bourdieu/Darbel/Rivet/Seibel 1963; 324 ff. Morgaut 1959; 111 ff., ders. 1960; 240 f.): Das Wachstum des Arbeitsangebots bei sinkendem Lohn spiegelt die Notwendigkeit wider, minimale Lebensbedürfnisse eben mit immer mehr Arbeitszeit zu befriedigen. Bei höheren Realeinkommen ergibt sich allerdings durchaus ein Anreiz, auch bei wachsender Bedürfnisbefriedigung die Produktion weiter zu steigern. Das hatte die französische Kolonialverwaltung schon 1958 entdeckt (Elsenhans 1974; 652)

Die Verminderung der agrarischen Produktion in einigen afrikanischen Ländern entspricht der gleichen Gesetzmäßigkeit: Wenn über die Entwicklung zwischen den Preisen für Industrie- und Agrarprodukten bzw. durch die Besteuerung alle Produktionsfortschritte nur zur Bereicherung einer städtischen Bürokratie führen, dann besteht kein Anreiz, die Produktion zu erweitern (Billaz 1973; 251. Ryelandt 1974; 57–66).

Historisch hat sich gezeigt, daß nach einer Phase erhöhten Selbstverbrauchs im Fall der Umverteilung der Böden auch das vermarktbare agrarische Mehrprodukt wuchs (Adams 1970; 424. Burke 1970; 443 ff. Kunkel 1961; 51–53. Sturt 1965; 633. Menz 1971; 48. Sideman, in: Allen/Johnson 1970; 258. Iliffe, in: Gifford/Louis 1967; 563. Warriner, in: Eicher/Witt 1964; 287. Griffin 1969; 276) und die Bauern auf Preisanreize mit Produktionserweiterungen reagieren (Gupta/Majid 1965, 48. Frankel 1972; 89. Abbott 1962; 353. Dean 1965; 402–409).

Die These vom nichtinnovativen Verhalten der Bauern stützt sich v.a. auf den beobachtbaren Befund, daß die Bauern sich nicht verschulden, um neue Produktionsmittel zu kaufen. Auch hier läßt sich zeigen, daß entscheidend für die Erklärung des Verhaltens der Bauern die ökonomischen Rahmendaten und nicht fortschrittsfeindliche soziokulturelle Normen sind. Da die Landwirtschaft in der Dritten Welt noch wenig entwickelt ist sind die Ernteüberschüsse, die die Bauern über den Bedarf ihrer Familien hinaus erwirtschaften können, in der Regel klein und außerdem je nach Witterungsbedingungen von Jahr zu Jahr unregelmäßig. Die Rückzahlungsfähigkeit der Bauern ist gering und ungewiß, die Zinsen der Geldleiher wegen der hohen Rate der Bankrotte aber hoch, so daß die Verschuldung schon über die Kreditbedingungen mit großer Wahrscheinlichkeit zum Verlust des Bodens führt (Bottomley 1964 a; 117–120, ders. 1964 b; 319–321. Weeks 1970; 30–32). Sich nicht zu verschulden, ist daher ein Zeichen ökonomischer Rationalität.

Die wichtigsten Einwände gegen die soziokulturelle Fähigkeit der Bauern, selbst ein Wachstum der Produktivkräfte herbeizuführen, müssen also insoweit als widerlegt gelten, als diese Verhaltensmuster ökonomisch rational sind. Zu fragen ist allerdings, ob sie als erworbene unter veränderten ökonomischen Rahmenbedingungen, unter denen sie dysfunktional werden, sofort aufgegeben würden. Hier zeigt sich, daß die Bodenreform zu koppeln ist, mit Maßnahmen der Kulturrevolution.

Bodenreform und Akkumulationspotential.

Unter der Voraussetzung, daß die Bauern sich zumindest im Bereich der für sie risikolosen Innovationsmöglichkeiten und Produktionsstrategien ökonomisch rational verhalten, lassen sich zwei Thesen aufstellen:

1. Bei einer egalitären Umverteilung der Böden – gekoppelt mit genossenschaftlichen Formen der Arbeitsorganisation – wird die Agrarproduktion über den Umfang hinaus gesteigert, den Großgrundbesitzer angestrebt hätten.

2. Im Fall einer solchen Bodenreform wird die vorhandene Arbeitskraft, die nicht unmittelbar im Produktionsprozeß eingesetzt werden kann, für investive Mehrarbeit verwendet, sofern minimale Anreize bestehen.

Beide Thesen lassen sich leicht durch ein Zahlenbeispiel begründen, das vom Gesetz abnehmender Erträge ausgeht:

Zahl der Arbeiter	20	40	60	80	100	zusätzl. Arbeiter	20	20	20	20	20
Wert des Produkts gemessen in Kosten der Arbeiter	60	90	105	110	110	zusätzl. Produkt	60	30	15	5	0
						zusätzl. Mehrprodukt	40	10	–5	–15	–20

Ein Großgrundbesitzer wird mit dem Ziel der Gewinnmaximierung nur die ersten 40 Arbeiter einsetzen, weil sie ein Mehrprodukt erwirtschaften. Haben alle Bauern einen gleichen Anspruch auf Land, werden mindestens 80 Arbeitskräfte eingesetzt und die Nahrungsmittelproduktion um 25 % gesteigert. Haben alle 100 Arbeitskräfte einen gleichen Anspruch auf Land, dann werden 20 Arbeiter verfügbar, die zur Verbesserung der Infrastruktur und der Böden, zum Bau von Bewässerungsanlagen usw. verfügbar werden. Das Beispiel ist nur eine Illustration des grundlegenden Unterschieds zwischen einer profitmaximierenden und einer subsistenzmaximierenden Produktionsstrategie in Fällen, in denen die Produktion des Grenzarbeiters niedriger als seine Kosten sind.

Sicher wird das vermarktbare Mehrprodukt zunächst vermindert und beträgt in unserem Fall 10. Ob dies ein Verlust ist, hängt davon ab, ob und wofür das vermarktbare Mehrprodukt eingesetzt worden wäre. Dabei kann aber auf folgende ausgleichende Mechanismen verwiesen werden: Der Wegfall des hohen Luxusbedarfs der Privilegierten und des hohen Kapitalbedarfs in den Industrien, die für diesen Markt Konsumgüter oder Investitionsgüter produziert hätten, erlaubt Ressourcen freizumachen für die Entwicklung der Landwirtschaft durch investive Mehrarbeit und Investitionen in Branchen, die für die Bedürfnisse der Modernisierung der Landwirtschaft arbeiten, sowie für einen höheren Massenkonsum, da 100 % der Bevölkerung (statt 40 %) beschäftigt sind und 22 % mehr Nahrungsmittel produziert werden. Da bei einem Ansteigen der Nahrungsmittelproduktion in der Folge der investiven Arbeiten v.a. die Bauern (neben dem Staat – über Steuern) profitieren, wird sich die dann entstehende Nachfrage auf Konsumgüter des einfachen Bedarfs konzentrieren, die entweder mit geringem Kapitalaufwand mit heimischen Produktionsmitteln hergestellt werden können bzw. bei deren industrieller Großproduktion Kapital- und Devisenkosten über „economies of scale" gespart werden. Die Frage, in welchem Umfang langfristig allerdings mit einer solchen Strategie Produktionssteigerungen zu erzielen sind, mit denen nicht nur ein ökologisches Gleichgewicht zwischen Bevölkerung und natürlichen Ressourcen, sondern ein wachsendes Mehrprodukt erzielt werden kann, das die Umsetzung heimischer Arbeitskraft auf gewerbliche Produktion erlaubt, hängt von folgenden Elementen ab:

Ein großer Teil der Produktivitätssteigerung in der Landwirtschaft in der Dritten Welt hängt von kleinen arbeitsintensiven Projekten ab, die die Bauern selbst durchführen können, wenn sie ein Interesse an Produktivitätssteigerungen haben. Dazu gehören gerade in den halbtrockenen Zonen der Welt (in denen die Masse der Menschen in den unterentwickelten Ländern leben – Arabien, Nordostbrasilien, Indien) Arbeiten wie Aufforstung, die Verlegung von Bewässerungsrohren, Bankettierung von Hängen zur Erosionsbekämpfung. Ein weiterer Teil von Verbesserungen der Hektarerträge geht von neuen Vorprodukten wie Düngemitteln, Traktoren (z.B. tieferes Pflügen), verbessertem Saatgut usw. aus, die die Bauern nicht selbst bereitstellen können. Der Einsatz neuer Vorprodukte erfolgt aber seitens kleiner, in Genossenschaften zusammengefaßter Bauern qualitativ verschieden zum Fall, daß Großgrundbesitzer diese Investitionen tätigen. Kleine Bauern müssen die Kosten ihres Lebensunterhalts auf jeden Fall aufbringen. Eine egalitäre Genossenschaft muß die geringen Ressourcen auf alle Mitglieder nach der geleisteten Arbeit verteilen, gleichgültig ob der Arbeitseinsatz direkt produktiv war. Wer als „Grenzarbeiter" auf den Feldern eingesetzt wurde, d.h. wer bei gleicher Arbeit weniger zur Produktion beigetragen hat als andere kann gar nicht bekannt sein. Ein Grundbesitzer maximiert aber mit neuen Vorprodukten nicht nur die Differenz zwischen den Kosten dieser Produkte und dem zusätzlichen Produkt, sondern zwischen *allen* Kosten und dem Erlös. Er wird z.B. Arbeitskräfte frei- und Vorprodukte einsetzen, wenn dadurch Kosten gespart werden können. Ohne Expansion seines Absatzmarktes wird er mit mehr Vorprodukten und weniger Arbeitskräften gleichviel wie vorher produzieren. Eine vergleichende Analyse der Grünen Revolution bei egalitärer Bodenverteilung und Großgrundbesitz zeigt, daß die negativen Folgen der Grünen Revolution, nämlich Freisetzung von Arbeitskräften, Niederkonkurrierung kleiner Bauern, die aufgrund der oben erwähnten Strategie der Risikoverminderung nicht investieren können, usw., nur dort auftreten, wo Großgrundbesitz vorherrscht (Raj 1972; 326. Ahmad 1972; 26. Yamamoto 1971; 472. Abercrombie 1972; 45). Darüber hinaus treten wegen der Vorliebe der Großgrundbesitzer für komplexe Produktionsmittel, die die Gesamtkosten senken, im Vergleich zu Kleinbauern und Genossenschaften, die zunächst einige wenige und gleichartige Produktionsmittel nachfragen (z.B. statt wenigen Mähdreschern viele Zweiradtraktoren), höhere Kapital- und Devisenbelastungen aufgrund geringerer Kapazitäten der Betriebe für die Produktionsmittelproduktion auf. Ähnliches gilt in bezug auf das Transportkostenproblem (Johnston/Mac Pherson, in: Southworth/Johnston 1967; 205. Mellor, in Mellor/Weaver/Lele/Simon 1968; 101. Crawford, in: Shand 1969; 185 ff.) Es ist im Regelfall billiger für 100 % der Flächen statt für nur 50 % der Flächen Düngemittel anzuliefern.

Die Modernisierung der Landwirtschaft mit dem Mittel von in Genossenschaften zusammengefaßten Kleinbauern führt zu einer Konzentration der Produktionsmittelproduktion für die Landwirtschaft auf jene Produkte, die primär den Bodenertrag und damit die Gesamtproduktion erhöhen und spart damit in der Anfangsphase geringer verfügbarer Investitionsfonds bei vergleichbarer Steigerung der Hektarerträge im Verhältnis zur Strategie der Großgrundbesitzer Kapital.

Das Grundproblem egalitärer Bodenreform: Das niedrige Mehrprodukt der Landwirtschaft der Dritten Welt.

Allerdings ergibt sich bei der Realisierung dieser ökonomischen Möglichkeiten einer auf Genossenschaften und Kleinbauern gestützten Strategie der Agrarentwicklung folgendes Probelm: In vielen Ländern der Dritten Welt sind Fortschritte in der Erhöhung der Bodenerträge nur sehr langsam zu erzeilen. Die materiellen Vorteile der Bauern sind klein. Dies gilt insbesondere, wenn nach der Bodenumverteilung die Investitionskosten der Produktionsmittelsektoren auf die Bauern umgelegt werden müssen. Dadurch besteht die Gefahr, daß die Erwartungen, die die Bauern im Zusammenhang mit einer Umverteilung hegten, enttäuscht und die Zielsetzungen der Bodenreform nicht erreicht werden. Der hohe Kapitalkoeffizient bei landwirtschaftlichen Investitionen in der Anfangsphase der landwirtschaftlichen Entwicklung wird durch die Bodenumverteilung nur insoweit vermindert, daß arbeitsintensive Verfahren, wo immer einsetzbar, gewählt werden und lediglich geringste Arbeitseinkommen dabei erzielt werden (nämlich oft nur der Nahrungsmittelbedarf der nunmehr als Genossenschaftsmitglieder versorgten früheren Arbeitslosen und Landproletariate). So muß z. B. Arbeit für den Wegebau oder die Terrassierung geleistet werden, ohne daß sich dadurch die Versorgung rasch verbessert. Daraus ergeben sich zwei Konsequenzen:

1. Zugunsten der Landwirtschaft muß ein Ressourcentransfer organisiert werden.

2. Durch politische Mobilisierung muß das Ausmaß materieller Anreize begrenzt werden.

Die Notwendigkeit eines Ressourcentransfers in die Landwirtschaft nach der Bodenreform.

Die Möglichkeiten eines Ressourcentransfers in die Landwirtschaft in der Dritten Welt sind begrenzt. Im Fall von Rohstoffländern lassen sich aber durch Preis- und Mengenabsprachen Differential- und Verbraucherrenten (Elsenhans/Olschewski

1976; 9–11) aneignen, die für diesen Zweck eingesetzt werden können, z. B. indem aus ihnen die Errichtung der Betriebe finanziert wird, die Produktionsmittel für die Landwirtschaft produzieren.

So liefern die staatlichen Erdölfirmen Algeriens und Venezuelas Düngemittel unter den Produktionskosten an die Bauern. Andere Formen sind denkbar, z. B. Steuererleichterungen oder finanzielle Zuweisungen für den Fall der Veränderung der Produktionsverfahren. Die Betriebe, die Vorprodukte für die Landwirtschaft liefern, müssen aber im Moment der Umverteilung der Böden produktionsbereit sein, um die mit der Bodenreform verknüpften Erwartungen der Bauern zu erfüllen und den psychologischen „Schock" der Umverteilung zu nutzen: Die Umverteilung muß über Besitztitel hinaus den Bauern – wenn auch begrentze – materielle Vorteile bringen. In Algerien wurde die Bodenreform erst durchgeführt, als die Düngemittelfabriken produzierten. Eine andere Möglichkeit ist, durch eine kurzfristig verschärfte Ausbeutung der Landwirtschaft und eine Ausschaltung der Grundbesitzer Investitionsfonds zu sammeln, um die Betriebe vor der Umverteilung der Böden zu errichten und dann deren Produktionspotential in eine Bodenreform einzubringen.

Daß angesichts des auch mittelfristig notwendigen Ressourcentransfers zugunsten der Landwirtschaft Entwicklungshilfeleistungen seitens der Industrieländer durchaus positive Effekte haben können, sei es zur Senkung der Kapitalkosten für die aufzubauenden Produktionsmittelbetriebe, sei es durch die Finanzierung von investiver Mehrarbeit durch Nahrungsmittellieferungen, ist offensichtlich. So wurde z. B. in einer der ärmsten Gegenden Algeriens die Aufforstung durch Bauern durchgeführt, die ihre Nahrungsmittel nicht vom eigenen Boden erwirtschaften konnten und aus amerikanischen PL 480 Lieferungen ernährt wurden. Entscheidend für die politischen Strukturen ist nun, daß in diesem Prozeß Betriebe errichtet werden müssen, die kurz- und selbst mittelfristig nicht rentabel arbeiten, weil sie ihre Produkte wegen der noch geringen Kaufkraft der Bauern nicht zum Produktionspreis absetzen können (bzw. die Bauern nur mit Subventionen, die dann aus anderen Sektoren bezahlt werden müssen, die Produkte zum Produktionspreis kaufen können). Dies bedeutet, daß private Unternehmer nicht von sich aus solche Betriebe errichten, sondern daß sie – wer immer der Eigentümer der Betriebe wird – vorher geplant werden müssen, und daß den Bauern wegen der begrenzten Ressourcen eine Austeritätspolitik mit geringem Konsumzuwachs und hoher Belastung durch investive Mehrarbeit auferlegt werden muß, so daß materielle Anreize durch Mobilisierung ersetzt werden müssen.

Politische Implikationen

Die Bedeutung der Notwendigkeit, angesichts der noch geringen Produktivität der Landwirtschaft einen Ressourcentransfer zugunsten der Bauern zu organisieren, kann durch einen kurzen Blick auf die alternative Strategie der Bildung von mittleren, akkumulationsfähigen Bauern erläutert werden: Basisrationale einer solchen Strategie der Bildung von Mittelbauern, wie sie z. B. in Mexiko – wenn auch unvollständig– durchgeführt wurde (Freebairn 1969; 41. Cline 1963; 225. Griffin 1974; 252), ist, die Großgrundbesitzereinkommen und damit Luxuskonsum und seine Folgen für die Verwendung des Mehrprodukts zu beseitigen. Die Böden werden an eine relativ geringe Zahl von Bauern so verteilt, daß das Verhältnis zwischen Arbeitseinsatz und Land die Erwirtschaftung eines ausreichend großen Mehrprodukts erlaubt, mit dessen Hilfe die Mittelbauern kreditfähig werden und Produktionsmittel kaufen können.

Sofern eine große Zahl solcher Betriebe entsteht, wird allein über den Markt mit äquivalentem Tausch eine Produktionsmittelindustrie für die Landwirtschaft entstehen. Das vermarktbare Mehrprodukt ist groß genug, daß die Bauern Vorprodukte kaufen können. Der Staat kann zwar in diesem Bereich stützend eingreifen. Eine Zentralisierung eines erheblichen Teils des gesellschaftlichen Investionsfonds in den Händen des Staates ist aber nicht notwendig. Eine Zunahme der Staatstätigkeit erfolgt zwar zumeist zur Förderung der Industrialisierung, ergibt sich aber zwangsläufig nur dadurch, daß die von dieser Art von Bodenreform unberücksichtigte Mehrheit der Landbevölkerung unterdrückt oder mit begrenzten Programmen abgespreist werden muß.[3]

Eine solche Entwicklung läßt zumindest in den dichtbevölkerten Ländern (gemessen an der Zahl der Landbevölkerung pro nutzbarem Boden) der Dritten Welt wegen der begrenzten Bodenfläche die Masse der Landbevölkerung unberücksichtigt. Eine egalitäre Strategie setzt wegen der Bodenknappheit voraus, daß vom Staat der Aufbau der Vorproduktbranchen übernommen wird und der Absatz der Produkte in nichtäquivalentem Tausch durch ein staatliches Kreditsystem (das Kredite nicht entsprechend der Rückzahlungsfähigkeit – Bonität – der Schuldner vergibt) übernommen wird. Dazuhin sind begleitende Maßnahmen der Mobilisierung und Ausbildung der Bauern in Richtung auf Kombination zwischen neuen Vorprodukten und investiver Mehrarbeit der Bauern notwendig.

Eine solche Ausweitung der Staatsfunktion erfordert die Zentralisierung eines erheblichen Teils des gesellschaftlichen Mehrprodukts in staatlicher Hand und eine zentrale Planung des Aufbaus der Schlüsselsektoren für die Modernisierung der Landwirtschaft. Auch wenn eine soche Perspektive nur denkbar ist, wenn die (über eine solche Ausweitung des Staatssektors) sich bildende Staatsklasse (Elsenhans 1977 b; 37–42) auf eine umfassende Entwicklung von Industrie und Landwirtschaft mittels gesellschaftlicher Strukturreformen gedrängt wird, bleibt sie weiterhin dem für sie konstitutiven Widerspruch (Verschwendung oder Investionen, da es für sie anders als für kapitalistische Unternehmer keinen Innovationszwang gibt) unterworfen. Dabei wirken die mit dem Prozeß einer Umstrukturierung verbundenen Probleme (Bedarf an qualifizierten Arbeitskräften für die Industrie, Erweiterung der bürokratischen Lenkungsmechanismen und ihres Personals, Verschärfung des Widerspruchs zwischen Stadt und Land) in Richtung auf eine weitere Selbstprivilegierung der Bürokraten (Elsenhans 1977 a; 159 ff.).

Andererseits hängt der Erfolg der Strategie autozentrierter Entwicklung von der Durchsetzung der Agrarrevolution (Bodenreform, Übernahme neuer Produktionsmittel, Bereitschaft zu investiver Mehrarbeit ohne unmittelbar wirksame materielle

Anreize) ab. Die Organisation dieses Prozesses erfordert die Mitwirkung der Bauern, da viele Probleme in den Dörfern nur dort entschieden und die allgemeine Zielsetzung lokal umgesetzt werden muß. Z.B. sind die Bodenflächen, die in den Händen der bisherigen Besitzer belassen werden können, in jedem Land regional unterschiedlich groß. Die für die Agrarreform notwendige dörfliche Demokratie und Konfliktfähigkeit der Kleinbauern und Landarbeiter verliert aber ihren Inhalt, wenn die Selbstprivilegierungstendenzen in der Stadt sich zu kraß durchsetzen, wenn z.B. Traktoristen von städtischen Betrieben mit höheren Löhnen abgeworben werden (wie in Algerien), wenn offensichtlich wird, daß mit vorhandenen Investitionsfonds besser der Oberschulbesuch der Kinder finanziert wird (wie in Schwarzafrika, da es dort einem Beamten immer besser geht, als auch dem fleißigsten und geschicktesten Bauern).

Wenn selbsttragendes Wachstum nur über eine egalitäre Agrarrevolution möglich ist, erfordert dieser ökonomische Zusammenhang eine Demokratisierung an der Basis der unterentwickelten Länder, nämlich eine politische Mitwirkung der Unterprivilegierten auf dem Lande, v.a. auf lokaler, aber auch auf nationaler Ebene, die in der derzeitigen Situation der meisten Länder der Dritten Welt in einer Brechung der Herrschaftspositionen der Grundbesitzer durch die dörfliche Demokratie und in einem Geltendmachen ihrer Ansprüche auf nationaler Ebene in der Form von Massenorganisationen bestehen muß. Der für die Nachzügler in der Industrialisierung des 19. Jh. behauptete Zusammenhang (Deutschland, Rußland, Japan) zwischen autoritären Herrschaftssystemen und Akkumulation gilt nicht mehr (de Schweinitz 1964; 273. Gerschenkron 1962; 16, 353 ff. Veblen 1915; 78. Moore 1966; 338). Die Industrialisierung führt unter den technischen Bedingungen der Industrie im 20. Jh., den entstandenen Defiziten der Wirtschaftsstrukturen der unterentwickelten Länder und der dadurch noch verschäften Ungleichheit der Einkommensverteilung in der Dritten Welt nicht mehr zur Bildung einer breiten Arbeiterklasse, die über ihre gewerkschaftlichen Kämpfe die Ausweitung des Binnenmarkts für Massenproduktion und damit die Akkumulationsfähigkeit der Systeme sichert.

Anmerkungen

1 Agrarverfassung, Akkumulationsprozeß und Demokratisierung. Ausgearbeitete Fassung des Habilitationsvortrags. Ausgangspapier für den Workshop der DGFK „Agrarrevolution, Wachstumspotential, Demokratisierungsmöglichkeiten", Dez. 1977.

2 Barraclough 1970. Feder 1967; 508. Alexander 1974; 17. Léon 1969; 306 f. Raup 1963; 11. Brewster 1961; 784. Cline 1970; 42. Grunig 1969; 45. Ferrer 1967; 160 f.

3 Zum Scheitern wegen Rekonzentration des Landbesitzes, Arbeitslosigkeit und Unmöglichkeit der Entwicklung des Rests der Landwirtschaft: Abercrombie 1972; 31. Gutelman 1976, v.a. 221 f. Woddis 1967; 58. Griffin 1974; 94. De Wilde 1967, Bd. 2; 57. Venkatasubiah 1958; 75.

Literatur

Abbot, J. C.: The Role of Marketing in the Development of Backward Agricultural Economies; in: JFE, Mai 1962, p. 349–363

Abercrombie, D. C.: Agricultural Mechanisation and Employment in Latin America; in: ILR, Juli 1972, p. 11–45

Adams, Dale W: Aid Agencies and Land Reform in Latin America; in: Land Economics, Nov. 1970, p. 423–434

Ahmad, Zubeida M./Sternberg, Marvin I.: Agrarian Reform and Employment with Special Reference to Asia; in: ILR, Feb. 1969, p. 159–184

Ahmad,Zubeida: The Social and Economic Implications of the Green Revolution in Asia; in: ILR, Jan. 1972, p. 9–34

Alexander, Robert J.: Agrarian Reform in Latin America. Mac Millan Publishing Company. Collier Mac Millan Publishers. New York/London 1974, 118 p.

Alexander, Robert J.: Agrarian Reform in Latin America; in: JEH, Dez. 1963, p. 559–573

Allen, Christopher/Johnson, R. W.: African Perspectives. Papers in the history, politics and economics of Africa, presented to Thomas Hodgkin. Cambridge University Press. Cambridge 1970, 438 p.

Arlès, J. P.: Manpower Mobilisation and Economic Growth: An Assessement of Moroccan and Tunesian Experience; in: ILR, Juli 1966, p. 1–21

Baranson, Jack: Integrated Automobiles for Latin America; in: Finanzierung und Entwicklung, Dez. 1968, p. 25–29

Barraclough, Solon: Agricultural Policy and Landreform; in: JPE, 1970, p. 906–947

Barraclough, Solon/Domike, Arthur L.: Agrarian Structure in Seven Latin American Countries; in: Land Economics, Nov. 1966, p. 391–424

Bhalla, A. S.: Technology and Employment in Industry. ILO. Genf 1975, 324 p.

Billaz, Rene: Technologies, emploi et stratégies de développement agraire. Quelques réflexions à partir d'expériences récentes; in: Tiers Monde, Apr./Juni 1973, p. 229–260

Bourdieu, Pierre/Darbel, Alain/Rivet, Claude/Seibel, Claude: Travail et Travailleurs en Algérie. Mouton. Paris – Den Haag 1963, 555 p.

Braudel, Fernand/Postan, M. M./Söderlund, E.: Première Conférence Internationale d'Histoire Economique.Stockholm 1960. Contribution A : L'industrialisation comme facteur de la croissance économique depuis 1700. Contribution B: Etude comparée du grand domaine depuis la fin du Moyen Age. Mouton. Paris – Den Haag 1960, 594 p.

Brewster, John M.: Beliefs, Values and Economique Development; in: JFE, Nov. 1961, p. 779–796

Burke, Melvin: Land Reform and its Effect upon Production and Productivity in the Lake Titicaca Region; in: EDCC, April 1970, p. 410–450

Chennareddy, V.: Production Efficency in South Indian Agriculture; in: JFE, Nov. 1967, p. 816–820

Chesneaux, Jean/Bastid, Marianne: Des guerres de l'opinium à la guerre franco-indochinoise 1840–1855. Hattier. Paris 1969, 224 p.

Cline, Howard Francis: The United States and Mexico. Harvard University Press. Cambridge Mass. 1963, 484 p.

Cline, William R.: Economic Consequences of Land Reform in Brazil. The North Holland Company. Amsterdam – London 1970, 208 p.

Costa, E.: Maximizing Employment in Labour-Intensive Development Programms; in: ILR, Nov. 1973, p. 371–394

Costa, E.: Practical Organisation of Manpower Mobilisation Schemes; in: ILR, März 1966, p. 248–280

Dean, Edwin R.: Econimic Analysis and African Responses to Price; in: JFE, Mai 1965, p. 402–409

Dutt, Palme Rajani: Indien heute. Dietz. Berlin 1951, 665 p.

Eicher, Carl/Witt, Lawrence: Agriculture in Economic Development. Mac Graw Hill. New York 1964, 464 p.

Elsenhans, Hartmut: Algerien. in: Nohlen, Dieter/Nuscheler, Franz (Hrsg.): Handbuch der Dritten Welt. Bd. 2. Hoffmann & Campe. Hamburg 1976, p. 69–98

Elsenhans, Hartmut: Algerien. Koloniale und postkoloniale Reformpolitik. Institut für Afrikakunde. Hamburg 1977, 226 p.
Elsenhans, Hartmut: Frankreichs Algerienkrieg 1954–1962. Entkolonisierungsversuch einer kapitalistischen Metropole. Zum Zusammenbruch der Kolonialreiche. Hauser München. 1974, 908 p.
Elsenhans, Hartmut: Ausbeutung und Unterentwicklung: Zur Entstehung des kapitalistischen Weltsystems. in: Sozialwissenschaftliche Informationen für Unterricht und Studium, H. 4, Okt. 1976, p. 100–107
Elsenhans, Hartmut: Lohnerhöhungen: Wachstumchance für den Kapitalismus. in: forum ds. Zeitschrift für Theorie und Praxis des demokratischen Sozialismus. 1. Jg. 1976/Heft 2, p. 78–133.
Elsenhans, Hartmut: Die Staatsklasse/Staatsbourgeoisie in den unterentwickelten Ländern zwischen Privilegierung und Legitimationszwang. in: Verfassung und Recht in Übersee, 10 Jg., 1. Quartal 1977, p. 29–42
Elsenhans, Hartmut: Die Überwindung von Unterentwicklung. in: Nohlen, Dieter/Nuscheler, Franz (Hrsg.): Handbuch der Dritten Welt. Bd. 1, p. 162–189, Hoffmann & Campe. Hamburg 1974.
Elsenhans, Hartmut: Ungleichheit und Unterentwicklung. Staat – Wirtschaft – Gesellschaft in der unterentwickelten Welt. Eine kommentierte Textsammlung. Berliner Studien zur Internationalen Politik. Schriftenreihe Bd. 2. Schindele. Rheinstetten 1977, 109 p.
Elsenhans, Harmut/Olschewski, Margit: Der Fall Kaffee. Rohstoffpreissteigerungen oder Fortsetzung der Armut durch UNCTAD. in: 3. Welt Magazin, Heft 1/2, Jan.-Febr. 1976, p. 8–17
Emmerji, Louis: A New Look at Some Strategies for Increasing Productive Employment in Africa; in: ILR, Sept. 1974, p. 199–218
Feder, Ernest: The Latifundia Puzzle of Professor Schultz; Comment. in: JFE, Mai 1967, p. 507–511
Ferrer, Aldo: The Argentine Economy. University of California Press. Berkeley/Los Angeles 1967, 238 p.
Fienup, Darrel F./Brannon, Russel H./Fender, Frank A.: The Agricultural Development of Argentina. Praeger. New York 1969, 437 p.
Frankel, Francine R.: India's Green Revolution. Economic Gains and Political Costs. Princeton University Press. Princeton (N.J.) 1972, 236 p.
Freebairn, Donald K.: The Dichotomy of Prosperity and Poverty in Mexican Agriculture. in: Land Economics, Febr. 1969, p. 31–42
Furtado, Celso: Le modèle brésilien. in: Tiers Monde, Juli-Sept. 1973, p. 477–490
Gerschenkron, Alexander: Economic Backwardness in Historical Perspective. The Belknap Press of Harvard University Press. Cambridge (Mass.) 1962, 456 p.
Gifford, Prosser/Louis, W. M. Roger (Hrsg.): Britain and Germany in Africa. Imperial Rivalry and Colonial Rule. Yale University Press. New Haven – London 1967, 825 p.
Grunig, James E.: Economic Decision Making and Entrepreneurship among Columbian Latifundistas; in: IAEA, Sommer 1969, p.21–46
Gupta, Sulekh Chandr/Majid, Abdul: Producer's Responses to Changes in Prices and Marketing Policies. A Case Study in Sugar Cane and Paddy in Eastern Uttar Pradesh. Asia Publishing House. London 1965, 79 p.
Griffin, Keith: The Political Economy of Economic Change. An Essay on the Green Revolution. Mac Millan. London 1974, 264 p.
Griffin, Keith: Underdevelopment in Spanish America. An Interpretation. Allen & Unwin. London 1969, 288 p.
Gutelman, Michel: Réforme et mystification agraire en Amérique. Le cas du Mexique. Maspéro. Paris 1971, 259 p.
Hansen, Roger D.: The Politics of Mexican Development. John Hopkins. Baltimore 1971, 267 p.
Herdt, Robert W./Mellor, John W.: The Contrasting Response of Rice to Nitrogen: India and the United States. in: JFE, Febr. 1964, p. 150–160
Hopper, W. David: Allocation Efficency in a Traditional Indian Agriculture. in: JFE, Aug. 1965, p. 611–624
Hunter, Guy: Employment Policy in Tropical Africa; in: ILR, Jan. 1972, p. 25–27
Johnson, Leland J.: Problems of Import-Substitution: The Chilean Automobile Industry; in: EDCC, Jan. 1967, p. 202–216

Jones, E. L.: Agriculture and Economic Growth in England 1650–1815. Methuen & Co. London 1967, 195 p.
Jones, E. L.: The Agricultural Labour Market in England 1783–1872; in: EHR, 1964 (17–2), p. 322–338
Kunkel, John H.: Economic Autonomy and Social Change in Mexican Villages; in: EDCC, Okt. 1961, p. 9–63
Leagans, J. Paul/Loomis, Charles P.: (Hrsg.) Behavioral Change in Agriculture. Concepts and Strategies for Influencing Transition. Cornell University Press. Ithaca-Londen 1971, 500 p.
Pach, Zs. S.: Die ungarische Agrarentwicklung im 16. und 17. Jahrhundert. Abbiegung vom westeuropäischen Entwicklungsstrang. Akademiai Kiadó. Budapest 1964, 165 p.
Raj, K. N.: Mechanisation of Agriculture in India and Sri Lanka (Ceylon); in: ILR, Okt. 1972, p. 314–334
Randall, Laura Regina Rosenbaum: Economic Development; Evolution or Revolution. D. C. Heath. Boston 1964, XV + 144 p.
Raup, Philip M.: The Contribution of Land Reform to Agricultural Development; in: EDCC, Oct. 1963, p. 1–21
Ryelandt, Bernard: L'inflation en pays sous-développé. Mouton. Paris/Den Haag 1970, 422 p.
Schweinitz, Karl de, Jr.: Industrialisation and Democracy. Economic Necessities and Political Possibilities. The Free Press of Glencoe. London 1964, 301 p.
Seers, Dudley: New Approaches Suggested by the Columbia Employment Programm; in: ILR, Okt. 1970, p. 377–389
Senghaas, Dieter: Peripherer Kapitalismus. Analysen über Abhängigkeit und Unterentwicklung. Suhrkamp. Frankfurt 1974, 392 p.
Shand, R. T.: Agricultural Development in Asia. Australian University Press. George Allen & Unwin. Canberra – London 1969, 370 p.
Simpson, Lesley Bird: The Encomienda in New Spain. University of California Press. Berkeley – Los Angeles 1950, 262 p.
Southworth, Herman M./Johnston, Bruce F. (Hrsg.): Agricultural Development and Economic Growth. Cornell University Press. Ithaca 1967, 608 p.
Streeten, Paul (Hrsg.): Unfashionable Economics. Essays in Honour of Lord Balogh. Weidenfeld & Nicolsen. London 1970, 379 p.
Sturt, Daniel W.: Producer Response to Technological Change in West Pakistan; in: JFE, Aug. 1965, p. 625–633
Strassmann, W. Paul: Economic Growth and Income Distribution; in: QJE, Aug. 1956, p. 425–440
Thiesenhusen, William C.: Agrarian Reform and Economic Development in Chile; in: Land Economics, Aug. 1966, p. 282–294
Unido: Industrial Development Survey. Bd. 4. United Nations. New York 1972, 169 p.
Veblen, Thorstein: Imperial Germany and the Industrial Revolution. University of Michigan Press. East Lansing 1915, 341 p.
Venkatasubiah, H.: Indian Economy since Independence. Asia Publishing House, Bombay 1958, XI + 343 p.
de Wilde, John C.: Experiences with Agricultural Development in Tropical Africa. (Assisted by Peter F. M. Mc Loughlin, André Guinard, Thayer Scudder, Robert Maubouché) John Hopkins Press. Baltimore 1967, 254 + 466 p.
Woddis, Jack: An Introduction to Colonialism. Lawrence & Wishart. London 1967.
Yamamoto, Hideo: On the Evolution of the Chinese Model of Agrarian Technology; in: The Developing Economies, Dec. 1971, p. 449–474

Claus Leggewie

Politik und Ökonomie in der algerischen Agrarrevolution*

1. Einleitung: die Notwendigkeit einer radikalen Alternative zu Modell und Praxis peripherer Agrarreformen

Das im Beitrag von Elsenhans herangezogene Theorem von Gheorghecsu-Roegen kann in Anbetracht der umfangreichen kritischen Literatur zu den „(peripheren) Agrarstrukturen als Produktionsstätte von Sozialkatastrophen" (Senghaas 1977; 189) und zur „Welternährungskrise" (vgl. z. B. George 1978) als zutreffende Zusammenfassung der empirischen Evidenz gescheiterter ländlicher „Entwicklung" unter kapitalistischen Bedingungen in der Dritten Welt betrachtet werden. Noch der jüngste Bericht der Weltbank, an dessen periodischen Alarmruf sich die für jene Sozialkatastrophen fast schon unempfindlich gewordene „Weltöffentlichkeit" gewöhnt hat, belegte die *Massenverelendung* der Agrarbevölkerung in der Dritten Welt. Dahinter verbirgt sich der durch Sozialorganisation und Naturkatastrophe bedingte Produktivitätsverfall der agrarischen Nutzfläche, die zur Eigenversorgung der Peripherieländer zur Verfügung steht — ungeachtet der in der Regel prosperierenden „modernen Sektoren" dort und in den hochproduktiven (und extrem umweltbelastenden) Agrarökonomien der Zentren.

Solche Konzepte, die diesen seit Jahren konstatierten Sachverhalt wissenschaftlich borniert im Sinne „ungleicher Einkommensverteilung" und als somit angeblich notwendigen „Wachstumsanreiz" auffassen, können als widerlegt und politisch reaktionär gelten. Konventionelle Entwicklungsstrategien, die die marginalisierte ländliche Arbeitskraft am Reißbrett in die urban-industriellen Zentren überführten und ansonsten der „Faktormobilität" vertrauten, müssen als völlig gescheitert zu den Akten einer fehlgeleiteten Entwicklungshilfepolitik gelegt werden. Und auch zwecks Feuerwehrreform eingeleitete klein- und mittelbäuerliche Entwicklungsprogramme der letzten Jahre haben trotz punktueller Erfolge an der Verallgemeinerung der Agrarmisere vorläufig nichts ändern können. Ob man die peripheren Agrarreformen also „weiß" oder „grün" getauft hat: es hat sich durch rein technokratische Impulse an den beschriebenen Sozialkatastrophen nichts geändert; im Gegenteil hat sich mit dieser Form von Staatsinterventionismus, die man gerade

* Überarbeitete Fassung eines Papers für den DVPW-Kongreß 1977 in Bonn, Arbeitsgruppe „Entwicklungspolitik und Politikwissenschaft". Die Arbeit entstand im Rahmen eines von der VW-Stiftung geförderten Projekts zu Industrialisierung und Staat in Algerien an der Universität Göttingen.

unter einem ökologischen Blickwinkel als *konterproduktiv* bezeichnen muß, die soziale Lage der peripheren Bevölkerungsmassen allerorts noch verschlechtert.

Vor diesem Hintergrund stellen Elsenhans u.a. die These auf, daß kapitalistische Penetration nur unter der Bedingung ungleicher Eigentums- und Einkommensverhältnisse, wenn also ein potentieller Akkumulationsfonds durch zurückgebliebene Massennachfrage ausgeschaltet wird, die aufgezeigten Folgen hat. Würden indessen Investitionen für „Massenproduktion für Massennachfrage" getätigt, unbefriedigte Massenbedrüfnisse also in „effektive Nachfrage" verwandelt, dann sei die Möglichkeit zur Überwindung von Unterentwicklung gegeben. Voraussetzung dafür sei die Mobilisierung der Bauernschaft, die Existenz einer effektiv (und nicht in die eigene Tasche) planenden Staatsklasse und flankierende Ressourcentransfers in den ländlichen und einkommensschwachen Sektor in der anfänglichen Phase relativ gering ansteigender Arbeitseinkommen. Ländliche Entwicklung müsse demnach in ein kohärentes und rasches Industrialisierungsprogramm eingebunden sein.[1]

Auf die (unterkonsumtionstheoretischen) Voraussetzungen dieses Ansatzes möchte ich hier weniger eingehen als auf die sich aufdrängende und m.E. unbeantwortete Frage nach den Implikationen und Adressaten der empfohlenen Entwicklungsstrategie selbst.[2] Sozusagen in „Auswertung" der historischen Erfahrungen bäuerlicher sozialrevolutionärer Bewegungen im 19. und 20. Jahrundert läßt sich allgemein formulieren, welche die Ziele radikaler Strukturveränderungen über die konventionellen Agrarreformen hinaus sind:

1. die Egalisierung der Eigentums- und Einkommensverhältnisse, die auf die (Re)homogenisierung der meist durch koloniale Einflüsse aus dem Gleichgewicht gebrachten Sozialgruppe der „Bauern" hinzielt und die Reintegration der sog. „Grenzproduzenten" (landlose und unterbeschäftigte Landbevölkerung) betreibt.

2. die radikale Neugestaltung der bestehenden Stadt-Land-Beziehungen, die man als Einbahnstraßenverkehr bezeichnen kann und die sich als anarchische räumliche Bewegungen (Emigration und Landflucht) ausprägten.

3. die Abschaffung der vorherrschenden Vermarktungsformen und -institutionen des agrarischen Mehrprodukts, das in Luxuskonsumgüter verwandelt und auf den Weltmarkt geworfen wird statt der autochthonen Bevölkerung zugutezukommen.

4. die Konservierung sozial und ökologisch integrierter Lebensräume.

5. die weitestgehende Partizipation und politisch-soziale Mobilisierung der ländlichen Produzenten im Bezug auf alle relevanten Entscheidungsprozesse, d.h. Vermeidung privater Macht- und Akkumulationszentren als Quellen sozialer Hierachien auf dem Land und Neutralisierung staatlicher Kompetenz- und Interventionsmonopole durch dezentrale Interaktionsprozesse.

6. die Integration sektoraler Maßnahmen im Agrarbereich mit Initiativen in Verarbeitungs- und (entspezialiserten) Organisationsbereichen, um die notorische

Widersprüchlichkeit unkoordinierter Initiativen in Transformationsperioden auszuschließen, die in der Regel auf Kosten „traditionaler" Bereiche ging.

Dieser knappe Katalog speist sich aus den historischen Erfahrungen und der Aktualität mehr oder weniger formierter Bauernrevolten und -revolutionen nicht nur an der Peripherie der Weltgesellschaft, die von den Sozialwissenschaften in der Regel verkannt worden sind (vgl. Bourdieu 1977). Die erwähnten Zielvorstellungen lassen sich unter dem Stichwort „Politisierung" zusammenfassen, womit hier gerade nicht die Verstärkung zentralstaatlichen oder großinstitutionellen Interventionismus gemeint ist, sondern die Infragestellung des „Primats der Ökonomie", der zahlreiche entwicklungspolitische Analysen durchzieht. M.E. ist auch in den oben skizzierten Überwindungsmodellen dieser zentralistische und technokratische Ansatz noch nicht radikal aufgegeben worden, so daß auch die mehr en passant geforderten „kulturrevolutionären Maßnahmen" bezüglich der Bauernschaft deutliche Assoziationen an eine „Revolution von oben" erwecken. „Kulturrevolution" kann demgegenüber bei aller Unschärfe des Begriffs definitionsgemäß aber nur die dialektisch-praktische Konstruktion einer neuen Wirklichkeit sein, nicht Realisierung eines ex ante und von außen aufgestellten Prinzips. In diesem Sinne bedarf die entwicklungstheoretische Analyse generell der so definierten Politisierung, nimmt doch z.B. die Analyse von Elsenhans das Problem der sozialen Differenzierung und der Klassenauseinandersetzungen auf dem Land sowie das historichhypothetisch jeweils als problematisch zu unterstellende Verhältnis von „Staat" und „Bauern" nur implizit auf.

Dies mag mit an der gewählten Abstraktionsebene liegen. Die folgenden Überlegungen konzentrieren sich deswegen wieder auf den algerischen Fall, von dem auch das Elsenhans'sche Überwindungsmodell seine Empirie bezieht. Ausgehend von neueren empirischen Untersuchungen[3] zur algerischen „révolution agraire" soll hier die Fragestellung entfaltet werden, in welchem sozio-politischen Kontext die Ökonomie einer Agrarreform steht, deren proklamiertes Ziel u.a. „Massenproduktion für Massennachfrage" ist. Ist es also in Algerien gelungen, die Verelendungs- und Entwurzelungspressionen auf die Landbevölkerung aufzuheben? Ist dort eine revolutionäre Entwicklung im Gang, die den tradierten Stadt-Land-Beziehungen ein Ende bereitet, die ländliche Gesellschaft aus dem kolonialen Trauma befreit und ihr eine wirkliche Identität verleiht? Wie sind ferner aktuelle Entwicklungen zu verstehen, die zunächst nur den Schluß auf eine *Akzentuierung* des Stadt-Land-Gefälles zulassen: als zeitlich begrenzte Austeritätspolitik zur Absicherung weltgesellschaftlich prekärer Akkumulationsbedingungen oder schon als Scheitern des agrarrevolutionären Projekts durch die Selbstprivilegierung der Staatsklasse,[4] die dieses Projekt zur bloßen Legitimationsfigur verkommen läßt?

2. *Das Erbe des Kolonialismus: zur Ausgangslage der algerischen Bauern und Landarbeiter nach dem Ende der französischen Kolonialherrschaft*

Gemessen an dem oben skizzierten Zielkatalog drängte sich in der Nachkriegszeit und in der ersten postkolonialen Zeit die Agrarreform geradezu zwingend auf. Aus hier nicht näher darzustellenden Gründen war die Hypothek des französischen Siedlungskolonialismus besonders schwer. (ausführlicher Leggiewie 1979)

1. Die koloniale Siedlungspolitik hatte einen verhältnismäßig scharfen Kontrast zwischen dem europäischen, vor Weltmarktkonkurrenz geschützten und dem autochthonen Agrarsektor geschaffen; zwischen beiden erfolgten aufgrund der widersprüchlichen Entwicklung des siedlungskolonialen Kapitalismus permanente Werttransfers zugunsten des europäischen und seit den 1930er Jahren auch arabischen Großgrundbesitzes, durch den die teilweise in vorkapitalistischen Ausbeutungsverhältnissen und überwiegend in Saisonarbeit gehaltene eingeborene Arbeitskraft stark ausgepowert wurde. Absolut und relativ zur steigenden Bevölkerungszahl sanken die Erträge der extrem parzellierten Subsistenzökonomie, so daß die Versorgungslage weitester Teile der algerischen Kolonialbevölkerung mit allen Konsequenzen sehr schlecht war. (vgl. ausführlicher Benachenou 1978).

2. Die Stadt-Land-Beziehungen waren durch räumliche Segregation, die in die Metropole orientierten Distributionswege des agrarischen Überschusses sowie durch die in mehreren Wellen vorangetriebene Entwurzelung der autochthonen Landbevölkerung charakterisiert. Analog dazu war die institutionelle und symbolische staatliche Gewalt in den Städten und Kolonisationszentren zentralisiert.

3. Auch späte und gegen den Widerstand der Siedlerbourgeoisie durchgeführte Industrialisierungsprojekte und punktuelle Infrastrukturmaßnahmen blieben für die Gesamtsituation des „marginalen Pols" der autochthonen Gesellschaft weitgehend folgenlos; sie setzten aber einen Differenzierungsprozeß innerhalb der eingeborenen Bauernschaft in Gang, der für die postkoloniale Phase bedeutsam war.

4. Ihren durch komplementäre Strategien kolonialer Segregation und Teilassimilation herbeigeführten soziokulturellen Identitätsverlust hob die Bauernschaft im Rahmen der antikolonialen Klassenallianz im gewaltsamen Widerstand seit 1954 teilweise auf. Die politische Orientierung des antikolonialen Blocks war geprägt einerseits durch regionalistischen Stammeswiderstand gegen den kolonialen Steuer- und Repressionsstaat, andererseits durch den populistischen Konsensversuch der "nation en formation", später überführt in verschiedene Varianten des „islamischen Sozialismus".

Sowohl in ökonomischer als auch in soziokultureller Hinsicht war damit die Wiederaneignung und Umverteilung des Bodens erster Imperativ der Entkolonisierung. Für die postkoloniale Entwicklung folgenreich war die faktische Aufteilung des Agrarproblems in nationale/antikoloniale und antifeudale Dimensionen. Denn einerseits hatte bis 1962/3 die Masse der europäischen Siedler ihre Domänen verlassen, die es kontinuierlich und ohne katastrophale Ertragsdefizite weiterzubewirtschaften galt. Hier mußten also Produktionseinheiten mit Durchschnittsgrößen von weit über 200 ha, mit relativ hohem Mechanisierungsgrad und spezialisierten Exportkulturen „übernommen" werden. Dies vollzog das in den europäischen Betrieben tätige Landproletariat, dessen Qualifikationsgrad gesamtgesellschaftlich zwar relativ hoch lag, das aber einer so außerordentlichen Situation wie 1962/3 spontan nur unzureichend gewachsen war. Die Hauptprobleme waren hier langfristig Sicherung bzw. Steigerung der Agrarproduktion für den durch hohes Bevölkerungswachstum rasch expandierenden Binnenmarkt, und die Rekonversion der kulturell deplacierten und absatzmäßig unsicheren Exportkulturen (vor allem Wein).[5]

Auf der anderen Seite war der Befreiungskrieg von den Bauern und Landarbeitern auch unter der Perspektive einer radikalen Landreform geführt worden, die einzig den „traditionellen Sektor" aus der Sackgasse der Arbeitslosigkeit und Pauperisierung herausführen konnte. Hier wurden also weitergehende Forderungen nach Dekonzentration des autochthonen Grundbesitzes[6] gestellt, vor allem von der Masse der Landlosen und Parzellenbauern, deren Lebensniveau in der späten Kolonialperiode und infolge der Kriegssituation nochmals erheblich gedrückt worden war und die auf Zusatzeinkommen aus nicht-agrarischer Arbeit angewiesen waren.

Die ursprüngliche sozialrevolutionäre Programmatik der algerischen Befreiungsbewegung umfaßte unter der Losung: „Das Land denen, die es bearbeiten!" beide Aspekte. Die juristische Formel der *Vakanz*, mit der 1962/3 die abwesenden Siedler und zu Beginn der "révolution agraire" die autochthonen Großgrundbesitzer ins Visier genommen wurden, war Vehikel gegen beide (koloniale und „feudale") Formen des Absenteismus der Landbesitzer. Doch im Vollzug der algerischen Agrarrevolution (die nur ex post so genannt werden kann, da es keine agrarpolitische Kontinuität seit 1962 gibt) reproduzierte sich zunächst der koloniale Sektordualismus, insofern zu Beginn nur der exkoloniale Boden tangiert war, der in Selbstverwaltung (autogestion) unter staatlicher Kontrolle und Obereigentum überführt wurde. Das Problem der Parzellenbauern und Landlosen im „traditionalen Sektor" wurde vertagt und erst – trotz dauernder Ankündigung und Bekräftigung der Dringlichkeit – zu Beginn der 1970er Jahre mit Inauguration der "Révolution Agraire" (R.A.) in Angriff genommen.

Der zeitliche Verzug zwischen Nationalisierung des Bodens und der verbleibenden Produktionsmittel der Siedlerbourgeoisie und der Reorganisation der „traditionellen" Agrarökonomie verstärkte die Kluft zwischen den beiden Landwirtschaftsbereichen in der Kontinuität der Kolonialzeit. Die selbstverwalteten Produktionseinheiten dominierten in der pflanzlichen Produktion mit durchschnittlich zwei Drittel der Gesamterträge (Wein, Früchte, Trockengemüse);[7] in ihnen bestand trotz regionaler Unterschiede eine relative Homogenität hinsichtlich des Produktionsmittelbestands und der Qualifikation der Arbeitskraft. Demgegenüber herrschte in den Hinterländern der ehemaligen Kolonisationszentren hohe relative Überbevölkerung (weniger als 1 Hektar Nutzfläche pro Kopf der Agrarbevölkerung mit abnehmender Tendenz), geringe Material- und Infrastrukturausstattung und -bezogen auf den Standard der exkolonialen Landwirtschaft – hoffnungslos veraltete Produktionstechniken. Der „traditionelle Sektor" befand sich hinsichtlich seiner sozialen Kohärenz und seiner ökologischen Situation im Zustand vollständiger Desintegration.[8] Zwar konzentrierte sich in diesem Bereich das Gros der tierischen Produktion (Schafzucht) und die in der Ernährung der autochthonen Bevölkerung vorherrschende pflanzliche Produktion (Hartweizen); aber seit der spätkolonialen Phase war wegen der fallenden Produktivität und Pro-Kopf-Erträge immer weniger von der Möglichkeit auszugehen, hier hinreichende Ernährungsressourcen für die Selbst- und Fremdversorgung der algerischen Land- und Stadtbevölkerung vorfinden zu können.

Die algerische Entwicklungsplanung reagierte seit Beginn der Planperioden (1967 ff.) auf diesen Sachverhalt nicht mehr mit einer in der Agrarökonomie selbst begründeten Entwicklungsstrategie, sondern mit einem Programm forcierter Industrialisierung auf der Basis eigener Rohstoffextraktion (Petrochemie) und umfassenden Technologieimports (Investitionsgüter). Im Rahmen dieses Programms wurde der Agrarsektor zunehmend zu einer „abhängigen Variable" der Industrialisierung. Die Agrarentwicklung wurde systematisch zurückgestellt und somit Funktion industrieller Entwicklungsetappen. Man findet damit in Algerien das krasse Gegenstück zu allen Entwicklungsstrategien, die auf der Basis vorgefundener Produktionsschwerpunkte und noekolonialer Austauschrelationen die „ländliche Entwicklung" in den Mittelpunkt gestellt haben und dort Investitionsschwerpunkte haben.

Die Agrarpolitik war also wesentlich Exekution „technischer" Akkumulationszwänge des Industrialisierungsprogramms, das eine extrem „produktivistische" Relation von Investition und Konsumtion bzw. privater und öffentlicher Nachfrage zur Grundlage hat. Intersektoral hatte die Landwirtschaft im Sinne der effizienten Entwicklungsplanung Funktionen als Lieferant und Klient des wachsenden industriellen Sektors zu erfüllen. Einerseits mußte sie optimale Produktionsergebnisse und steigende Vermarktungsanteile erzielen, um a) durch möglichst niedrige Preise für Nahrungsmittel die Reproduktionskosten der Arbeitskraft auf niedrigem Niveau zu halten und Ressourcen für den Investitionsaufwand freizumachen, b) um die algerische Zahlungsbilanz nicht durch Nahrungsmittelimporte zu strapazieren bzw. selbst durch Produktspezialisierung für den Export zu Positivsaldos beizutragen. Andererseits mußte sie auch als Kunde des industriellen Bereichs eine zunehmend wichtigere Rolle spielen, d.h. durch Mechanisierung und Modernisierung ihren input-Bedarf an Maschinen, Fahrzeugen, Saatgut, Düngemitteln steigern, der zunehmend durch nationale Industrien gedeckt werden sollte. Die Wahl des Zeitpunktes einer solchen Modernisierung ist somit im wesentlichen technisch bestimmt: sie darf nicht zu früh kommen, bevor der Industrialisierungsprozeß das erforderliche Niveau erreicht hat, sie darf aber auch nicht zu spät kommen, so daß industrielle Produktionskapazitäten brachliegen.[8a]

Auf der Suche nach einer optimalen Integration agrar- und industriewirtschaftlicher Impulse hat deswegen die algerische Staatsklasse den Weg einer rigorosen Austeritätspolitik im Agrarbereich beschritten. Wichtigster Hebel der Planinstitutionen war dabei die Regulierungsmöglichkeit über administrierte und Marktpreise, mit deren Hilfe ein permanenter surplus- Transfer in andere Akkumulationsbereiche initiiert werden konnte. Zu nennen ist hier vor allem die Kostenrelation von Input- und Output-Faktoren, also die relativen Kosten industrieller Vorprodukte gegenüber den realisierbaren Erzeugerpreisen bei den staatlichen Kommerzialisierungsinstanzen; ferner die Spanne zwischen Erzeuger- und Marktpreisen bei landwirtschaftlichen Erzeugnissen selbst und schließlich die Kosten der Arbeitskraft nach Maßgabe staatlicher Lohnpolitik.

Neuere Untersuchungen[9] haben gezeigt, daß zwischen 1962 und 1973/4 auf allen genannten Ebenen das beschriebene Transferkalkül zuungunsten der landwirtschaftlichen Produzenten im selbstverwalteten und im „traditionellen" Sektor im Sinne einer Dauerausterität gewirkt hat. So stiegen beispielsweise die Weizenpreise im angegebenen Zeitraum (1963 = 100) kaum an (1968:100, 1969–72:108, 1973/4:118); ähnliches gilt für andere Produkte. Gleichzeitig stiegen die Preise für Vorprodukte, Saatgut, Düngemittel, Maschinen und Fahrzeuge weit schneller. Die Aktivität der staatlichen Kommerzialisierungsorgane war streckenweise sehr restriktiv und beeinträchtigte die Funktionsfähigkeit der landwirtschaftlichen Produktionseinheiten. Die niedrigen Erzeugerpreise wurden auf die Exportmärkte weitergegeben, teilweise sogar mit Verlusten noch unterboten, während die höheren Verbraucherpreise auf dem Binnenmarkt nicht zugunsten der landwirtschaftlichen Erzeuger, vor allem der selbstverwalteten Güter, wirkten, sondern abgeschöpft wurden. Überdies ist es bis heute nicht gelungen, Gewinne des privaten Zwischen- und Großhandels einzudämmen bzw. zu unterbinden, da eine unzureichende Agrarproduktion permanente Angebotslücken auf dem Nahrungsmittelmarkt und das Aufkommen „grauer Märkte" provoziert hat.[10] Das Lohnniveau des Landproletariats blieb nach anfänglichen Anhebungen und regionalem Ausgleich bis 1971 konstant, wodurch sich die Disparität zu den Löhnen im sekundären und tertiären Bereich noch verschärfte.

Diese Faktoren waren Auslöser einer ernsten Krise der algerischen Landwirtschaft, die bis heute nicht überwunden worden ist. Die Situation auf dem Lande führte zu einer Quasi-Stagnation des Personalbestands auf den selbstverwalteten Gütern, zur Abwanderung besonders qualifizierten Personals in Bereiche mit höheren Lohnniveaus und im Endeffekt zu einem Rückgang der Produktivität und der Gesamtproduktion in beinahe allen Bereichen. Im Getreidesektor ist es z. B. bis heute nicht gelungen, die (niedrige) spätkoloniale Durchschnittsproduktion von 9,5 dz/ha (1956–61), die in den ersten 60er Jahren auf 7,3 abgesunken war, wiederzuerreichen (1974:7,2). In anderen Produktionsbereichen war die Tendenz zur Abnahme noch stärker; dort hat Karsenty (1977a u. 1977b) deutliche Desinvestitionstrends im Bereich von landwirtschaftlichen Geräten, Anbaufläche, Viehbestand und Irrigation festgestellt.[11]

Algerien wurde wegen des Produktionsrückgangs seit Ende der 60er Jahre zum Nettoimporteur von Nahrungsmitteln, besonders von Getreide. Es war damit ähnlich wie andere Peripherieländer den rasch ansteigenden Importpreisen ausgesetzt, so daß gegenwärtig etwa ein Drittel der Exporteinnahmen aus Erdölausfuhren für Nahrungsmittelimporte eingesetzt werden müssen.[12] Die Importpreise werden im übrigen nicht voll an den Binnenmarkt weitergegeben; vielmehr ist der algerische Staatsapparat gezwungen, wichtige Grundnahrungsmittel zu subventionieren, um die allerorts wirksam inflationären Tendenzen zumindest punktuell einzudämmen. Daraus resultiert eine erhebliche Belastung des öffentlichen Haushalts und eine faktische Verringerung des potentiellen Akkumulationsfonds.

Nun entspringt die systematische Vernachlässigung des Agrarsektors nicht nur dem technischen Imperativ der Investitionsplanung. Dahinter verbirgt sich auch eine gesellschaftliche Prioritärensetzung, die oft in der Analyse ausgeblendet wird.[13] Im nachkolonialen Vakuum hatte sich nämlich eine im Befreiungskrieg angelegte Klassenallianz zwischen urbanem Kleinbürgertum, Staatsklasse und Agrarbourgeoisie konstitutiert, deren kleinster gemeinsamer Nenner die Rekonstruktion des Staatsapparats und die Verhinderung einer tiefgreifenden Agrarreform[14] war. Besonders nach dem Sturz Ben Bellas zog die herrschende Bürokratie diese Allianz einem möglichen Block mit dem während des Kolonialkrieges und der ersten Enteignungen von "biens vacants" hochgradig mobilisierten Landproletariat vor, d.h. die etatistische Inspiration überwog folgenreich die (sicherlich riskante) Organisationschance der Selbstverwaltung. Dies ist der Hintergrund der von Abdi (1976) kritisierten Wende von der „agraristischen" Option der 50er Jahre zur aktuellen „industrialistischen".

Die Untersuchungen über die Frühzeit der Selbstverwaltungspraxis (Laks 1970, Chaulet 1971, Duprat 1973, Mahsas 1975) zeigen m.E., daß die Organe der zentralen Administration und ihre lokalen Agenturen sich überall in die Poren der spontan gebildeten, dezentral agierenden und unregelmäßig funktionierenden Selbstverwaltungs-Körperschaften setzten und diese sehr bald – mit dem Argument mangelnder Effizienz und Kompetenz – politisch und wirtschaftlich isolierten. Die Organe der direkten Demokratie verfielen nicht wegen eigener Substanzlosigkeit, sondern eher durch den Druck dieser Ghettoisierung, den paralysierenden Zugriff der Zentralinstitutionen und die geringe Entscheidungs- und Planungsautonomie der autogestionnaires. Dies war geeignet, die spontane Mobilisierung auf dem Land langfristig zu lähmen. Was oben als „Krise der Landwirtschaft" beschrieben wurde, kann nicht auf das quasi-gesetzmäßige Scheitern des „Experiment(s) der Selbstverwaltung in einer Wirtschaft mit knappen Ressourcen" (Elsenhans 1976; 80) allein zurückgeführt werden; sie ist vielmehr das Dilemma eines Entwicklungsmodells, das die sozialen und menschlichen Folgekosten forcierter Akkumulation den Produzenten überantwortet, ohne ihnen die Voraussetzung einer „zu Opfern bereiten" Mobilisierung zu überlassen. Industrialismus ist somit auch die statusspezifische Borniertheit der herrschenden Staatsklasse, nach deren Selektionskriterien Entwicklungsimpulse immer in Form „produktiver Investitionen" auf die Industrie monopolisiert bleiben müssen. Das versetzt die ländliche Gesellschaft in den Zustand der Kontinuität des Kolonialtraumas, das ebenfalls aus der Kombination von Zwangsmobilisierung, Pauperismus und „technischem Fortschritt" sich zusammensetzte und über Organe staatlicher „tutelle" (Vormundschaft) vermittelt war. Es ist zu befürchten, daß der zeitliche Verzug zwischen Industrialisierung und Agrarrevolution sich langfristig auch immanent als Bremse des Industrialisierungsprozesses erweist, d.h. die oktroyierten Sachzwänge sich nebst anderen, für den algerischen Industrialisierungsprozeß signifikanten Optionen (Großtechnologie) auch in rein technischer Hinsicht in Dysfunktionen verwandeln.

3. *Anspruch und Realität der „Revolution agraire" zwischen konventioneller Teilreform und radikalem Wandel der ländlichen Gesellschaft.*

Erst das Zerbrechen der für die 60er Jahre repräsentativen Klassenallianz ermöglichte die geradezu überstürzte Inangriffnahme der Agrarrevolution zu Beginn der 70er Jahre.[15] Die durch Nationalisierungen, Wirtschaftsplanung und Vervielfachung der Rohöleinnahmen gestärkte Staatsklasse löste sich von der Agrarbourgeoisie, was einerseits die Legitimations- und Handlungszwänge gegenüber Kleinbauern und Landlosen noch erhöhte, andererseits die „industrialistische" Orientierung noch akzentuierte. So bestand neben dem technischen Zwang, die algerische Großgrundbesitzerklasse (incl. der Besitzer großer Tierherden), die eine Modernisierung des Agrarsektors verhinderte und damit die Expansion des Binnenmarktes blockierte, zu enteignen, auch die „politische" Möglichkeit stärkerer sozialer Differenzierung auf dem Land und einer Allianz zwischen Staatsklasse und einer neugeschaffenen Schicht von Genossenschaftsbauern.[16]

Mit dieser Enteignung, der die Betroffenen oftmals durch Schenkungsakte zuvorkamen, und der Errichtung eines Kooperativen-Netzes sind in Algerien die konventionellen Ziele einer Agrarreform im Dritt-Welt-Rahmen annährend erreicht worden – abgesehen von einigen Abstrichen bei der Umverteilung (s.u.). Ein aufgrund punktueller Überblicke[17] mögliches provisorisches Resümee der R.A. seit 1971 wirft nun die Frage auf, ob darüberhinaus eine soziale Dynamik in Gang gekommen ist, die das selbstverliehene Attribut der Agrar*revolution* rechtfertigt, ob also bei fortgeschrittenerem Stand der „Produktivkräfte" heute einschneidendere Veränderungen der ländlichen Gesellschaft möglich sind und damit ein höheres Maß an praktischer Radikalität erreicht ist, als in der Periode der Selbstverwaltungsbewegung. In dieser waren ja wegen der angedeuteten inneren und weiterer externer Behinderungen die Teilziele des angestrebten Veränderungsprozesses noch nicht miteinander vereinbar gewesen (Produktivität, Demokratisierung, Beschäftigung) und der radikale Bruch mit der kolonialen Ära noch nicht erfolgt. Stattdessen hat sich nach den Worten C. Chaulets (1976; 167) die algerische autogestion gegen die eigenen Absichten noch als bloße „Form des Übergangs von der traditionellen Ausbeutung zur Fabrik, Filter der Landflucht und Orte der Vorfabrizierung des Proletariats" erwiesen.

Die Charta der Agrarrevolution formuliert dagen den Totalitätsanspruch ländlicher Eigenentwicklung, den Anspruch auf Radikalität der Veränderungen, auf Dauer und Kontinuität des Prozesses und auf seine demokratische Abwicklung. Seit 1971 vollzieht sich der Prozeß der R.A. in drei Etappen[18] und prinzipiell in allen Landesteilen; sie umfaßt damit (in den beiden ersten Etappen) die im Norden und in den Oasen pflanzliche Produktion genauso wie (in der dritten, noch laufenden Phase) die Steppe im algerischen Süden. Formal sind die beiden ersten Etappen abgeschlossen, real aber sind sie noch keineswegs beendet; ein systematischer Überblick steht immer noch aus, so daß die folgenden Informationen im wesentlichen auf lokalen Erfahrungen beruhen.

Unterhalb der projektierten Größenordnungen wurden im Rahmen der ersten Etappe bis 1974/5 etwa 790000 ha kommunaler Boden sowie im Besitz religiöser

Stifungen usw. befindliches Land verteilt. Nutznießer waren 2.921 Genossenschaften mit durchschnittlich 15 ha Nutzfläche pro attributaire (Genossenschafter). Hinzu kommen 2.316 Einzelbauern auf 4 % der verteilten Landmasse.

Im Rahmen der zweiten Etappe wurden ebenfalls unterhalb der angestrebten Größenordnung 353.200 ha privaten Bodens sog. "propriétaires absentéistes" (meist in der Stadt lebende absentee landowners) und "propriétaires limitables" (je nach Region Großgrundbesitzer mit mehr als 50–100 ha bzw. über Jahreseinkommen von 9.000 DA) an 2.340 Genossenschaften mit 25.891 Genossenschaftern (13,6 ha pro Kopf; Variationsbreite der fourchettes 1–40 ha; veranschlagtes Jahreseinkommen ca. 3.000 DA) verteilt. 13 % der Landmasse gingen an 3.907 Einzelbauern.

In der dritten Phase haben die Enteignungen großer Herdenbesitzer und die kooperative Zusammenfassung der Hirten begonnen; wichtigste Ziele dieser Reorganisation der Steppe sind die Eindämmung der weiteren Desertifizierung Südalgeriens und die umfassende Seßhaftmachung der Nomaden.[19]

Insgesamt wurden zwischen 1971 und 1976 etwa 1,2 Mio. Hektar Boden (SAU= surface agricole utile) auf etwa 5.300 Produktionseinheiten verschiedener Genossenschaftstypen aufgeteilt. Deren Durchschnittsgräße liegt bei 210 ha, personell bei 15 Genossenschaftern. Der dominierende Kooperativentyp ist die CAPRA (Produktionskooperativen mit kollektiven Boden- und Produktionsmittelbesitz und Gewinnverteilung nach geleisteter Arbeitszeit); daneben existieren Vor- und Übergangsformen wie die CEC/CAEC (individuelle Bodennutzung mit im Gemeineigentum befindlichen Produktionsmitteln, individuelle Gewinnaneignung), die GEP (Gruppierungen zur punktuellen Unterstützung) und die GMV (Gruppierungen auf neuzuerschließender Nutzfläche).[20]

Wenngleich die intersektorale Verflechtung zwischen Agrarökonomie und Industrie auch aufgrund von Funktionsproblemen sowohl der nationalisierten Betriebe (Unterauslastung der Kapazitäten, Anpassungsprobleme an die Leistungs- und Qualifikationserfordernisse der importierten Technologie) wie auch der Genossenschaften noch nicht die angestrebte Dichte erreicht hat, so hat sich doch die technische Ausstattung der Genossenschaftsbauern seit Beginn der 70er Jahre verbessert und der Trend zur Desinvestition insgesamt abgeschwächt. Insofern hat in technischer Hinsicht die Intensivierungskampagne im Rahmen der Agrarrevolution Aussicht auf Erfolg.[21]

Allerdings muß auch hier die „soziologische" Dimension der Technisierung des „traditionellen" Sektors berücksichtigt werden. Den Status der Genossenschafter könnte man zwischen den überkommenen Kategorien der subsistenzwirtschaftenden Parzellenbauern und dem Landproletariat des selbstverwalteten Sektors ansiedeln. Einesteils stehen sie in einer bestimmten Affinität zum Privateigentum, das die Charta ausdrücklich (unterhalb einer bestimmten Maximalgröße) unangetastet läßt; andernteils sind sie wesentlich bestimmt durch ihre Relation zu den staatlichen Institutionen der Vermarktung, Kreditvergabe und sozialen Sicherung, besonders den polyfunktional wirksamen CAPCS.[22] Darin ähneln sie den autogestionnaires, die allerdings auf größeren Produktionseinheiten (durchschnittlich 1.000 ha) und in größeren Arbeitsequipen (ca. 80) arbeiten und unter stärkerer staatlicher Kontrolle stehen.

Die soziale Zusammensetzung der Genossenschafter ist überaus heterogen, so daß man nicht von einer geschlossenen Interessenartikulation dieser Gruppe ausgehen kann. Die wichtigste Differenz besteht zwischen den früher selbständigen, jetzt limitierten Bauern und Pächtern und den von der R.A. anvisierten Nutznießern, den khammes und Landlosen in Priorität, daneben landlosen ehemaligen Widerstandskämpfern (für die bereits gesonderte Genossenschaften geschaffen worden sind), kleinen Bauern und wenigen Landarbeiter.[23]

Die in der algerischen Literatur gemachten Vorbehalte gegen die Reichweite der R.A. konzentrieren sich auf zwei Punkte: die mangelnde Anwendungsbreite und den geringen Einfluß auf den verbliebenen privaten Sektor.

1. Der „traditionelle" Sektor ist insgesamt noch zu wenig von der Dynamik der Agrarrevolution erfasst worden. Das gilt sowohl für das Ausmaß der Umverteilung von Boden[24] als auch hinsichtlich der realen Verbesserung der materiellen Lage der Kleinbauern und der übrigen Agrarbevölkerung. Höchstens ein Prozent der autochthonen Grundbesitzer ist von (mit Entschädigungen verbundenen) Enteignungen und Limitierungen betroffen gewesen, obwohl man ursprünglich davon ausging, daß etwa ein Drittel der agrarischen Nutzfläche „vakant" sei, die Zahl der zur Disposition stehenden "propriétaires non-exploitants" also höher lag als jene 1,25 %, die im Endeffekt von Enteignungen und Begrenzungen betroffen waren. Trotz der zu berücksichtigenden hohen Zahl von Bodenbesitzern und Betriebsgrößen unter 1 ha in Algerien liegt damit auf der Hand, daß während der Applikation der Agrarrevolution Einschränkungen gemacht wurden, Teile der Agrarbourgeoisie also entweder nicht tangiert waren oder für sie genug Zeit war, durch juristische Eigentumsübertragungen den ursprünglichen Bodenbesitz in tolerierte Größen zu zersplittern. Die lokale Machtposition der Agrarbourgeoisie ist jedenfalls an vielen Orten noch erhalten geblieben. Wichtiger ist noch, daß sich vor allem die in der Stadt lebenden Grundbesitzer rechtzeitig von ihrer Bodenrente unabhängig machen konnten und in Statusfunktionen im privaten Handel und in der Leichtindustrie abgewandert sind, für die es immer und derzeit wieder stärker Aktions- und Akkumulationsspielräume gab und gibt.

Bemerkenswert ist ferner, daß sich unterhalb der Enteignungsschwelle eine Schicht von Mittelbauern auf 20–100 Hektar Land etabliert hat,[25] die große Modernisierungs- und Spezialisierungsanstrengungen unternommen hat und in mehr oder weniger verschleierter Form Lohnarbeiter beschäftigt – entgegen dem Postulat der R.A., die Ausbeutung des Menschen durch den Menschen sei zu beseitigen. Der politische und ideologische Einfluß der genannten intermediären Gruppen ist erheblich größer als der der Landarbeiter und Genossenschaftsbauern; sie beherrschen auch die als Modernisierungskader für die R.A. geschaffenen gewerkschaftsähnlichen Organe wie die Union Nationale des Paysans Algériens (UNPA) unter Ausnutzung tradierten Prestiges.[26] Dagegen fehlte es bisher außer in wenigen Dörfern in der Regel an Selbstorganisation und externer Mobilisierung der Bauern durch die FLN-Partei und deren Massenorganisationen. Die Beziehungen zwischen Genossenschaften und staatlichen Rahmenorganisationen entsprechen den bisherigen Erfahrungsberichten nach in ihrem paternalistischen Inhalt und ihrer solidaristischen Form den im Selbstverwaltungssektor vorherrschenden Verkehrsformen.

2. Aus den genannten quantitativen Einschränkungen folgt schon, daß der gewünschte Diffusionseffekt der R.A. im Sinne eines globalen Strukturwandels des „traditionellen“ Sektors ausgeblieben ist bzw. aufgrund seiner technizistischen Orientierung Landflucht- und Entwurzelungstendenzen eher noch beschleunigt. Die sozialen Strukturveränderungen auf dem Land waren jedenfalls noch zu wenig tiefgreifend, um den Sog der urbanen, „modernen“ pull-factors einzudämmen. Bei nun offiziell abgeschlossener Umverteilung (– wobei auch künftig die Möglichkeit besteht, “propriétaires non-exploitants“ zu benennen und zu enteignen) verbleibt eine große Zahl demoralisierter Kleinbauern und Landloser,[26a] nun ohne Aussicht auf Verbesserung ihrer Lage auf dem Land selbst, da doch die Revolution für sie als abgeschlossen gelten muß und die an die UNPA gerichteten Appelle im wesentlichen auf Produktivierungskampagnen hinauslaufen. Etwa drei Viertel der Agrarbevölkerung blieb von der R.A. ausgespart.

Auch als Nutznießer der Genossenschaftsinstitutionen kommen sie nicht systematisch in Betracht; so werden die die Kooperativen prinzipiell übersteigenden Vermarktungsinstitutionen, Kreditfinanzierung und Maschinenparks nur zögernd in Anspruch genommen. Eine personelle Verbreiterung der Genossenschaften wird von den attributaires und von der Administration kaum akzeptiert, da gerade in der Anfangsperiode die CAPRA erhebliche Funktionsprobleme hatten und die an sie gestellten Rentabilisierungsforderungen dies auch kaum zuließ. Stattdessen gehen die Kooperativen teilweise unter der Hand dazu über, die höchstens ausnahmsweise legalisierte Anwendung von Lohnarbeit auszudehnen und besonders Saisonarbeiter einzustellen.

Das bedeutet auch, daß der Beschäftigungseffekt (der mit dem Ziel der Beseitigung ländlicher Arbeitslosigkeit bis 1980 ohnehin zu optimistisch angesetzt war) bisher gering war bzw. sich durch die von den Kooperativen auftragsgemäß und sachlogisch betriebene Intensivierung sogar negativ entwickelt (Indikatoren dafür bei Chaulet 1976; 157 ff.). Ohne auf eine endgültige Auswertung der Ergebnisse der dritten Planperiode (1974–77) zurückgreifen zu können, da diese bisher noch nicht vorliegt, kann man nur spekulieren, ob sich die Arbeitsmarktsituation etwa durch Intensivierung der Arbeit im privaten Sektor, Neuinstallierung von Genossenschaftsbauern und besonders durch Mobilisierung lokaler Arbeitskraft für angelagerte Entwicklungsaufgaben im Rahmen kleinerer und mittlerer Industrien[27] verbessert hat. Das Arbeitsmarktdilemma scheint mir von den algerischen Planungsinstanzen insgesamt aber (realistischerweise?) so behandelt zu werden, daß die aktuellen Tendenzen der Binnenmigration *stabilisiert* nicht aber abgeschwächt werden sollen. Selbst wenn es vermehrte materielle Anreize zum Verbleib auf dem Land und in bäuerlicher Tätigkeit geben sollte, so wirken doch andere

Impulse, vor allem Monetarisierung und Verschulung nebst einer strikt modernistischen Lebensorientierung weiter Teile der Jugend, ohnehin dem entgegengesetzt.[28] Der Fortbestand der Landflucht[29] (auch hier kann man nur auf relativ ungesicherte Daten der letzten Volkszählungen zurückgreifen) ist also auf die (oft ja irreale) Attraktivität eines städtischen Arbeitsplatzes zurückzuführen, wobei man von folgendem Kalkül ausgeht: Die Arbeitseinkommen der Genossenschaftsbauern werden derzeit (Daten von 1975) mit etwa 175 DA/Monat noch sehr viel niedriger eingeschätzt als der agrarische Mindeslohn (SMAG 300 DA) oder die Lohneinkünfte der niedrigsten Einkommenskategorien in der Industrie (manoeuvres: 400 DA).[30] Selbst unter Einbeziehung möglicherweise höherer Gewinnprämien spricht dies gegen den Verbleib auf dem Land – eine Abstimmung, die die algerische Landbevölkerung unter Herbeiführung starker regionaler Disparitäten auch massenhaft mit ihren Füßen vornimmt. Ein regionaler Ausgleich, d.h. die Umlenkung der Land-Stadt-Bewegung in interrurale, horizontale Migrationsströme, ist dagegen bislang kaum zu beobachten.

Auf doppelte Weise versucht die algerische Staatsklasse gegenwärtig, die in die Sackgasse geratene Agrarrevolution fortzuführen und das von ihr als Produktivitätsbarriere aufgefasste Mobilisierungsmanko zu überwinden (sowie gleichzeitig mit den Auswirkungen der Weltwirtschaftskrise und der durch sie bedingten importierten Inflation fertigzuwerden). Erstens versucht sie, die demobilisierenden Auswirkungen der bisherigen Überzentralisierung im selbstverwalteten und Genossenschaftssektor durch Dezentralisierungsmaßnahmen und Autonomiezugeständnisse gegenüber den Produktionseinheiten zu kompensieren.[30a] Zweitens hat sie eine der bisherigen Niedriglohnpolitik entgegengesetzte Einkommenspolitik im städtischen und ländlichen Bereich in Gang gesetzt, die mit der verstärkten Binnenorientierung der Agrarproduktion gekoppelt ist. Das oben skizzierte Interventionsmodell über die staatliche Preisbildung hat sich seit 1974 in der Weise gewandelt, daß Lohnerhöhungen in rascher Folge das SMAG-Niveau anhoben und die landwirtschaftlichen Erzeugerpreise parallel zu den Preisen von input-Faktoren und den rasch angestiegenen Importpreisen in die Höhe gingen (Weichweizen (Index 1963=100) z. B. 1973/74 118, 1975 144, 1976 192; Hartweizen 108 – 128 – 172; Zahlen nach Bedrani 1977; 154).[31] In anderen Bereichen der pflanzlichen und tierischen Produktion trifft man auf meist noch viel höhere Steigerungsraten. Diese Revision der administrativen Preisbildung soll den Selbstverwaltungs- und Genossenschaftsbetrieben die Möglichkeit gegen, sich aus den roten Zahlen hochzuarbeiten und durch Prämienausschüttung zukünftig Anreize für qualifizierte Arbeitskräfte zu geben. Schließlich soll mit der Überwälzungsmöglichkeit der von den Importgesellschaften weitergegebenen Weltmarktpreise für landwirtschaftliche Vorprodukte und Maschinen auf die Erzeugerpreise auch ein Hebel zur technischen Innovation geschaffen werden. Diese Liberalisierung ist indessen auch eine Problemverschiebung hinsichtlich einer dann notwendigen Einkommenspolitik im Industrie- und Tertiärsektor, sei es in Form (1976/7 begonnener) Lohnsteigerungen oder in der Form Ausdehnung von Subventionen und Grundnahrungsmitteln. Im Jahr 1977 jedenfalls haben sich die im Verlauf des Industrialisierungsprozesses angestauten Probleme und sozialen Folgekosten in Manifestationen sozialen Protests explosiv entladen[32] und die Frage der Weiterentwicklung der algerischen Revolution zwischen Bürokratisierung und Massenmobilisierung weiter zugespitzt.

Die aufgezeigten Realisierungsprobleme der R.A. mögen Phänomene einer Anfangs- und Übergangsphase sein; in der Tat belegen einige Presseberichte der letzten Zeit (angesichts der nur stockenden wissenschaftlichen Aufarbeitung politisch brisanter Fragen eine wichtige Informations- und Interpretationsquelle) eine gewisse Abschwächung der Reproduktionsprobleme der Kooperativen. Andererseits sind sie Symptome einer nicht nur konjunkturellen Problemlage, die – ganz allgemein bei der Durchführung der algerischen Entwicklungsprojekte – aus dem Überhang der etatistischen und produktivistischen Momente in der Projektierung und Durchführung von Entwicklung herrühren. Der Mobilisierungs- und Partizipationsgrad der Landbevölkerung ist *systemisch* gering, da sich die Struktur des ursprünglichen antikolonialen Bündnisses verändert und im Sinne einer rigorosen Durchsetzung der Prinzipien kapitalistischer Arbeitsteilung „ökonomisiert" hat. Somit – und dies ist die veränderte Optik dieser Betrachtungsweise gegenüber der von Elsenhans und einer Entwicklungstheorie, die sich m.E. zu stark an interventionistische Strategien anlehnt und die damit verbundene Ausklammerung der Probleme bäuerlicher Massen und der gesamten Reproduktionsproblematik zu wenig reflektiert – läßt sich die Agrarrevolution als *Instrument der staatlichen Hegemonie über das Land* und als *Medium einer staatlich induzierten, gemäßigten Transformation der ländlichen Sozialstrukturen zur Herstellung einer neuen Klassenbasis des herrschenden Blocks* beschreiben. Zu dieser Basis gehören die Bauern und Landlosen genauso wie die Emigranten nur im Sinne des immer beschworenen nationalen Konsensus, nicht aber als wirkliche Partner eines agrarrevolutionären Projekts.

Das ist nicht mißvzuverstehen als Neuauflage eines Typs „linksradikaler" Kritik an der algerischen Staatsführung, die es seit 1965 immer wieder gibt. Der „pragmatischen" Überlegung ist durchaus zuzustimmen, daß die in Algerrien erreichten Fortschritte in Relation zur Lage anderer maghrebinischer oder gar bevölkerungsreicher Länder der Dritten Welt, in denen sich ganz anders dimensionierte Probleme des puren Überlebens auftürmen, immens sind und für eine Kooperation mit solchen Staaten anstelle der z.B. von der Bundesregierung skrupellos bevorzugten Unterdrückungsregime Brasiliens, des Iran usw. einzutreten ist. Aber man verkennt dabei eine vielleicht ebenfalls mögliche Interpretation der jüngsten Entwicklung der algerischen Politik, die man unter dem Begriff der „Liberalisierung" zusammenfassen könnte: daß auch in Algerien genau wie in anderen Ländern mit starkem staatlichen Sektor (Ägypten, Iran, Tunesien), wenn auch in geringerem Ausmaß, Probleme der industriellen Entwicklung letztlich nur über eine stärkere Ökonomisierung bearbeitet werden und damit – ohne das Gegengewicht einer aufmerksamen Massenbasis – dem in technischer Hinsicht längst erfolgten Internationalisierungsprozeß der peripheren Ökonomien mit antiimperialistischer Orientierung auch in politischer Hinsicht Tür und Tor geöffnet sind.

Schließlich drängt sich angesichts der ökologischen Katastrophe und der immer inhumaner werdenden Vergesellschaftsungsprinzipien der westlichen Länder eine Frage auf, die sich in einem Entwicklungsland mit seinen spezifischen und elementaren Alltagsproblemen zunächst deplaciert ausnehmen mag: welche langfristigen Folgen hat der Gigantismus eines Industrialisierungsprojekts, das an den progressiven Wirkungen industriell-kapitalistischer Kooperation und der emanzipativen Kraft entfesselter Produktivkräfte offensichtlich wenig Zweifel hegt? Und welche „Eindimensionalität" produziert der damit verbundene Fetischismus der Technik und der Arbeit/Produktion gegenüber den immer weitgehender zerstörten vorkapitalistischen Lebens- und Produktionszusammenhängen? Es ist dieser noch wenig diskutierte Aspekt der Wachstumskritik, der gerade mit Vertretern fortschrittlicher Peripherieländer intensiver diskutiert werden muß.

Anmerkungen

1 Vgl. die verschiedenen Arbeiten von Elsenhans 1974, 1975, 1977 b

2 Das ist auch die Fragestellung des oben erwähnten Forschungsprojekts; dessen hier präsentierten Teilergebnisse müssen noch als vorläufig angesehen werden. Sie beruhen auf einer Sichtung der algerischen Untersuchungen zur Agrarrevolution und auf einzelnen Expertengesprächen während eines Feldaufenthalts 1977. Für Hinweise danke ich besonders J.-C. Karsenty und H. Elsenhans.

3 Vgl. die Dokumentation des sozialwissenschaftlichen Instituts AARDES in Algier über die "Attributaires le la Revolution Agraire" 1975 und 1977, 4 Bde., ferner die Forschungsergebnisse der Equipe Agriculture des Centre de Recherches Economiques Appliquées (CREA), Alger, bes. in Heft 2 der "Cahiers du C.R.E.A." (1977) sowie Jazry u.a. 1974, Bouzebra 1975 und weitere akademische Arbeiten algerischer Institute von 1975 bis 1977, die hier nicht weiter angeführt werden sollen. Allgemein informieren weiterhin die Beiträge in Heft 1/1973 der Revue algérienne des sciences juridiques, économiques et politiques und das "Annuaire de l'Afrique du Nord", hg. vom CRESM, Aix-en-Provence 1975 sowie zuletzt im Überblick J.-C. Karsenty 1977 b und Ait-Amara 1978

4 Ich übernehme den Begriff der Staatsklasse hier ohne weitere Problematisierungs; im folgenden geht es mir lediglich um eine Problematisierung der beiden von Elsenhans 1977 a angeführten Entwicklungsalternativen der Staatsklasse zwischen Selbstprivilegierung und massenorientierter Entwicklungspolitik.

5 Dazu Blanc 1973; zur ökologischen Problematik vgl. Dj. Sari 1978 und Faye/Montjauze 1963

6 Das Problem der algerischen Agrarbourgeoisie ist weitgehend tabuisiert worden; so existieren nur ungefähre Angaben über die seit den 30er Jahren von den Siedlern zurückgekauften Landstücke und den Gesamtbestand des dermaßen auch auf autochthoner Seite konzentrierten Bodens. Djeghoul (1977; 587) gibt folgende Landverteilung im „traditionellen" Sektor an (Beginn der postkolonialen Zeit):

Kategorie	Betriebseinheiten (%)	Fläche (%)
Latifundienbesitz (mehr als 50 ha	3	25
Agrarbourgeoisie (10–50 ha)	25	50
Kleinbauern (5–10 ha)	72	25 { 15
Parzellenbauern (– 5 ha)		10

vgl. auch Etienne 1977; 160ff und Lucas 1976; 178ff.

7 Karsenty (1977 b; 33) gibt folgende Verteilung an: (Stand von 1971)

Anbauart	Produktion selbstverw. Sektor	(%) privater Sektor
Getreide	40	60 (bei 70 % der Anbaufläche)
Trockengemüse	49	51 (44)
Futtermittel	69	31 (33)
industrielle Kulturen	71	29 (32)
Gemüse	42	58 (59)
Wein	87	13 (14)
Früchte	87	13 (16)
Oliven	29	71 (71)

Zwischen beiden Sektoren bestehen erhebliche Produktivitätsunterschiede, die Ait-Amara (1973; 165) folgendermaßen quantifiziert: Bedeutsamer noch ist das Verhältnis Durchschnittserträge 10 : 5 dz/ha. relativer Über- bzw. Untervölkerung der beiden Sektoren, leben doch nur 12 % der Agrarbevölkerung im selbstverwalteten Sektor von 30 % der Nutzfläche.

8 Vgl. zum „traditionellen" Sektor u.a. Bourdieu/Sayad 1964, Bobrowski 1967, AARDES o.J, Parodi 1962; zur bereits in der Kolonialperiode diskutierten Notwendigkeit der Agrarreform vgl. die verschiedenen Vorschläge von Dresch u.a. 1963, Dumont 1963, Moatti/Rainaut 1970, Parodi 1963

8a Vgl. dazu bes. Destanne de Bernis 1975 und zum Datenhintergrund die Annuaires de l'Afrique du Nord. Guichaouna dazu (1977; 590): „Die Agrarrevolution erscheint so als ländliches Entwicklungsprogramm mit dem Ziel, die Struktur des Grundeigentums und die Besitzformen den technischen Anforderungen einer schnellen Verwertung des öffentlichen Kapitals anzupassen."

9 Vgl. Bedrani 1977, Karsenty 1975 und 1977 a, ferner van Malder 1975

10 Im Großhandel tauchten dann auch wieder die enteigneten bzw. limitierten Großgrundbesitzer auf; vgl. die Debatte in den Wochenzeitschriften Algérie Actualité und Revolution Africaine im Sommer 1977.

11 Der Verlust an Wertzuwachs im selbstverwalteten Sektor belief sich zwischen 1963 und 1973 auf etwa 40 % (Ait Amara 1978: 50) Zum gleichzeitigen Desinvestitionstrend (z.B. an Traktorenmaterial) im privaten Sektor vgl. Karsenty 1975; 138 ff.

12 So der algerische Handelsminister im Januar 1975; seit 1970 hatte sich damals bereits die Nahrungsmittelimporte von 1 auf 8 Mrd. DA erhöht.

13 Vgl. neuerdings aber Abdi 1976, Djeghoul 1977 und Guichaoua 1977. Zur Geschichte und zum Verfall des antikolonialen Bündnisses vgl. Lucas 1976; 94 ff. und 227 ff. Lucas' These ist, daß seit Beginn der nachkolonialen Ära der Reorganisation des algerischen Staatsapparats eine Strategie der „Entbäuerlichung" (depaysannisation) betrieben wurde (vgl. dazu schon Bourdieu/Sayad 1964), die bei den Bauern zu einer widersprüchlichen Strategie des Rückzugs und des Attentismus gegenüber dem Staat geführt habe. Was die politisch- sozialwissenschaftliche Beschäftigung mit den Bauern als „Objektklasse" (Boudieu) in Algerien anbelangt, dürfte Ait-Amaras Urteil zutreffend sein: „Zu allen genannten Hindernissen kommt hinzu die Unkenntnis der konkreten gesellschaftlichen Produktionsbedingungen und der Funktionsweise der Landwirtschaft, oder besser gesagt: der Bauern." (1978; 35).

14 Wie dies konkret aussah, erschließt sich am besten (in Ermangelung einer politisch-wissenschaftlichen Behandlung des Themas) aus der algerischen Romanliteratur und aus der neueren Filmproduktion, z.B. dem 1972 gezeigten „Charbonnier".

15 Vgl. den Text des Dekrets in der Revue algérienne... 3/1972, 165 ff. sowie weitere Dokumente im Annuaire de l'Afrique du Nord 1972; 717 ff.

16 Es geht hier darum, die Vermittlung beider „Zwänge", d.h. den politischen Charakter eines "choice of technology" zu zeigen. So ist signifikant die Parallelität des Gestaltwandels der Agrarbourgeoisie (zu erschließen etwa aus einem Vergleich der Agrarerhebungen

von 1950/1 und 1972/3, vgl. Ait-Amara 1978; 45) und die Anpassung der Grundeigentumsstruktur an technologische Entscheidungszwänge, denen die Kooperativen am nächsten kamen.

17 S. Anm. 3) und Guichaoua 1977; 591 ff. Als Informationsquelle wichtig waren die Berichte der Studentenequipen, die zur Unterstützung der R.A. aufs Land gegangen waren und dabei eine Politisierung der Diskussion herbeizuführen versuchten. (Volontaried)

18 Die erste Etappe begann am 1.1.1972 (3 Mio. ha öffentlicher und kommunaler Boden), die zweite am 16.5.1973 (1 Mio. ha privaten Bodens), die dritte am 17.6.1975 (Viehbestand und Weideland). Die folgenden Bilanzen sind vorläufig und beruhen auf Angaben von Chaulet 1976, Karsenty 1977 und Guichaoua 1977.

19 Diese wichtige Dimension kann hier nicht weiter behandelt werden, vgl. dazu AARDES, Etude socio-économique sur le pastoralisme, Alger 1975 sowie Montchausée 1977 und Weexsteen 1975.

20 Genaue Bezeichnungen: CAPRA = Coopérative agricole de Production da la RA; CAEC = Coopérative Agricole d'Exploitation en commun: GEP = Groupement d'entreaide paysanne; GMV = Groupement précoopératif de mise en valeur.

21 Zur Intensivierung vgl. Karsenty 1975 und 1977 a sowie die von ihm kritisierte Arbeit von F. Rivier, L'échec de l'intensification de l'agriculture algérienne, MS Alger 1975 Die Produktionsziele und -steigerungen seit Beginn der 70er Jahre verzeichnet Karsenty 1977 b; 37 ff.

22 Coopératives agricoles polyvalentes communales de service; davon existieren etwa 600 als unterste Basis der um die landwirtschaftliche Produktion herumgelagerten Aktivitäten, darüber steht ein hier nicht zu beschreibendes System der Kommerzialisierung auf Bezirks-Ebene.

23 Diese Differenzen werden vor allem sichtbar im faktisch ungleichen Landbesitz der Genossenschafter; in der algerischen Presse werden überdies häufig Autokonsumtion, Sabotage und falscher Materialeinsatz als wichtigste Funktionsmängel kritisiert.

24 So wurden ursprünglich 630–640.000 ha für nationalisierbar erklärt, 1975 effektiv 500.000 ha nationalisiert, bisher aber nur 366.000 ha redistribuiert.

25 Dazu Ait-Amara 1978; 44 ff. Die Gruppe der Bauern mit 10–50 ha blieb seit den 50er Jahren konstant (gegen den generellen Trend zur „Minifundisierung"); die Betriebsgröße erhöhte sich von durchschnittlich 15 auf 18 ha.

26 Vgl. dazu die Presseberichterstattung in Revolution Africaine sowie die Diskussion des letzten UNPA-Kongresses 1978.

26a als Dokument Lacoste-Dujardin 1976.

27 Vgl. dazu die Planprojekte der Industrialisation locale und Robineau 1976.

28 Dazu allgemein Etienne 1977 und Haddab 1976 für die Schule sowie Lepoul 1977 für die die R.A. begleitende Konstruktion von 1000,„sozialistischen Dörfern"

29 zusammenfassend Nancy 1978.

30 Zahlen nach Chaulet 1976; 147 f. Dieser Sachverhalt führte zu zahlreichen désistements, d.h., Verzicht auf zugesprochene Kooperativenparzellen. Im privaten Sektor ist die Tendenz zur Verringerung der Agrarbevölkerung, die ausschließlich von landwirtschaftlichen Eigeneinkommen leben kann, noch ausgeprägter, dazu Ait-Amara 1978; 52 ff. und Guillermou 1977. Im übrigen gilt der Abwanderungstrend gerade für relativ besser gestellte Landarbeiter, vor allem in Stadtnähe.

30a Dazu Rivier 1976.

31 Sowohl die Anhebung des SMAG als auch die Preissteigerungen haben aber ambivalenten Charakter. Erstere zeigt den erheblichen Mechanisierungsschub an (die im selbstverwalteten Sektor ausgezahlte Lohngesamtsumme nahm seit 1962 sogar leicht ab), letztere wirkt sich negativ auf die Kaufkraft der Agrarbevölkerung aus, die zunehmend selbst Agrarprodukte auf dem Markt nachfragt. Insofern ist die aktuelle Preispolitik nur eine Scheinalternative, solange sich im Agrarsektor keine allgemeine Produktivitätssteigerung ergibt.

32 Vgl. dazu die relativ offene Presseberichterstattung im Sommer 1977, zusammengefaßt in Le Monde 14.9.77 und El-Moudjahid 26.8.77, die Diskussionen anläßlich der Charte Nationale von 1976, in deren Formulierung zahlreiche der hier analysierten Probleme explizit oder implizit eingingen, und die jüngste Reorganisation der UGTA-Gewerkschaften.

Literatur

Aardes 1975 u. 1977: Les Attributaires de la R. A. 4 Bde. Alger

Abdi, Nourredine 1976: Réforme agraire et voie algérienne de développment in: Revue Tiers Monde 67/1976, S. 663 ff.

Ait-Amara, H. 1973: Quelques aspects de la réstructuration agraire in: RASJEP 1/1973, S. 161–76

Ait-Amara, H. 1978: L'impact de la production, des salaires et des revenus sur l'emploi agricole, in: RASJEP 1/1978, S. 35–62

Bedrani, S. 1977: La politique des prix et des circuits de commercialisation des produits agricoles depuis 1962, in: Cehiers du CREA 3/1977, S. 150–201

Benachenou, Abdellatif 1978: La formation du sous-developpement, Alger (SNED)

Blanc, Gérard 1973: Reconversion ou reconstitution du vignoble algérien, in: RASJEP 4/1973, 573–606

Bourdieu, Pierre/A. Sayad 1964: Le déracinement, Paris (Minuit)

Bourdieu, Pierre 1977: la paysannerie – une classe objet, in: Actes de la recherche sociale 17/18, 1977, S. 2 ff.

Bouzebra, Kh. u.a. 1975: Les débuts de la R. A. dans une commune de Titteri MS Alger

Chaulet, Claudine 1971: La Mitidja autogérée, Alger (SNED)

Chaulet, Claudine 1976: Paysans et collectifs de producteurs dans la "révolution agraire" algérienne, in: Cahiers du CREA 1/1976, S. 127–171

Destanne de Bernis, Gérard 1975: L'Algérie à la recherche de son indépendance: Nationalisation et Industrialisation in: L'Afrique. De L'indépendance politique à L'indépendance économique, S. 19–62 Paris (Maspero)

Djeghoul, A. 1977: Révolution agraire et problémes de la transition en Algérie (teil 1) in: Cultures et développement 4/1977, S. 577–99

Dumont, René 1963: Les conditions de la réussite de la Réforme Agraire en Algérie, in: Problèmes de l'Algérie indépendante, Paris (puf)

Duprat, Gérard 1973: Révolution et autogestion rurale en Algérie, Paris (colin)

Dresch, Jean u.a. 1963: Réforme agraire au Maghreb. Paris (Maspero)

Elsenhans, Hartmut 1974: Die Überwindung von Unterentwicklung, in: Nohlen/Nuscheler, Handbuch der Dritten Welt 1/1974, S. 162 ff.

Elsenhans, Hartmut 1975: Der algerische Weg der Überwindung von Unterentwicklung in: Leggewie/Nikolonakos, Europäische Peripherie. Sonderheft der Dritten Welt, S. 196–232

Elsenhans, Hartmut 1976 Algerien, in: Nohlen/Nuscheler, Handbuch der Dritten Welt, Bd. , S.

Elsenhans, Hartmut 1977: Die Staatsklasse/Staatsbourgeoisie in den unterentwickelten Ländern zwischen Privilegierung und Legitimationszwang, in: Verfassung in Recht und Übersee 1/1977, S. 29–42

Elsenhans, Hartmut, 1977 b: Algerien. Koloniale und postkoloniale Reformpolitik (Institut f. Afrikakunde) Hamburg

Etinne, Bruno 1977: Algérie: cultures et révolution Paris (Le Seuil)

Faye, J./Montjauze, A., 1963, Restauration des sols et reboisements, conditions d'un développment agronomique cohérent de l'Algérie, in: *Confluent* (32), et (33), Juin-Juillet 1963, J. 548–563.

George, Susan 1978: ... und die andere Hälfte stirbt. Über die Ursachen des Welthungers Berlin (rotbuch)

Guichaoua, André 1977: Politique agricole et transformations sociales, in: Revue Tiers Monde, Bd. 28, 71, S. 583–601

Guillermou, Yues 1977: Les exploitations familiales. Elements d'analyse régionale in: Revue Tiers Monde, Bd. 28, H. 71, S. 603–616

Haddab, Mustaphe 1976: Changement socio-culturel et système scolaire en Algérie, in: RASJEP 4/1976, S. 967–970

Jazry, N. u.a. 1974: Les deux prémiers années de la R.A. dans une daira océréalière, MS Alger

Karsenty, J.-C. 1975: Les investissements dans l'agriculture algérienne, in: Annuaire de l'Afrique du Nord, Bd. 14, S. 115–41

Karsenty, J.C. 1977 a: L'évolution de l'appareil de production et les investissements du secteur autogéré agricole en Algérie (1963–77), in: Cehiers du CREA 3/1977 S. 1–149

Karsenty, J.-C. 1977 b: La politque agricole algérienne, in: Maghreb-Machrek 77/1977, S. 31–39

Lacoste-Dujardin, Camille 1976: Un village algérien. Alger (SNED)

Laks, Monique 1970: Autogestion ouvrière et pouvoir politique en Algérie 1962–65 Paris (edi)

Leggewie, Claus 1978

Leggewie, Claus 1979. Siedlung, Staat und Wanderung. Besonderheiten des französischen Siedlungskolonialismus in Algerien. Frankfurt (Campus)

Lapoul, Georges 1977: "1000 villages socialistes" en Algérie. Analyse d'una opération d'aménagement rural, in: Maghreb;Machrek 77/1977, S. 40–48

Lucas, Philippe 1976 Socialisme et décolonisation. Le "transformisme" algérien. Diss. Paris

Mahsas, Ahmed 1975: L'autogestion en Algérie Paris (anthropos)

Malder, René van 1975: La révolution agraire en Algérie: Tournant politique ou infléchissement technique? in: Civilisations (Bruxelles) 29/1975, S. 251–71

Moatt/Rainaut, P., 1970, *La réforme agricole*, clé pour le développement du Maghreb. Paris (Dunod)

Mondon, J. P. u.a. 1975: Début de la R.A. dans la Daira de Chéraga MS Alger

Montchaussé, Georges La steppe algérienne, cause et effecs d'une désertisation, in: Peuples Méditerraineés 1/1977, S. 123–51

Nancy, Michel 1978: Exode rural et rémodelage de l'espace, in: Le Monde diplomatique Juni 1978, S. 34

Ollivier, Marc, 1975: Place de la révolution agraire dans la stratégie algérienne du développement, in: Annuaire de l'Afrique du Nord, Bd. 14, S. 91–114

Parodi, M. 1963 Pour une réforme efficace de l'agriculture algérienne in: *Développement et civilisation*, Juin 1963, S. 27–40.

Parodi, Maurice 1962: Etude sur le secteur agricole sous-développé en Algérie, 2 Bde., Aix-en-Provence

Rivier, F. 1976: L'autonomie des unités agricoles du secteur socialiste in: RASJEP 2/1976, S. 381–400

Robineau, P. 1976: L'industrialisation rural et les villages socialistes, in: Cahiers du CREA 1/1976, S. 53–67

Sari, Dj. 1978: L'Homme et l'érosion dans l'Ouarsenis Alger (SNED)

Senghaas, Dieter, 1977: Weltwirtschaftsordnung und Entwicklung. Plädoyer für Dissoziation Frankfurt (suhrkamp)

Weexsteen, Raoul 1975: Revolution agraire et pastoralisme, in: Annuaire de l'Afrique du Nord, Bd. 15, S. 195–202

Autorenverzeichnis

Bäuerinnenprojekt Erlangen (Margret Blasche, Heide Inhetveen, Mia Jawork, Gertraud Lehmann, Gerda Zeuss), Institut für Soziologie, Bismarckstraße 6, 8520 Erlangen

Ulf Baumgärtner, Staffelstraße 1, 7000 Stuttgart

Ernst Bendixen, Agrarsoziale Gesellschaft e.V., Kurze Geismarstraße 23/25, 3400 Göttingen

Hartmut Elsenhans, Universität Marburg, 3550 Marburg

Willem Günnemann, Glinstedt 42, 2142 Gnarrenburg

Ulrich Hampicke, Otmarstraße 47, 4300 Essen 1

Helmut Harbeck, Agrarsoziale Gesellschaft e.V., Kurze Geismarstraße 23/25, 3400 Göttingen

Rolf G. Heinze, Großer Kamp 26, 4970 Bad Oeynhausen

Peter Kammerer, Via Duilio 6, I–00192 Rom

Helmut Koch, Felchenstraße 3, 3500 Kassel-Nordshausen

Claus Leggewie, Goethestraße 34, 3500 Kassel

Siegfried Pausewang, Chr. Michelsens Institut, Camle Kalvedalsveien 12, 5000 Bergen/Norwegen

Hans-Jürgen Petersen, Uhlandstraße 151, 1000 Berlin 15

Onno Poppinga, Dorlaerstraße 3, 3580 Fritzlar-Wehren

Gerd Vonderach, Rauhehorst 102, 2900 Oldenburg